Kindererziehung in einem deutschen Dorf

Karin Norman, Ethnologin, ist Dozentin für Sozialanthropologie am Institut für Sozialanthropologie der Universität Stockholm.

Karin Norman

Kindererziehung in einem deutschen Dorf

Erfahrungen einer schwedischen Ethnologin

Mit einem Vorwort von Bernhard Floßdorf
und einem Nachwort von Werner Schiffauer

Aus dem Englischen von Walmot Möller-Falkenberg

Campus Verlag
Frankfurt/New York

Die Originalausgabe erschien unter dem Titel *A sound family makes a sound state* bei Almquist & Wiksell Publishing, Stockholm.

Die Deutsche Bibliothek – CIP-Einheitsaufnahme

Norman, Karin:
Kindererziehung in einem deutschen Dorf: Erfahrungen einer schwedischen Ethnologin / Karin Norman. Mit einem Vorw. von Bernhard Flossdorf und einem Nachw. von Werner Schiffauer. Aus dem Engl. von Walmot Möller-Falkenberg. – Frankfurt/Main; New York: Campus Verlag, 1997
Einheitssacht.: A sound family makes a sound state <dt.>
ISBN 3-593-35707-0 kart.

Umschlaggestaltung: Atelier Warminski, Büdingen
Satz: Gabi Plöger, Borchen
Druck und Bindung: KM-Druck, Groß-Umstadt
Gedruckt auf säurefreiem und chlorfrei gebleichtem Papier.
Printed in Germany

Inhalt

Einmal Linden und zurück

Vorwort von Bernhard Floßdorf

Im Sommer 1996 unternahm ich einen Tagesausflug in die deutsche Provinz. Mein Ziel war jenes Dorf, von dem im vorliegenden Buch die Rede ist. Ich fuhr nicht allein. Auf dem Sozius saß Andreas, inzwischen 23 Jahre alt, der ältere der beiden Söhne der Autorin. Andreas hatte, wie ich selbst auch, dieses Dorf seit siebzehn Jahren nicht mehr gesehen. Auch einander hatten wir beide uns während dieser Zeit nicht ein einziges Mal gesehen. Wenige Tage vor unserem gemeinsamen Trip hatte Andreas bei mir angerufen: Er komme nach Deutschland; ob er mich besuchen dürfe. Ich war nicht schlecht erstaunt und flachste zunächst, ich würde ihn, den ich als Sechsjährigen zuletzt gekannt hatte, doch gar nicht wiedererkennen. Und dann meinte ich, er könne bei mir wohnen, solange er wolle – unter einer Bedingung: Wir fahren gemeinsam nach Linden.

Und nun standen wir auf der Hauptstraße des Dorfes, genau dem Haus gegenüber, in dessen Parterre sich immer noch der kleine Lebensmittelladen befand und in dessen erstem Stock Karin Norman zur Zeit ihrer Feldforschung mit ihrer Familie gewohnt hatte.

Seltsam, diese Schweden. Flattern aus heiterem Himmel ins bayerische Dorf und stellen dumme Fragen. Was fällt denen ein?

Andreas stand zunächst nur wie angewurzelt da. Ich sah förmlich, wie die Kindheitserinnerungen in ihm aufstiegen. Das muß für ihn überaus dramatisch gewesen sein, damals, da er als Vierjähriger aus seiner schwedischen Heimat in dieses fremde Dorf verpflanzt wurde, urplötzlich mit fremdartigen Gepflogenheiten konfrontiert, noch keines einzigen deutschen Wortes mächtig und dann gleich im bayerischen Dorfkindergarten unter der seelsorgerischen Obhut des Herrn Pfarrers. Ich versuchte die Situation zu überspielen, indem ich ihm ein Fünfmarkstück hinhielt und sagte: »Geh rein, und hol mir Zigaretten; meine Marke kennst Du.« Aber da lachte er nur; dieser Trick erschien ihm dann doch zu plump. Also gingen wir gemeinsam hinein. In dem Laden war niemand sonst. Wir schauten uns eine Weile um, bis aus der Kulisse eine Frau fortgeschrittenen Alters auf uns zukam. Andreas begrüßte sie mit verhaltener Höflichkeit und fragte, ob sie die Frau Soundso sei.

»Ja. Und wer sind Sie?«

»Ich bin der Andreas aus Schweden.«

Da ging in ihrem Gesicht die Sonne auf: »Mensch, Bub!« Die Situation war gerettet.

Es hätte auch anders kommen können. Es hätte, wenn nicht offene Ablehnung, so doch höfliche Reserviertheit in der Reaktion dieser Frau liegen können. Ich selbst erinnere mich, daß ich damals, vor beinah zwei Jahrzehnten, zumindest verwundert war, als ich Karin Norman und ihre Familie kennenlernte und von dem Zweck ihres Aufenthaltes in diesem Dorf erfuhr. Zwar gab es auch in der deutschen akademischen Szene damals bereits die Vorstellung von der »Ethnologie im eigenen Land«. Doch wo eine solche praktiziert wurde, beschränkte sie sich zumeist auf Städte, genauer gesagt: Universitätsstädte. Politisch engagierte Ethnologiestudenten kaprizierten sich auf die sogenannte Stadtteilkultur. Das war ambitionierte »Handlungsforschung«, fast schon »Basisarbeit«. Da gab es keine distinkte Grenze zwischen teilnehmender Beobachtung und Agitation.

Linden hingegen war etwas anderes, klassische Ethnologie im besten Sinne des Wortes, teilnehmende Beobachtung in der prekären Balance von Nähe und Distanz. Aber gerade deshalb mußten sich nicht nur die Dorfbewohner, sondern mußte auch ich mich mit diesem Projekt erst einmal anfreunden. Und dies um so mehr, als die Forscherin aus Schweden kam. Leicht zu sagen, daß »die Wilden« immer auch im eigenen Land zu finden seien. Aber sollte es angehen, daß eine Schwedin daherkommt und deutsche Dörfler beäugt, als wären sie australische Aborigines?

Es sollte angehen. Wenngleich natürlich nicht hundertprozentig. Zunächst einmal: Linden heißt nicht tatsächlich Linden. Die Anonymisierung des Forschungsgegenstandes, konkreter Menschen und ihrer Dorfgemeinschaft, ist der klassischen Ethnologie fremd. Bantu-Dörfer und Südsee-Eilande werden in aller Regel schonungslos »geoutet«. Darauf mag sich jeder seinen eigenen Reim machen.

Und zum weiteren: Auf der Skala der interkulturellen »Fremdheitsgrade« liegen Stockholm und Linden doch noch relativ nah beieinander. Als Andreas und ich auf Linden zufuhren, schmolzen aus dem Autoradio, welch ein Zufall, deutsche Schnulzen, heile Welt im Foxtrott. Ich fühlte mich fast schon bemüßigt, Andreas um Nachsicht zu bitten. Aber der grinste nur und meinte, die schwedische Schlagerszene sei kein Deut weniger dusselig und harmoniebesoffen.

Indessen geht es im vorliegenden Buch nicht um die musikalische, sondern um die pädagogische Folklore. Und da steht zu erwarten, daß aus der schwedischen Perspektive das bayerische Dorf doch arg exotisch anmutet. Ich erdreiste mich zu behaupten, daß Karin Norman im stillen Kämmerlein ihrer Lindener Mietwohnung des öfteren die Hände überm Kopf zusammengeschlagen hat.

Gleichwohl ist ihrem Bericht zu entnehmen, daß sie Ethnologin geblieben ist, daß sie sich erfolgreich bemüht hat, Empathie walten zu lassen und insbesondere die für sie gewiß schwer nachvollziehbare Pädagogik der Ordnung ohne jeden Hauch von Besserwisserei in Augenschein zu nehmen. Und dies erscheint mir unbedingt anerkennenswert, einmal ganz generell um der akademischen Seriosität willen, dann aber im besonderen auch deshalb, weil just zu der Zeit, da Karin Norman sich nach Linden begab, der Blick einer Schwedin auf den spezifisch deutschen Ordnungssinn von einer kaum zu überwindenden Voreingenommenheit hätte getrübt sein können.

Der sogenannte deutsche Herbst, das martialische Aufräumen des Staates mit dem Terror der »Rote Armee Fraktion«, war gerade erst über die Bundesrepublik gekommen. Der sogenannte Radikalenerlaß, der nicht nur kommunistische Briefträger, sondern vor allem linke Pädagogen mit Berufsverbot belegte, zielte darauf ab, die Ordnung des Staates abermals in der Pädagogik der Ordnung zu fundamentieren. Liberale im westlichen Ausland, durchaus auch konservative Liberale, runzelten darüber die Stirn. Von Frankreich über Holland und England bis nach Skandinavien wurden Stimmen laut, die an der Zuverlässigkeit der jungen deutschen Demokratie zweifelten. Die Londoner »Peace Foundation« des Lord Bertrand Russell veranstaltete ihr »Internationales Tribunal über die Situation der Menschenrechte in der Bundesrepublik Deutschland«. Da hätte es durchaus sein können, daß eine Studie wie die hier dokumentierte sich ihrerseits zum Tribunal aufschwingt. Aber dem ist nicht so – Karin Norman sei Dank.

Und gerade weil dem nicht so ist, kann man das vorliegende Buch auch zwei Jahrzehnte nach getaner Tat noch mit Gewinn lesen. Zwar mag man es bedauern, daß dieses Buch so spät erscheint. Doch an Aktualität dürfte es kaum verloren haben. Die Liturgie, nach welcher in der Dorfkirche die Heilige Messe zelebriert wird, mag heute eine andere sein. Daß der Schankwirt inzwischen auch alkoholfreies Bier ausschenkt, mag keinen Altsassen mehr ernstlich schockieren. Und die zu Karin Normans Zeiten noch recht zaghaft vertretene Ansicht, daß nicht nur kleine Buben, sondern auch kleine Mädchen zu masturbieren imstande sind, mag heute eine breitere Resonanz finden. Aber an den Grundlagen der Lindener Kultur dürfte sich nicht gar so viel geändert haben. Nicht nur der kleine Lebensmittelladen in der Hauptstraße ist nach wie vor derselbe.

Am Abend aus der Provinz zurückgekehrt, saß ich mit Andreas in einer Kneipe im Frankfurter Nordend. Für einen beinah prohibitionsgeschädigten Schweden ist die Kneipenszene einer deutschen Großstadt geradezu ein fremdkultureller Kick. Wir unterhielten uns noch lange über Linden und Schweden, Schweden und Linden. Schließlich fragte ich ihn, ob seine Begeisterung für Thomas Bernhard mit seiner Lindener Kindheitsphase zu tun habe. Unsinn, wehrte er ab, in

Linden habe man ihm nur den Struwwelpeter vorgelesen. Aber hör doch, entgegnete ich, der Suppenkaspar sagt: »Ich esse meine Suppe nicht. Nein, meine Suppe ess' ich nicht.« Genau dieselbe Art von syntaktisch verdrehter Doppelung, die in den Stücken von Thomas Bernhard bis zum Erbrechen durchgekaut wird. Und dann fanden wir, daß solcherart Verdrehung kaum eins zu eins ins Englische zu übersetzen wäre. Wohl aber ins Schwedische.

Bernhard Floßdorf, Dr. phil, Soziologe und Ethnologe, lebt als selbständiger Kommunikationsberater in Frankfurt am Main.

Einleitung

In diesem Buch geht es um die Ideologien und Verhaltensweisen, die in einem deutschen Dorf die Erziehung der Kinder und Heranwachsenden bestimmen. Im Mittelpunkt der Betrachtung stehen die für das Aufziehen der Kinder wichtigen Institutionen, durch die wesentliche Erfahrungen bei der Formung und Entfaltung der Persönlichkeit des einzelnen Menschen vermittelt werden. Meine Untersuchung befaßt sich allerdings nicht mit den eher spektakulären Aspekten des Verhältnisses von Geschichte und Identität, sondern mit scheinbar unveränderlichen Trivialitäten des Alltags in einer westlichen Gesellschaft der Gegenwart. Die westlich geprägten Menschen leben in einer Welt, in der das Individuum, historisch betrachtet, in einer ideologischen Abgrenzung von den Konfigurationen entstanden ist, die wir Gesellschaft nennen, und als Individuum in gewisser Weise auch höher geschätzt wird als diese Konfigurationen. Da Deutschland in der westlichen Welt schon lange eine einflußreiche und problematische Rolle spielt und, so meinen zahlreiche Wissenschaftler, eine ganz besondere, charakteristische Ideologie[1] aufweist, ist es wichtig und interessant, die verschiedenen Aspekte des gesellschaftlichen Lebens in Deutschland zu untersuchen. Das gilt ganz besonders für die kulturspezifischen Auffassungen über Kinder und deren Erwachsenwerden.[2] Den Kindern bringen wir unsere Ideale nahe, ihnen wollen wir die für uns verbindlichen Normen vermitteln und die Ziele vor Augen führen, die wir für erstrebenswert halten. Kinder zu haben ist eine öffentliche Angelegenheit, selbst wenn man es als etwas Persönliches und Privates empfinden mag. Kinder sind ein wichtiger Teil des gesellschaftlichen Lebens und durch das Handeln staatlicher Institutionen auf bestimmte Weise in die Gesellschaft eingebunden.

Die Beschreibung der Art, in der Kinder erzogen und ausgebildet werden, kann eine Vielfalt von unterschiedlichen analytischen Ansätzen und Perspektiven beinhalten. In dieser Studie konzentriere ich mich auf die Wertvorstellungen und Ideen, die für das Formen der Kinder zu »anständigen Menschen« von bestimmender Bedeutung sind, und untersuche, wie diese Vorstellungen in einem kleinen Ort in Deutschland durch institutionalisierte Verfahrensweisen zum Ausdruck kommen und praktisch umgesetzt werden. Wie alle Analysen stützt sich auch meine auf bestimmte methodologische Voraussetzungen. Für EthnologInnen ist teilnehmende Beobachtung die wichtigste Methode; »im Felde«, durch »Feldforschung« sammeln sie ihr Material, die Daten, auf die sich die anschließende Analyse bezieht. Durch das Problematisieren der eigenen Erfahrungen im Laufe wachsenden Verstehens der Erfahrungen anderer Menschen entsteht ethnologische Erkenntnis. »Teilnehmende Beobachtung« ist allerdings ein leicht in die Irre führender Begriff. Er bietet scheinbar eine einfache Unterscheidung zwischen Teilnahme und Beobachtung, zwischen Subjekt und Objekt, aber in Wirklichkeit handelt es sich um etwas sehr viel Komplexeres. Denn was kann unter allen denkbaren Umständen »im Felde« diese Art von Teilnahme genau bedeuten? Ist es möglich, zu beobachten, ohne auf diese oder jene Weise beteiligt zu sein und das Geschehen zu beeinflussen? Ist es nur der/die Ethnologe/in, die/der beobachtet? Was beobachten diejenigen, deren Verhalten dokumentiert und analysiert wird? Sind sie nicht auch am Forschungsprojekt des Ethnologen oder der Ethnologin beteiligt? Angesichts der Problematik, ein Subjekt zu sein, das andere Subjekte studiert, wird es offensichtlich, daß keine Feldforschung genau so sein kann wie eine andere, daß also nicht ausschließlich nach den Regeln eines einzigen Verfahrens vorgegangen werden kann. Alle EthnologInnen gehen von bestimmten Theorien und Modellen aus, aber es kommt darauf an, daß er oder sie den realen Bedingungen des jeweiligen Feldes entsprechend vorgeht, diese richtig einschätzt. Die Ergebnisse meiner Feldforschung in Deutschland sind Spiegelungen und Brechungen sowohl der vorgefaßten Meinungen derer, mit denen ich es zu tun hatte, als auch meiner eigenen Situation in der damaligen Zeit.

Zwischen 1977 und 1980 hielt ich mich zwei Jahre zu Feldforschungen in einem bayerischen Dorf auf, das ich hier Linden nenne. Es liegt in einem dichtbevölkerten Teil Nordwestbayerns in der weiteren Umgebung von Frankfurt am Main. Auch später noch hatte ich hin und wieder Kontakt zu einigen Menschen, die ich besonders gut kennengelernt hatte, und so erfuhr ich, was es im Ort Neues gab. Da es mir von Anfang an um Fragen der kulturellen Identität – ein etwas unbestimmter Begriff – ging, waren die Vorgehensweisen beim Aufziehen und Erziehen der Kinder von zentraler Bedeutung für mein Verständnis der von den Erwachsenen vertretenen Ansichten darüber, was einen reifen Menschen auszeichnet und wie die Persönlichkeit in diesem Sinne geformt werden kann. Mein Interesse an solchen Auffassungen wurde noch verstärkt dadurch, daß ich damals selbst Mutter von zwei kleinen Kindern war. Ich verbrachte viel Zeit im Kindergarten und in der Schule, bei Versammlungen und Veranstaltungen, die von der Schule oder der Kirche organisiert worden waren, besuchte aber auch viele Stunden lang Familien zu Hause. Dort kam das Gespräch häufig auf Fragen der Kindererziehung. Außerdem nahm ich an politischen Veranstaltungen, Festen und informellen Treffen teil, denn solche Zusammenkünfte sind wichtige Ereignisse im gesellschaftlichen Leben von Linden. Da viele Frauen in den örtlichen Fabriken erwerbstätig waren, entschloß ich mich, einen Monat lang in einem der kleinen Betriebe am Ort zu arbeiten. Dies ließ mich die Erfahrungen am Arbeitsplatz besser verstehen.

Kontakt hatte ich vor allem zu den Frauen von Linden, schließlich bin ich selbst eine Frau, und das Leben in Linden erwies sich als in vieler Hinsicht geschlechtsspezifisch organisiert. Obwohl das Familienleben für mich von großem Interesse war, ergaben sich im Umgang mit etlichen Familien Schwierigkeiten beim Herstellen eines engeren Kontaktes. Damals hatte ich den Eindruck, daß sich die Familien mir gegenüber im allgemeinen recht verschlossen zeigten. Rückblickend halte ich dieses Gefühl für übertrieben, da ich zu einigen Familien sehr gute Beziehungen entwickeln konnte. Ein Problem ergab sich daraus, daß ich mit meiner eigenen Familie, meinem Mann und zwei Kindern, im Dorf wohnte, aber den Wunsch hatte, Leute auch alleine zu besuchen. Ich wollte »ungestört« arbeiten. Das wurde in gewissem Maße akzeptiert, aber langfristig mag es wohl etwas befremdend gewirkt haben, weil meine Forschung recht informell vor sich ging, nicht deutlich als Arbeit zu erkennen war. Vielleicht dachten manche Leute, es sei nicht richtig, mich bei anderen aufzuhalten, während ich mich eigentlich um meine eigene Familie hätte kümmern und bei meinen Kindern hätte sein sollen. Dies ist zugleich ein Beispiel für wichtige Aspekte der Problematik von teilnehmender Beobachtung.

Die Probleme der Methode sind allerdings nicht nur an meiner familiären Situation festzumachen; sie haben auch zu tun mit den Unterschieden zwischen verschiedenen sozialen Schichten und damit, daß wir Außenstehende waren. Das Dorf macht wie die ganze Umgebung den Eindruck, daß die ökonomischen Lebensbedingungen der Menschen recht ähnlich sind, daß es keine großen gesellschaftlichen Unterschiede zwischen ihnen gibt. Aber jenseits dieser scheinbaren Gleichheit gibt es erkennbare Unterschiede, was Erziehungspraktiken, Berufstätigkeit und Arbeitsbedingungen, die ökonomischen Voraussetzungen und den politischen Einfluß betrifft. Das machte sich auch im Umgang der Lindener mit mir bemerkbar. Schon oft ist analysiert und beschrieben worden, daß das gesellschaftliche Leben in Deutschland, ganz besonders was die Schulbildung angeht, durch eine Sozialstruktur bestimmt ist, in der sich die sozialen Schichten ziemlich klar voneinander unterscheiden. Das kommt auch in einem förmlichen und in mancher Hinsicht eingeschränkten Umgang zwischen Menschen, die verschiedenen gesellschaftlichen Schichten angehören, zum Ausdruck. Das Leben in Linden ist von solchen schichtspezifischen Einstellungen und auf Distanz achtenden Umgangsformen zwar nicht stark beeinflußt, aber es gibt sie, und sie begrenzten auch meinen eigenen Bewegungsraum. Als Akademikerin war ich etwas schwer einzuordnen, zumal ich ja eine Fremde war, in diesem speziellen Fall eine Ausländerin, und außerdem bei meinen ständigen Besuchen in Wohnungen und öffentlichen Einrichtungen auf recht unakademische Art arbeitete und auftrat. Ich wurde einerseits geachtet, andererseits für lästig gehalten; und wenn ich im Dorf herumwanderte, war mir sehr oft nicht klar, ob ich im Ort nun als Bereicherung oder als Zumutung empfunden wurde.

Die Reichweite der Studie

In Linden gibt es einen ständigen Meinungsaustausch darüber, wie das Verhältnis zwischen dem einzelnen Menschen und der Gesellschaft in ihren verschiedenen Erscheinungsformen ist und sein sollte. Das Projekt, aus den Kindern anständige Menschen zu machen, wie sich die Beschäftigung der Lindener mit dem Aufziehen des Nachwuchses und dessen Erziehung verstehen läßt, enthüllt ein ständiges Besorgtsein im Hinblick auf die Bedeutung und die Konsequenzen des Daseins der Menschen als gesellschaftliche Wesen, des Lebens nach den ungewissen Vorgaben eines Staates und im Schatten einer scheinbar unergründlichen und nicht zu überwindenden Vergangenheit. Ihre Einstellungen und Interessen stimmen mit den allgemeinen Idealen des Westens überein, sind aber zugleich ihr eigenes Produkt. In allen Kapiteln dieses Buches ist das ein wichtiges Thema.[3]

Mein Material habe ich um einige in der Forschungsphase immer wieder wichtige Begriffe herum aufbereitet, die bestimmte Ideen und Wertvorstellungen in bezug auf die Person des einzelnen Menschen zusammenzufassen scheinen. Dabei habe ich einige kulturelle Schlüsselthemen aufgenommen und mich auf die wichtigsten Institutionen bezogen, in denen diese Ideen und Wertvorstellungen lebendig werden: Familie, Kindergarten, Schule und Kirche. Sie verdeutlichen und reproduzieren, wie das Individuum dazu gebracht wird, sich vom Kollektiv zu unterscheiden und einen eigenen Platz einzunehmen und sich zugleich einem übergeordneten System, »einem Ganzen«, einzuordnen und den jeweiligen Autoritäten unterzuordnen. Andere Institutionen, etwa die Vereine, und verschiedene öffentliche Einrichtungen sind in dieser Beziehung ebenfalls von Bedeutung, obwohl sie nicht so gezielt erzieherische Zwecke verfolgen und das Leben der Kinder nicht so stark beeinflussen wie zum Beispiel Kindergarten und Schule.

Da ich vorrangig Ereignisse im Bereich spezifischer Institutionen beschreibe, treten andere Aspekte des Lebens in Linden in den Hintergrund. Deshalb soll

Kapitel 1 einen allgemeinen Überblick darüber geben, »wie es sich lebt« in Linden. Dazu dienen Angaben über die Arbeit, über Vereine und Gruppen, über Kommunalpolitik und Vorstellungen von Identität und Geschichte, die das Leben der LindenerInnen mit Vorgängen außerhalb der Gemeinde in Verbindung bringen. Das soll dazu beitragen, den Kontext der in den anderen Kapiteln dargestellten ethnographischen Befunde zu verstehen.

Kapitel 2 behandelt die Begriffe, die wichtig sind, um die Ansichten der LindenerInnen darüber zu verstehen, was im Sinne der angestrebten Persönlichkeitsentwicklung erforderlich ist: Vorstellungen von Erziehung, Ordnung, Selbständigkeit, Lernen. Ich stelle einige Themen der deutschen Bildungsideologie vor, wie sie den Schriften einflußreicher Pädagogen und Philosophen des 19. und frühen 20. Jahrhunderts zu entnehmen sind. Das ist nicht als Ideengeschichte der Pädagogik gedacht, denn eine solche würde den Rahmen meiner Arbeit sprengen. Es gibt allerdings, meiner Auffassung nach, eine Beziehung zwischen den Ideen und Wertvorstellungen, die für die LindenerInnen wichtig sind, und jenen anspruchsvollen Versuchen, der Erziehung und Bildung des einzelnen Menschen zum Wohle der Nation und des Staates den Weg zu weisen. In diesem Zusammenhang erhalten Vorstellungen über den Körper und die Manipulation der körperlichen Vorgänge und Empfindungen eine große symbolische Bedeutung. In den folgenden Kapiteln beziehe ich mich nicht mehr ausdrücklich auf diese frühen Theoretiker, aber die Analyse kreist um Probleme, die in diesem Kapitel aufgeworfen worden sind.

Kapitel 3 wendet sich der Familie und dem häuslichen Zusammenleben zu, denn das eigene Heim und die Hausgemeinschaft sind den Menschen sehr wichtig und bilden den primären Kontext, in dem sich ein Kind bewegt. Vieles im Leben kreist um die Familienbeziehungen und den Kontakt zur engeren Verwandtschaft. Das Kleinkind bleibt in allernächster Umgebung der Wohnung in einer ambivalenten engen Beziehung zur Mutter und Großmutter, der Oma, – zwei zentralen Figuren im Leben der Menschen, die für meine Untersuchung von signifikanter Bedeutung sind.

Der Kindergarten ist der erste außerfamiliäre Bereich, in dem das Kind regelmäßig alleine erscheint. Er steht im Brennpunkt der Darstellungen von *Kapitel 4*. Wenn es auch verschiedene Zusammenhänge gibt, in denen sich Lernen vollzieht, so hat der Kindergarten doch ganz ausdrücklich die Aufgabe, einem Kind das Lernen beizubringen. Das Kind betritt eine Welt, in der Grenzen zwischen verschiedenen Aktivitätsbereichen und Fähigkeiten ständig bewußt verdeutlicht werden. Damit wird die Aufmerksamkeit des Kindes auf die Anforderungen gelenkt, denen ein Mensch in Linden gerecht werden soll. Es muß sich in die Ordnung der Dinge und Beziehungen hineinfinden, Mitglied einer Gruppe werden und seine Selbstzentriertheit und Abhängigkeit von der Mutter aufgeben.

Kapitel 5 greift Themen von Ordnung und Lernen, die schon im Kindergarten im Vordergrund gestanden haben, wieder auf und gibt ihnen durch die Beschreibung der Schulsituation ein noch größeres Gewicht. Zwar ist die Beziehung zwischen dem Kindergarten und der Familie enger und direkter, aber es ist die Schule, von der sich die Familien mehr gefordert fühlen. Die Beziehungen zwischen Familie und Schule sind im allgemeinen von formalen Regeln bestimmt und eingeschränkt. Nach Auffassung der LehrerInnen ist die Leistungsfähigkeit der Kinder abhängig von der Fähigkeit der Eltern, ihre Kinder zu erziehen. Derartige Beurteilungen werden von Eltern in der Regel gefürchtet oder abgewehrt, was die Anforderungen der Eltern an ihre Kinder erhöht, da sie kaum andere Mittel haben, um die LehrerInnen positiv zu beeinflussen. Diese ihrerseits fühlen sich unter Umständen von den Eltern kontrolliert. Die größere Kontrolle geht jedoch vom Staat aus, da LehrerInnen BeamtInnen sind und von ihnen erwartet wird, daß sie sich dem Staat gegenüber loyal verhalten. Ich beschreibe an Hand von verschiedenen Begebenheiten die Formen der Interaktion zwischen LehrerInnen und Kindern sowie LehrerInnen und Eltern und versuche dabei, die Ideologie herauszuarbeiten, die diesen Verhaltensweisen einen Teil ihrer kulturellen Logik verleiht. Diese kulturspezifische innere Logik stellt die Verbindung zwischen Schule und Kindergarten und den umfassenden Ansprüchen der Kirche her, die im nächsten Kapitel behandelt werden.

Die Kirche in Linden, deren Wirken in *Kapitel 6* dargestellt wird, unterstützt die Erziehungsideologie des Kindergartens und der Schule und bestätigt die Vorbildlichkeit der guten Familie. Der Anspruch der Kirche, an der Definition der modernen Gesellschaft und ihrer Sinngebung maßgeblich beteiligt zu sein, wird in vielen Aktivitäten deutlich, die oft unter der Leitung des Pfarrers selbst stehen. Die Aufmerksamkeit, die Kindern und Jugendlichen entgegengebracht wird, zeigt und reproduziert das Verständnis von Glauben, *Gemeinschaft** und Modernität. Die von Gott gegebene Ordnung zu achten sowie an Jesus zu glauben und auf ihn zu vertrauen, das sind wichtige Aspekte des Lebens in Linden, sowohl im gesellschaftlichen Bereich als auch in der Politik, und eine besonders starke Ver-

* Die Autorin gibt kulturelle und soziale Schlüsselbegriffe sowie bestimmte Redewendungen, die sich mit ihren spezifisch deutschen Inhalten und Konnotationen nicht adäquat ins Englische übersetzen lassen, im Original ihrer Arbeit deutsch, *kursiv* gesetzt, wieder und erläutert sie jeweils englisch. Diese Begriffe und Redewendungen werden im deutschen Text ebenfalls kursiv hervorgehoben. (Anm. der Übers.)

bindlichkeit erhalten sie im Umgang mit den Kindern. Ohne Beteiligung der Kirche kann sich eine den Erwartungen entsprechende Persönlichkeitsstruktur nicht entwickeln – ebensowenig wie es ohne Mitwirkung der Kirche keine gute Gesellschaft geben kann.

In jedem der Kapitel wird immer wieder auf die Problematik der *Ordnung*, ein übergreifendes »kulturelles Thema« in Deutschland, verwiesen. *Ordnung* ist etwas, was ganz besonders bezeichnend für den Umgang mit dem Körper ist. Durch die Beherrschung und Manipulation des Körpers, und durch das Verständnis vom Körper und von allem, was das Körperliche betrifft, nimmt die Persönlichkeit Gestalt an und wird die Person zu einem Teil der »Gesellschaft«, wird die jeweilige Gesellschaft in der Person verkörpert. Im letzten Kapitel erörtere ich dies in einigen Schlußfolgerungen.

1 Linden: Land und Leute im ländlichen Raum

»Schönes, altes Dorf im Wald!«

Die meisten EinwohnerInnen von Linden sind stolz auf ihre *Heimat*. Gern loben sie die Schönheit der Gegend und die Annehmlichkeiten des Lebens auf dem Lande, zumal einige eher skeptische Intellektuelle oder überzeugte Stadtmenschen aus Frankfurt das Dorf herablassend als *Kaff* bezeichnen. Wer von außen kommt, wird oft gedrängt, sich positiv über das Dorf und seine Umgebung zu äußern. Beim Blättern in Jahrbüchern aus dem Ort habe ich diesen bezeichnenden Vers gefunden:

> *»Wer die Heimat nicht liebt*
> *und die Heimat nicht ehrt,*
> *ist ein Lump und des Glücks*
> *in der Heimat nicht wert!«* [1]

Geographisch-ökologisch gehört die Gegend von Linden zum Tal eines Nebenflusses des Mains. Das Rosental, so wird es hier genannt, zieht sich in eine Waldlandschaft hinein, ein großes Wald- und Hügelland auf beiden Seiten der Grenze zwischen Hessen und Bayern. Diese Gegend mit ihren hohen Bergrücken, sanften Hügelketten und kleinen Flüssen ist ein teilweise bewaldetes, fruchtbares Bauernland mit Obstgärten – sogar Wein wird angebaut – zwischen den Wiesen und Weiden. Der größte Teil des Bodens ist seit Menschengedenken von Kleinbauern bewirtschaftet worden, und noch in den siebziger Jahren wurde er zu ungefähr einem Drittel landwirtschaftlich genutzt.

Es ist wirklich eine schöne Landschaft, in Jahrhunderten geformt und kultiviert. Beim Wandern auf den breiten Waldwegen, neben denen die Buchen turmhoch aufragen, oder wenn der Blick von einem Hügel aus über die Felder und die Hausgruppen der nahen Dörfer schweift, fällt es nicht schwer, sich vorzustellen, wie Händler, Soldaten, Räuber, Leibeigene, Äbte und Priester auf den alten Handelsstraßen dahinzogen oder durchs Land streiften, wie Soldaten die Dörfer überrannten. Der Dreißigjährige Krieg, die Napoleonischen Kriege, die Zeiten des Feudalismus und der Klosterherrschaft – all dies scheint weniger lang vergangen als die Weltkriege unseres Jahrhunderts. Panzer und Maschinengewehre oder SS-Männer passen nicht in diese Umgebung. Heutzutage sind hier nur Menschen anzutreffen, die einen Sonntagsspaziergang machen oder *wandern*, manche in den Kniebundhosen und kräftigen Wanderschuhen, die als typisch deutsch gelten und von manchen Deutschen wirklich getragen werden.[2]

Bei der Fahrt über den hohen und breiten Bergrücken ungefähr 40 km südlich von Linden öffnet sich die Landschaft am Fuß des Berges und weitet sich bis hin zu einem fernen Horizont. Die weit voraus liegende Silhouette der alten Hauptstadt der Region ist verhüllt vom feinen blaugrünen Dunst des kontinentalen Himmels. Die sich ins Unendliche verlierende Perspektive gleicht der von Gemälden aus der Zeit der Renaissance. So wie das Gemächliche und Heitere des Landlebens einen verleiten mag, »die Welt« aus den Augen zu verlieren, so war es nicht leicht, die relative Beschaulichkeit und Harmonie des Lebens in Linden mit den Härten und Widrigkeiten der politischen und sozialen Lebensumstände und Auseinandersetzungen in Deutschland in Zusammenhang zu bringen. Die besonderen Anforderungen der Feldforschung hängen zum großen Teil mit diesem nur schwer faßbaren Gegensatz zusammen.

In Linden wohnen etwa 1200 Menschen. Gemeinsam mit zwei kleineren Dörfern, Kleinbach und Waldhof mit etwa 300 bis 400 Einwohnern, bildet Linden eine *Pfarrgemeinde*. Bis in die Mitte der siebziger Jahre war Linden ebenso wie die anderen Dörfer eine selbständige politische Gemeinde. Seither hat es einen Teil seiner örtlichen Autonomie verloren, weil ehedem kommunale Aufgabenbereiche an die Landes- und Kreisverwaltung übergegangen sind. Obwohl Linden seinen Bürgermeister und Gemeinderat behalten hat, die für eine Periode von sechs Jahren gewählt werden, wird nun der größere Teil der Verwaltungsaufgaben und kommunalen Zuständigkeiten von den Behörden in der nächstgrößeren Stadt, Brücken, wahrgenommen. Diese Stadt ist zum Verwaltungszentrum des gesamten oberen Tals geworden. Während der siebziger Jahre gab es in ganz Bayern eine Reform der Kommunalverwaltung, durch die größere Verwaltungseinheiten geschaffen wurden und die Zuständigkeit der örtlichen Verwaltung, die ein Jahrhundert lang nicht verändert worden war, beschnitten wurde. Verwaltungsrechtlich ist Linden nun Teil eines der am dichtesten bevölkerten Kreise in Bayern.

Wenn die EinwohnerInnen von Linden auch nachdrücklich darauf hinweisen, daß sie Bayern sind, so hat doch Hessen in mancher Hinsicht für sie eine größere Bedeutung. In Hessen, vor allem in der Region um Frankfurt und Hanau, arbeiten viele Männer aus Linden; nach Hessen fahren viele zu größeren Einkäufen in die Großstädte oder benachbarte Kleinstädte; viele finden in Hessen ihre/n EhepartnerIn; dorthin werden Kinder ins Krankenhaus gebracht, und dort besuchen manche der Kinder nach der Grundschulzeit weiterführende Schulen. Das ist umstritten, denn das bayerische Schulwesen wird von vielen für weit besser und anspruchsvoller gehalten als das hessische. Die Diskussionen über diesen Punkt haben allerdings auch mit der unterschiedlichen politischen Situation in Hessen und Bayern zu tun: auf der einen Seite das »rote« (SPD-geführte) Hessen, auf der anderen das »schwarze« (CSU-regierte) Bayern, zumindest während meines Aufenthaltes in Linden. Wenn es um die Kleinstädte und Dörfer in der unmittelbaren Umgebung geht, wird dieser Gesichtspunkt als eher nebensächlich betrachtet.

Drei Straßen führen in den Ort und treffen, so gefährlich es – wie in vielen anderen Dörfern – ist, an der Kreuzung im Ortskern aufeinander. Oft herrscht starker Verkehr, die Autos fahren mit hoher Geschwindigkeit, und beim Einbiegen kreischen die Bremsen. Mir ist berichtet worden, daß Menschen an Kreuzungen wie dieser zu Tode gekommen sind. Diese Straßen, die Hessen und Bayern verbinden, winden sich durch die ein bis zwei Kilometer voneinander entfernten Orte bis hin zur Autobahn und zu den größeren Städten. An manchen Stellen sind die Straßen gerade ausgebessert worden. Beim letzten NATO-Manöver in der Gegend um Linden haben riesige Panzerfahrzeuge Straßen und Felder zerstört. Amerikanische Soldaten marschierten durch den Ort, im Marschrhythmus singend und rufend, kauften beim Bäcker ein und verteilten Kaugummis »wie in alten Zeiten«.

An der Bachstraße mit ihrem Kopfsteinpflaster, die mitten durch den Ort verläuft, liegen kleine Geschäfte: Bäckerei, Lebensmittelläden, Post, Bank und Friseursalon. Sie befinden sich im Erdgeschoß von zwei- oder dreistöckigen Häusern. Neben dem Parkplatz vor dem vernachlässigten Kirchgarten mit den hoch aufragenden Pappeln steht in einem kleinen Brunnen als grauweiße Statue die Schutzherrin des Dorfs, *die heilige Elisabeth,* in geneigter Haltung mit demütig gesenktem Blick und merkwürdig großem Kopf. Das Wasser ist schmutzig, der Brunnen voller Zigarettenkippen, Blätter und Kaugummis. Auf den Wegen liegen leere Getränkedosen und Bonbonpapier. Kinder fahren mit ihren Rädern auf dem meist leeren Platz herum. Nur am Sonntag parken hier während der Messe viele Autos. Jungen und Mädchen sitzen auf dem niedrigen Mäuerchen, unterhalten sich und beobachten, besonders an warmen Sommernachmittagen, was vor sich geht.

Die schmucklose rote Backsteinkirche, erbaut im 18. Jahrhundert, liegt am anderen Ende der Anlage, daneben das gerade renovierte *Pfarrhaus*, in dem der Priester mit seiner Haushälterin wohnt. Nächst dem geräumigen Pfarrhaus befindet sich das kleine Rathaus mit einem großen Versammlungssaal, dem dunklen und irgendwie unübersichtlich-verwinkelten Büro des Bürgermeisters und einem kleineren Konferenzraum. Auch eine Bücherei ist hier untergebracht. Viele Jahre lang befand sich an diesem Platz auch das Schulhaus, doch nun liegt die Schule außerhalb des Ortskerns. Die weltlichen und kirchlichen Autoritäten der Gemeinde sind im Zentrum des Dorfes zu finden; und selbst wenn ihre Macht nicht mehr so groß wie früher ist, sollte ihr Einfluß auf die für Linden wichtigen Angelegenheiten doch nicht unterschätzt werden.

Die Häuser des Dorfes stehen dicht beieinander, das älteste in der Mitte, viele teilweise als Fachwerkbau errichtet. Manche Familien haben noch Kühe im Stall oder halten Schweine und Hühner. Oft läuft im Hof ein Hund herum, der knurrt und bellt, sobald jemand auf der Straße vorbeigeht. Außerhalb des Ortskerns, die Hügel hinauf stehen die Neubauten, manche von ihnen aufwendig gebaut. Gewöhnlich sind es Zweifamilienhäuser, in denen unten die Eltern mit den unverheirateten Kindern, oben verheiratete Söhne oder Töchter mit ihren Familien leben. Manche Leute ziehen es vor, das obere Stockwerk nicht an Verwandte zu vermieten. Einige EinwohnerInnen sind von Frankfurt nach Linden gezogen.[3]

Linden am Spätnachmittag: Die Läden sind geöffnet, auf den Straßen ist reger Verkehr, denn viele Leute kommen von der Arbeit nach Hause, Kinder und Jugendliche machen Besorgungen und Botengänge; gleich fährt der Bus ab; einige Männer gehen in die Kneipe. Eine kurze Zeit reger Geschäftigkeit schafft eine Atmosphäre wie die in einem älteren städtischen Arbeiterviertel.

Boden und Arbeit: Aspekte der sozialen Schicht und Zugehörigkeit

Das Alltagsleben, die immer wiederkehrenden Pflichten und die Art, in der sich die Menschen zusammentun, lassen den Eindruck entstehen, daß es zwischen ihnen keine großen Unterschiede gibt, was die gesellschaftliche Position und die wirtschaftliche Lage angeht. Linden ist wie die anderen Orte der Gegend im großen und ganzen recht gut dran. Als größte Unterschiede fallen auf den ersten Blick der zwischen dem alten und dem neuen Teil des Ortes und der zwischen jungen und alten Menschen auf. Dieser Eindruck ist zwar nicht falsch, aber viel zu oberflächlich.

Bis in die jüngste Zeit hatten Untersuchungen über die Geschichte des deutschen Landlebens die Tendenz, die Beständigkeit und Homogenität des bäuerlichen Lebens auf dem Dorfe hervorzuheben, auf die »Traditionsgebundenheit, Bescheidenheit und Klugheit der Bauern« hinzuweisen.[4] Diese Arbeiten sind auf wachsende Kritik gestoßen und haben komplexeren Studien unter den Gesichtspunkten der Volkskunde und Sozialgeschichte Platz gemacht.[5] Linden ist selbstverständlich kein ländliches Idyll und unter bestimmten Gesichtspunkten noch nicht einmal besonders ländlich, obwohl Grund und Boden, Hausbesitz und Erbschaft bestimmende Größen im Leben der Menschen sind, wie es auf eine noch umfassendere Weise schon in früheren Generationen der Fall war. Die ökonomische und politische Struktur von Linden steht nicht im Mittelpunkt meiner Untersuchung und wird deswegen nur begrenzte Beachtung finden. Da aber Arbeit, Einkommen und gesellschaftliche Position bestimmen, wie die Menschen leben, wie sie sich in ihren Beziehungen zu anderen sehen, und welche Ambitionen und Hoffnungen sie für ihre Kinder haben (und ihrerseits wiederum von dieser Lebensweise und diesen Erwartungen bestimmt werden), können sie nicht übergangen werden.

Die Bevölkerung von Linden ist seit vielen Generationen nicht nur auf Grund und Boden als Einkommensquelle angewiesen. Seit der zweiten Hälfte des 19. Jahrhunderts waren LindenerInnen in der Industrie erwerbstätig: die Männer als Fabrikarbeiter, die Frauen als Heimarbeiterinnen oder in örtlichen Betrieben; später fanden auch Frauen nach und nach Arbeit in den größeren Städten. Aber selbst heute verfügen die meisten Familien in Linden noch über ein bißchen Land, wenn auch nur noch wenige von der Landwirtschaft leben können. Diese wenigen, die größere Höfe bewirtschaften, pachten den größten Teil ihres Bodens, was schon lange üblich ist. Wegen der seit der napoleonischen Zeit in Süddeutschland gesetzlich vorgeschriebenen Teilung des Erbes zu gleichen Teilen als *Realteilung*[6] mußte das Land in jeder Generation wieder je nach der Zahl der Kinder geteilt werden. Diese Art der Erbfolge unterscheidet sich von der in Norddeutschland geltenden Regelung, nach der das Land zusammengehalten wurde, weil entweder der älteste oder der jüngste Sohn den gesamten Grund und Boden erbte und die Geschwister ausgezahlt werden mußten. In Linden war es üblich, daß der älteste Sohn den Bauernhof übernahm und das Land von den Geschwistern entweder pachtete oder kaufte; »aber heutzutage macht das, wer das größte Interesse daran hat«, ist die allgemeine Meinung. Bewirtschaftet eine Frau einen Hof, so hat sie größere Schwierigkeiten, einen Ehemann zu finden, als ein Bauer bei der Suche nach einer Ehefrau, da der größte Teil der Arbeit auf dem Hof als Männerarbeit gilt, was bedeutet, daß nur wenige sich das aufladen wollen, wenn sie nicht schon Bauern sind.

Während der sechziger Jahre gab es eine generelle Umverteilung von Grund und Boden, die *Flurbereinigung*, eine vom Staat durchgesetzte und betriebene Reform, die sich über viele Jahre hinzog. Zu jener Zeit fiel deswegen »manch böses Wort«: Leute hatten den Eindruck, daß sie schlechteres Land erhalten hatten, als ihnen vorher gehört hatte, daß ihre Obstgärten verkleinert worden waren; und daß die Mitglieder der Ausschüsse, die gewählt worden waren, um die Interessen der Bauern gegenüber den Regierungsbeauftragten zu vertreten, sich selbst Vorteile verschafft hatten. Ein Teil des Bodens, das spätere Neubaugebiet, wurde von der Umverteilung ausgenommen. Das ehemalige Ackerland dort wurde als Bauland ausgewiesen, was bedeutete, daß deren Eigentümer plötzlich die glücklichen Besitzer von einem oder mehreren der Bauplätze waren, die sie bebauen oder teuer verkaufen konnten.

Schon vor der Flurbereinigung waren viele Dorfbewohner zu *Feierabendbauern* geworden. Diese Lebensweise war allerdings so anstrengend, daß die meisten es vorzogen, den Nebenerwerb aufzugeben und immer größere Teile ihres Landes zu verpachten. Durch die Flurbereinigung war die Verwendung von Traktoren möglich geworden, und »so gut wie jeder kaufte sich einen eigenen Traktor«; die Landwirtschaft schien leichter und gewinnbringender zu werden. »Jeder wollte für sich allein wirtschaften, es gibt hier bei den Bauern keine Tradition der Hilfe auf Gegenseitigkeit«, bedauerte einer der sich vergrößernden Landwirte. Doch der Trend in dieser Gegend geht in die Richtung einer geringeren Zahl von größeren Höfen mit einer Produktion, die immer einseitiger wird und sich zunehmend auf die Bereitstellung des für Milchkühe und Schweine geeigneten Futters konzentriert.

Fast jeder Haushalt hat einen Küchengarten, entweder beim Haus oder auf einem weiter entfernt liegenden Grundstück, da auch die Obst- und Gemüsegärten der Flurbereinigung unterlagen. Oben beim Friedhof ist das Land sehr fruchtbar, und so liegen dort etwa fünfzig Nutzgärten. Oft sind die Frauen bei der in der Regel ihnen obliegenden Gartenarbeit zu beobachten, tief über ihre Gemüse-, Kräuter- und Blumenbeete gebeugt. Land zu besitzen und zu kultivieren war also ein wesentlicher Teil des Lebens, wenn auch seit einigen Generationen nicht mehr die einzige oder auch nur die wichtigste Einkommensquelle.

Heute sind für Linden und die Nachbardörfer kleine Betriebe charakteristisch, häufig Familienbetriebe mit allenfalls ganz wenigen, nicht zur Familie gehörenden Arbeitskräften. Die *Schnaps*brennereien und Apfelweinkeltereien richten ihre Produktion nach dem Obstertrag der Landwirte und Gartenbesitzer; der Apfelwein wird bis nach Frankfurt verkauft. Die Region hat seit jeher ihren Anteil an dem in Frankfurt so beliebten *Äppelwoi*. Die Kleinbetriebe in Linden und ähnliche in anderen Dörfern beschäftigen vor allem junge Mädchen und verheiratete Frauen. Nur eine einzige Firma in Linden hat fast ausschließlich männliche Beschäftigte, einige von ihnen arbeiten dort als Jugendliche nur ein oder zwei Jahre lang. Es werden Metallteile für Handtaschen und Koffer hergestellt. Wegen dieser Firma ließ sich Anfang der siebziger Jahre die größte Lederwarenfabrik am Ort, die ich Lewa nenne, in Linden nieder. Die Inhaber der beiden Firmen kannten sich und trafen Absprachen in bezug auf die Produktion.

Die Herstellung von Lederwaren bestimmt seit dem Krieg den Arbeitsmarkt für die Frauen in Linden. Die drei oder vier Unternehmen beschäftigen Frauen sowohl im Betrieb als auch zu Hause. Bei der Lewa sind etwa 25 Frauen als Fabrikarbeiterinnen fest eingestellt, ungefähr 110 Frauen sind Heimarbeiterinnen. Die anderen Betriebe sind sehr viel kleiner, aber alle sind abhängig von der Lederwarenindustrie in und um Offenbach, für die sie als Subunternehmen tätig sind. In Linden werden Handtaschen, Portemonnaies und Koffer gefertigt. Auch andere Firmen in der Gegend beschäftigen Frauen aus Linden als Heimarbeiterinnen, ohne dort eine Niederlassung oder örtliche Vertreter zu haben.

Heimarbeit wird vor allem von Frauen übernommen und hat zu gewissen Zeiten sehr vielen Frauen in der Region ein regelmäßiges Einkommen gesichert. In Linden gibt es Heimarbeiterinnen seit 1860, als das Häkeln zunächst in geringem Umfang begann, bis in den 1880er Jahren viele Haushalte einbezogen wurden. Lange waren Häkelarbeiten die Haupteinnahmequelle für Mädchen und verheiratete Frauen, besonders in Linden. Während der ruhigeren Zeiten in der Landwirtschaft saßen die Mütter und ihre Töchter den ganzen Tag im Wohnzimmer über ihrer Häkelei. Die gesamte Produktion wurde in Heimarbeit hergestellt, doch die

Frauen, die in einer lokalen Lederfabrik arbeiten

Heimarbeiterinnen hatten nur ungesicherte Verträge mit örtlichen Aufkäufern. Die Zigarrenproduktion weiter unten im Tal wurde bald in örtlichen Fabriken konzentriert, beschäftigte aber keine nennenswerte Zahl von Frauen aus Linden.[7]

Die dritte wichtige Möglichkeit für Heimarbeit war das Schneidern, das sein Zentrum um die regionale Hauptstadt hatte, wo sich in den 1870er Jahren eine Bekleidungsindustrie zu entwickeln begann, die bis zur Jahrhundertwende die größte Textil- und Bekleidungsindustrie Deutschlands geworden war. Es wurde vor allem Herrenbekleidung hergestellt, und die Produktionsweise war geprägt und abhängig von den im weiten Umkreis verteilten kleinen Schneiderwerkstätten. Diese Heimarbeit wurde von Männern übernommen, es gab nur wenige Schneiderinnen. Nach der Ausweitung der Produktion waren in den Textilfabriken der Stadt im Zentrum der Region überwiegend Frauen beschäftigt, allerdings als ungelernte Arbeiterinnen. Dies ist bis in die Gegenwart so geblieben.[8]

Der älteste Familienbetrieb, den es noch in Linden gibt, begann mit Häkelarbeiten. Dort wurden mir einige der Kreationen gezeigt, die seit jenen Tagen, als die modebewußten Frauen in Berlin und Frankfurt ihre Mäntel und Kleider mit gehäkelten Blumen und Schmetterlingen schmückten, in Schachteln aufbewahrt werden. Diese Firma ist heute auf Damenhüte spezialisiert und stützt sich noch immer auf die Heimarbeit von Frauen wie Frau Kestling. Sie näht seit dreißig Jahren Hüte für die Firma Feder; schon ihre Mutter hat für diese Firma gearbeitet. Frau Kestling ist, wie sie sagt, so daran gewöhnt, daß sie es sich gar nicht vorstellen kann, sich nur um ihren Haushalt zu kümmern und nichts anderes zu tun. Viele Frauen in Linden teilen diese Meinung. Sie wollen nicht nur Hausfrau sein. Es ist ihnen wichtig, ein eigenes Monatseinkommen zu haben. Frau Kestling wird pro Hut bezahlt, nicht pro Stunde oder Tag. Sie arbeitet etwa 8 bis 9 Stunden am Tag und fertigt in dieser Zeit 12 bis 15 Hüte. Im Monat verdient sie so 500 bis 600 Mark. Sie meint, die Firma Feder bezahle weniger als andere, aber ihre verheiratete Tochter, die halbtags bei Lewa arbeitet, hat einen Stundenlohn, der nicht über dem liegt, was sie im Stücklohn pro Stunde verdient.

Diese Tochter lebt mit ihrem Mann und zwei Kindern im Obergeschoß ihres Elternhauses. Frau Kestling kocht das Mittagessen, das sie mit ihrer Tochter und den Enkelinnen gemeinsam einnimmt. Das Einkommen wäre vielleicht höher, wenn sie nicht für Feder arbeitete, sondern sich um die Kinder kümmerte, während ihre Tochter als Vollzeitkraft erwerbstätig wäre. Aber sie meint, das wäre zu anstrengend, zumal sie dann die Verantwortung für die Hausaufgaben der Kinder zu übernehmen hätte. Sie findet, daß jede Generation die eigenen Kinder selbst aufziehen soll: »Die Oma sollte nicht überall drinhängen, sonst ist sie schuld, wenn mit den Kindern etwas schiefgeht, denn dann werden sie behaupten, die Oma sei zu *nachgiebig*.«

Diejenigen, die im Dorf oder in ähnlichen Betrieben außerhalb arbeiten, überwiegend Frauen, gelten als unterbezahlt, was ihnen bewußt ist. Die Mitgliedschaft in einer Gewerkschaft wird nicht für ein geeignetes Mittel gehalten, die Situation zu verbessern. Die Frauen murren vielleicht und wagen es unter Umständen, indirekt um eine Lohnerhöhung zu bitten, rivalisieren gar mit besser bezahlten Kolleginnen, aber sie fürchten, ihren Arbeitsplatz zu verlieren, wenn sie sich organisieren. Sie wollen in der Nähe ihrer Wohnung arbeiten, um Haushalt und Kinder unter Kontrolle zu haben. Sich den Ruf einer guten Hausfrau und Mutter zu erhalten, bei der nicht die Lohnarbeit an erster Stelle steht, ist ebenso wichtig wie das Ansehen als guter, verläßlicher Ehemann und Vater, der den Lebensunterhalt seiner Familie sichert.

Die Unternehmer halten nichts davon, daß sich die Frauen organisieren, was die Frau des Inhabers von Lewa deutlich zum Ausdruck bringt: »Was sollen denn Frauen in einer Gewerkschaft!?« Obwohl es üblich ist, daß Frauen als Lohnarbeiterinnen erwerbstätig sind, verhalten sie sich so, als seien sie es nicht. Das Engagement in einer Gewerkschaft würde ausdrücklich bestätigen, was doch heruntergespielt werden soll. Es gibt eine Gewerkschaft, in der sich die Heimarbeiterinnen organisieren können, erklärt mir Frau Kestling, und es war auch schon ein Gewerkschaftsvertreter bei ihr und hat gefragt, ob sie Beschwerden vorzubringen hätte. Aber Herr Feder ist immer mit dabei, und so kann sie nicht viel sagen. Sie lacht spöttisch und zuckt mit den Schultern. Die Gewerkschaft versucht auch nicht, sie zum Beitritt zu bewegen, sagt sie, und außerdem »gibt es keinen bestimmten Ansatzpunkt, ist nicht wirklich etwas zu verändern; es läuft alles ganz gut, so wie es ist«. Wenn sie etwas braucht, kann sie mit Herrn Feder sprechen, eher als mit Frau Feder. Ihr Mann, der in der Glasindustrie in Hanau arbeitet, ist Gewerkschaftsmitglied, was für ihn nicht so problematisch ist wie für sie. Die Männer finden gewöhnlich Arbeit in weiter entfernten, größeren Industriebetrieben und sind deshalb nicht so stark in die Ausbeutung durch Kleinbetriebe am Ort eingebunden oder auf sie angewiesen.

Eine in den 1890er Jahren gebaute Eisenbahnstrecke, die nun durch Bus- und Autoverkehr ersetzt worden ist, stellte eine Verbindung der vielen kleinen Dörfer des Tales miteinander und mit den größeren Städten der Region her. Das erleichterte die Verbreitung von Heimarbeit und die Anreise zu weiter entfernten Arbeitsplätzen. Für die Männer bedeutete die Arbeit außerhalb der Landwirtschaft fast immer das tägliche Fahren zu den größeren Industriestädten und zurück, so daß für die ganze Gegend, wie für andere Regionen auch, der Pendlerverkehr charakteristisch ist.[9]

Aber nicht alle Erwerbstätigen arbeiten unmittelbar in der Produktion. Manche sind *Angestellte*, darunter Frauen, die in örtlichen Betrieben, bei der Post, in der Bank oder bei der *Gemeinde* in der Verwaltung tätig sind. Einige der Berufstätigen sind *BeamtInnen* mit der entsprechenden besonderen Loyalitätspflicht dem Staat gegenüber und dem Recht auf einen gesicherten Arbeitsplatz und eine Pension. Eine deutlich in Erscheinung tretende Gruppe von BeamtInnen in Linden sind die LehrerInnen.

Es gibt also verschiedene Möglichkeiten, Geld zu verdienen. Neben der regulären Erwerbstätigkeit sind viele mit verschiedenen Formen von Produktion und Dienstleistungen, manchmal sogar Zweitjobs beschäftigt oder erzielen ein zusätzliches Einkommen als Eigentümer oder Teileigentümer von Produktionsmitteln. Werden bei der Beurteilung der wirtschaftlichen Situation der Bevölkerung von Linden die verschiedenen Extraeinkommen, die landwirtschaftlichen Flächen (im eigenen Besitz oder gepachtet), die gekauften oder geerbten Bauplätze, die gebauten Häuser, der Austausch von Arbeit und Gütern, die gegenseitige Hilfe beim Bauen berücksichtigt, so scheinen sich die ökonomischen Verhältnisse der einzelnen Familien kaum voneinander zu unterscheiden. Aber trotz dieses Eindrucks von Gleichheit gibt es schichtspezifische Unterschiede und gehören nicht alle Menschen auf die gleiche Art nach Linden. Die sozialen und gesellschaftlichen Unterschiede, die von den Leuten für wichtig gehalten werden, richten sich nicht nur nach der Art und Größe des Besitzes. Sie haben auch zu tun mit Bildung und Beruf sowie der Größe und Art des Bauernhofs, den eine Familie oder Sippe früher besessen hat, also damit, in welcher Weise eine Person oder Familie zu Linden gehört, ob er oder sie Einheimische sind. Die meisten der EinwohnerInnen haben die *Hauptschule* besucht, auf die bei manchen die Berufsschule folgte. Wenige sind SchülerInnen der *Realschule* gewesen und ganz wenige haben das *Gymnasium* mit dem Abitur abgeschlossen.

Den Menschen ist bewußt, daß einige Berufe, etwa LehrerIn, Arzt/Ärztin oder Zahnarzt/-ärztin und Pfarrer, einen hohen Status haben,[10] und sie sind übereinstimmend der Meinung, diesen auch respektieren zu sollen. Aber das bedeutet nicht, daß diese Berufsgruppen das höchste Ansehen genießen, was die innerdörflichen Beziehungen angeht. Das örtliche und das offiziell-förmliche Prestige einer Person stimmen in mancher Hinsicht überein, können aber auch im Gegensatz zueinander stehen. Die Leute haben ein feines Empfinden für den Status eines anderen im Verhältnis zu ihnen selbst: zum Beispiel der Herr Pfarrer, der Herr Lehrer, die Frau Rektorin, der Bürgermeister (der allerdings einen besonderen Status hat, weil er meistens im Ort geboren ist), der wohlhabende Fabrikbesitzer, der erfolgreiche Architekt, der örtliche CSU-Delegierte usw. – ihnen allen wird als Angehörigen eines Berufsstandes und einzeln als Person ein größerer förmlicher Respekt entgegengebracht (was zugleich Distanz schafft) als den gewöhnlichen ArbeiterInnen oder Angestellten, auch wenn sie zur eigenen Nachbarschaft gehören.

Diese gewöhnlichen Menschen, die in Fabriken und Büros arbeiten, die Inhaber von Kleinstbetrieben und Einzelhandelsgeschäften, sie alle besitzen ein Eigenheim, einen Nutzgarten, eventuell auch Milchkühe oder Schweine. Die Frau verrichtet vielleicht Heimarbeit, während der Mann zur Arbeit nach auswärts fährt. Es sieht nicht so aus, als klassifizierten sie sich selbst so, daß dadurch ein Statusunterschied begründet werden könnte. Zwar dünkt sich eine Büroangestellte möglicherweise ein wenig besser oder klüger als die Frau, die bei der Lewa Handtaschen näht; doch das hindert sie nicht daran, sich zugleich mit einer anderen Frau eng verbunden zu fühlen, die für eine ähnliche Firma und für den gleichen Lohn dasselbe tut wie die Lewa-Arbeiterin.

Ich habe den Eindruck, daß es in Linden zwar verschiedenartige Beziehungen und offenbar Differenzen zwischen einzelnen Kategorien von Leuten gibt und Feinheiten bei der Klassifizierung von Menschen nach ihrem sozialen Status durchaus beachtet und entsprechende Unterschiede gemacht werden, daß es aber zugleich Mittel und Wege gibt, um soziale und ökonomische Unterschiede zu verschleiern und politische Gegensätze zu überbrücken, so daß ein Gefühl der Zusammengehörigkeit und der »Gemeinsamkeit« tatsächlich oder zumindest in der Phantasie besteht. Die Ideologie und Praxis der Kindererziehung, also das Bemühen, die Persönlichkeit der Heranwachsenden wunschgemäß zu formen und eine gute Ordnung der Dinge herzustellen, ist ein wesentlicher Teil dieses gemeinsamen Anliegens.

Arten der Geselligkeit

Die Leute sind nicht immer nur mit irgendeiner beruflichen oder hauswirtschaftlichen Tätigkeit beschäftigt, meistens passiert auch noch etwas anderes im Ort. Die Menschen gehören verschiedenen Gruppen mit jeweils gemeinsamen Interessen, *Vereinen*, an: Vereinen für Musik, Sport, Gartenbau oder Taubenzucht, der Feuerwehr; außerdem gibt es Chöre, Jugendgruppen und im kirchlichen Bereich örtliche Gruppen bundesweiter Organisationen. Hin und wieder werden Seminare oder andere Treffen veranstaltet, bei denen grundsätzliche Probleme erörtert werden, zum Beispiel folgende Themen: Religion und Kirche heute, Kindererziehung, Familienleben, Terrorismus, Todesstrafe. Außerdem finden zu jeder Jahreszeit zahlreiche Feste statt, die manchmal tagelang dauern. Fasching ist vielleicht das spektakulärste, zumindest aber das Fest, über das am meisten geredet wird. Die Kirche organisiert Zusammenkünfte und Prozessionen und bietet auch den Rahmen für eher weltliche Feste. Der Kindergarten ist Veranstaltungsort nicht nur für die Familien, deren Kinder gerade dort betreut werden, sondern für alle, die zum Weihnachtsbasar oder zum Sommerfest kommen möchten. Bei vielen dieser Gelegenheiten spielt der Posaunenchor, und zwar am Tag und in der Nacht, in der Kirche und im Freien, überall.

Die einem bestimmten Zweck dienenden öffentlichen Veranstaltungen als Formen des Zusammenkommens von Dorfbewohnern bieten Fremden eher die Gelegenheit zur Teilnahme als die überwiegend geschlossenen und individuelleren Versammlungsformen kleiner Gruppen von Freunden oder nahen Verwandten. Die auf der Basis der Freiwilligkeit jedem Interessierten offenen Vereine bieten Platz für unterschiedliche Beziehungen, die es in kleineren, privaten Gruppen nur selten gibt. Die Leute besuchen sich nicht uneingeladen zu Hause, es sei denn, sie sind Mutter und Tochter oder Schwestern. Es ist tunlichst zu vermeiden, als untätig und neugierig zu gelten. Die Wohnung oder das Eigenheim sind ein nach außen abgeschlossener Bereich, in dem sich jeder um »seinen eigenen Dreck« kümmert, wie eine gängige Redewendung es ausdrückt. Noch seltener besuchen sich Männer zu Hause, sie gehen so gut wie nie zu einem Bruder oder ihrem Vater, um miteinander zu reden und Kaffee zu trinken. Ein Mann wird vielleicht einmal seine Mutter besuchen, aber es ist wahrscheinlicher, daß seine Frau das tut.

Statt dessen arrangieren die Leute bei vielen sich bietenden Gelegenheiten alle Arten von Zusammenkünften. Familien veranstalten Geburtstagsfeste, besuchen sich an Weihnachten. Ehepaare treffen sich am Samstagabend regelmäßig zum Kegeln und essen anschließend noch einen Happen in der *Wirtschaft*; eine »Clique« junger, verheirateter Frauen trifft sich wöchentlich einmal reihum zum Nähen oder Kartenspielen und Tratschen bei einer von ihnen zu Hause, und hin und wieder gehen alle zusammen zum Pizzaessen; manche Paare treffen sich im Sommer am Sonntagnachmittag zum Grillen im Freien. Sie unternehmen etwas gemeinsam, und wenn Männer und Frauen dabei sind, ist die Unterhaltung oft gespickt mit Späßen und Hänseleien, manchmal derb und obszön.

Die Zusammenkünfte sind überwiegend familienbezogen. Selbst bei großen Dorffesten bleiben Ehepaare und ihre nächsten Verwandten gewöhnlich beieinander. Zu den meisten Cliquen von FreundInnen gehören auch Leute, die verschwistert und verschwägert sind. Die Menschen bilden eine enge Gemeinschaft mit denen, die auch im Alltag um sie herum sind. Geschlecht, Alter und soziale Schicht sind wichtige Gesichtspunkte der Gruppenbildung, aber sie führen nicht zu geschlossenen und abgegrenzten Mitgliedschaften, sondern schaffen eher eine besondere Qualität der Beziehung. Obwohl die Menschen sich der sozialen Unterschiede, des Verbindenden und Trennenden, durchaus bewußt sind und sorgsam darauf achten, sich nicht in anderer Leute Angelegenheiten einzumischen und Gefahr zu laufen, für anderer Leute Fehler oder Pech verantwortlich gemacht zu werden (»daran schuld zu sein«) – was beeinflußt, wie sich das Geflecht der sozialen Beziehungen, in das der einzelne eingebunden ist, entwickelt –, sind die Grenzen nicht ein für allemal gezogen. Sie sind weder unverrückbar noch undurchlässig. Es ist abhängig vom spezifischen Zusammenhang jeder Gruppierung, ob und wie die Unterschiede zwischen den Personen beachtet und genutzt werden. In der Beziehung zu Außenseitern, ob nun *Fremde* oder *Zugezogene* (Menschen, die zuziehen, ohne mit LindenerInnen verheiratet oder verwandt zu sein), werden solche Unterschiede leichter zugeschrieben, da solche Menschen keine LindenerInnen sind und oft einen besonderen sozialen Rang haben, etwa als Pfarrer, Arzt/Ärztin oder LehrerIn. In den alltäglichen Beziehungen der Lindener zueinander kann ein Unternehmer sehr wohl freundschaftliche oder vereinsbedingte gute Beziehungen zu einem weniger gut gestellten Arbeiter oder Angestellten haben. Wie schon beschrieben, wird die Schärfe des Klassengegensatzes durch verschiedene Faktoren modifiziert. Die Lebensstile können sich sehr ähnlich sein: Besitz und Pflege eines Hauses; Verfügung über Bauplätze und Gartenland; Erziehung und Ausbildung der Kinder; Kirchgang; Teilnahme am Vereinsleben.

Verwandtschaftliche Beziehungen bieten eine Möglichkeit, mit dem Problem der sozialen Unterschiede umzugehen und zu bestimmen, inwieweit sie tatsächlich »einen Unterschied machen«. Mit der Familie und nahen Verwandten einen engeren Umgang zu pflegen bedeutet zugleich, den Platz in der Rangordnung zu berücksichtigen, ohne ausdrücklich auf die Schichtzugehörigkeit oder persönliche Präferenzen hinzuweisen. Ein weniger leicht zu umgehendes Problem ist die Zugehörigkeit zu einer bestimmten sozialen Schicht, wenn diese in bezug auf unterschiedliche Chancen und die Möglichkeit, Zugang zu politischer Macht zu finden, Bedeutung erlangt. Nur wohlhabend zu sein, geschäftlichen Erfolg zu haben und etwas Land zu besitzen muß noch keinen »Unterschied machen«, es sei denn, jemand hat politische Ambitionen und setzt Bildung und ökonomische Möglichkeiten ein, um sich Verbindungen zu schaffen und eine politische Karriere zu fördern.

Manchmal sind die Leute der vielen öffentlichen Veranstaltungen, Feste und Feiern überdrüssig. Sie sind haben keine Lust mehr, weil ihnen die damit verbundene, zeitraubende Arbeit zu viel wird. Aber schließlich beteiligen sie sich doch und übernehmen ein weiteres Mal ihren Teil der Vorbereitungen. Einige lehnen die Teilnahme an solchen Veranstaltungen rundweg ab und befassen sich ausschließlich mit ihren eigenen Angelegenheiten und ihrem Familienleben. Bestimmte Familien und Einzelpersonen bewegen sich am Rand dessen, was noch als gesellschaftlich akzeptabel gilt; sie trinken zuviel Alkohol, streiten sich ungewöhnlich heftig zu Hause, wechseln ihre Sexualpartner zu häufig, oder sie leben in Armut und Verwahrlosung. Es wird zwar nicht direkt der Stab über sie gebrochen, aber sie bleiben öffentlichen Veranstaltungen meistens fern. Einzelne LindenerInnen mögen sie verurteilen, aber niemand hat das Recht, gegen diese Menschen vorzugehen, wenn sie dazu keinen unmittelbaren Anlaß geben, indem sie jemanden belästigen. Auf diese Weise werden sie gewissermaßen toleriert, wenn auch mit Befremden und voller Zorn oder mit Spott und manchmal mit einem Anflug von Mitleid. Bei einem Gang ins Wirtshaus nach einer Versammlung ist es durchaus möglich, sich bei einem Glas Bier oder Wein plötzlich im Gespräch mit Leuten wiederzufinden, mit denen ein privater Umgang einem nicht mal im Traum einfallen würde.

Verheiratete Frauen pflegen, darauf habe ich schon hingewiesen, ihre Beziehungen zu anderen Frauen bei häuslichen Zusammenkünften auf eine Art, wie Männer es nicht tun. Ohne Frauen treffen Männer sich in der Öffentlichkeit. Das können Frauen auch tun, aber die Basis ihres Zusammenseins ist das Zuhause. Frauen gehen, anders als Männer, nicht regelmäßig in die Kneipe, selbst wenn jüngere Frauen, auch verheiratete Frauen, von Zeit zu Zeit gemeinsam ausgehen. Eine kurze Beschreibung soll Einblick in verschiedene Formen der häuslichen Geselligkeit geben: Es bestehen einige Unterschiede zwischen dem *Kaffeekränzchen*, zu dem Hermine Walzick hin und wieder einlädt, wenn ihr boshafter und geiziger Mann zur Arbeit außer Haus ist, und den Donnerstagabend-Treffen in Christiane Mahlers Haus. Hermine Walzick ist eine dicke Frau in den Fünfzigern. Sie stammt aus einer alten Lindener Familie, ihr Mann hingegen ist als Flüchtling aus dem Osten gekommen. Ihre beiden Söhne sind selten zu Hause: Der eine studiert in Hannover, der andere leistet gerade seinen Wehrdienst. Sie ist sehr stolz auf ihre Söhne, gibt aber nicht viel auf ihren Mann. Bis vor einigen Jahren arbeitete sie in einer der Lederwarenfabriken, aber nach einer langen Krankheit wurde ihr gesagt, es seien nicht genügend Aufträge da, um sie weiter zu beschäftigen. Ihrer Meinung nach ist sie damals ausgetrickst worden, weil die Firma sie hat loswerden wollen. Seitdem ist sie nicht mehr erwerbstätig gewesen, und nun verwendet sie viel Zeit und Kraft auf die Pflege ihres Gartens.

Zu Hermine Walzicks *Kaffeekränzchen* kommen »Branntwein-Emma«, wie sie hinter ihrem Rücken genannt wird, und Frau Lohr, eine ältere Frau, die vor vielen Jahren von Frankfurt nach Linden gezogen ist. Der Verlauf des Gesprächs hängt davon ab, wie betrunken oder nüchtern Emma gerade ist, wieviele Probleme sie mit ihren Töchtern hat, die versuchen, ihren neuen Freund davon abzuhalten, zu ihr zu kommen. Frau Lohr hat einige Reisen in andere europäische Länder unternommen und berichtet gerne von ihren Erfahrungen. Hermine bedauert Emma, oder sie ist überheblich und belehrt sie. Während wir am Kaffeetisch sitzen, können wir hören, wie draußen im Hof der Schäferhund bellt, wenn jemand auf der Straße am Haus vorbei geht.

Christiane Mahler lebt weiter oben in der gleichen Straße wie die Walzicks. Sie ist eine junge Frau, noch nicht dreißig, die mit ihrem Mann und zwei kleinen Kindern im Haus ihrer Schwiegereltern wohnt. Diese sind Inhaber einer Metzgerei, in der auch ihr Mann, ein Metzger, arbeitet. Christianes Eltern und Geschwister leben einige Straßen weit entfernt. Sie ist halbtags in einem kleinen Büro am Ort »für einen Hungerlohn« beschäftigt, wie ihre Schwägerin sagt, kann aber den Gedanken nicht ausstehen, jeden Tag für alle zu kochen. Das müßte sie tun, wenn sie zu Hause bliebe, und deshalb zieht sie die schlechte Bezahlung dem Hausfrauendasein vor.

An jedem Dienstagabend kommen ihre Schwägerin, ihre Cousine und die Kindergärtnerin Heike, die noch nicht verheiratet ist, zu ihr zum Nähen, Kartenspielen oder Fernsehen. Sie trinken Kaffee oder Wein, und gewöhnlich gesellt sich der Mann ihrer Cousine zu ihnen, der »seine Frau nicht aus den Augen läßt«, wie gemunkelt wird. Die anderen finden das ziemlich blöde, nehmen es aber hin, und das Ehepaar scheint damit gut zurechtzukommen. Von Zeit zu Zeit fahren alle zum Pizzaessen in eine nahe hessische Stadt. Meistens kommt auch Christianes Mann noch dazu, sobald er nach dem Fußballtraining mit einer Schülermannschaft etwas später nach Hause gekommen ist. Er bleibt nur selten im Anschluß an das Training noch im Vereinsheim, um mit anderen dort ein Bier zu trinken. Da es ihm Spaß macht, Teppiche zu knüpfen, was manche Männer tun, setzt er sich zu den Frauen oder vor den Fernseher.

Diese beiden Frauen treffen sich, wie so viele andere, vor allem zu Hause mit Freundinnen, Nachbarinnen und Verwandten. Das jeweilige Netz von Beziehungen ist abhängig vom Alter, von der sozialen Herkunft, den persönlichen Vorlieben und der Art und Dauer der Zugehörigkeit zum Dorf. Ihre Ehepartner und die eigene Familie entscheiden mit über die gesellschaftliche Position, die sie sich selbst schaffen können. Wegen der Konflikte mit ihren eigenen Verwandten und der Tatsache, daß ihr Mann in Linden keine Verwandte hat, ist Hermine näher an den Rand geraten als Christiane, die gute verwandtschaftliche Beziehungen in Linden hat und außerdem mit dem Sohn einer in Linden relativ einflußreichen Familie verheiratet ist. Die Leute, mit denen Hermine zusammen ist, sind eine Art Außenseiter, während diejenigen, mit denen Christiane sich trifft, im »ganz normalen« Leben in Linden integriert sind.

Gemeindeverwaltung und Kommunalpolitik

Für die Entwicklung politischer Aktivitäten und die Förderung einer politischen Karriere sind auch in Linden die gesellschaftliche und wirtschaftliche Position und das Geschlecht des oder der sich Engagierenden wichtig. Eine Frau stellte fest: »Politik ist Männersache.« Auf dem Arbeitsmarkt und im politischen Leben sind Frauen als solche nicht besonders hoch geachtet, und in der Kommunalpolitik besetzen sie nur selten einflußreiche Positionen. Jemand brachte die unter den LindenerInnen weitverbreitete Ansicht zum Ausdruck, in der Politik gehe es um eine parteipolitische Auseinandersetzung und diese habe mit dem täglichen Leben der Menschen kaum etwas zu tun. Die jüngste Verwaltungsreform erinnerte sie jedoch einmal mehr daran, daß das nicht stimmt.

Das Tal ist in drei Verwaltungseinheiten mit jeweils einem Verwaltungszentrum geteilt worden, was bedeutet, daß eine Gemeinde wie Linden weite Bereiche seiner Autonomie aufgeben mußte. Linden hat zwar seinen Gemeinderat, seinen Bürgermeister und einige Verwaltungsaufgaben und Einnahmequellen behalten, aber die wichtigsten Zuständigkeiten und der Hauptteil der Einnahmen mußten an die Verwaltung in Brücken abgegeben werden. Dabei sind Gegensätze zwischen den einzelnen Dörfern offen zutage getreten. Waldhof hat es vorgezogen, sich mit Brücken zusammenzuschließen, nicht mit Linden, mit dem es zu einer Kirchengemeinde gehört. Das schwächte die politische Bedeutung Lindens und sorgte für erheblichen *Ärger*. Es sind feindselige Witze über »die Pasquillen« (überhebliche »Schlechtschwätzer«) in Brücken und den Opportunismus und das intrigante Verhalten der Waldhofer zu hören. Vor dem Krieg war es allerdings noch schlimmer, erklärt ein älteres Mitglied des Gemeinderats, »wegen der Juden in Brücken«. Sie waren Kaufleute – wie Juden es nach Ansicht der LindenerInnen und vieler Leute in den Nachbargemeinden offenbar immer sind –, und ihre Existenz sorgte für viel Gerede und Mißtrauen, verursachte Konflikte. »Nun sind sie nicht mehr da (seit dem Pogrom im Jahre 1938, bei dem auch die Synagoge niedergebrannt worden ist). Aber jetzt leben dort Fremde und Zugezogene aus Frankfurt. Die bleiben unter sich, gehören nicht dazu. In Brücken gibt es keine *Gemeinschaft*, keinen Zusammenhalt wie in Linden.«

Durch Eheschließungen hat sich die ökonomische Kraft und der politische Einfluß einiger Familien oder Sippen vergrößert, was es manchen Mitgliedern dieser Familienverbände ermöglicht, in der politischen Auseinandersetzung eine dominante Rolle zu spielen. So kommen die Bürgermeister in der Regel immer wieder aus der gleichen Familie oder demselben Familienverband. Dies ist unter soziologischen Aspekten keine Überraschung, wie andere Untersuchungen gezeigt haben.[11]

Vor allem Männer haben also Zugang zur politischen Macht und machen politische Karrieren. Durch ihre öffentlichen Treffpunkte, die Kneipen und nun auch das Vereinsheim des Sportvereins, haben sie die Möglichkeit, sich Gehör zu verschaffen und den Informationsfluß zu steuern. Frauen gehen nicht so regelmäßig in die *Wirtschaft*, wie das die Männer immer getan haben. Sie haben nicht die gleichen öffentlichen Begegnungsstätten, in denen nur darauf gewartet wird, daß sie kommen, und die sowohl ein ungestörtes Zusammensein erlauben, als auch für »interessante« Gäste offen sind. Die Frauen sind im außerhäuslichen Bereich tätig, indem sie zur Arbeit gehen, an Versammlungen und Festen teilnehmen, als Vereinsmitglieder aktiv sind und nicht zuletzt für die Reproduktion ihrer Familie sorgen. Sie beeinflussen das Geschehen, aber was die Politik betrifft, so neigen sie mehr dazu, den Männern den Rücken zu stärken, als deren Platz einzunehmen.

Es gibt in Linden einige wichtige Ansatzpunkte für den Einstieg in die Kommunalpolitik: die Kirchengemeinde, seit jeher, und die Vereine, insbesondere den *Sportverein*, von dem manche Aktiven in der Kirchengemeinde denken, daß er den Einfluß der Kirche mindert. Einige Mitglieder des Gemeinderats sind auch Mitglied im Kirchenvorstand und/oder im Vorstand des Sportvereins. Sie sind als Personen und als Organisationen durch ökonomische Interessen fest miteinander verbunden, die innerhalb Lindens und nach außen Verbindungen schaffen und die CSU zu einer stabilen und mächtigen Basis und Kraftquelle für alle machen, die diese Partei unterstützen. Das wird nicht öffentlich eingestanden, ist aber bis in verschiedene Details bekannt und nach Ansicht mancher BürgerInnen der Grund dafür, daß es nicht gelingt, den »sturen, alten Bussard« von Bürgermeister, der schon sehr lange im Amt ist, durch einen neuen zu ersetzen. »Es wird die Person gewählt, nicht die Partei«, so heißt es. Und das bedeutet, daß es Ärger gibt, wenn jemand gegen den Bürgermeister kandidiert, solange er selbst sich um seine Wiederwahl bemüht. Es wird hier nämlich nicht zwischen den Parteien, sondern in einer Direktwahl zwischen Personen entschieden. Bei Landtags- und Bundestagswahlen erhält die CSU bei weitem die meisten Stimmen, und das gilt auch für die Kommunalwahlen, da die große Mehrheit der Gemeinderatsmitglieder der CSU angehören. Einige sind Mitglied der SPD, doch das ist für sie kein Grund zu Auseinandersetzungen mit den anderen Gemeinderatsmitgliedern. Im allgemeinen scheinen es die meisten Leute für angebracht zu halten, daß bei örtlichen Wahlen »die Partei keine Rolle spielt«. Sie glauben, daß sie ihren Blick auf das Wesentliche richten, nämlich die Person und ihre Eigenschaften.

Franz-Josef Strauß war für viele LindenerInnen nicht die populärste Leitfigur der CSU. Seine Intelligenz wurde zwar von allen positiv beurteilt, so wie Intelligenz in Linden immer große Achtung genießt, aber er wurde für zu grob und zu rechtslastig gehalten. Es ist schwer zu sagen, was die Leute veranlaßt, CSU oder SPD zu wählen; es ist auch schwierig für sie, sich zu entscheiden. Nicht unwichtig dabei ist, daß das Wahlverhalten als Fortsetzung einer »Tradition« gesehen wird und Ausdruck der Loyalität gegenüber der eigenen Familie ist. So ist es bei einer SPD-Wählerin, die sich nicht vorstellen kann, die CSU zu wählen, obwohl ihr Mann das tut. Ihr Großvater war Mitbegründer des SPD-Ortsvereins (der später seine Tätigkeit einstellte, sich aber gegen Ende meines Aufenthaltes neu zu gründen schien), ihre Eltern wählten SPD. Ihr Mann entstammt einer CDU-Familie in Hessen, und viele seiner Verwandten sind in der CDU aktiv. Er ist ein ungelernter Arbeiter, hat aber nicht den Eindruck, daß die SPD eine Lösung für seine Probleme anbietet. Es scheint, als dächten viele, daß die Leute bei der SPD tatsächlich nicht überwiegend Arbeiter, sondern Akademiker oder dergleichen sind, so daß sie nicht beliebt sind. Es kann durchaus Meinungsverschiedenheiten geben, aber sie hat nicht schon deshalb etwas gegen verschiedene Gemeinderatsmitglieder, weil diese die CSU unterstützen, solange sie sich nur bemühen, dem Besten von Linden zu dienen. Die meisten Leute haben das Gefühl, daß die CSU im Gegensatz zur SPD die christlichen Werte hochhält; und die Kirche läßt diese Wirkungsmöglichkeit nicht ungenutzt. Bei der Sonntagsmesse einige Wochen vor den Landtagswahlen mahnt der Pfarrer in seiner Predigt die Gläubigen, aufzupassen und diejenigen zu wählen, die »unsere christlichen Werte« durchsetzen. Alle verstehen, daß er die CSU meint, und viele – SPD- wie CSU-Wähler – sind befremdet. Die Meinung, die nach dem Gottesdienst fast übereinstimmend geäußert wird, läuft auf die Feststellung hinaus: »Politik gehört nicht in die Kirche! Es geht den Pfarrer nichts an, wen wir wählen.«

Die Menschen vertreten eine Art kleingewerblich-wirtschaftsliberal definierter individueller Freiheit, ganz gleich ob sie ArbeiterInnen, Angestellte oder Selbständige sind: Alle haben das Recht, mit ihrem Eigentum nach Gutdünken zu verfahren, jeder hat das Recht, seinen Vorteil zu suchen und Erfolg zu haben, ohne daß das andere etwas angeht. Jeder wählt, wen er will. Da die meisten Einwohner von Linden über ein Stück Land, und sei es noch so klein, verfügen und Hausbesitzer sind und zugleich häufig Interessen haben, die mit denen von abhängig beschäftigten Arbeitnehmern übereinstimmen, haben sie zur staatlichen Politik eine ambivalente Einstellung. Der Staat fordert die Loyalität aller BürgerInnen, das muß sein, aber er sollte sich nicht anmaßen, die Lebensführung der BürgerInnen bestimmen zu wollen.

Geschichte, die Vergangenheit und Probleme des Selbstverständnisses

Ich betrachte die Menschen in Linden, denen ich begegnet bin, nicht als Repräsentanten einer objektiv gegebenen Geschichte, sondern sehe sie eingebunden in eine Geschichte, die auch von ihnen selbst konstruiert wird. Das erweist sich als ein komplexes analytisches und methodologisches Problem, das ich nur sehr oberflächlich behandeln kann.[12] Wenn LindenerInnen sich sehr stark mit ihrer Geschichte und den Schwierigkeiten, Deutsche zu sein, beschäftigen, so haben sie das offensichtlich mit den meisten anderen Deutschen gemeinsam. So sehr sich die Leute auf ihre örtlichen Angelegenheiten konzentrieren mögen, so sehr ist ihnen doch auch bewußt, daß sie von anderen, AusländerInnen, vor allem im Hinblick auf den gesamten Verlauf der deutschen Geschichte beurteilt werden.

In den späten 1960er Jahren organisierten die größten Vereine – der Musik-, Sport- und Gartenbauverein – im Juni ein dreitägiges Fest, um das 700jährige Bestehen von Linden zu feiern, *Fränkische Heimat, wie bist du schön!* In der eigens aus diesem Anlaß verfaßten Festschrift wird erläutert, daß Linden tatsächlich sehr viel älter ist als 700 Jahre. Die Gegend war schon in der späten Steinzeit und Bronzezeit besiedelt, aber darüber ist wenig bekannt. Viel später dehnte sich das Römische Reich nach Norden aus, ohne sich das Tal einzuverleiben, wie angemerkt wird. Es wird jedoch vermutet, daß es über die Grenze hinweg zu Begegnungen zwischen den Römern und »den freien Teutonen unserer Heimat« kam. Im 5. und 6. Jh. wurden die in dieser Region ansässigen Alemannen von den Franken besiegt (unter dem Merowingerkönig Chlodwig), und angeblich kann der Name des Dorfes Linden bis in diese Zeit zurückverfolgt werden. Linden war damals sehr wahrscheinlich ein militärischer Außenposten in der Nähe des Waldgebietes und der wichtigen alten Handelsstraße, die eine Verbindung zwischen Osten und Westen herstellte. Zwischen dem 11. und dem 13. Jahrhundert entstanden die meisten Dörfer im Tal, und aus dieser Zeit stammt die älteste schriftliche Quelle, der zu entnehmen ist, daß es Linden bereits gab. Das Schriftstück belegt, daß in jenem Jahr Linden mit Kleinheim und Waldhof vom Erzbischof dem dortigen Kloster verkauft wurde. Die drei Gemeinden bildeten die Herrschaft Linden und wurden länger als fünf Jahrhunderte als politische Einheit behandelt. Bis ins späte 18. Jahrhundert standen das Tal und Linden unter Klosterherrschaft, obwohl es Versuche des Adels gab, das Land und seine Bevölkerung unter seine Kontrolle zu bringen. Im Verlauf der politischen Neuordnung der Rheinbundstaaten nach den Vorgaben des napoleonischen Systems und im Zuge der Säkularisierung, der Aufhebung der Klöster und des Einziehens des Kirchenbesitzes durch den Staat, wurden die meisten Dörfer in der Region dem

Fürstentum Aschaffenburg zugeschlagen. 1816 wurde das Rosental zu einem Teil des *Königreichs Bayern.*[13]

Die Art, in der diese historischen Fakten in der Festschrift dargestellt sind, appelliert an das Gefühl, einer seit Jahrhunderten bestehenden Gemeinschaft anzugehören und in die »Dramen der Geschichte« einbezogen, Teil eines kollektiven Prozesses zu sein. Der Reiz des Besonderen dieser Entwicklung wird in Erzählungen über das abenteuerliche Leben von Räubern und Banditen in den Wäldern entlang der Handelsstraße deutlich. Viele Leute sind an ihrer Geschichte interessiert. Und für sie ist dieser alte Handelsweg bezeichnend für vieles, was Linden zu etwas Besonderem macht, und zugleich der Ausdruck des Eingebundenseins in umfassendere Prozesse. Bei Spaziergängen mit LindenerInnen wurde mir oft der alte Grenzstein zwischen Bayern und Preußen gezeigt, eine Markierung von Unterschieden, die heute keine so großen Unterschiede mehr sind. Aber noch immer freuten sie sich, auf der »richtigen Seite« der Grenze zu wohnen, wenn es denn eine Grenze ist, selbst wenn sie sich kulturell eher dem Gebiet an der Grenze nach Hessen zugehörig fühlen. Ihrer Ansicht nach sind sie vor allem durch diese Identität an Deutschland gebunden, nicht vorrangig als Bayern. Aber ich denke, daß sie Bayern wegen seiner Vielfältigkeit und seines Reichtums, wegen seiner »Ursprünglichkeit und Wildheit« und wegen der anhaltenden Bemühungen um Selbständigkeit bewundern, dafür, daß es sich von den anderen *Bundesländern* abhebt und Stärke zeigt. Der Freistaat Bayern ist für sie etwas Besonderes, so wie die katholische Kirche eben mehr Prunk entfaltet als die protestantische. Aber bestimmte Positionen der modernen Ideologie transzendieren die Unterschiede zwischen Katholizismus und Protestantismus ebenso wie die Grenze zwischen Preußen und Bayern, was ich, implizit, in den nächsten Kapiteln belegen will.

Wenn mir die Geschichte Lindens nahegebracht werden sollte, so wurden meistens zwei Ereignisse hervorgehoben: der Schwarze Tod und der Dreißigjährige Krieg. Der Schwarze Tod brachte Not und Elend über die Dörfer und ließ einen großen Teil der Bevölkerung dahinsiechen. Seit dieser Zeit, so wurde mir erzählt, siedelten sich französisch sprechende Leute in der Gegend an, was noch an einigen ihrer Familiennamen zu erkennen sei. Wie gegenüber der Pest waren sie auch Opfer im Dreißigjährigen Krieg. In dieser Zeit kamen die Schweden als Eroberer in die Region. Da ich Schwedin bin, machten die Leute manchmal Witze oder verulkten mich, weil ich aus dem Land der Feinde komme, und fragten, ob ich denn bewaffnet sei. Sie fragten mich auch, ob ich mir der Brutalität der damals durchs Land ziehenden schwedischen Soldaten bewußt sei, ob ich die »Schwedengeschichten« kenne oder wisse, daß die Gefängnisgitter in Deutschland als *schwedische Gardinen* bezeichnet würden (wenn sie sich auch nicht sicher waren, was dieser Ausdruck bedeutet und ob er mit dem Dreißigjährigen Krieg zu tun hat). Frau Mann, die Frau eines Lehrers, hatte als Kind Angst vor den Schweden gehabt. Sie hatte etwas von einem *Schwedentrunk* gehört, Wasser, das die Schweden Menschen so lange einflößten, bis diese tot waren.[14]

Im Hinblick auf den Dreißigjährigen Krieg, der ganz sicher in Schweden anders beurteilt und in schwedischen Schulen anders dargestellt wird als in Linden, ergab sich, sozusagen, ein Rollentausch: In diesem Fall waren sie die Opfer und die anderen, die Fremden, grausam und schlecht. Mich »anzuklagen« könnte mich vielleicht davon abhalten, sie anzuklagen; denn trotz der Neutralität Schwedens während des Zweiten Weltkriegs gingen sie, meiner Meinung nach, davon aus, daß ich auf seiten der Gegner stünde und versuchen würde, sie mit meinen Fragen und Vermutungen in die Enge zu treiben. Wenn ich später während meiner Forschungsarbeit mit den Leuten redete, zeigten sie sich von der Problematik, »Deutsche zu sein«, stärker betroffen als davon, die Opfer der Besatzungsarmee von Gustav II. Adolf gewesen zu sein. Darauf richtet sich mein analytisches Interesse, und dies ist es, was auf die eine oder andere Art beeinflußt, wie ich diese Menschen wahrnehme.

Die Festschrift weist nicht auf eine besonders heroische Vergangenheit hin, sondern auf eine Vergangenheit von »historischer Bedeutung«. Es gibt aber andere, schlichtere Ansichten über das Rosental. Für manche Leute war das Tal früher »arm und zurückgeblieben«, während andere es als eine ziemlich prosperierende und aufgeschlossene Gegend bezeichnen. Während des Pausengesprächs einiger LehrerInnen vertritt Frau Rasch die Auffassung, daß die Bevölkerung im Rosental sehr arm gewesen sei, »Leute verhungerten bis in die Nachkriegszeit«, und daß dies die Intelligenz der Menschen beeinträchtigt habe, auch wegen der verbreiteten Inzucht – *da gibt's viele Deppen*. Ein jüngerer Kollege, neu an der Schule und in der Gegend, ist ganz anderer Ansicht. Er hat einen Bericht des Arztes Virchow aus dem 19. Jahrhundert gelesen, der weite Reisen unternommen und Bücher auch über diese Gegend geschrieben hatte. Seiner Meinung nach war das Rosental »offen«, eine Gegend, in der es den Leuten nicht allzu schlecht ging.[15] Im Gegenteil: Wegen der immer weiteren Verbreitung von Heimarbeit und Kleinindustrie galt das Rosental im frühen 20. Jahrhundert als aufblühendes Gebiet. Da war die Eisenbahn, die Männer arbeiteten in größeren Industriebetrieben, und es gab viele Kleinbauern.

Manchen Autoren zufolge hatte sich sogar »das geistige und moralische Niveau der Menschen angehoben«, während andere Berichte das Zurückgebliebensein beklagten.[16] Die Region nahm als eine der ersten an der frühen Industrialisierung in Deutschland teil, so wird festgestellt, doch dann blieb sie hinter der allgemeinen Entwicklung zurück, und es herrschte große Not. Die Glasfabriken und Eisenwerke machten zu, wie auch die Holzwirtschaft und Salzgewinnung im Laufe der Jahre an Bedeutung verloren hatten, und das trug zum »geistigen Niedergang« der Menschen bei.

Offensichtlich war diese Region von der allgemeinen wirtschaftlichen und politischen Entwicklung in Deutschland nicht ganz ausgenommen, was vielleicht die unterschiedlichen Auffassungen in der Literatur und deren Rezeption erklären kann. Die LindenerInnen halten ihre Gegend gemeinhin nicht für rückständig mit *vielen Deppen*, sondern berichten von schlechten Zeiten. Andererseits, so betonen sie, »gab's hier immer was zu essen«, zum Beispiel während des Krieges, als es in den Städten nichts gab. Als so gut wie jeder Haushalt gezwungen war, Flüchtlinge aus dem Osten aufzunehmen, da war das zwar materiell und emotional eine große Belastung, aber die LindenerInnen kamen über die Runden, weil es eben auf dem Lande immer irgendwie weitergeht.

Im Hinblick auf die Besonderheiten der deutschen Geschichte weisen die historischen Werke gewöhnlich auf folgende Umstände hin: auf die Zersplitterung in Kleinstaaten und die Bemühungen Nationalgesinnter um die Einheit Deutschlands, die erst 1871 nach dem Krieg gegen Frankreich von Bismarck durchgesetzt wurde; auf die im Vergleich zu anderen Ländern erst spät einsetzende, dann aber erstaunlich schnell vor sich gehende Industrialisierung; auf die frühe gesetzliche Verankerung der Ansätze eines Wohlfahrtsstaates bei gleichzeitigem Mangel an gefestigten demokratischen Traditionen, »soziale Sicherheit wurde mehr auf Kosten der Demokratie, denn als Teil von deren Ausweitung erreicht«.[17] Die sozialistische Bewegung entwickelte sich in Deutschland früher als in anderen sich industrialisierenden Ländern, wurde aber von konservativeren Kräften entweder überrundet oder beiseite gedrängt; und immer wieder wird daran erinnert, daß es in Deutschland keine erfolgreiche Revolution »von unten« gegeben habe, daß Reformen und Demokratisierung nicht vom Volk erkämpft wurden, sondern das Ergebnis staatlichen Handelns und der Gesetzgebung nach Kriegen und Kapitulationen gewesen seien.[18] In der historischen Ausstellung *Fragen an die deutsche Geschichte* im Jahre 1979 in Berlin zum Jahrestag der Gründung der Bundesrepublik war beabsichtigt, wie der umfangreiche Katalog betonte, das historische Selbstverständnis und das Selbstbewußtsein in der Gegenwart zu fördern und dazu beizutragen, eine Orientierung für das Handeln in der Zukunft zu bieten, was als die wichtigste Aufgabe des heutigen Historikers angesehen wird – eine Aufgabe, die auch eine kritische Einstellung gegenüber der Gegenwart einschließt.[19] Eines der größten Probleme, die behandelt werden müssen, betrifft die Bewegung in Richtung auf eine liberale parlamentarische Demokratie, die wiederholt unterbrochen wurde.[20] Nach Auffassung von Ralf Dahrendorf (1969) ist dieser Mangel an liberaler demokratischer Tradition von zentraler Bedeutung für die »deutsche Frage« – eine Frage, die auf verschiedene Art in den letzten 200 Jahren immer wieder gestellt wurde.

Die deutsche Frage gilt in der politischen und historischen Diskussion fast axiomatisch als Bezeichnung für etwas Unlösbares, Unerklärliches im Hinblick auf die »Situation Deutschlands« unter ihren nationalen und internationalen Voraussetzungen. In der Zeit nach dem Zweiten Weltkrieg hat sich diese Frage verschiedentlich auf die Beziehungen zwischen West- und Ostdeutschland zugespitzt. Wiedervereinigung oder nicht? Zu welchen Bedingungen? (Seit 1990 ist dieser Teil der Frage beantwortet, aber die Konsequenzen sind offenbar sehr viel komplexer, als es der Regierung aus politischen Gründen zuzugeben möglich gewesen ist.) Die Frage betrifft die Problematik des Gegensatzes von Demokratie und Totalitarismus, so daß letztlich der Nationalsozialismus in die Diskussion einbezogen werden muß. Auffassungen über die konstituierenden Bedingungen Deutschlands und des deutschen Staates sowie darüber, was es heißt, Deutsche/r zu sein, verweisen auf die Geschichte – auf die Frage, welche Zeitpunkte und Entwicklungslinien als entscheidend zu betrachten sind. Und was beinhaltet das »Aus-der-Geschichte-Lernen« für verschiedene Gruppen von Menschen tatsächlich?

Die siebziger Jahre waren ein politisch und wirtschaftlich sehr problematisches Jahrzehnt. Es gab eine erhebliche Aufregung über »Staatsfeinde«. Die Regierung, es war die erste SPD-geführte Regierung nach dem Krieg, sah sich gezwungen, diejenigen zu überwachen und zu entwaffnen, die nicht von der Prämisse ausgehen wollten, daß sie in einem demokratischen *Rechtsstaat* lebten. Das Parlament verabschiedete Antiterrorismusgesetze. Das bekannteste dieser Gesetze aus dem Jahre 1972, von seinen Gegnern und den Betroffenen *Berufsverbot* genannt, kann als Bestätigung des für die deutsche Geschichte relevanten »unpolitischen« *Beamtentums* gelten, als ein Instrument des Staates zur Kontrolle aller BürgerInnen, zur genauen Überprüfung ihrer Loyalität gegenüber dem Staat und zur Forderung von Unterordnung unter die geltenden Gesetze und Bestimmungen.[21] Dies wirkte sich auch auf Linden aus, ganz besonders auf die LehrerInnen. Um *Beamter/in auf Lebenszeit* zu werden und die damit verbundenen Privilegien zu erhalten, ist ein Eid auf die Verfassung abzulegen und dem Staat uneingeschränkte Treue zu schwören; das beinhaltet auch die Verpflichtung zu politischer Neutralität, selbst auf der örtlichen Ebene, so daß etwa der Protest gegen die Schließung einer Schule in der Gegend von Linden untersagt war. Die LehrerInnen hatten eine Protestresolution unterschrieben und mußten ihre Unterschriften zurückziehen. Das wurde für schlimm und falsch gehalten, jedoch als unvermeidliches Übel akzeptiert.

Während dieser Zeit fanden vielbeachtete Prozesse gegen ehemalige Nazis statt, und in den Zeitungen gab es wiederholt Erörterungen über die politisch sensible Frage des Nazi-Verbrechens auf Befehl. 1979 war im Fernsehen der Film *Holocaust* zu sehen, der zu dieser Zeit eine ungeheure Wirkung entfaltete, weit über die übliche Auseinandersetzung mit Filmen hinaus. Fast unmittelbar danach erschienen eine große Zahl von Büchern und Artikeln, in denen die Problematik aus ganz verschiedenen Blickwinkeln diskutiert wurde.[22] Es wird auch berichtet, daß gerade »in der Mitte der siebziger Jahre die beginnende revisionistische Faszination in bezug auf die Nazizeit«[23] zu beobachten war.

Es gab damals große Streiks und Aussperrungen, der herrschende Ton war unversöhnlich und ziemlich militant. Die Arbeitslosenrate war hoch. Und die PolitikerInnen, insbesondere die der CDU/CSU, zeigten sich alarmiert über den *Geburtenrückgang*, über den die Zeitungen immer wieder so berichteten, als sei der Bestand Deutschlands in naher Zukunft gefährdet. Dies ist eine weitverbreitete politische Sorge, die in Zeiten der »Krise« immer wieder vorgebracht wird.[24]

Wie betraf dies die Menschen in Linden? Zwei der umstrittenen Ereignisse und Debatten, die bei den Lindenern in bezug auf die Problematik der deutschen Geschichte und des Deutschseins Beachtung fanden, waren der Nationalsozialismus und der Terrorismus der sich »Rote Armee Fraktion (RAF)« nennenden Gruppierung. Wenn Vorstellungen und Kenntnisse über die Vergangenheit, die Geschichte, auch weit zurückreichen können, so ist es doch die jüngste Geschichte, auf die sich die Menschen beziehen oder zu beziehen vermeiden, wenn sie über »die Vergangenheit« sprechen. Wie Forsythe[25] feststellt, bedeutet der Begriff Vergangenheit ganz einfach das Vergangene, wird aber sehr oft als eine euphemistische Bezeichnung für die Nazizeit verwendet.[26] Die Deutschen sind schlecht angesehen wegen ihrer Geschichte, ihrer »Vergangenheit«, und immer wieder wird befürchtet, sie könnten rückfällig werden. Den Leuten in Linden ist das bewußt, und einige äußern sehr verärgert die Meinung, man sollte die Vergangenheit nun endlich auf sich beruhen lassen – *man muß doch endlich damit fertig werden*. Eine der Frauen klagte, die Deutschen würden ständig *durch den Dreck gezogen*. Solche Feststellungen werden leicht zu rhetorischen Formeln, und viele Leute, besonders Teile der Linken und der Intellektuellen in Deutschland, halten sie dafür, aber diese Äußerungen reflektieren auch ein Gefühl, mißverstanden zu werden und schlecht repräsentiert zu sein. Die Menschen sind nicht bereit, eine Vergangenheit uneingeschränkt zu verurteilen, in der sie, als sie Gegenwart war, auch gerne gelebt haben. Die Jüngeren haben den Eindruck, an eine Vergangenheit gefesselt zu sein, von der die einen nicht betroffen zu sein glauben und die anderen sich hilf- und schutzlos gemacht fühlen.

Viele Leute in Linden redeten in eingehenderen Gesprächen und von ihrem persönlichen Standpunkt aus über diese Zeit als »der Krieg«; aber wenn sie über Vorgänge oder Mißstände in Institutionen oder in der Gemeindepolitik wütend waren, äußerten sie schon mal, das sei ja *wie in der Nazizeit* oder *genau wie im Dritten Reich*. Solche Aussagen lassen keinen Raum für eine Diskussion, sind endgültige Feststellungen. Der Begriff »der Krieg« bezeichnet ihre eigenen Bedrängnisse und Leiden (wie im Dreißigjährigen Krieg): die Bombardierung der nahegelegenen Städte, die Angst vor dem Einmarsch der Amerikaner; die Männer als Soldaten an der Front, als Heimkehrer aus der Kriegsgefangenschaft in russischen oder amerikanischen Lagern. »Nazizeit« bedeutet Unterdrückung, die Zeiten, in denen »kleine Leute sich groß machten, sich aufspielten und bösartig wurden«. Es waren »die kleinen Hitler«, die am schlimmsten waren, so meinen einige der Älteren: »Hitler hat auch manches Gute getan, er hat für Arbeit und Ordnung gesorgt. Er wurde von seinen Untergebenen betrogen und mißbraucht, es war nicht seine Schuld.« Andere vertreten die Auffassung, Hitler sei der Böse gewesen, er habe den Krieg gewollt und die Juden gehaßt. Hitler als Person und die Frage nach dem Grad seiner Schuld stand im Zentrum ihrer Erklärungsversuche, was dem vielfältigen Interesse an der Person Hitlers zu jener Zeit entspricht, das in den Medien auch als *Hitlerwelle* bezeichnet wurde.

In Linden gab es während der Nazizeit keine einheitliche politische Einstellung. Manche erinnern sich noch an jene, die den Nationalsozialismus mehr unterstützten, als nötig war: der Bürgermeister, der für seinen Opportunismus bekannt war; der SA-Ortsgruppenleiter, der wirklich »gemein« war und immer noch unbeliebt ist, »obwohl niemand was sagt«. Es wurde mir über den damaligen Pfarrer berichtet, der sich »zu offen äußerte« und bald danach Linden verlassen mußte, was als Beweis dafür galt, wie gefährlich es war, das Naziregime zu kritisieren. Der Lehrer wird erwähnt, der in der Nacht des Pogroms auf die Straße gejagt wurde und später »verschwunden ist«. Einige Männer waren in der SS, »aber sie waren nicht so schlimm, wie behauptet wird, mein Vater war in der SS«, so eine der Frauen. Und Hermine Walzick, über deren Kaffeekränzchen ich schon berichtet habe, erklärte, daß sie in dem *Holocaust*-Film gesehen habe, wie einer der SS-Männer sich übergeben mußte, als eine kleine Gruppe nackter Menschen erschossen wurde, was sie als Zeichen von Sensibilität und Menschlichkeit deutete. Dieser SS-Mann war Himmler, das war ihr entgangen. Andererseits war es den LindenerInnen nicht recht, über die SS-Männer im Ort zu sprechen, und es wurde auch nicht offen über sie geredet. Alle wußten Bescheid, und das genügte. Es stieß im Rathaus von Brücken nicht auf Wohlwollen, als ein Student aus Würzburg sich um Informationen über vier SS-Männer bemühte, die er interviewen wollte. Eine junge Mitarbeiterin der Verwaltung sagte mir, alle vier seien nun erfolgreiche Geschäftsleute in der Gegend und hätten es sicher nicht gern, daß ihre Vergangenheit aufgedeckt würde, wenn es sich vermeiden ließe. »Es war schwer in jenen Tagen, du hast es nicht gewagt, etwas Kritisches zu sagen«, aber »es waren auch gute Zeiten«. Das Leben war irgendwie intensiver, und es war, wie einige im Rückblick auf ihre Jugendzeit feststellen, eine Zeit größerer Freiheit im Verhältnis zu den überkommenen Regeln in Familie und Kirche. Die jungen Leute fühlten sich »modern«, wie Frau Hirsch sich mit einiger Genugtuung erinnert.

Als der *Holocaust*-Film gezeigt wurde, führte das nicht zu einer intensiven Diskussion. Manche schienen zu denken, daß es gut gewesen sei, den Film zu zeigen, auch wenn er sie schlaflos gemacht hatte. Andere konnten es nicht aushalten, den Film anzusehen, weil sie fürchteten, sie könnten danach nicht schlafen. Wieder andere waren wütend, weil wohl nie damit Schluß sein würde, daß immer die Deutschen die Bösen sind. Mir scheint, daß die nach dem Krieg Geborenen hier zum ersten Mal eine Ahnung davon erhielten, wie »es wirklich war«; sie merkten, daß ihre Eltern und auch die LehrerInnen ihnen davon nichts erzählt hatten. Das Gespräch hätte sich, so sagten sie, meistens um die Bombardierungen gedreht, und sie selbst hätten niemals Fragen gestellt. In den Schulen wurde dieses Schweigen insoweit fortgesetzt, als die LehrerInnen nicht mit ihren SchülerInnen über den Film sprachen. Nur eine Lehrerin, so scheint es, eine junge, erfolgreiche Lehrerin in Linden, diskutierte mit ihren SchülerInnen darüber, und wandte sich an eine Stelle in Berlin, um sich von dort Material für den Unterricht schicken zu lassen.[27]

Nach dem Krieg geboren zu sein mag vielleicht eine Entlastung sein, was Bundeskanzler Helmut Kohl ja als »Gnade der späten Geburt« bezeichnet hat;[28] aber das macht es andererseits sehr schwierig, den eigenen Standort zu bestimmen. Es bedeutet, gewissermaßen ein Außenstehender zu sein. Manche ärgern sich, mit etwas belastet zu sein, wofür sie nicht persönlich verantwortlich sind. Sie halten es für unfair, daß nur die Deutschen angeprangert, kritisiert und abgelehnt werden: »Was ist denn mit den Russen?! Die waren genauso schlimm oder noch schlimmer, und niemand sagt etwas darüber!« Manche Jugendlichen meinen, das alles habe mit ihnen eigentlich nichts zu tun, es sei »Geschichte«. Ein junges Mädchen, das bei Lewa arbeitet, sagt, sie halte es für falsch, daß der Film im Fernsehen gezeigt worden sei, denn es sei doch für die Verwandten der Leute – damit waren die Juden im Film gemeint – schrecklich, an all die schlimmen Dinge, die geschehen sind, erinnert zu werden. Diese doch ziemlich überraschende Ansicht wurde auch von Hermine Walzick vertreten.

In Anbetracht der Einstellung der Lindener zu Verantwortung und Schuld ist es bis zu einem gewissen Grad verständlich, welche Schwierigkeiten sie mit diesem Thema haben. Für diese Menschen spielen Schuld und Schande im Alltag eine große Rolle. In schwierigen oder verfahrenen Situationen wird oft die Frage gestellt, wer denn für dies oder jenes verantwortlich und zur Rechenschaft zu ziehen sei. Niemand ist willens, die Verantwortung für etwas zu übernehmen, was

Schande über einen bringen könnte oder eine Geldbuße oder Strafe nach sich zieht, wofür sich Betroffene auch schämen müssen. Allerdings muß jeder für seine eigenen Handlungen die Verantwortung übernehmen. LehrerInnen vermeiden es zum Beispiel, sich mit SchülerInnen in Situationen zu begeben, in denen es dazu kommen könnte, daß sie die Verantwortung übernehmen müßten, wenn einem Schüler oder einer Schülerin etwas zustoßen sollte und die Versicherung nicht dafür aufkäme. Das ist vielleicht nicht besonders überraschend, denn wer will schon eine Menge Geld aus der eigenen Tasche bezahlen, wenn kein eindeutiges Verschulden vorliegt.

Aber andererseits ist doch zu fragen, woher die großen Vorbehalte kommen, wenn kaum je etwas passiert. Warum diese Angst, daß etwas außer Kontrolle geraten oder man selbst in etwas hineingezogen werden könnte? Von einem derartigen Standpunkt aus ist es ganz sicher nicht einfach, eine »Kollektivschuld« anzuerkennen, diese ganz besondere Verschmelzung von Individuum und Kollektiv. Als Individuen sind die Menschen ganz sicher weder bereit, diese Schuld anzunehmen, noch willens, sich einem unbestimmten Kollektiv zuzuordnen, das ihnen nur Lasten aufbürdet und sie mit Schande bedeckt. Diejenigen, die während der Nazizeit Kinder waren oder nach dem Krieg geboren sind, sehen keinen Grund, diese Belastung auf sich zu nehmen, und die Älteren »konnten nichts tun«. Wie die nette alte Frau Hirsch sich erinnert, kam in der Nacht des Pogroms, als in Brücken die Synagoge niedergebrannt wurde, von dort eine jüdische Familie zu ihnen und bat um Hilfe in der Hoffnung, daß ihr Vater sie verstecken würde. »Aber was konnte er tun? Er konnte sie nicht aufnehmen, denn sie wären ganz sicher gefunden worden.« So wurde die Familie abgewiesen und ging weiter in die Wälder, und Frau Hirsch bildete sich ein, daß sie nach Palästina gegangen wären; das hatte sie immer gehofft, das hatte sie sich selbst eingeredet. Nur wenige fühlen sich schuldig für das, was den Juden geschehen ist. Wäre ihnen geholfen worden, so wären noch mehr Leute gefährdet gewesen, vor allem auch die eigene Familie, so wird argumentiert. »Und auch die Juden haben ein gewisses Maß an Schuld. Es war falsch, sie einfach auszurotten, aber die Juden waren eben Geschäftsleute, profitierten von anderer Leute Arbeit; sie hätten durch ihre eigene Arbeit Geld verdienen sollen, durch ehrliche Arbeit. Hitler hätte ihnen sagen sollen, daß sie ermordet würden, wenn sie nicht innerhalb eines Jahres Deutschland verlassen würden. So wie es damals war, hatten sie keine Chance, sich in Sicherheit zu bringen.« Die Tochter von Frau Hirsch versucht, eine Art von Fairneß, Vernunft oder Verhältnismäßigkeit in die Absurdität des Lebens zu bringen.

Der deutsche Herbst ging zu Ende, als ich das erste Mal nach Linden kam. Es war die Zeit der gewaltsamen Aktionen, der Entführungen und Morde durch die

Rote Armee Fraktion (RAF) und der repressiven Maßnahmen seitens des Staates, die mit dem Tod von Ulrike Meinhof, Andreas Baader, Gudrun Ensslin und Jan-Carl Raspe in Stammheim endete. Es ist symptomatisch, daß für diese Zeit die geradezu romantische Bezeichnung *der deutsche Herbst* gefunden wurde. Überall hingen in Schaufenstern, Banken und Postämtern, in Bahnen und Bussen Plakate mit den Fahndungsphotos der »meistgesuchten Terroristen«, durch die alle BürgerInnen aufgefordert wurden, sich an der Suche zu beteiligen. Diese Ereignisse können nur in ihrer Beziehung zu »der Vergangenheit« verstanden werden. Horst Mahler, ein Exterrorist, hat im Gespräch mit Gerhart Baum, dem früheren Bundesinnenminister, erläutert, daß nach Auffassung der Terroristen »diese Generation (von Politikern und Bürokraten) nicht geeignet ist, diesen Staat zu repräsentieren – und damit auch uns –, insoweit sie sich selbst mit den Nazis identifiziert oder opportunistisch mit ihnen zusammengearbeitet hat.«[29] Aber Mahler verschließt sich nicht dem Gedanken, daß er selbst auch hätte ein Nazi werden können, wäre er damals nicht ein Kind gewesen. Seine Überlegungen unterstellen eine gewisse Zwangsläufigkeit in der Beziehung zwischen Individuum und Staat, als wäre der einzelne Mensch an einem gewissen, nicht genau zu bestimmenden Punkt unmittelbar mit den Bestrebungen des Staates verknüpft.

Ein Schaufenster in Linden

Bei den Deutschen gibt es eine ambivalente Einstellung dem Staat gegenüber – der Staat setzt Verbote und kontrolliert ihre Einhaltung, aber er ist zugleich Garant von Ordnung und Kontinuität. Die TerroristInnen »bekämpfen den Staat«, ihr kompromißloses Vorgehen und die Maßnahmen des Staates gegen sie und alle »Sympathisanten« waren den LindenerInnen irgendwie eine Lehre in bezug auf ihre eigene Gefährdung und Verletzlichkeit, als ob sie eins seien mit dem Staat und seiner in Frage gestellten Existenz. Wenn man nicht dem Staat gegenüber Loyalität beweist, wem gegenüber kann man dann letztlich überhaupt loyal sein? Auch die Nation, so wichtig sie als eine Form von umfassender überpersönlicher Identität sein mag, ist verletzlich und sogar vieldeutig unbestimmt. Die Nation bedarf des Staates, sozusagen, ebenso wie das Individuum ihn braucht.[30]

Die Bevölkerung von Linden geriet nicht in besondere Aufregung wegen der RAF, aber die Ablehnung war deutlich spürbar. Die Angst vor den TerroristInnen war größer als die vor den Maßnahmen des Staates. Der Staat ist für die LindenerInnen ein *Rechtsstaat* und muß verteidigt werden. Im Bemühen, die Vorgänge zu verstehen, wurde auf die Nazizeit zurückgegriffen, und die TerroristInnen wurden mit den Faschisten verglichen – unter dem Aspekt, daß sie die Herrschaft an sich reißen wollten, um die Mittelschicht zu zerstören und sich mit den Reichen zusammenzutun. In einer Diktatur könnte Terrorismus nötig sein, nicht jedoch in einer Demokratie wie der derzeitigen. Die Vorstellungen von den TerroristInnen waren verschieden, aber gemeinhin galten sie als Akademiker, Angehörige der Oberschicht und, vielleicht am wichtigsten, als das Ergebnis einer schlechten Erziehung oder eher noch des Mangels an jeglicher Erziehung. Die letztere Einschätzung hat einen unmittelbaren Bezug zum Inhalt meiner Studie: nämlich die kulturelle Logik des Aufziehens der Kinder in Linden zu verstehen und diesen Aspekt der deutschen Kultur in seinen Einzelheiten zu erfassen.

Geschichte und Identität sind von zentraler Bedeutung bei der kulturellen und politischen Konstruktion von Erinnerung. Bei den Deutschen scheint es einen Konflikt zu geben zwischen »einem starken Bedürfnis zu vergessen und einer Verpflichtung zum Erinnern«, zwischen der Moral einer individuellen Verantwortung und der Problematik von Unterordnung in einem umfassenden Ganzen. In einem *Rechtsstaat* lebend, sind die Westdeutschen belastet mit dem Dilemma, die Idee vom wohlwollenden, gütigen Staat, der Freiheit und Gerechtigkeit sichert, zu vereinbaren mit dem repressiven und destruktiven Potential dieses Staates.

Deutsche SchriftstellerInnen und WissenschaftlerInnen haben sich, wie schon erwähnt, lange Zeit mit der Frage »Was ist deutsch?« beschäftigt. Sie sprechen vom deutschen Geist, vom Guten, vom Bösen und vom Unerklärlichen. In der ihnen eigenen Art denken die LindenerInnen bei bestimmten Gelegenheiten über dieses beunruhigende Thema nach. Dabei wird auf manche immer wieder geäußerten Auffassungen über die Deutschen Bezug genommen, obwohl unklar bleibt, ob sie solche Charakterisierungen auch für sich selbst gelten lassen. Bis zu einem gewissen Grade handelt es sich um einen nur in der Phantasie bestehenden Deutschen, der ihnen in den Sinn kommt, eine Abstraktion von der Geschichte, über die sie etwas erfahren haben, und von der Geschichte, die sie miterlebt haben. Was sie für deutsch halten, bezieht sich auf einige idealisierte Eigenschaften, die positive und negative Bedeutungen haben und den Sinn für Ordnung und Fleiß betreffen. Und sie vermuten, daß andere sie als Deutsche beneiden, weil es ihnen gut geht, und daß andere Völker ihnen ihren Erfolg nicht gönnen.[31]

Im nächsten Kapitel werde ich das unter etwas anderen Aspekten darstellen, wenn ich die kulturellen Schlüsselbegriffe der Person und der Erziehung in ihrer Bedeutung für die LindenerInnen in die Diskussion einbeziehe und sie in einer etwas allgemeineren, aber recht kurzen Erörterung zu Vorstellungen über das Deutschsein und die Gesellschaft in Beziehung setze.

2 Durch Lernen zur Person werden

In ihrem täglichen Leben machen die LindenerInnen unmittelbar praktisch die Erfahrung, Mitglied einer Familie zu sein, zu arbeiten, die Schule oder den Kindergarten zu besuchen, zur Kirche zu gehen. Diese Tätigkeiten institutionalisieren sich in sozialen Organisationen und Rollen, sind zugleich Gegenstand des Diskurses und »gelebte Wirklichkeit«. Sie verdeutlichen Ideen und Auffassungen über die Welt, über den einzelnen als Person und darüber, was es heißt, ein/e Deutsche/r zu sein. Dazu gehören bestimmte Vorstellungen von Ordnung und Selbständigkeit, Gehorsam, Liebe, Schuld und Schande, Wahrheit und Lüge, auch vom biologischen Erbe. Und dies alles ist Teil des gigantischen Projekts, Kinder aufzuziehen und auszubilden, das *Erziehung* genannt wird.

In westlichen Gesellschaften gibt es eine sehr starke Beschäftigung mit den Methoden des Aufziehens von Kindern und mit der Definition dessen, was ein Kind ist und was in seiner Entwicklung als natürlich und normal gelten kann oder nicht. Es gibt sehr verschiedene, einander widersprechende Theorien und Meinungen über die optimale Erziehung von Kindern; schier endlose Diskussionen und politische Auseinandersetzungen befassen sich mit den Formen und Inhalten von Erziehung und Ausbildung des Nachwuchses. Kindererziehung gilt als eine so schwierige Aufgabe, daß es nötig ist, die Erziehenden auszubilden. Auf den verschiedenen Ebenen dieses – staatlich kontrollierten – Bemühens, die Heranwachsenden zu »richtigen Menschen« zu machen, sind zahlreiche Expertengruppen tätig. Die angestrebten Ziele sind hochgesteckt, und immer wieder besteht der Eindruck, daß sie nicht erreicht werden – was vielleicht ein Grund für das Gefühl der kulturellen und sozialen Krise ist, auf die in unseren Gesellschaften, nicht nur in Deutschland, so häufig und besorgt hingewiesen wird. Unter vergleichenden Gesichtspunkten, also bei Berücksichtigung von Studien über nichtwestliche Gesellschaften, wird klar, daß es diese Beziehung zu Kindern nicht überall gibt.[1] Sie beruht auch nicht auf einer universellen Konzeption dessen, was als Person, als Persönlichkeit zu verstehen ist. Dies ist ein Thema, mit dem sich die AnthropologInnen immer intensiver befassen.[2]

Einige Sozialisationsstudien untersuchen »Realitätsbildung« unter verschiedenen analytischen Gesichtspunkten, die ich für meine Betrachtungen über Linden wichtig finde. Die amerikanische Anthropologin Shirley Heath (1983) fand zum Beispiel in ihrer vergleichenden Untersuchung über Weiße der Arbeiterklasse im Süden der USA und die AfroamerikanerInnen eines benachbarten Wohnbezirks heraus, daß die beiden Gruppen sehr verschiedene Vorstellungen davon hatten, was es heißt, den Kindern »etwas über die Wirklichkeit beizubringen«. Den Weißen geht es um die »Wirklichkeit«, nicht um irgendein »Glaubenmachen«, und sie nehmen beim Aufziehen der Kinder große Belastungen auf sich. Im Gegensatz dazu gehen die AfroamerikanerInnen eher davon aus, daß Kinder »aufwachsen«, und bemühen sich nicht sonderlich, die Kinder gezielt zu belehren. Sie denken, daß jedes Kind bestimmte Voraussetzungen, »ein Potential«, in sich trägt, auf das die Erwachsenen nur einen sehr begrenzten Einfluß haben. Zwei andere Anthropologinnen, Eleanore Ochs und Bambi Schieffelin (1987), diskutieren, inwieweit eher von Kindern erwartet wird, sich situationsgerecht zu verhalten, als daß Situationen kindgerecht gestaltet werden. Sie stellen fest, daß Eltern aus der weißen Mittelschicht der westlichen Länder dazu neigen, sich gemäß der Bedürfnisse kleiner Kinder zu verhalten, je nachdem wie diese Bedürfnisse jeweils interpretiert werden, und Maßnahmen zur Prävention und Intervention danach richten, während die Eltern bei den Kaluli und auf Samoa es nicht für möglich halten, sich in die Lage des Kindes hineinzuversetzen. Die Interaktion dieser Eltern mit ihren kleinen Kindern geschieht auf eine Art, von der sie annehmen, daß die Kinder so die erforderliche Kompetenz erwerben, um die Position der Erwachsenen zu übernehmen und sich deren Aufgaben gewachsen zu zeigen. Dabei richten sie sich nicht nach den von ihnen wahrgenommenen Bedürfnissen und Wünschen des Kindes.[3]

Im großen und ganzen wird in Linden von Kindern aller Altersgruppen, aber ganz besonders von den jüngeren, erwartet, daß sie mit der Welt, in der sie leben, so zurechtkommen, »wie sie ist«. Situationen werden nicht bewußt so gestaltet, daß sie kindgerecht sind. Die Glasvase wird nicht vom Kaffeetisch genommen, wenn das einjährige Kind versucht, sich am Tisch aufzurichten und festzuhalten. Statt dessen wird dem Kind wiederholt gesagt: »Nein, nein!«, und schließlich erhält es Klapse auf die Finger. Etwas ältere Kinder, die beim Spielen außer Rand und Band geraten, werden selten aufgefordert, sich zu mäßigen; aber sie werden auch nicht bedauert oder getröstet, wenn sie sich dann verletzt haben und laut oder tränenreich jammern. Dem Kind wird gesagt: *»Du bist selbst dran schuld!«*, und dabei wird es vielleicht sogar ausgelacht oder gescholten. Es gibt offenbar eine sehr starke Tendenz, die soziale Kompetenz des Kindes dadurch zu fördern, daß es angehalten wird, die Situation so zu interpretieren, wie sie von anderen – ganz besonders von Erwachsenen – verstanden wird. Die Erwachsenen – Eltern,

LehrerInnen, Pfarrer – sind demnach notwendige und zugleich idealisierte VermittlerInnen zwischen dem Kind und der Wirklichkeit. Es gibt ideale Werte und Normen, an die sich die Menschen halten müssen, die das Kind aber ohne die Anleitung von Erwachsenen nicht selbst entdecken kann. Die Eltern und LehrerInnen müssen allerdings ihrerseits auch von Fachleuten angeleitet und kontrolliert werden, die dem Geltung verschaffen, was eine lange Reihe von einander immer wieder kontrollierenden Instanzen mit stets geringer werdender Orientierung an persönlichen Belangen durchsetzen will.

Sozialisation impliziert die Wichtigkeit von Vorstellungen über die Person und das Selbst, aber es ist schwierig, diese Vorstellungen genau zu definieren und mit ihnen zu arbeiten.[4] Auch wenn der Begriff der Person für meine Analyse eine zentrale Bedeutung hat, läßt er sich doch nicht problemlos und eindeutig verwenden. Meiner Auffassung nach ist die Person als ein ideologisches Konstrukt zu betrachten, während das Individuum eher die Merkmale eines empirischen Subjekts aufweist.[5] Es ist schon oft dargestellt worden, daß es für EthnologInnen nicht möglich ist, innere Erfahrungen des einzelnen Menschen, die Welt des Selbst, genau zu erforschen; aber sie können immerhin einen Eindruck davon vermitteln, wie die Menschen Gedanken und Gefühle begrifflich fassen, welche ihre Ideen und Wertvorstellungen sie in bezug auf sich selbst und andere zum Ausdruck bringen und welches Verhalten sie im jeweiligen sozialen Umfeld für »gut« und »realitätsgerecht« halten.[6] Das träfe auch zu auf Vorstellungen über die Konstruktion, die Formung des einzelnen Menschen. Im Mittelpunkt meiner Studie steht die Frage, was nach Auffassung der LindenerInnen dazu gehört, *ein Mensch* zu sein, also in gewisser Weise auch ein/e Deutsche/r zu sein, und wie diese Vorstellungen in verschiedenen Formen der Interaktion und in verschiedenen Situationen reproduziert werden. Dabei machen die Individuen Erfahrungen, die das Projekt der Formung der Person erschweren und die Ziele und Wünsche undeutlich werden lassen oder verbergen, die die Handelnden selbst haben oder bei anderen vermuten.

Menschen und Handlungen sind geprägt von Vorstellungen über Männlichkeit und Weiblichkeit, und auch praktisch setzen sich Frauen und Männer ganz unterschiedlich mit den jeweiligen sozialen Gegebenheiten auseinander. Dennoch teilen Männer und Frauen viele Ideen und Wertvorstellungen darüber, was eine Person ausmacht und wie sie zu formen ist. In Linden scheint die Person als *ideologisches* Konstrukt nicht sehr stark geschlechtsspezifisch bestimmt zu sein. So werden zum Beispiel im Kindergarten die Kinder nicht vorrangig danach unterschieden, ob sie Mädchen oder Jungen sind, selbst wenn das Geschlecht im allgemeinen durchaus eine Rolle spielt. Ein Junge wird ermahnt, mit dem Weinen aufzuhören – allerdings nicht primär, weil er ein Junge ist, sondern weil jüngere

Kinder anwesend sind, die nicht weinen. Als weiterer Beleg kann dienen, daß die Notwendigkeit von Ordnung und die Vorzüge der Selbständigkeit sowohl Mädchen als auch Jungen nahegebracht werden. Jungen und Mädchen sind zwar verschieden, aber die Ideologie der Erwachsenen besagt nicht, daß es große Unterschiede in der Art des Aufziehens im Sinne der erwünschten Charaktereigenschaften geben sollte. Geschlechtsspezifische Unterschiede werden deutlicher herausgestellt, wenn es um Jugendliche oder Erwachsene geht.

In meiner Studie werden deshalb die Kinder nicht primär nach ihren männlichen oder weiblichen Eigenschaften oder Ansichten beurteilt, und auch die Ziele und Methoden der Erziehung werden nicht systematisch unter dem Aspekt des Geschlechts der Zöglinge unterschieden, wenn auch darauf hingewiesen wird, zu welchen Verhaltensweisen und Leistungen Mädchen und Jungen neigen. Bei den Auffassungen über die richtige Entwicklung der Persönlichkeit ist meiner Meinung nach das Alter als wesentliches soziales Merkmal von besonders großer Bedeutung. Das heißt, daß es in Linden einen großen Unterschied macht, ob jemand ein Kind oder erwachsen ist. Im Vergleich dazu ist die Tatsache, daß es sich um einen Mann oder eine Frau, einen Jungen oder ein Mädchen handelt, nicht so wichtig wie vielleicht in anderer Hinsicht. *Erziehung* als kulturelles Projekt geht von der Voraussetzung aus, daß die Individuen in der Gesellschaft auf eine bestimmte Art geformt werden müssen, damit die gesellschaftliche Ordnung erhalten bleibt, und daß diese Individuen sich nicht von sich aus zur erwünschten Person entwickeln können. Die Älteren müssen dementsprechend die Verantwortung für die Charakterbildung der Jüngeren übernehmen. Zweifellos macht es einen Unterschied, ob es sich bei den Älteren um einen Mann oder um eine Frau handelt bzw. bei den Jüngeren um einen Jungen oder ein Mädchen, aber in mancher Hinsicht und bestimmten Positionen ist es nicht das wichtigste Kriterium des Unterschieds, ob jemand ein Mann oder eine Frau ist.

Die Auffassungen der LindenerInnen von der Persönlichkeit eines Menschen und dessen vielschichtigen Beziehungen zum sozialen Umfeld, zur Gesellschaft, verbinden sie – wie problematisch auch immer – mit einem in der gesamten westlichen Welt geführten ideologischen Diskurs und mit dessen spezifisch deutscher Variante.[7] Die Person mag in den Köpfen der Menschen in Deutschland oder der westlichen Welt keine eindeutig zu bestimmende Seinsform sein, doch es gibt eine umfassende ideologische Übereinstimmung in bezug auf die Person als ein ausgeformtes, selbständiges und rationales Wesen, das nach seinem freien Willen handelt und entscheidet, und das für die entsprechenden Handlungen selbst verantwortlich ist.[8] Der Person wird im Verhältnis zur sozialen Welt eine gewisse Autonomie zugestanden. Es gibt auch Ansichten, die dem zu widersprechen scheinen, nämlich in dem Sinne, daß der/die einzelne gesellschaftlich determiniert ist, oder daß sein/ihr Leben vom Schicksal oder von irgendeiner Bestimmung abhängig ist oder daß sein genetisches Erbe die Entwicklungsmöglichkeiten begrenzt. Diese Auffassungen können als Bemühungen verstanden werden, die Grundwerte der individuellen Autonomie und Gleichheit zu den Formen von Unterordnung und Ungleichheit, denen die Menschen tagtäglich begegnen, in Beziehung zu setzen. Wie sehr das Personsein auch immer begrenzt und definiert sein mag, die Person in ihrem realen Erfahrungsraum wird sehr viel komplexer und weniger eindeutig zu bestimmen sein, denn dort brechen die Widersprüche auf, mit denen die Menschen sich ständig auseinandersetzen müssen.

In der modernen westlichen Welt wird das Individuum nicht verstanden als ein von vorneherein der Gesellschaft untergeordnetes und von dieser abhängiges Wesen, sondern als etwas Einzigartiges, von dem die Gesellschaft abhängig ist (und an diesem Punkt entsteht eine problematische Spaltung zwischen dem, was als »Gesellschaft« verstanden wird, und dem, was als eine Person gelten soll). Kinder werden nicht dazu erzogen, einfach eine vorgefertigte Position zu übernehmen, sondern das Aufziehen eines Kindes bedeutet, etwas Einzigartiges, Besonderes zu formen. Die westliche Welt bildet keine in sich stimmige Einheit, wie oft gesagt wird, aber diese individualistische Ideologie hat, meiner Meinung nach, unser Verständnis von uns selbst und von unseren Nachbarn einheitlich geprägt. Wenn es zutrifft, daß dieser Individualismus in den letzten Jahrhunderten für die Weltanschauung in den westlichen Gesellschaften eine zentrale Bedeutung erlangt hat und diese individualistische Ideologie in den verschiedenen Kulturkreisen des Westens unterschiedlich formuliert worden ist, dann ist zu fragen, was Deutschland in dieser Hinsicht anbietet. Was macht den »deutschen Individualismus« aus? Und welchen Einfluß hat er auf die tägliche Erziehungspraxis in Linden?

Das Formen der Person: Ansichten über die Aufgaben von *Erziehung*

»Ausbildung des Geistes und Körpers des Menschen, eine gründliche, für die verschiedenen Zwecke des Menschen genügende Ausbildung des Geistes und Körpers des Menschen: Lehre, Unterricht, mit einem Wort – Erziehung ist also, was der Mensch bedarf.« Friedrich Fröbel, *An unser deutsches Volk*, 1820

Was bedeutet Erziehung für die Menschen in Linden? Sie ist notwendig. Kein Kind kann ohne Erziehung *ein richtiger Mensch* werden. Es genügt nicht, einfach nur in einer Familie aufzuwachsen und zu hoffen, daß alles gut gehen und das Kind ein stabiler und anständiger Mensch wird. Die Leute denken zwar nicht, ein Kind sei von Natur aus böse, aber ihrer Meinung nach ist es auch nicht gut. Sie neigen zu der Auffassung, daß Kinder undifferenziert und schwach sind und deshalb leicht schlechten Einflüssen unterliegen. Dies ist Ausdruck der in Deutschland weitverbreiteten Verwendung einer Gartenbau-Analogie, wenn es um das Heranwachsen von Kindern und die Aufgaben der Eltern beim Aufziehen des Nachwuchses geht: Kinder werden als zarte Pflänzchen gesehen, die Eltern als Gärtner, die das Unkraut von ihnen fernhalten, für Sonnenlicht sorgen, damit die Zöglinge stark und widerstandsfähig werden.[9] Dies ist kein Vorrecht, sondern eine Pflicht der Erwachsenen. Erziehung ist auch zur Abwehr von schlechten inneren Regungen des Kindes, nicht nur von negativen äußeren Einflüssen, unbedingt erforderlich.

Das, was als innere Voraussetzungen gilt, hat zu tun mit *Veranlagungen* und *Charakter*, mit einer biologischen Disposition, der besonderen Natur des Kindes. Der Begriff *Veranlagung* dient der Modernisierung des Naturkonzepts, ist ein wissenschaftlicher Begriff, der die Natur vielleicht als etwas der Vernunft besser Zugängliches erscheinen läßt, indem er sich auf Inhalte der Biologie und Genetik beruft. Es gibt verschiedene Eigenschaften, die als biologisch bedingt gelten, aber es gibt keine volle Übereinstimmung darüber, welche Eigenschaften das im einzelnen sind, sondern nur darüber, daß es eine Veranlagung gibt und diese den erzieherischen Bemühungen Grenzen setzt. Darauf wird zurückgegriffen, wenn der Eindruck besteht, daß Verhaltensweisen, Temperament oder Leistungen eines Kindes nicht zu erklären sind. Das betrifft nicht nur Eigenschaften, die für negativ gehalten werden. Intelligenz zum Beispiel wird sehr hoch geschätzt und gilt als angeboren, doch ohne gezielte Ausbildung wird sich diese Eigenart oder Fähigkeit verlieren. Hohe Intelligenz kann die Bedeutung anderer Eigenschaften verringern. Was als »äußere« Bedingung gilt, ist eine Angelegenheit derer, die über das Kind oder die Situation bestimmen. Im allgemeinen hat das zu tun mit dem Fernsehen, dem Wetter, den falschen FreundInnen oder mit *Überforderung*: Die Schule verlangt zuviel oder die Eltern oder die Gesellschaft als solche – das hängt jeweils davon ab, wer sich gerade äußert. Diese äußeren Bedingungen lassen sich nur schwer verändern, aber Erziehung kann als eine Art Puffer gegenüber solchen mächtigen äußeren Einflüsse dienen.

Der Umgebung, der *Umwelt*, insgesamt wird ein schlechter Einfluß auf Kinder und schwache Eltern zugeschrieben. In Zeitungen und in Diskussionen zwischen LehrerInnen, bei bestimmten Veranstaltungen der Kirchengemeinde, auch im Gespräch zwischen besorgten Eltern wird die These vertreten, Kinder seien heutzutage sehr viel aggressiver als früher. Sie seien durch das Fernsehen überreizt, es gebe zuviel Gewalt und Kriminalität in der Gesellschaft, und religiöse Sekten verführten die Kinder zu Gottweißwas.[10] Viele Eltern können es nicht erreichen, daß ihre Kinder gehorchen. Sie können zu ihren Kindern nicht »nein« sagen, vermuten die LehrerInnen. Den Eltern wird auch vorgeworfen, sie kümmerten sich nicht genug um ihre Kinder, sie interessierten sich nur für ihre Arbeit und ihre Karriere und verbrächten zu wenig Zeit mit ihren Kindern. Die Eltern ihrerseits kritisieren an der Schule, sie verlange zuviel von den Kindern. Ein Lehrer, Herr Bender, berichtete über die verheerende Situation in dem Ort, in dem er unterrichtet (wo manche der älteren Lindener Kinder zur Schule gehen), über die hohe Selbstmordrate bei Jugendlichen, die darauf zurückzuführen sei, daß die Eltern ihre Kinder zu sehr unter Leistungsdruck setzen. Anders gesagt, es wird von Zeit zu Zeit eine Krise ausgerufen: Jugendkriminalität, Gewalt, Drogen, Terrorismus, Selbstmord: »Irgend etwas läuft falsch in dieser Gesellschaft, und irgend etwas stimmt nicht an der Art, in der Kinder und Jugendliche heranwachsen und erzogen werden.«

Das Zitat »Das deutsche Volk befindet sich in einer chronischen Notlage, der durch Erziehung abgeholfen werden kann«[11] faßt nach Ansicht H. Kupffers eine der Grundauffassungen der deutschen Erziehungsideologie zusammen. Es transzendiert ihm zufolge politische Gegensätze von »rechts« und »links«, verwischt einige der erklärten Unterschiede zwischen den mehr »freiheitlichen, flexiblen« Bestrebungen im Sinne Diltheys und anderen eher repressiv-rigiden Richtungen (im Gefolge Herbarts) der Pädagogik.[12] Das Aufziehen von Kindern muß, diesen Theorien entsprechend, ein Ziel verfolgen, das eine Beziehung zwischen dem einzelnen Kind und dem gesellschaftlichen und kulturellen Ganzen herstellt. Das geschieht nicht aufs Geratewohl und richtet sich nicht nach dem willkürlichen Gutdünken irgendwelcher Leute. Durch Erziehung wird es möglich, daß das Gute sich gegen das Böse zur Wehr setzt, daß ein Mensch frei und verantwortlich handeln kann. Erziehung gilt deshalb als ein wichtiges Mittel zur Linderung der gesellschaftlichen Mängel und der Leiden der Nation. Erziehung wird als Mittel zur Errichtung einer guten, stabilen Gesellschaft betrachtet, vielleicht sogar als *das* Mittel, was wiederum unterstellt, daß Konflikte und Aufruhr in der Gesellschaft mit dem Hinweis auf »schlechte Erziehung« oder den Mangel an Erziehung begründet werden könnten. Diese starke Betonung von Erziehung, die vor allem die Familie in den Mittelpunkt der Betrachtung rückt, stellt eine Verbindung zwischen Vorstellungen über die Person und dem Funktionieren des Staates her. Um einige Details dieser Verbindung geht es mir in diesem Buch.

In den siebziger Jahren nahmen die Menschen in Linden an dem bundesweiten Diskurs über Erziehung teil, der zwischen den »Antiautoritären« auf der einen

Seite und deren Gegnern, einer Art moralischer Wiederaufrüstung nach dem Motto »Mut zur Erziehung«, auf der anderen Seite ausgetragen wurde.[13] In Diskussionen zwischen LindenerInnen wird oft behauptet: »Deutschland ist das *kinderfeindlichste* Land überhaupt.« Dazu gehört für die LindenerInnen z. B. die große Zahl von Kindern unter den Verkehrstoten und die geringe ökonomische Unterstützung für Familien. In der Literatur werden auch Kindesmißbrauch und soziale Ungerechtigkeit als Beispiele angeführt.[14] Zahlreiche Veranstaltungen in Schulen und Kirchengemeinde befassen sich mit dem Thema Erziehung, und im allgemeinen sind die Leute sehr damit beschäftigt, sich um ihre Kinder und deren Erziehung zu kümmern, so daß sich auch im Alltag viele Gespräche, vor allem zwischen den Frauen und den LehrerInnen, um diese Fragen drehen. Dabei beziehen sich die Leute gewöhnlich nicht auf die Flut von Büchern und Artikeln in Zeitungen und Fachzeitschriften, denn diese gehören nicht zu ihrer üblichen Lektüre. Manche interessieren sich für Monatszeitschriften wie das in München erscheinende Magazin *Eltern*, weil Erziehungsfragen dort »modern und offen« erörtert werden. Manche finden Rat im sonntäglichen Mitteilungsblatt der örtlichen Kirchengemeinde, andere überfliegen das Magazin *Schule & wir*, das die Schulkinder jeden Monat kostenlos für ihre Eltern erhalten. Am ehesten kommt es jedoch zum Austausch von Meinungen und Ratschlägen im Familien- oder engen Freundeskreis, zwischen Nachbarn oder bei örtlichen Veranstaltungen zum Thema Erziehung.

Es mag eine noch so intensive gesamtgesellschaftliche Debatte über Erziehungsziele und -methoden oder pädagogische Experimente geben, wichtig sind für die einzelnen Menschen jedoch vor allem ihre eigenen Erfahrungen, die mit bestimmen, wie Informationen von außen interpretiert werden. Mit anderen Worten: Zu gewissen Zeiten entsteht wegen der Berichterstattung der Massenmedien der Eindruck, es gingen große Veränderungen vor sich, nun dächten oder handelten alle auf diese oder jene Weise. Es gibt auch viele Eltern von Kleinkindern, die meinen, daß ihre Erziehungsmethoden sich sehr von der Erziehung unterscheiden, die sie selbst erhalten haben, ganz besonders, was den Grad der Strenge angeht. Das kann aber eher einen Glauben an Veränderung zum Ausdruck bringen, weniger eine tatsächliche Veränderung beschreiben. Und diese Einschätzung, es vollzöge sich ein Wandel, hat etwas mit der Vorstellung zu tun, die Menschen könnten unter einer Reihe von Alternativen frei wählen, wie sie leben wollen. Dabei wird davon ausgegangen, daß die verschiedenen Alternativen sich sehr weitgehend voneinander unterscheiden und ganz anders sind als das früher Übliche, also besser sind, obwohl dies tatsächlich nicht der Fall ist.

Diese Einengung des Aufziehens und der Erziehung auf eine Art von *Kata-*

strophenabwehr [15] ist nichts Neues, wie wir gesehen haben, sondern die Fortsetzung einer langen Tradition in der Geschichte der deutschen Pädagogik. Kupffer verweist auf die pädagogische Literatur des 19. und 20. Jahrhunderts, die in der Regel *Abhärtung* empfiehlt, damit die Härte des Daseins gemeistert werden kann. Er hält Fichtes Arbeit für das Beispiel einer Theorie, die alle Elemente einer derartigen katastrophenorientierten Pädagogik enthält. Alle Mängel und Leiden der Nation oder des Staates werden als Folge des Versagens der Erziehung interpretiert, eine Auffassung, die von rechten und linken Theoretikern vertreten wird, damals wie heute, wie sehr sie sich auch sonst unterscheiden mögen. In diesen beiden Jahrhunderten wurde davon ausgegangen, daß Erziehung und die Erzieher, ganz besonders die Fachleute, die Berufserzieher, dafür sorgen könnten, daß die Deutschen als Volk und der deutsche Staat politische Konflikte oder Katastrophen, die Härten des Daseins und menschliches Versagen bewältigen. Nur durch Erziehung kann ein Mensch Humanität erwerben, und das bedeutet, daß das Aufziehen und Erziehen von Kindern als ein entscheidend wichtiges Handeln im Sinne der Humanisierung des Menschen betrachtet wird.

Strafen und Loben

Ein zentraler Aspekt der Erziehung ist das Verwenden von Lob und Strafe, um die erwünschten Ergebnisse zu erreichen oder unerwünschtes Verhalten zu verhindern. Die meisten von uns neigen wohl dazu, Strafen ganz allgemein für eine unvermeidliche Erfahrung der meisten Kinder mit der Welt der Erwachsenen zu halten. Allerdings ist nicht genau festgelegt, was unter Strafe zu verstehen ist, und die Bedeutung des Begriffs in der Theorie und Praxis der Kindererziehung verändert sich laufend, ist von Kultur zu Kultur und von Person zu Person verschieden. Alle Erwachsenen üben irgendeine Art von Kontrolle über ihre Kinder aus, doch wie weitgehend sie ausdrücklich versuchen, das Verhalten und Denken ihrer Kinder zu bestimmen, das unterscheidet sich je nach dem ideologischen und sozialen Bezugsrahmen. Die Leute in Linden gehen als Eltern und LehrerInnen ganz entschieden davon aus, daß es notwendig ist, ihre Kinder zu beeinflussen und zu lenken, und von diesem Standpunkt aus wird Strafen zur Notwendigkeit: *Strafe muß sein.*

Ohne Strafe ist *Ordnung* kaum zu erreichen, so wird vermutet. Aber Strafen sollen einen Sinn haben, damit das Kind etwas daraus lernen kann. Es soll lernen, was es falsch gemacht hat und welches Verhalten von ihm erwartet wird. Viele Eltern halten es für sinnlos, wenn ein Kind 25- oder 100mal einen Satz schreiben muß, weil es ungehorsam war oder den Unterricht gestört hat. Statt dessen wird eine zusätzliche Hausaufgabe für angemessen gehalten oder daß das Kind Rechenaufgaben lösen muß und nicht zuhören darf, wenn der Klasse eine Geschichte erzählt wird. Nach der allgemeinen Meinung stehen solche Strafen in einem sinnvollen Zusammenhang mit dem Fehlverhalten und machen das Kind auf dieses aufmerksam. Es handelt sich hier um die pägagogische Strafe. Sie schafft eine Verbindung zwischen Lernen und disziplinarischer Sanktion, und es besteht ein enger Zusammenhang mit ähnlichen Formen des Lobens.

Strafen sind ihrem Zweck entsprechend ein geplantes Vorgehen, in blindem Zorn sollte nicht gestraft werden. Ein Klaps ins Gesicht oder eine Ohrfeige ist keine richtige Strafe, jedem *rutscht mal die Hand aus*. Heftige Schläge kommen weniger oft vor und werden nicht als Strafe betrachtet, sondern fallen unter den Begriff Strenge, gelten jedoch als zu streng. Ein Kind mehr oder weniger regelmäßig zu schlagen wird für ein Zeichen der eigenen Schwäche und Unfähigkeit als Erwachsener gehalten. So gut wie alle Erwachsenen, mit denen ich gesprochen habe, erinnerten sich daran, mindestens einmal verprügelt worden zu sein, sprechen darüber aber so, als hätten sie die Prügel verdient. Aber von Eltern, die dafür bekannt sind, daß sie ihre Kinder immer wieder schlagen, wird gesagt, daß sie Grenzen überschreiten, die verantwortlich handelnden Eltern gesetzt sind. Strafen gelten als Pflicht im Interesse der Aufrechterhaltung von Ordnung, Kinder müssen lernen, die Konsequenzen ihres Verhaltens zu tragen. Wenn sie sich zu Hause, in der Schule oder im Kindergarten daneben benommen haben, müssen sie ihre gerechte Strafe akzeptieren lernen. Ein Kind, das *frech* ist, muß damit rechnen, zur Strafe einen Klaps oder gar Schläge einstecken zu müssen, in sein Zimmer geschickt zu werden, an einer geplanten Unternehmung nicht teilnehmen zu dürfen, Hausarrest zu erhalten.[16] *Frech* sein wird besonders stark mißbilligt, und jedes Kind »weiß« das. Das Kind nimmt sich dabei Freiheiten gegenüber Erwachsenen heraus, und es mißachtet deren übergeordnete Position.

Zu lügen ist vielleicht das Allerschlimmste. Es gibt nichts, was Eltern mehr verurteilen und was sie mehr beunruhigt, als wenn sie herausfinden, daß ihr Kind auf diese Weise gegen die Moral verstoßen hat. In der früheren Literatur über Kinderpflege, die zur Beschreibung der sinnvollen Erziehungsmaßnahmen Metaphern aus der Gärtnerei verwendet, wird auch die Notwendigkeit erwähnt, den Boden zu bereiten, auf dem später die Wahrheitsliebe gedeihen kann.[17] Lügen bedeutet, daß das Kind nicht bereit ist, die Konsequenzen seines Handelns zu tragen, indem es, prinzipiell gesagt, einem anderen die Last der Verantwortung oder Schuld auflädt. Ein Aufwachsen in der Vorstellung, dies sei ein möglicher Weg des Umgangs mit der Realität, muß verhindert werden, indem das Lügen zur strafbaren Handlung erklärt wird.

Lob und Belohnungen sind ihrer Struktur nach von Strafen nicht sehr verschieden, zumindest nicht aus der pädagogischen Perspektive. Wenn ich mich hier nicht ausführlich mit dem Loben befasse, so bedeutet das nicht, daß es unwichtig ist; es ist aber oft nicht so deutlich zu erkennen. Erwachsene zeigen dem Kind in vielen Situationen auf verschiedene Weise ihre Anerkennung, aber das ist nicht notwendig zielgerichtet. Es wird angenommen, daß sich durch ein eher pädagogisch begründetes Lob bestimmte Leistungen des Kindes erreichen lassen: Es wird in der Schule gut vorankommen, es wird gehorchen, es wird zufrieden sein und die empfangene Liebe dankbar erwidern. LehrerInnen raten Eltern nachdrücklich, die Kinder konstruktiv zu loben, während sie ihnen bei den Hausaufgaben helfen. Eltern und andere Erwachsene neigen jedoch im allgemeinen mehr dazu, materielle Belohnungen wie Süßigkeiten zu verteilen, als in Worten zu loben. Oder sie machen Späßchen, tragen ein kleines Kind vielleicht eine Zeitlang auf dem Arm herum. Von größter Bedeutung sind Süßigkeiten, und nur selten ist in Linden ein Kind in Begleitung von Erwachsenen zu sehen, das nicht irgendeine Süßigkeit erhalten hat. Sie ist eine Art wortloser Vermittler zwischen Erwachsenen und Kindern, gar zwischen Ordnung und Unordnung.

Ordnung und Selbständigkeit

Die Erziehungsziele und -inhalte ergeben sich aus einer ganzen Reihe von Auffassungen und Ideen, und die Menschen bedienen sich in der Praxis ganz verschiedener Methoden, wobei sie darauf achten müssen, daß diese miteinander vereinbar sind. Es gibt immer einen gemeinsamen Bestand von Begründungen und Bezugspunkten, durch den das Leben besser funktionieren und erträglicher werden soll. Durch die Auseinandersetzung mit einigen dieser »Schlüsselbegriffe« versuche ich nun, die ihnen zugrunde liegenden Ideen zu beleuchten.

Das Schlechte nehmen die Kinder schneller an als das Gute, und ich glaube, da ist das Vorbild der Eltern schon wichtig. Ich kann denen vordemonstrieren, wie ich lebe; und ob sie das dann einmal auch machen wollen, das muß man denen überlassen. (Aus einem Interview mit einem jungen Vater von drei Kindern)

Manchmal weisen Lindener Eltern darauf hin, daß sie das *Vorbild* ihrer Kinder sind. Die Ansichten darüber sind verschieden, manche finden das wichtiger als andere, sind sich dessen bewußter; aber im großen und ganzen gelten Eltern als die Leitbilder ihrer Kinder, was ihrem Verhalten und ihrem Denken ein Gewicht verleiht, das über das unmittelbare Erkennen der jeweiligen Absichten hinausgeht. Es bedeutet auch, daß Eltern ihre eigenen Gedanken und Handlungen kontrollieren müssen und daß sie nur um der Erziehung willen Dinge tun, die sie sonst nicht täten.

Das Wichtigste an dem Begriff *Vorbild* ist, daß Erziehung als das Bemühen gilt, »etwas aus dem Kind zu machen«, und daß dieses Vorhaben sich auf Wertvorstellungen und Ideen stützt, die besagen, wie eine Person sein soll; das haben Eltern oder LehrerInnen zu verkörpern.[18] Eltern sollen sich richtig verhalten, sollen den Kindern durch ihre eigene Handlungsweise zeigen, welches Verhalten in verschiedenen Situationen richtig ist. Aber dieses Demonstrieren allein wird gewöhnlich nicht für ausreichend gehalten: Einem Kind muß gesagt werden, wie alles sein soll, daß es sich gut oder schlecht benommen hat; Eltern müssen sich konsequent und eindeutig verhalten, damit das Kind nicht denkt, es ginge an, in einem Falle zu irgend etwas »nein« zu sagen, beim nächsten Mal aber »ja«. Sonst könnte das Kind annehmen, es könne seinen Willen stets wunschgemäß durchsetzen. Das führt nur zur Verunsicherung des Kindes, so daß es nicht lernen kann, was richtig ist. Wenn LehrerInnen sich über Eltern im allgemeinen oder eine bestimmte Familie unterhalten, wird oft betont, daß Eltern sich nicht konsequent verhalten, daß ein »Nein« zu leicht zu einem »Ja« wird und das Kind so nie lernen wird, daß es nicht immer haben kann, was es will. Manche Eltern werden von den meisten anderen für schlechte Vorbilder gehalten, weil es in diesen Familien keine Ordnung, zuviel Alkohol, zu viele Kinder, Arbeitslosigkeit, Streit oder einfach bloß dumpfe Langeweile gibt.

Mehr als die Männer versuchen Frauen, ihr Leben so zu organisieren, daß sie der Forderung, ihren Kindern ein Vorbild zu sein, gerecht werden können, obwohl Männer eher geneigt sind, sich selbst als Vorbild ihrer Kinder zu sehen. Diese Einstellung der Männer und das dementsprechende Interesse, als Vorbild zu wirken, liegt vielleicht daran, daß sie physisch oder emotional häufiger abwesend sind als die Frauen. Viele begründen ihren sonntäglichen Kirchgang damit, daß sie Vorbild sein sollten. Das bedeutet, daß die Kinder sonntags zur Kirche gehen müssen, und wenn sie sehen, daß die Eltern nicht hingehen, werden auch sie nicht am Gottesdienst teilnehmen wollen.

Die meisten Eltern in Linden meinen, daß ein Kind, solange es unter ihrer Fürsorge und Aufsicht steht, das tun muß, was sie von ihm erwarten; daß das Kind aber im Erwachsenenalter selbst entscheiden muß, was er oder sie für richtig hält, wie er oder sie leben will: »Jeder lebt sein Leben, wie er es für angebracht hält.« Manche Eltern vermeiden zum Beispiel im Beisein ihrer Kinder alle Gespräche, die irgendwelche religiösen Zweifel aufkommen lassen könnten, denn das könnte ihrer Meinung nach die Ansichten der Kinder darüber, wie die Dinge sind und sein sollten, in Frage stellen. Dadurch könnten die Kinder unsicher oder sogar *bockig* werden und ihren Respekt verlieren. Wenn sie aber erwachsen sind, dann sollen sie machen, was sie wollen. Eine Mutter formulierte es so: »Solange du als mein Kind unter meiner Obhut stehst, entscheide ich, und du tust, was ich dir sage. Es ist meine Pflicht, mich richtig zu verhalten, und deine Pflicht ist es, das zu tun, was ich mache.«

Ziemlich oft äußern die Leute derartige Auffassungen, wenn sie über ihre Kinder und deren Zukunft reden. Auch wenn sie sich allgemein über das Verhalten anderer Menschen unterhalten, geschieht das nach dem Motto »Jeder soll tun, was er für richtig hält; ich lebe mein Leben, die anderen ihres; es geht mich nichts an, was andere Leute tun oder denken.« Das gilt ganz allgemein, nicht auf eine bestimmte Person bezogen, oder als eine oberflächliche Anmerkung zu einem bestimmten Fall in dem Bemühen, nicht in Klatsch und Tratsch hineingezogen zu werden. Es kommt jedoch sehr oft vor, daß sich jemand darüber Gedanken macht, was andere wohl sagen werden, wenn sie oder ihre Kinder sich nicht so verhalten, wie es den vermeindlich allgemeinverbindlichen Verhaltensregeln entspricht. Dennoch sind viele der Meinung, daß sie selbst immer das tun, was ihnen gefällt, ohne Rücksicht darauf zu nehmen, was andere wohl darüber denken mögen, daß sie sich nicht dazu bringen ließen, etwas gegen ihren Willen zu tun. So wird zum Beispiel jemand sagen, er oder sie lebe im Haus der Eltern oder Schwiegereltern, weil das günstig für sie oder ihn ist, nicht weil sie bzw. er dazu aufgefordert wurde.

Die Idee des freien Willens, einer Entscheidungsfreiheit, hängt, so meine ich, mit dem Problem der *Schuld* zusammen. Eine Person ist für ihre Handlungen selbst verantwortlich. Wenn ein Kind sich über etwas beschwert, was es erlebt hat – vielleicht einen Streit mit einem anderen Kind oder den Zorn einer Lehrerin –, wird es immer wieder hören: *»Du bist selbst dran schuld*, gib nicht anderen die Schuld an dem, was dir passiert ist!« *Selbst dran schuld zu sein* ist eine in Linden sehr häufig zu hörende Bemerkung.

Erwachsenen wird in der Regel eine Entschuldigung mit dem Hinweis auf ihre Kindheit oder das Verhalten ihrer Eltern nicht zuteil. Was immer sie tun, kann nicht den Eltern, der Erziehung, angelastet werden. Jede/r ist für sein/ihr Verhalten verantwortlich, allerdings unter bestimmten Vorbehalten, weil den Leuten bewußt ist, daß es eine Vergangenheit und eine gewisse Verbindung zwischen der Vergangenheit und der Gegenwart gibt. Die Frage ist nur, was für eine Beziehung das wohl ist. Welche Teile der Vergangenheit sind für die Gegenwart von Bedeutung? (Eine problematische Frage sowohl auf der individuellen Ebene als auch im sozialgeschichtlichen Zusammenhang.) Was die Leute in Linden angeht, so »kommt es immer drauf an«, d. h., es hängt von der Situation, dem jeweiligen

Zusammenhang, den jeweils betroffenen Personen ab, wie die Beziehung zwischen gestern und heute beurteilt wird. Die Frage der *Veranlagung* wird niemals ganz ausgeklammert, ob nun positiv, negativ oder wertfrei beurteilt, aber sie ist auch nicht immer von vorrangiger Bedeutung. Oft werden alle ungelösten Probleme, Handlungen und vermuteten Eigenschaften, die anscheinend nicht anders zu erklären sind, der Veranlagung zugeschrieben. Oder aber es sind äußere Einflüsse, zum Beispiel die »schlechte Gesellschaft«, die als Erklärung dafür dienen soll, daß ein junger Mann im Gefängnis landete oder einige Frauen Alkoholikerinnen sind. Von manchen Männern ist bekannt, daß sie ihre Frauen oder Familien mißhandelten, einige der betroffenen Frauen haben sich das Leben genommen. Manche Mütter sind oder waren sehr hart im Umgang mit ihren Kindern. Einige Familien verkommen im Schmutz rund um ihr Haus und scheinen überhaupt ziemlich »verwahrlost« zu sein; außerdem gibt es diesen oder jenen »Hitzkopf« und politischen Querkopf. Andere waren sehr erfolgreich, haben ein gutgehendes Geschäft, haben Kinder, die gute Schüler sind, oder nur einfach einen anständigen Job, ein hübsches Haus und eine Familie, die »in Ordnung« ist. Das alles kann zwar irgend etwas damit zu tun haben, aus welcher Familie ein Mann oder eine Frau stammt, aber die Familie, d. h. die Erziehung, ist nicht für die Lebensumstände des jetzt Erwachsenen verantwortlich.

Bestimmte Faktoren, insbesondere Intelligenz, gelten als biologisch bedingt, so daß bei weniger intelligenten Kindern auf die Familie verwiesen wird. »Was kann man da schon erwarten, sie sind alle nicht besonders helle.« Dieser vor allem in Kindergarten und Schule zu vernehmende Kommentar bezieht sich auf die Geschwister eines Kindes. Aber es wird nicht fortwährend auf die Vererbung hingewiesen. Ist erst der Status des Erwachsenen erreicht, so ist Intelligenz oder ein Mangel an Intelligenz einfach eine persönliche Eigenschaft.

Es wird vielleicht berücksichtigt, daß Eltern ihren Kindern gegenüber zu streng sind oder es waren, wie noch in Erinnerung ist. Das mag der Grund dafür sein, daß jemand unglücklich ist, kann jedoch nicht als triftige Begründung dafür herhalten, daß jemand im Leben keinen Erfolg hat. Allerdings sind sich fast alle einig, daß es bei der Erziehung eine ganz bestimmte Einstellung gibt, auf die sich gewisse Verhaltensweisen im Erwachsenenalter zurückführen lassen: wenn nämlich die Eltern zu *nachgiebig* gewesen sind und das Kind verwöhnt haben, ihm zu sehr den eigenen Willen gelassen und nicht dafür gesorgt haben, daß es lernt, wie es sich zu benehmen hat. Dieser Ansicht entsprechend waren viele Leute davon überzeugt, daß die TerroristInnen der Baader-Meinhof-Gruppe oder die Rote-Armee-Fraktion wegen eines Mangels an Erziehung ihr gewalttätiges, gegen den Staat und die Gesellschaft gerichtetes Verhalten entwickelt hätten. Die Eltern dieser Leute wären ihren Kindern kein Vorbild gewesen und hätten ihnen nicht beigebracht, was richtig und was falsch ist. Das sollte nicht heißen, daß die Eltern der TerroristInnen in dem Sinne schuldig wären, daß sie die Verantwortung für das Handeln der TerroristInnen übernehmen müßten. Diese Argumentation besagt aber, daß der Staat zerstört wird, wenn die Familien nicht »intakt«, nicht »gesund« sind und ihre Kinder nicht richtig erziehen.

Außer *Ordnung* und *Ordnungsliebe* wird die Eigenschaft der *Selbständigkeit* bei Kindern sehr hoch geschätzt.[19] Eltern möchten, daß ihre Kinder selbständig und unabhängig sind. Die Kindergärtnerinnen und LehrerInnen ermutigen zur Selbständigkeit und halten es für ihre Aufgabe, diese Fähigkeit zu fördern. Selbständigkeit ist demnach von der Erziehung abhängig. Es ist allerdings nicht ganz klar, wodurch Erziehung die Selbständigkeit des Kindes erreicht. Eltern sind deshalb manchmal besorgt, weil sie ihr Kind entweder für *verwöhnt* halten, wie oft das Gegenteil von selbständig genannt wird, oder einfach für nicht unabhängig, was manchmal sogar als ängstlich bezeichnet wird. Die Kindergärtnerinnen nennen ein Kind verzogen und verwöhnt, das immer seinen Willen durchsetzen möchte, nicht sorgfältig mit seinen eigenen Sachen umzugehen weiß und sich nicht freiwillig an den verschiedenen Aktivitäten beteiligt. Das entspricht den Auffassungen der LehrerInnen, wenn diese auch ein größeres Gewicht darauf legen, daß ein/e SchülerIn sich um die eigenen Sachen kümmert, die Hausaufgaben richtig macht oder in der Schule gut mitarbeitet.

Ein selbständiges Kind erledigt vieles allein; es zieht sich morgens an, ohne die Mutter zu fragen, was es anziehen soll; es macht selbständig seine Hausaufgaben, bringt unaufgefordert Sachen an ihren Platz, ohne fragen zu müssen, wohin sie gehören. So ein Kind kommt allein zurecht, verläßt sich nicht auf die Hilfe und Nachsicht der Mutter. Es geht, konkret gesagt, vor allem darum, die gegebene Ordnung der Dinge zu verstehen und aus eigenem Antrieb nett, sauber und ordentlich zu sein. Das verbindet den Begriff der Selbständigkeit sehr eng mit Vorstellungen von Ordnung, so daß beide nicht getrennt voneinander oder im Gegensatz zueinander stehen, sondern eng miteinander verknüpft sind.

In Linden wird Wert darauf gelegt, daß alles, was getan wird, auf eine ordentliche Art erledigt wird. Wenn nämlich Ordnung herrscht, also das Verhalten insgesamt ordentlich ist, so ist auch die Person selbst in Ordnung. Das heißt, daß die »äußere« Ordnung in einer direkten Beziehung zur »inneren« Ordnung (zum Inneren der Person) steht. Es ist kaum vorstellbar, daß innere Ordnung es zuläßt, von äußerer Unordnung umgeben zu sein. Dem widerspricht nicht, was unzutreffend als Unordnung gelten könnte, die unreglementierten »wilden Plätze«, auf die ich noch eingehen werde. Ordnung bedeutet in diesem Kontext, Haus, Garten und den Körper gepflegt, nett, hübsch und sauber zu halten. Alles sollte immer aufgeräumt sein. Aber nichts ist jemals genau so, wie es sein sollte. So sehr eine

Mutter auch *zur Ordnung erzieht*, sie wird doch feststellen, daß es vergeblich ist. Als Mutter haßt sie es, ständig nach etwas zu suchen und aufzuräumen; sie stellt alles gleich wieder an seinen Platz und will, daß der Sohn das auch tut. Immer wieder sagt und zeigt sie ihm, wie er seine Sachen in Ordnung halten soll, aber es hilft nichts; selbst wenn er erlebt, wie sein Vater seine Werkzeuge perfekt in Ordnung hält, ändert er sich nicht. Sie meint, das sei wohl zum Teil *angeboren*, weil sie verstehen will, warum Ermahnen, Auffordern und *vorbildliches Verhalten* der Eltern nicht zu dem gewünschten Ergebnis führen.

Einzelkinder oder Kinder mit sehr viel älteren Geschwistern (was nicht selten ist) gelten gewöhnlich als gefährdet, verwöhnt zu werden, oder sie werden von vorneherein als verwöhnt definiert, zumindest von den Kindergärtnerinnen, denn diese Kinder haben im Kindergarten zunächst Schwierigkeiten, sich einzuordnen. »Sie sind einfach daran gewöhnt, daß alles so läuft, wie sie es sich wünschen.« Manche Eltern, die nur ein Kind haben, gehen u. U. so weit, das Problem mangelnder *Selbständigkeit* dadurch zu lösen, daß sie das Kind in ein Internat geben. Das ist nicht gerade üblich, denn die meisten Eltern können sich das finanziell nicht leisten oder ziehen es vor, ihr Geld für etwas anderes auszugeben. Das macht es aber nicht weniger interessant, daß eine derartige Alternative genutzt wird, um etwas zu erreichen, was die eigene Erziehung nicht erreicht hat.

Es gibt allerdings Eltern, die im Hinblick auf die *Selbständigkeit* ihrer Kinder anderer Auffassung sind, obwohl die Problematik der freiwilligen Ordentlichkeit immer ansteht, auch wenn sie nicht explizit angesprochen wird. Für diese Eltern ist es besonders wichtig, daß ihre Kinder »offen ihre eigene Meinung vertreten, anderen zuhören und mit ihnen diskutieren können«. Das beinhaltet auch die Freiheit, über die eigene Ausbildung und Berufswahl zu entscheiden, selbst wenn das Ergebnis dieser Entscheidung nicht mit den Wünschen der Eltern übereinstimmt. In diesem Fall hat Selbständigkeit offensichtlich mehr mit der Vorstellung vom freien Willen zu tun und ist den Ideen moderner Intellektueller ähnlich. Die kulturelle Logik, nach deren Vorgaben sich die Auffassungen über Kinder, Erziehung und Persönlichkeit entwickeln, ist freizügig genug, Alternativen zuzulassen. Die Menschen in Linden haben, gleich welcher Schicht sie angehören, eine Vielzahl von Erfahrungen und Ideen gemeinsam. Sie leben aber in einer sozialen Welt, in der einerseits sehr streng auf die Einhaltung von Grenzen geachtet wird, andererseits aber Rechte und Verantwortung jedes Individuums einen hohen Stellenwert haben. Daher gibt es einen großen Spielraum für Abweichungen und Besonderheiten. Alle stimmen mit dem modernen Grundsatz überein, daß keine zwei Menschen einander gleich sind und jeder Mensch das Recht auf Meinungs- und Entscheidungsfreiheit hat. Teil des Erwachsenwerdens und der Persönlichkeitsbildung in dieser sozialen Welt ist zu verstehen, was Entscheidungsfreiheit, Freiheit generell bedeutet. »Meine Freiheit endet da, wo die Freiheit meines Nächsten beginnt.« Es kann ein Leben lang dauern, den Sinn dieser prägnanten und weithin akzeptierten Behauptung herauszufinden.

Das Anliegen der *Ordnung* schließt nicht alles andere aus, denn es gibt zweifellos eine Bewunderung für »Wildheit« – für ungebändigte Energie und Herumtollen, den Spaß und das Kämpfen der Kinder, für lärmendes Über-die-Stränge-Schlagen, für Obzönität und zwangloses Feiern, sogar Rücksichtslosigkeit bei Erwachsenen. Alle sollen die Ordnung lieben und schätzen lernen; das Kind soll gehorsam sein und die Wünsche der Eltern verstehen und befolgen wollen. Wie das Sprichwort sagt: *»Ordnung ist das halbe Leben*«, das die andere Hälfte, das ungeordnete »Wilde«, umschließt.

Die Deutschen halten sich selbst für ordentlich. Das tun auch viele Nichtdeutsche, von denen manche diese Ordentlichkeit allerdings zwanghaft finden, als eine Art von Besessenheit sehen. Deutsche Intellektuelle, vor allem die auf der »Linken«, ärgern sich oft über das (typisch) »Deutsche« und den deutschen Staat, sind dessen überdrüssig, spotten über das ständige Streben nach Ordnung und – als deren Ableitung, manche meinen deren Kern – Sauberkeit. Sie sind sich allerdings nicht einig, was denn zu tun sei, worum es sich wirklich handelt, denn das Ordnungsstreben hat einen bestimmenden Einfluß bis in alle Ecken und Spalten des gewöhnlichen Lebens, auch ihres eigenen Lebens, wie mir scheint.

Ich habe den Eindruck, daß Ordnung und Freiheit im Denken der Deutschen über ihre Gesellschaft und ihre Geschichte zusammengehören und daß die Lindener in ihren Vorstellungen ständig explizit oder implizit Ordnung und Selbständigkeit miteinander verbinden und ihr Verständnis von Freiheit dabei mit einschließen.[20] Diese Verknüpfung mag widersprüchlich scheinen, da das Verlangen nach Ordnung eher als eine Negation der Freiheit gilt, aber ich bin der Auffassung, daß der außerordentlich hohe Stellenwert von Ordnung tatsächlich ein Streben nach »Ganzheit«, »Einheit«, »Widerspruchsfreiheit« belegt, daß Ordnung ein anderer Begriff für »das Ganze« ist, das auch für Fröbel so wichtig war. Einheit, Ganzheit ist etwas »Imaginiertes«, entprechend dem Begriff von Imagination, den Benedict Anderson in seiner Analyse des Nationalismus als einer imaginierten politischen Gemeinschaft (1983) verwendet, die sowohl emotional anspricht als auch Macht entfaltet. Dieses Ganze kann nicht anders konkretisiert werden als durch das Ordnen unendlich vieler Einzelheiten des täglichen Lebens und einer Vielzahl von Vorstellungen über das richtige und moralisch gerechtfertigte Leben sowie den gütigen und gerechten Staat. Diese ordnende Vereinheitlichung bezieht immer mehr Institutionen oder Situationen ein, und dabei wird sie immer wieder an neue Gegebenheiten angepaßt, geht in die zwischenmenschlichen Beziehungen ein und wird sogar zu einem Teil der Selbsterkenntnis der einzelnen Menschen. Diese Konkretisierungen erreichen niemals eine endgültige Ordnung, und deshalb muß ständig über sie nachgedacht werden, müssen sie wiederholt und rekonstruiert werden.[21]

Die Notwendigkeit des Lernens: Was heißt *lernen*?

Die Vorstellungen von Selbständigkeit und Ordnung und sogar der weitgefaßte Begriff von Erziehung lassen sich unter der Bezeichnung Lernen zusammenfassen, wenn das Risiko der Vereinfachung in Kauf genommen wird, das wahrscheinlich allen Zusammenfassungen eigen ist.[22] Den Kindern ein Vorbild zu sein ist eine indirekte, aber sehr gezielt eingesetzte Methode, ihnen zu zeigen oder beizubringen, welche Verhaltens- und Denkweisen richtig sind. Das beinhaltet, daß das Kind lernen muß, ordentlich und selbständig zu sein, daß es lernen muß, was für das Leben eine wesentliche Bedeutung hat. Durch Lernen wird eine Beziehung zur Welt hergestellt, indem das Leben als Gegenstand des Lernens gesehen wird. Das Leben wird also nicht einfach gelebt; Leben ist vielmehr ein Projekt, und daraus folgt, daß die Welt und die Person nur durch Lernen Gestalt annehmen; durch bewußtes und kontrollierbares Handeln erhält die Welt Sinn und kann sich der Mensch in ihr zurechtfinden und sie beeinflussen.

Bildung ist wahrscheinlich der Begriff, der am ehesten mit den deutschen Vorstellungen von Erziehung und *Kultur* assoziiert wird, zur Bezeichnung des Strebens nach »Selbstkultivierung« und intellektueller wie emotionaler Verfeinerung.[23] Bildung ist also kein Synonym für *Lernen*, aber es gibt Überschneidungen zwischen diesen Begriffen, und im Alltagsgespräch der LindenerInnen wird gewöhnlich nicht genau zwischen Bildung und Lernen unterschieden. Es wird von Lernen gesprochen, die Eltern und LehrerInnen denken von den Kindern und sich selbst in dieser Beziehung als lernend oder gelernt habend. Dabei geht es nicht darum, ob jemand *gebildet* ist. Bildung wird nur mit anderen Menschen in Verbindung gebracht, nämlich mit solchen, die man selbst nicht kennt. Ideen von Selbstkultivierung, von Intellektualität spielen im Leben der LindenerInnen keine wichtige Rolle, so sehr sie auch zum historischen Bild der Deutschen gehören mögen. Lernen ist etwas Konkreteres, es verläuft über das Schaffen einer äußeren Ordnung zu einer inneren Ordnung, während Bildung aus dem Inneren einer Person, die dieses innere Gefühl der Ganzheit zu erreichen trachtet, heraus ordnend wirkt. Ich denke, man könnte sagen, daß Lernen eine gesellschaftliche Hierarchie definiert, während Bildung versucht, diese außer acht zu lassen.

In Linden gilt Lernen als eine Art Garantie, daß Kinder ihr unkontrollierbares Verhalten aufgeben und zuverlässig und ordentlich werden, was heißt, »natürlich« zu sein. Kaum etwas läßt vermuten, daß jemand der Ansicht ist, das Leben selbst könnte als Schule fungieren, daß also Kinder nur durch ihre Teilnahme am Leben einer Gemeinschaft lernen könnten, was sie brauchen. Auf diese Methode des Lernens zu vertrauen, das wäre den Leuten zu riskant, zu sehr vom Zufall bestimmt und zu wenig auf ein vorhersehbares Ergebnis ausgerichtet. Diese Art des Lernens würde ihnen zufolge wenig Gutes bewirken, in nicht kontrollierten Situationen könnten sich nämlich nur schlechte Angewohnheiten entwickeln. Wenn Kinder durch das, was andere tun, etwas lernen sollen, dann müssen sie irgendwann auf den didaktischen Wert dieses Tuns aufmerksam gemacht werden, sonst würden sie ihn vielleicht nicht entdecken. Das ist die Idee von Erziehung seitens der Eltern und LehrerInnen, auch wenn sie nicht immer dementsprechend handeln. Ein Verhalten, das einen erzieherischen Wert hat, wird »sichtbar« gemacht. Kindern werden bestimmte Fertigkeiten beigebracht, und sie zeigen manchmal einiges Geschick und eine bemerkenswerte Leistungsfähigkeit, wenn sie für ihre Mütter einkaufen, andere Aufgaben im Haushalt übernehmen, Musikinstrumente spielen, bei Schulveranstaltungen oder in der Kirche auftreten.

Die herrschende Meinung ist, daß Kinder zum Lernen angehalten werden müssen, weil sie keinen ausgeprägten Drang haben, aus eigenem Antrieb etwas zu lernen. Nur durch gezieltes und ihnen abverlangtes Lernen können sie anständige Erwachsene werden, die wissen, was richtig ist, die hart arbeiten und ein ordentliches, gesittetes Familienleben führen. Um das zu erreichen, ist es nötig, die Kinder in einem engen Kontakt zu den Erwachsenen und unter deren Aufsicht zu halten und sie sicher über die Gefahren der Kindheit hinwegzubringen. Diese Auffassung paßt zu den üblichen Gartenbau-Metaphern in bezug auf das Heranwachsen der Kinder und scheint in der Welt von Kindergarten und Schule noch immer maßgeblich zu sein. Alles weist darauf hin, daß Erfahrung als solche, auch die eigene Erfahrung, nicht viel gilt. Sogenannten antiautoritären Lebensstilen wird entgegengehalten, sie wären verbunden mit Spontanreaktionen und Spontigruppen, was Schlamperei signalisiert oder, wie manche sagen, Zeichen einer Laisser-faire-Haltung ist. Es ist im Gegensatz dazu die antrainierte, »geschulte« Erfahrung, die als Erfahrung besonders hoch geschätzt wird. Das wird bei den Elternabenden besonders deutlich, ist aber auch den Gesprächen bei weniger förmlichen Zusammenkünften zu entnehmen. Vor allem diese Art der Erfahrung gilt als Wissen und Erkenntnis.

Ganz allgemein wird davon ausgegangen, daß ein Kind mehr durch Nachahmung als durch Reflexion lernt. Das beeinflußt die Meinung darüber, unter welchen Voraussetzungen und Bedingungen Lernen stattfindet. Es könnte der

Eindruck entstehen, als gäbe es einen Widerspruch zwischen dem Begriff der *Nachahmung* und der Vorstellung von Lernen. Doch dieses Verständnis von Lernen beinhaltet, im weiteren Sinne, daß Erwachsene als Verhaltensmodelle, als Vorbild, fungieren, und daß die Erwachsenen – Eltern und LehrerInnen zumal – sich richtig verhalten müssen. Außerdem ist es ihre Aufgabe, den Kindern zu erklären, warum etwas geschieht und zu einem bestimmten Ergebnis führt, warum eine bestimmte Strafe verhängt oder ein Lob ausgesprochen wird. Selten wird in diesem Zusammenhang Kindern zugestanden, daß sie allein fähig sind, den Unterschied zwischen den Bedeutungen einer Handlung in verschiedenen Situationen zu bemerken oder mit Inkonsequenz und Widersprüchen zurechtzukommen. Offenbar wird unterstellt, daß ein bestimmtes Verhalten von Erwachsenen genau das gleiche Verhalten des Kindes zur Folge hat, in einer Art 1:1-Verhältnis. Diese Vorstellung, ein Vorbild zu sein, kann manche Eltern und LehrerInnen durchaus belasten. Es kommt ihnen so vor, als würden ihre Handlungen kontrolliert, als würden sie beobachtet und beurteilt. So verlangt sogar die Idee der Nachahmung, die als solche bei Kindern ganz von selbst stattfindet, Maßnahmen der Kontrolle und Einschränkung, weil ja alles imitiert werden kann, ganz besonders das Unerwünschte. Andererseits begründen LehrerInnen und Eltern negative, unerwünschte Verhaltensweisen mit dieser Fähigkeit zur Nachahmung. In solchen Fällen handelt es sich um die Imitation von etwas anderem oder irgendwelchen »anderen«: ungezogenen Kindern, verantwortungslosen Eltern, einer neutralen, nicht zu kontrollierenden äußeren Macht wie das Fernsehen oder das Wetter. Dies schafft eine gewisse Erleichterung, weil man den Fehler nicht unbedingt bei sich selbst oder in der eigenen Situation (das ist seltener der Fall) suchen muß. Kinder werden von allen möglichen Ereignissen beeinflußt, und häufig wird befürchtet, daß es sich um negative Auswirkungen handeln wird, was Überwachung verlangt. Andere Einflüsse sind nicht so leicht zu kontrollieren, und das Leben ist es auch nicht. Die Idee der Nachahmung als Art des Lernens unterscheidet sich nicht sehr von den genauer definierten Begriffen des Lernens und des Lehrens.

Das Konzept des Lernens ist wertorientiert und eine Art, mit der Welt in Verbindung zu treten. Als wertbezogener Begriff wird Lernen zu einer verbindlichen Norm; Lernen als solches ist moralisch richtig. Die Frage ist nur, was gelernt und also gelehrt werden soll. Deshalb sind für das Lernen Personen und Institutionen erforderlich, die festlegen und unterrichten, was andere lernen sollen. Über diese Personen und Institutionen schreibe ich im folgenden Abschnitt. Dabei beziehe ich mich auf die gerade erörterten Vorstellungen und Begriffe von Erziehung und werde sie weiter verdeutlichen.

Kindheit, Pädagogik und Körperkontrolle

Die Geschichte der deutschen Pädagogik ist nicht nur die einer patriarchal-autoritären Theorie und Praxis oder geprägt von romantischen Vorstellungen über »Selbstkultivierung« und Innerlichkeit (oder heutzutage gekennzeichnet von Pluralismus und Demokratie), wenn manche auch geneigt sein mögen, das zu vermuten. Bei allen scheinbaren Unterschieden haben so bekannte deutsche Pädagogen wie Friedrich Fröbel und Moritz Schreber, beide in der ersten Hälfte des 19. Jahrhunderts, ihre Besorgnis über den Zustand des deutschen Volkes, über das Deutschtum, eng mit ihrer Vorstellung von der richtigen Erziehung des Nachwuchses verknüpft. Es gibt also einige Überschneidungen zwischen den unterschiedlichen Strömungen des pädagogischen Denkens. Selbst die antiautoritäre soziale Bewegung in den 1970ern hat die Auffassung vertreten, daß die Pädagogik für die Art der Persönlichkeitsentwicklung von zentraler Bedeutung ist.

In den Schriften der deutschen Pädagogen des 19. und 20. Jahrhunderts finden sich einige gemeinsame Themen: Familie, Staat, Volk, Natur. Das Problem besteht darin, wie sich die Menschen auf diese Entitäten (Ganzheiten) beziehen und wie sie von ihnen geformt werden. Hier geht es um das Verhältnis zwischen dem Individuum und dem »Ganzen«, und es wird behauptet, das Wesentliche dieser Beziehung könne nur durch Erziehung geschaffen werden.

Im 19. Jahrhundert vertrat der Philosoph Fichte die Auffassung, die Eltern wären von den gegebenen Lebensbedingungen demoralisiert, und deshalb sollte der Staat die Erziehung der Kinder übernehmen. Fröbel hingegen hielt die Familie und ganz besonders die Mutter für den entscheidenden Faktor bei der Prägung des Kindes. Ihm zufolge ist die Familie, nicht der Staat, für die Erziehung zuständig; sein Konzept des Kindergartens und seine Entwicklung von Spiel- und Beschäftigungsmaterial, Liedern und Erziehungsanleitungen sollte auch die Mütter informieren und ihre Praxis beeinflussen. Aber Fröbel meinte wie Fichte, daß die Zeiten schlecht seien und in *Selbstsucht und Eigennutz sowie dem Verlust der Selbsttätigkeit* das Schlechte regiere (Fichte 1808/1914), das nur durch die von ihm vorgeschlagene Erziehung überwunden werden könne. Fröbel hingegen wandte sich gegen das Aufziehen von »Werkzeugen des Staates«, was Fichte seiner Ansicht nach betrieb, sondern wollte, daß Erziehung freie, denkende Menschen hervorbringt.

Diese Auseinandersetzung über das Verhältnis zwischen Familie und Staat oder Gesellschaft ist in Deutschland bis heute fortgesetzt worden. Wie weit reichen die Rechte der Familie beim Aufziehen der Kinder? Wie weitgehend kann und soll der Staat solche Rechte übernehmen? Das hat auch zu einer Debatte über die Problematik einer starken Familienorientierung geführt, durch die Individuen sozial desinteressiert und politisch passiv werden, was bedeutet, daß sie politisch illiberal oder konservativ reagieren, so Dahrendorf (1969). Die Fragestellung wird auch in einigen allgemeinen Arbeiten über das politische und gesellschaftliche System der Bundesrepublik aufgeworfen.[24]

Die Person ist Teil eines Ganzen, aber damit dieses Ganze und jede/r einzelne existieren kann, muß durch Formen der Erziehung ein Bewußtsein der persönlichen und kollektiven Identität entstehen. Das war der historische begriffliche Ansatz, und ich meine, daß dieser Ansatz – wie verschieden die Begriffe auch formuliert und empfunden werden – auch noch zu den Grundlagen der pädagogischen Bemühungen im Nachkriegsdeutschland gehört. Es gab und gibt keine schlichte Übereinstimmung zwischen den verschiedenen Pädagogen und Sozialphilosophen in bezug auf die richtige Erziehung oder die Natur der kindlichen Begabung. Sollte die Pädagogik genaue Anweisungen geben oder die Kinder eher gewähren lassen? Sollte sie das Kind bewußt anleiten und führen oder es »aus eigenem Antrieb wachsen lassen«? Welcher Richtung auch jeweils der Vorzug gegeben werden mag, die vermuteten Unterschiede sind geringer, als es zunächst den Anschein hat (worauf auch Kupffer hinweist); alle diese Theorien befassen sich mit der notwendigen und gezielten Prägung des Kindes im wohlverstandenen Interesse der Gesellschaft und im Sinne der Einheit des deutschen Volkes.[25]

In den Lücken zwischen den nicht überbrückten theoretischen Gegensätzen erscheint nun der Körper, wenn ich das mal so ausdrücken darf, und übernimmt die Funktion des kontrollierbaren Vermittlers von Geist, Natur und Gesellschaft, eines Instruments zur Einbindung des Individuums in den Volkskörper. Dementsprechend gehörten zu den Fröbelschen Erziehungszielen ein naturnahes Leben, das Pflegen und *Abhärten* des Körpers durch Arbeit, Spiel und Sport, so als gelte es, den Geist zu säubern. Dies ist, so oder anders, ein Teil der meisten deutschen pädagogischen Theorien. Körperliche Bewegung und Körperpflege erhalten eine ganz spezifische Bedeutung im Rahmen der Erziehung. Kraft und Gesundheit sollen demnach durch den kontrollierten und harmonischen Gebrauch des Körpers als unverdorbene Natur erreicht werden.[26] Erzieherische Maßnahmen reproduzieren die verschiedenen Theorien über die Person und die Machtverhältnisse durch eine Manipulation des Körpers und seines Aussehens. Unsere Art des Wissens und der Erkenntnis ist untrennbar mit diesem Vorgang verbunden, und Foucault zufolge geht es immer um den Körper – den Körper und seine Kräfte, deren Nützlichkeit und Fügsamkeit, deren Verteilung und deren Unterwerfung.[27] In unserer Zeit ist es ein »gelenkiger, gelehriger Körper«, der manipuliert und vorgeführt wird, so als sollte kontrolliert werden, was »in ihm« steckt. Die Veränderungen im Gebrauch des Körpers hängen mit dem sozialen und politischen Umfeld zusammen, in dem sich Personen bewegen. Die Methoden und Reichweite der Machtausübung verändern sich je nach der Veränderung ihrer Legitimation, was sich auf den Körper auswirkt und so zu einer Quelle der Erkenntnis über ihn selbst und über die Machtstruktur wird. Der Körper ist nicht allein ein Ort unterschiedlichster Empfindungen, sondern erhält in der modernen Zeit mehr die Funktion, zwischen der inneren Welt der Person und der sozialen Welt zu vermitteln. Und deshalb ist es wichtig, ihn unter Kontrolle zu haben.

Was Linden angeht, so ist dort ein Interesse am Körper unter moralischen und natürlichen Aspekten zu beobachten, das an die Fragestellungen von Denkern des 19. Jahrhunderts erinnert, selbst wenn das als zu weit hergeholt erscheint. Der Körper wird gepflegt, trainiert und zur Schau gestellt, und diese Kontrolle des Körpers gilt als die Voraussetzung einer selbständigen und ordentlich strukturierten Person. Der Körper ist in seinem jeweiligen Zustand nicht voll entwickelt; das trifft ganz besonders für kleine Kinder zu. Diese Unvollkommenheit bildet einen Gegensatz zu der natürlichen Ordnung des Körpers und der Gesellschaft. Das Kind erkennt das alles durch den manipulierenden Umgang anderer mit seinem Körper, sei es unmittelbar oder über Formen der Disziplinierung und der Belohnung. Das Kind ist also ein zwiespältiges soziales Wesen, unnatürlich in seiner Unordentlichkeit, denn »Ordnung ist die Natur der Natur«, und deshalb muß es gepflegt werden, und zwar so wie der Gärtner seinen Garten pflegt: mit Liebe und Sorgfalt und einem nimmermüden Blick für Unkraut. Da das Kind aber auch ein Ausbund an natürlicher Energie ist, die sich Luft schaffen muß, wird auch das übertrieben wohlerzogene Kind als nicht ganz normal, d. h. natürlich, betrachtet, als vermutlich krank oder zu streng behandelt. Es gibt also ein Oszillieren zwischen dem, was als natürliche Ordnung gilt, und dem, was für natürliche Unordnung gehalten wird.

Den Körper in Ordnung zu halten, das ist nicht nur eine Angelegenheit der täglichen Routine und ein Zeichen des jeweils erreichten Entwicklungsstandes, etwa beim selbständigen Unterscheiden zwischen Sauberkeit und Unsauberkeit. Dazu gehören viele verschiedene Korrekturmaßnahmen. Den Mädchen und Jungen werden die Mandeln herausgenommen oder häufiger noch Polypen in der Nase. Bei kleinen Jungen wird oft eine Phimose festgestellt und operativ behandelt. Gekrümmte Rücken müssen durch Krankengymnastik oder das Tragen von Korsetts gerichtet, begradigt werden. Zähne und Gebiß werden durch Spangen korrigiert. Bestimmte Sprachstörungen sollen durch logopädische Übungen gemildert oder beseitigt werden. Es gibt eine Reihe von Einrichtungen, die dadurch ins Blickfeld rücken – Krankenhäuser, spezielle Kindergärten und Schulen. Die Erwachsenen klagen vor allem über *Kreislaufstörungen* und sind der Meinung, sie müßten mindestens einmal im Jahr zu einer Kur fahren, um eine Revitalisierung ihrer Zellen zu erreichen.

Im Gegensatz zu den Formen der Kontrolle wird der Körper von Zeit zu Zeit zum Gegenstand von Witzen, zu einem Anknüpfungspunkt von Späßen und Obszönität. Über das gegenseitige Witzeln und Necken zwischen Freunden hinaus bietet der Fasching die wichtigste Gelegenheit, öffentlich ein sinnenfrohes und ausgelassenes Spektakel zu veranstalten, das die herkömmliche soziale Hierarchie vorübergehend in Frage stellt.

Das Schreckliche und Absurde der Kontrolle Ausübenden und der kontrollierten Körper sind treffend in zwei berühmten Kinderbüchern dargestellt, die in fast jeder Familie in Linden, wahrscheinlich in Deutschland, vorhanden sind: *Der Struwwelpeter* und *Max und Moritz*. Die Bücher werden viel gelesen und sind sehr beliebt. *Der Struwwelpeter*, in Anzeigen als »der weltberühmte Frankfurter« bezeichnet, wurde 1844 von Heinrich Hoffmann geschrieben. Er war Arzt in Frankfurt und Vater eines kleinen Jungen, für den er keine guten Bücher, die sowohl lustig als auch belehrend sein sollten, finden konnte, so daß er beschloß, selbst eines zu schreiben. Es wurde in ganz Deutschland ein Erfolg mit den Geschichten vom ungepflegten, ungebändigten und ungehorsamen Struwwelpeter und seinen LeidensgenossInnen: Paulinchen, die leichtsinnig mit Streichhölzern spielt und deshalb verbrennt, Konrad, dem Daumenlutscher, dessen Daumen vom Schneider abgeschnitten werden, weil er ungehorsam und unehrlich (heimliches Lutschen) ist, und all den anderen, deren Körper beschädigt werden, weil sie sich falsch verhalten. Ungehorsam ist (unnatürliche) Unordnung und hinterläßt seine Spuren auf dem Körper, der verwahrlost oder Gliedmaßen verliert oder sogar vernichtet wird. Verschiedene Vorstellungen von körperlichen Empfindungen, hier Leiden, werden benutzt, um eine Art innerer Kontrolle des Verhaltens und der Gefühle des Kindes aufzubauen. In einem ähnlichen Buch, *Max und Moritz*, das 1860 von Wilhelm Busch geschrieben wurde, schlagen zwei Kinder (übermütige Jungen) über die Stränge, indem sie Vertreter des Kontrollanspruchs verulken und verletzen – aber schließlich werden sie ausgetrickst und in unschuldige, aber ordentliche Natur verwandelt – zu Körnern als Ziegenfutter zermahlen, *»gutes Fressen«*, sehr zu des Müllers Zufriedenheit.

Diese Geschichten würden heutzutage wohl nicht geschrieben werden, und manche der Bedeutungen und Wertvorstellungen, die sie vor Augen führen, mögen sich verändert haben. Sie sind jedoch nicht bedeutungslos geworden, denn sie wirken über Gefühle und die Erinnerung an bestimmte Vorstellungen. Andererseits mögen die Handbücher von Dr. Schreber über körperliche und seelische Gesundheit und die verschiedenen Vorrichtungen aus Holz und Leder, die er zur Korrektur von Haltungsschäden oder anderer schlechter Gewohnheiten bei der Körperhaltung bei Kindern erfunden hat, überflüssig geworden sein (wenn sie überhaupt weithin angewendet worden sind), geblieben ist aber das besorgte Interesse an Körperpflege, einer guten Körperhaltung sowie guter körperlicher Gesundheit in ihrer Beziehung zur seelischen Gesundheit. Auf verschiedene Weise ist dieses Besorgtsein über Generationen in die Erziehung der Kinder eingegangen. Über die Jahrhunderte hinweg wurden die bestehenden Auffassungen von Lernen und Leistung und die Vorstellungen über Loben und Strafen zu zentralen Inhalten der Ansichten über die Funktionen der Erziehung beim Formen der Persönlichkeit. Der Körper erwies sich als ein wichtiger Schauplatz, auf dem diese Ideen umgesetzt werden können. Und wie alle anderen Menschen müssen sich auch die LindenerInnen mit dieser Problematik und diesen Ansprüchen auseinandersetzen.

Vorbereitung auf das Leben: Schlußfolgerungen

Kinder aufzuziehen bedeutet, Beziehungen des einzelnen Menschen zu einer höheren Ordnung, etwa Staat und Nation, zu interpretieren und zu reproduzieren. Da ein derartiges Unternehmen nicht ein für allemal geregelt sein kann, bedarf es vieler Diskussionen. »Eine gesunde Familie ist die Keimzelle eines gesunden Staates« ist eine Redewendung, die bestimmte Aspekte der Argumentation gut zum Ausdruck bringt. In Linden ist spürbar, wie die Worte Fichtes widerhallen – die kleinste Einheit trägt die Bürde der größten, während beide in eine Ordnung eingebunden sind, in der das Individuum sowohl im Zentrum steht als auch eine untergeordnete Position einnimmt. Diese Ordnung wird, auch wenn sie in der Praxis kein harmonisches Ganzes ist, weiter als Ideal und Notwendigkeit betrachtet, die der Staat mißbraucht oder wohlwollend verkörpert. Innerhalb dieser kleinsten Einheit wächst das Kind auf, das mit seiner eigenwilligen Natur und seiner Abhängigkeit zurechtkommen muß, lernen muß, daß »das Leben hart ist« und seinen Preis hat. Den Menschen in Linden geht es darum, ein Kind durch Erziehung *lebensfähig* zu machen. Dazu bedarf es eines aktiven Vorgehens, und das Verhalten des Kindes ist der Gradmesser des Erfolgs. Das richtige Handeln von Eltern und LehrerInnen soll dem Kind die Einsicht vermitteln, wie es sich richtig verhält, sowie den Wunsch, gut zu sein, zu gehorchen und höflich zu sein. Frei zu sein heißt, nach Ordnung zu streben.

Ganzheit und Einheit sind unscharfe Begriffe, die nur schwer zu umschreiben sind, und das gilt auch für Staat und Nation. Diese Begriffe beziehen sich auf eine »Vorstellung« und im Fall des Staates, zum Beispiel, auf Auseinandersetzungen mit bestimmten Strukturen von Dominanz und Kontrolle. Der Staat wird für die Menschen sichtbar durch die Tätigkeit von Institutionen und Personen wie Schule und LehrerInnen. Er sanktioniert bestimmte Aktivitäten in Politik und Wirtschaft und legitimiert ein Gefühl der Zugehörigkeit des einzelnen zur Nation. Meiner Auffassung nach ist es ein bestimmter Ordnungssinn der Menschen, der in ihren Begriffen von Ganzheit und Einheit zum Ausdruck kommt. Ordnung zu wollen bedeutet zugleich, den Staat und seine Legitimationsmacht zu bejahen. Und mit einem gewissen Stolz weisen die Leute darauf hin, daß sie heutzutage in einem *Rechtsstaat* leben, im Gegensatz zu der diktatorischen oder autoritären Struktur des Staates in früheren Zeiten. Diesen staatlichen Normen wird indirekt auch ein allgemeiner Mangel an Normen gegenübergestellt.[28]

In Linden wird in manchen Situationen ein ständiges Oszillieren zwischen den Ideen und der Wertschätzung von Autonomie und Einzigartigkeit einerseits und der Notwendigkeit von Ordnung und Unterordnung andererseits sichtbar. Es wird dauernd versucht, diesen Widerspruch aufzulösen, die Gegensätze zu versöhnen und das zusammenzuhalten, was auseinanderzudriften oder gar zu zerreißen droht. Die Person, zu der ein Kind geformt werden soll, ist ein Teil des sozialen Kollektivs, wie es sich als Familie, in der Schule und im Kindergarten darstellt, und sie muß sich ihm unterordnen. Aber die Person hat auch einen freien Willen und ist für ihr Tun und Lassen selbst verantwortlich. Es gibt eine Einstellung, der zufolge jede/r sich um seine/ihre eigenen Angelegenheiten kümmern sollte, was auch Unterschiede in den sozialen Beziehungen schafft; es gibt eine starke Beschäftigung mit Formen der Abgrenzung und das Recht der Person auf eine Privatsphäre. Vorstellungen über ökonomische Freiheit entfalten in diesem Zusammenhang eine besonders starke Wirkung. Eigentumsrechte verleihen besonders weitreichende rechtliche Möglichkeiten, und niemandem wird zugestanden, Eigentumsrechte in Frage zu stellen. Die staatliche Ordnung wird als zwiespältig empfunden, denn sie schützt die individuelle Freiheit, greift aber auch in diese ein. Da aber Freiheit, auf einer individuelleren wie auch allgemeineren Ebene, zugleich eine potentiell antisoziale, sprengende Wirkung zu haben scheint, besteht die Auffassung, daß »zuviel Freiheit« für die Gemeinschaftsfähigkeit und soziale Kompetenz des Kindes schädlich ist.

Es ist wichtig, wenn auch nicht einfach, dabei zu beachten, daß die Leute zwar diese Auffassungen haben, aber nicht eins sind mit der Ideologie, die sie vertreten. Das heißt, daß die ideologischen Vorstellungen der Menschen ein Teil ihres Lebens sind: Sie verbinden sich mit den Verhaltensweisen, die sich verändern und auch in Gegensatz zueinander geraten. Die Ideologie ist deshalb nicht nur als solche zu begreifen, sondern muß zu den jeweiligen Lebensumständen in Beziehung gesetzt werden. Wenn es um Linden geht, so kann ich nicht behaupten, mehr als eine bruchstückhafte Darstellung dieses Komplexes von Identität und deutscher Ideologie anzubieten. Meine Analyse und Beschreibung konzentrieren sich auf die wesentlichen Institutionen, in denen Kinder sich unterordnen müssen, auf die Ideen und die Praxis, mit denen die Kinder zurechtkommen müssen, auf die Wertvorstellungen, die sie zu unterscheiden lernen, und damit auf alles, was explizit oder implizit getan wird, um die Kinder *lebensfähig* zu machen.

3 Trennung und Bindung: das Kind in der Familie

Die Familie in Linden ist ein privater und abgesonderter Bereich hinter verschlossenen Türen und stets zugezogenen Gardinen; das schmutzige Geschirr wird in einen Schrank gestellt, versteckt für den Fall, daß unangemeldet Besuch kommt, bevor der Abwasch erledigt ist. Die Familie ist aber auch eine Angelegenheit von öffentlichem Interesse. Alle befassen sich mit ihr – mit der Idee der Familie, mit der eigenen Familie, mit der Familie der Nachbarn – und machen sich Sorgen um »die deutsche Familie«.[1] Aber der Sorge und dem Interesse sind aus Gründen der Diskretion Grenzen gesetzt; es geht nicht an, sich in anderer Leute Familienleben einzumischen. Es gibt sehr klare, eindeutige Grenzen zwischen verschiedenen Lebensbereichen, zwischen Personen und sozialen Positionen, sowie ein genaues Empfinden für deren Beachtung. Diese Abgrenzungen sind allerdings nicht unveränderlich, sondern richten sich nach den jeweils geltenden kulturellen Festlegungen.

Ohne Familie zu leben, innerhalb der Familie keinen Kontakt zu halten, besonders im Umgang zwischen Eltern und Kindern, ist etwas Ungewöhnliches, irgendwie Absonderliches. Unverheiratete Erwachsene und Erwachsene ohne Kinder, also solche, die keine eigene Familie gründen, sind nur schwer einzuordnen, denn Verhaltensweisen werden oft mit Blick darauf erklärt, welcher Art von Familie jemand angehört – eine Einschätzung, die sich sehr weitgehend auf die wichtigsten Aktivitäten und Ziele des Familienlebens bezieht: das Aufziehen von Kindern. Daß sie sich schwer einordnen lassen, haben Unverheiratete mit Fremden gemeinsam und macht sie in gewisser Weise auch zu Außenstehenden. Eine neue Familie zu gründen, die eigene, ist ein Akt, durch den Kontinuität und Ordnung geschaffen werden, selbst wenn es eine ausdrückliche Bezugnahme auf frühere Generationen oder eine Ahnenreihe nicht mehr geben sollte. Eine eigene Familie verbindet die Vergangenheit mit der Zukunft. Die Familie ist nicht heilig, aber sie ist das Fundament, auf dem angeblich alles Gesellschaftliche aufbaut, was auch in politischen Debatten und Reden immer wieder zur Sprache gebracht wird. Nach einer Veranstaltung der Kirchengemeinde formulierte es ein älterer Familienvater, Herr Helm, beim anschließenden Umtrunk in der Gaststätte so:

»Eine gesunde Familie macht einen gesunden Staat.« Mit einem Schlag wird das »Natürliche des Lebens« ganz selbstverständlich zur wesentlichen Bedingung eines guten Staates erklärt. Obwohl die Menschen in Linden gewöhnlich nicht dazu neigen, solch grandiose Stellungnahmen abzugeben, ist diese Äußerung für viele von ihnen doch ein Zeichen von gesundem Menschenverstand und wird für richtig gehalten. So wird ihnen bewußt, daß sie ein Teil von etwas sind, das seinen Ort und Sinn in einer Dimension oberhalb der Trivialitäten des Alltags hat und ihren individuellen Bemühungen unter den Gesichtspunkten eines Kollektivs eine höhere moralischen Bedeutung verleiht. Sie erkennen dabei vielleicht auch, welche moralische Verpflichtung sie auf sich genommen haben und welchen Konfliktstoff die Frage enthält, welche Familie denn nun als gesund gelten kann und welche nicht.

Haushaltsstruktur und Familienbindungen

Ich will zunächst kurz beschreiben, welche Formen des familiären Zusammenlebens in Linden zu beobachten sind.[2] Die beiden Haushalte, die mir als Beispiele dienen, haben einige Merkmale gemeinsam, während andere Merkmale für die Unterschiede zwischen ihnen bezeichnend sind. Dabei gehe ich von einer alten und einer jungen Frau und ihren Familien aus, mit denen ich oft zusammen war. Die Beschreibung der Haushalte ist nicht gleich detailliert, will aber einen Eindruck davon vermitteln, wie die Menschen leben, wie ihr Alltag aussieht, und andeuten, was sie denken und welche Gewohnheiten sie haben. Einige der in den Beschreibungen angerissenen Themen werden im weiteren Verlauf des Kapitels noch einmal aufgenommen.

Frau Leni Hirsch ist eine der ersten Frauen, die ich nach meiner Ankunft kennenlernte und mit der und deren Familie ich während meines Aufenthaltes in Linden viel Zeit verbrachte. In der Regel saß ich mit ihr in ihrer renovierten Küche – Herd und Schränke in strahlendem Weiß auf einem rot und schwarz gemusterten Teppichboden – im Gespräch bei Wein und Zigaretten, Kaffee und Kuchen. Auch ihr Mann, Hermann, kam herein, setzte sich einige Zeit zu uns an den Tisch, machte seine Späßchen mit mir, indem er Annäherungsversuche vortäuschte, erzählte von seiner Arbeit und den alten Zeiten. Die Enkel und die junge Schwiegertochter, Rita, kamen hin und wieder hinzu und setzten sich für eine Weile oder fragten die Oma nur schnell etwas. Manchmal saßen wir auch im Wohnzimmer, wo meistens der Fernseher lief, oder wir standen draußen auf dem Hof, wenn es warm war und ich nur mal schnell hereinschaute. Es kam auch vor, daß ich mich zu Frau Hirsch und ihrer Tochter Elsa, die täglich einige Stunden bei ihrer Mutter verbrachte, gesellte, während sie im Keller saßen und Gummiteile für Autoreifen zuschnitten, Arbeit für Stücklohn im Auftrag eines Großunternehmens, dessen örtliche Vertretung bei einer kleinen Firma in einem Nachbardorf lag.

Während meines Aufenthaltes in Linden waren Leni und Hermann in den Sechzigern. Ihre beiden Kinder, Elsa und Wolfgang, sind verheiratet und wohnen in Linden. Wolfgang ist im Elternhaus geblieben und hat den elterlichen Hof übernommen. Er und Rita leben mit ihren beiden Kindern, Sohn und Tochter, im oberen Stockwerk. Schon als Kind hat er sich für die Arbeit auf dem Bauernhof interessiert, und so ist es ganz »natürlich«, daß er auf dem Hof geblieben und Elsa ausgezogen ist. Es ist, wie sie sagen, noch immer das vorrangige Interesse der Bauern, daß der Sohn den Hof übernimmt, damit dieser unter dem Familiennamen weitergeführt wird. Elsa ist einige Jahre älter als Wolfgang, vor dem Krieg geboren. Sie ist mit Günther Krafft verheiratet, der aus Linden stammt und bei einem Versandunternehmen in Hanau beschäftigt ist. Sie haben eine Tochter, eine zwölfjährige Schülerin, und leben im Haus seiner Eltern, das vor kurzem ganz umgebaut worden ist, so daß sie ihren Haushalt im oberen Stockwerk, die Eltern den ihren im Erdgeschoß haben. Günthers einzige Schwester hat einen Mann aus Hessen geheiratet, die beiden leben dort im Haus von dessen Eltern.

Leni und Hermann Hirsch bewohnen eines der alten Häuser im Zentrum von Linden. Es ist Hermanns Elternhaus, in dem er und seine Geschwister aufgewachsen sind. Frau Hirsch ist in Kleinheim geboren, wo ein Bruder und eine Schwester noch mit ihren Familien wohnen. Als jungverheiratete Frau zog sie zu Hermann, und die beiden lebten mit seinem verwitweten Vater in einem Haushalt zusammen. Deshalb war die junge Leni, wie sie schildert, sehr stark durch die Hausarbeit belastet. Da Hermann der älteste Sohn war, mußte er den Hof übernehmen und führte ihn gemeinsam mit seinem Vater bis zu dessen Tode. Während des Krieges war Hermann eine Zeitlang nicht in Linden, und Leni mußte allein mit der kleinen Elsa und dem Schwiegervater zurechtkommen. In diesen Jahren hatten sie, wie viele andere Bauern in der Gegend auch, polnische und französische Kriegsgefangene als Landarbeiter bei sich. Die Gefangenen waren in einem Gebäude untergebracht, in dem heute die Bank ihre Geschäftsräume hat. »Und bis heute haben wir Kontakt zu dem Sohn des Franzosen«, betont Leni oft zufrieden. Während der fünfziger und sechziger Jahre lebte niemand mit ihnen im Haus. Kernfamilie, Hausbewohner und Mitglieder des Haushalts stimmten überein. Elsa und Wolfgang gingen zur Schule, der *Opa* war gestorben.

Den engsten Kontakt haben Elsa und Günther zu Elsas Eltern, Leni und Hermann. Auch Ingrid, ihre Tochter, hält sich mehr bei der *Oma* mütterlicherseits auf als bei der Oma im Hause. Elsa besucht ihre Mutter täglich auf dem Rückweg vom Einkaufen oder von ihrem neuen Halbtagsjob als Haushaltshilfe bei einer jungen Familie mit mehreren kleinen Kindern. Das Ehepaar stammt nicht aus Linden und hat deshalb keine Oma, die ihnen mit Kochen und der Beaufsichtigung der Kinder unter die Arme greifen kann, wenn sie ihrer Berufstätigkeit als Angestellte nachgehen. Elsa fühlt sich ihrer Mutter sehr nahe und äußert sich enttäuscht über ihre Schwiegermutter, zu der sie nie eine gute Beziehung hat herstellen können, denn sie ist nicht so eine »warmherzige und liebevolle Frau wie meine Mutter«. Sie selbst ist mit *Wärme und Liebe* aufgezogen worden, wie sie sagt, und kann sich mit der Kälte ihrer Schwiegermutter nicht abfinden. Anfangs, als Elsas Familie noch mit der Schwiegermutter im alten Haus wohnte, kritisierte diese ständig Elsas Haushaltsführung.

Rita und Wolfgang leben mit ihren beiden Kindern in seinem Elternhaus und stehen tagsüber in engem Kontakt zu Leni und Hermann. Aber die Abende verbringen die Eltern und die Familie des Sohnes jeweils für sich vor dem Fernseher. Tanja, das ältere Kind, macht manchmal noch Hausaufgaben. Auch das Abendessen wird getrennt eingenommen. Rita muß noch bügeln, und Wolfgang muß sich durch einen Aktenberg arbeiten, da er neben seiner Arbeit mit seinem Vater auf dem Hof eine Stelle in der Stadt als Buchhalter angenommen hat. Außerdem hat er gerade begonnen, sich politisch zu engagieren, und überlegt, ob er die SPD in Linden reaktivieren soll.

Rita und Wolfgang waren sehr jung, als sie heirateten, noch nicht zwanzig Jahre alt. Es war eine *Muß-Ehe*, also eine Ehe, die wegen einer eingetretenen Schwangerschaft geschlossen wurde. Rita war mehr oder weniger eine weitere Tochter in Wolfgangs Elternhaus, was bedeutete, daß Mitarbeit von ihr erwartet wurde. Oma Leni kümmerte sich um die kleine Tanja. Gewöhnlich wird diese Form der gegenseitigen Hilfe von der jüngeren Frau, der Schwiegertochter, als sehr anstrengend beschrieben, zumal die Schwiegermutter damals nicht so viel geholfen hat, wie sie selbst es jetzt wird tun müssen. Die jüngere Frau hat das Gefühl, daß sie damals mit all der Arbeit sehr stark belastet war, immer in dem Bemühen, es der Schwiegermutter recht zu machen. Viele Frauen erzählen von ihren ersten Ehejahren, in denen der Kontakt mit den Schwiegereltern noch enger war, daß sie sich sehr von der Schwiegermutter kontrolliert und abhängig fühlten.

Rita möchte die enge Beziehung zu ihrer Mutter und ihren Schwestern pflegen, kann sie aber nicht oft genug sehen. Sie leben einige Kilometer entfernt, und sie kann sich nicht freimachen, weil sie mit den Kindern, dem Kochen und Putzen alle Hände voll zu tun hat, nun da sie noch einen kleinen Jungen haben. Es geht nicht an, einfach einen Tag lang jemanden zu besuchen, als gäbe es nichts zu tun, keine Arbeit und keine Verantwortung. Und eine Oma kann nicht dafür in Anspruch genommen werden, einen anderen Haushalt zu betreuen, wahrscheinlich erst recht nicht, wenn es der Haushalt der Schwiegertochter ist. Also kann nur eine Frau, deren eigene Familie im Ort oder höchstens im Nachbarort lebt, ohne große Vorkehrungen Besuche machen und Hilfe bei der Kinderbetreuung erhalten.

Der andere Haushalt, den ich beschreiben will, unterscheidet sich in seiner Zusammensetzung in einigen Aspekten vom Haushalt der Hirschs; unter allgemeineren Gesichtspunkten gibt es eine Reihe von Übereinstimmungen, wie das bei den Haushalten in Linden gemeinhin der Fall ist.

Brigitte und Rudi Grass sind ein Ehepaar, etwas älter als dreißig. Sie haben zwei Kinder: Ulrike, die in den Kindergarten geht, und Michael, der die Schule besucht. Sie leben in ihrem eigenen Haus, das sie selbst gebaut haben – mit Hilfe von Familienangehörigen und Freunden auf der Basis von Gegenseitigkeit. Manche Leute berichten, daß sie durch diese gegenseitige Hilfe so stark eingebunden sind, daß sie seit Jahren kein freies Wochenende mehr hatten, worauf sie einerseits stolz sind, was sie aber andererseits auch bedauern.

Brigitte stammt wie ihre Mutter aus Linden. Ihr Vater ist ein Volksdeutscher aus Polen, der nach dem Krieg als Flüchtling nach Linden kam. Die Eltern leben in Brigittes Elternhaus, in dem Brigitte und ihre Geschwister geboren wurden. Brigittes Eltern und ihr Großvater mütterlicherseits leben noch dort in einem gemeinsamen Haushalt. Brigitte hat einen Bruder und eine Schwester, beide jünger als sie und verheiratet. Der Bruder lebt mit seiner Familie im Haus der Eltern, aber in einem getrennten Haushalt. Die Schwester hat einen Mann aus einer hessischen Stadt geheiratet und lebt nun dort mit einem eigenen Haushalt im Haus ihrer Schwiegereltern. Brigitte weiß nicht viel von ihr, denn wegen eines Familienkrachs haben sie schon seit einigen Jahren nicht mehr miteinander gesprochen; keine von beiden scheint bereit oder in der Lage zu sein, einen Grund oder die Mittel zur Versöhnung zu finden.

Während ihrer ersten Ehejahre haben Brigitte und Rudi in Waldhof, seinem Heimatort, gelebt. Seine Eltern besitzen zwei Häuser auf ihrem Grundstück, und sie bewohnten eines für sich. Rudi hat eine Schwester und drei Brüder, von denen einer vor einigen Jahren nach einem Autounfall gestorben ist. Die Schwester und ein Bruder leben verheiratet in Waldhof, der jüngste Bruder ist noch ledig und wohnt bei seiner verwitweten Mutter zu Hause. Der jüngste Bruder wird das Haus erben; das ist so entschieden worden, und die anderen Geschwister haben einen ökonomischen Ausgleich dafür erhalten. In Rudis Fall war das ein Geldbetrag zur Finanzierung seines Hauses. Die Schwester »heiratete eine *Wirtschaft*«, den Sohn eines der Gaststättenbesitzer in Waldhof. Der andere Bruder heiratete ein Mädchen aus Linden (die älteste Tochter der bereits erwähnten Frau Kestling), mit der er im eigenen Haus wohnt, das sie gekauft haben.

Als sie es sich leisten konnten, fingen Brigitte und Rudi mit dem Hausbau an, und zwar auf einem Grundstück in Linden, das Brigitte von ihren Großeltern mütterlicherseits erhalten hatte, als ihr Großvater noch lebte. Sie bauten ein zweigeschossiges Haus mit zwei abgeschlossenen Wohnungen, denn sie hatten vor, das obere Geschoß zur Finanzierung der Baukosten zu vermieten. Nun haben sie *Fremde* als Mieter, Leute aus Frankfurt, die keine oder nur sehr geringe Bindungen an Linden haben. In Linden wohnt zwar die Mutter der Frau, die das Ehepaar auf die freie Mietwohnung aufmerksam gemacht hatte, aber auch sie ist eine Fremde. Rudi und Brigitte haben nichts dagegen, daß eins der Kinder nach der Heirat in der oberen Wohnung leben wird, aber sie sind nicht geneigt, die derzeitigen Mieter zu kündigen, wenn diese dort bleiben wollen. Sie halten es auch für sehr wahrscheinlich, daß die Tochter im Hause der Schwiegereltern leben wird. »Na, die Kinder sind noch sehr jung. Wenn sie erwachsen sind, können sie tun, was sie wollen.« Es ist ganz »natürlich«, wenn ein verheiratetes Kind weiter bei den Eltern lebt, aber es ist nicht notwendig; die jungen Leute sollen das selbst bestimmen. Die zweigeschossige Bauweise begründen viele Leute damit, daß es dann leichter ist, von der Gemeinde eine Baugenehmigung und von der Bank günstige Kredite zu erhalten; »die Gemeinde will das so«.

Oft besuchen Brigitte und Rudi Brigittes Eltern sowie ihren Bruder und dessen Frau, die aus einer Kleinstadt im nahen Hessen stammt. Deren ältestes Kind, Beate, ist so alt wie Brigittes und Rudis Jüngste, Ulrike; beide gehen gemeinsam in den Kindergarten (mehr über sie im nächsten Kapitel). Brigitte ist eine sehr kontaktfreudige und energische Person und sorgt für die Beziehung zu einigen anderen Familien, mit denen sie nicht verwandt sind, aber sogar gemeinsam Geburtstag feiern, was gewöhnlich Familientreffen vorbehalten ist. Manchmal unternehmen sie sonntags etwas gemeinsam, gehen vielleicht zum Kegeln auf einer Bahn in der näheren Umgebung. Beim *Fasching* oder anderen Dorffesten sitzen die Ehepaare zusammen an einem Tisch. Brigitte und zwei oder drei andere Frauen haben angefangen, am Freitagabend ohne ihre Männer auszugehen, allerdings nicht in Linden. Sie fahren in eine Stadt, wo sie in eine Pizzeria, in einen Eissalon oder ein Bier trinken gehen. Rudi hat keine vergleichbare Beziehung zu Freunden, er bleibt zu Hause bei den Kindern, sitzt vor dem Fernseher oder fährt nach Waldhof zu seinem Schwager in dessen Gastwirtschaft, was für viele Männer ein üblicher Zeitvertreib ist.

Brigitte und Rudi sind erwerbstätig. Sie näht im Stücklohn als Heimarbeiterin Handtaschen für eine kleine Firma in Linden, eine der vielen Kleinbetriebe, die als Zulieferer für die Lederindustrie in der Region Frankfurt-Offenbach fungieren. Täglich kommt Herr Schulz, der Inhaber der Lindener Firma, um die fertigen Taschen abzuholen und neues Material zu bringen; oder seine Frau kommt vorbei. Sie unterhalten sich eine Weile und kommentieren örtliche Ereignisse und Neuigkeiten. Sie arbeitet seit fünfzehn Jahren für diese Firma, seit sie die Schule verlassen hat, zunächst auf dem Firmengelände und seit acht Jahren zu Hause. Herr Schulz ist der Sohn ihres früheren Arbeitgebers, der vor einigen Jahren die Firma übernommen hat. Er und seine Frau sind mit Brigitte und Rudi gut befreundet und eingebunden in das Netz von Freunden, zu dem Brigitte und Rudi gehören. Brigitte benutzt einen Teil des Kellers in ihrem Haus als Arbeitsplatz, und dort verbringt sie einen großen Teil des Tages mit einer anderen Frau, Frau Halle, die für denselben Betrieb arbeitet. Sie sitzen dort jede an einer Nähmaschine und arbeiten angestrengt, unterhalten sich dabei und machen eine Mittagspause für das *Mittagessen.*

Jeden Morgen stehen Brigitte und Rudi ziemlich früh auf. Die Kinder können noch eine Stunde länger schlafen. Brigitte macht das Frühstück für Rudi und setzt sich mit einer Tasse Kaffee zu ihm. Am Abend zuvor hat sie ihm eine *kalte Mahlzeit* vorbereitet, die er zur Arbeit mitnehmen kann. Er ist Mechaniker in einem großen Industriebetrieb in Hanau und den ganzen Tag über außer Haus. Die Jalousien sind noch herabgelassen, und in fast allen Häusern ist es noch dunkel, wenn er die Straße hinunter zur Kreuzung geht, wo er zu vier anderen Männern in den kleinen Firmenbus steigt, der sie zur Arbeit bringt.

Die Kinder werden geweckt, machen sich fertig und ziehen die am Abend zuvor ordentlich auf einem Stuhl zurechtgelegte Kleidung an. Nach dem Frühstück wird Michael ermahnt, seinen Ranzen durchzusehen und festzustellen, ob er die notwendigen Bücher und Stifte eingepackt hat. Das ist nicht unbedingt nötig, weil Michael das schon von selbst erledigt. Dann geht er hinunter zur Haltestelle des Schulbusses, wo sich die Kinder bereits in einer Reihe aufstellen. Ulrike geht erst ein wenig später zum Kindergarten. Da der Weg zum Kindergarten nicht weit ist, muß Brigitte sie nicht begleiten, so daß Ulrike allein losgeht. Es ist nun acht Uhr. Frau Halle sitzt schon seit einer Stunde an ihrer Nähmaschine im Keller. Frau Halle ist viel älter als Brigitte, ihre Kinder sind erwachsen, sie hat nicht so viel Arbeit im Haushalt wie Brigitte und fängt gerne früh mit der Arbeit an. Brigitte wirbelt durchs Haus, stellt das Geschirr weg, denn sie muß jetzt nicht abwaschen; morgens kommt niemand zu Besuch. Doch für alle Fälle räumt sie das Geschirr beiseite. Sie macht die Betten, räumt alles an seinen Platz, zieht sich an und vergewissert sich, daß alles für das Mittagessen mit den Kindern vorbereitet ist. Wenn dies erledigt ist, geht sie die Treppe hinunter zur Arbeit.

Brigitte kann mit dem Auto zum Einkaufen ins Dorf fahren. Kurz vor elf beeilt sie sich, denn so spät Lebensmittel und Brot zu besorgen erregt den Verdacht der Schlamperei oder einer schlechten Organisation des Haushalts. Es schickt sich nicht, daß eine Hausfrau noch so spät am Vormittag unterwegs ist.

Das sieht so aus, als ob sie sich beim *Kochen* nicht viel Mühe gibt, und das macht keinen guten Eindruck. Die (warme) Hauptmahlzeit wird mittags auf den Tisch gebracht. Das bedeutet, daß viele Männer ihre Hauptmahlzeit außer Haus einnehmen oder daß abends ein warmes Essen für sie zubereitet wird. Und die Zubereitung eines solchen Essens dauert, davon wird ausgegangen, ziemlich lange. Deshalb fühlt sich eine Frau, eine Hausfrau, die kurz vor der Mittagszeit auf der Straße ist (wahrscheinlich im Gespräch mit einer anderen Frau) unter Beobachtung und beunruhigt, so als wollte sie sich gegen »vielsagende Blicke« und Klatsch verteidigen. Dem kann sie begegnen, indem sie ihre *Schürze* anzieht, wenn sie aus dem Haus geht, damit allen klar ist, daß sie nur schnell noch etwas besorgen muß. Am Vormittag tragen also viele Frauen im Ort eine Schürze, auch viele von denen, die viel Zeit haben, bevor »die Glocken läuten«.[3] Brigitte sagt, daß sich vor allem die Frauen unten im Dorf, dem ältesten Ortsteil von Linden, so verhalten, und meint damit die älteren, an herkömmlichen Verhaltensweisen festhaltenden Frauen, die in der Nähe der Kirche und unter den prüfenden Blicken aller wohnen. Aber Brigitte will nicht in ihrer Schürze herumlaufen, sie zieht sich gerne nett an, wie sie sagt, achtet auf ihre Frisur und schminkt sich. Wie viele andere Frauen in Linden arbeitet sie und verdient Geld, ist nicht »nur Hausfrau« und will »schick« aussehen, selbst wenn ihre Aufmerksamkeit vor allem ihren Kinder, ihrem Haus, ihrem Mann und ihrer Herkunftsfamilie gilt.

Viele Frauen sind gewiß mit Brigitte der Meinung, daß es abzulehnen ist, den ganzen Tag zu Hause zu sein, die Hausarbeit zu erledigen, auf das Heimkommen ihrer Kinder und ihres Mannes zu warten. Wenn das auch das Wichtigste in ihrem Leben ist, so wird es doch langweilig, und außerdem braucht die Familie das zusätzliche Einkommen. Gewöhnlich ist ja auch eine Oma da, die bei der Betreuung der Kinder und beim Kochen helfen kann, wodurch das Bild von der »Mutter zu Hause« aufrechterhalten werden kann. Oder es funktioniert wie bei Brigitte durch das Übernehmen von Heimarbeit. Brigitte arbeitet sehr viel, denn die Bezahlung ist schlecht, so daß sie während des Tages nur wenig Zeit für die Kinder erübrigen kann. Die beiden müssen allein zurechtkommen, aber selbstverständlich ist sie da, wenn irgend etwas passiert. Als die Kinder noch klein waren, verbrachten sie die meiste Zeit des Tages unten bei ihr im Keller und spielten dort, während sie an der Nähmaschine saß.

Die Kinder kommen allein vom Kindergarten und von der Schule nach Hause. Die Schule ist später zu Ende, so daß Ulrike sich selbst beschäftigt, bis es Zeit ist, mit Michael und der Mutter zu essen. Am Nachmittag bleiben die Kinder meistens in der Nähe des Hauses, manchmal geht Ulrike nachmittags wieder in den Kindergarten. Michael *muß lernen*, seine Hausaufgaben erledigen, üben und lernen, was er wissen muß. Brigitte sieht nach, ob alles ordentlich gemacht und schön geschrieben worden ist, aber sie hat nur selten Zeit, sich mit ihm hinzusetzen und zu üben, wie sie es ihrer Meinung nach tun sollte. Um fünf Uhr kommt Rudi nach Hause und Brigitte ist mit dem Nähen für diesen Tag fertig. Frau Halle ist schon früher weggegangen.

Das Abendessen der Familie ist reichhaltiger als bei anderen, weil Rudi während der Arbeit keine warme Mahlzeit zu sich nimmt. Wenn sie nichts anderes unternehmen, sitzen sie anschließend im Wohnzimmer vor dem Fernseher. Wenn Michael alle Aufgaben gemacht hat, darf er noch ein bißchen nach draußen gehen und sich mit Freunden treffen; war sein Verhalten aber nicht tadellos, muß er zu Hause bleiben. Brigitte und Rudi verlangen, daß sich die Kinder gut benehmen, tun, was ihnen gesagt wird, und sie erlauben keine »Widerworte«. Schularbeiten und Spielen sollen nett und ordentlich sein. Oft gibt es eine Ohrfeige oder Hausarrest, wenn Brigitte der Meinung ist, daß die Kinder *frech* sind, aufsässig und ungehorsam, oder wenn sie, was das Allerschlimmste ist, gelogen haben.

Bei Familie Hirsch und Familie Grass dreht sich das Leben zu einem erheblichen Teil um das Haus, die Familie, die engere Verwandtschaft und die Arbeit. Fast alle Frauen übernehmen bezahlte Arbeit, und sie entwickeln verschiedene Arten der gegenseitigen Hilfe. Das Leben der Kinder spielt sich in diesem Bereich von Arbeit und Zusammenwirken ab, sie werden von Mutter und Oma versorgt, während die Väter sich in den ersten Jahren weniger mit ihnen befassen. Obwohl die Eheleute Grass für sich allein leben, gehen sie doch davon aus, daß eins ihrer Kinder weiter bei ihnen wird leben wollen, wenn es verheiratet ist, selbst wenn die Entscheidungsfreiheit der Kinder betont wird. Diese Ansicht teilen die Hirschs, obwohl sie über Haushaltsgrenzen hinweg enge Beziehungen zu den näheren Verwandten pflegen. Ohne ihre kleinen Kinder würden diese Haushaltsgruppen den größten Teil ihrer Kraft und ihres Antriebs verlieren, kulturell und ökonomisch.

Nur wenige Menschen in Linden sind allein auf sich gestellt, leben ohne Familie oder engere Verwandte im Haus oder zumindest in der näheren Umgebung. Die Familie wird primär durch die Beziehung zwischen den Eltern und ihren unverheirateten Kindern definiert. Ein Ehepaar ist die Voraussetzung der Familie, aber Kinder – und das Haus – sind das wichtigste Ziel und der Mittelpunkt des Lebens. In der Regel bildet diese Familie auch einen Haushalt, aber es ist sehr häufig der Fall, daß solche Kleinfamilien noch mit den Eltern des Mannes oder der Frau relativ eng verbunden sind. Die Menschen hier heiraten jung, so wird gesagt, in ihren frühen Zwanzigern, und ziehen dann zu einem der beiden Elternpaare – entweder im gleichen Haushalt oder mit einem eigenen Haushalt im Obergeschoß des Hauses. An den Häusern, ob Alt- oder Neubauten, werden bis hin zu einem kompletten Umbau viele bauliche Veränderungen vorgenommen, damit zwei Haushalte in ihnen untergebracht werden können.

Von einem Haushalt ist die Rede, wenn eine Küche vorhanden ist, d. h., wenn eine Frau über ihre eigene Küche verfügen kann, selbst kocht – eine häusliche Pflicht, die Anerkennung genießt. Und der Küche angegliedert sind notwendig auch die anderen Räume, derer es zum Leben bedarf. Irgend jemand muß ausziehen, wenn in einer Familie mehrere Geschwister da sind; nur wenige Häuser haben Platz für mehr als zwei Haushalte. Es gibt keine expliziten Regeln, die festlegen, daß es für Söhne oder Töchter besondere Rechte oder Verpflichtungen gibt, als Verheiratete im Elternhaus zu bleiben. Gleichwohl »verlangt es die Tradition«, daß der älteste Sohn den Bauernhof übernimmt. Da es jedoch kaum noch Vollerwerbsbauern gibt, hat sich das verändert.[4]

Wenn die Leute nach der Struktur ihres Haushalts gefragt werden – wie die Haushalte organisiert sind, wer im selben Haus lebt –, halten sie die Wohnsituation für eher zufällig, manchmal bestimmt von der Tradition, manchmal von praktischen Gesichtspunkten oder persönlichen Vorlieben. Es gibt verschiedene Meinungen. Einige sagen, es gebe bei einer Tochter keine größere Tendenz, nach der Eheschließung weiter bei den Eltern zu wohnen, als beim Sohn, andere halten es für üblicher, daß der Sohn mit seiner Frau im Elternhaus bleibt. Eine Mutter wird es vielleicht lieber haben, daß ihre verheiratete Tochter im Haus bleibt, als daß die Schwiegertochter einzieht – »schließlich sind Mutter und Tochter sich sehr nahe« –, während der Vater es unter Umständen vorzieht, daß der Sohn weiter bei den Eltern wohnt, wenn der Bauernhof noch bewirtschaftet wird. Es gibt aber auch Leute, die es nicht für gut halten, wenn die Familien der Eltern und der verheirateten Kinder unter einem Dach zusammenwohnen. »Die Jungen sollten für sich sein, so daß sie tun können, was ihnen gefällt, und auch die Eltern ihr eigenes Leben führen können.« Die Kriterien der Entscheidung beziehen sich selten offen und unmittelbar auf wirtschaftliche Gesichtspunkte. »Manches spricht für ein Zusammenleben, sogar in einem gemeinsamen Haushalt, besonders während der ersten Jahre; aber letztlich will jede Frau ihre eigene Küche und jede Familie ihr eigenes Familienleben.«

Wie überall verändern sich die häuslichen Lebensgemeinschaften in Linden, und so mag es durchaus eine gewisse Diskrepanz zwischen der tatsächlichen Zusammensetzung der Hausgemeinschaften und den allgemeinen Ansichten darüber geben.[5] Wenn es auch sehr häufig vorkommt, üblich ist, daß ein Sohn oder eine Tochter nach der Heirat mit ihrer Familie im elterlichen Haus wohnt, so muß das keineswegs länger als einige Jahre dauern, vielleicht fünf bis zehn Jahre, es sei denn, das Haus bietet zwei völlig separate Wohnungen. Die junge Familie wird früher oder später ein eigenes Haus bauen wollen, allerdings so nah wie möglich bei den Eltern der Frau oder des Mannes. Sehr wichtig für die Einrichtung eines eigenen Haushalts ist, daß viele Einwohner von Linden, wie in der ganzen Region, Grundstücke besitzen, die heutzutage vor allem als Bauplätze für die Eigentümer oder ihre Kinder genutzt werden. Grund und Boden wird also nicht erst nach dem Tode der Eltern geerbt, sondern die Grundstücke werden etwa zum Zeitpunkt der Eheschließung der Kinder übergeben. Manche Eltern haben genug Land, um alle Kinder mit Baugrundstücken auszustatten, andere können nur ein oder zwei Bauplätze vergeben.[6] Entscheidend für die Gründung eines eigenen Hausstands ist in dieser Gegend demnach die Verfügung über Baugrund, wirtschaftliche Unterstützung von den Eltern und Mithilfe auf Gegenseitigkeit beim Bauen des Hauses sowie ein Austausch von Hausarbeit und Arbeitslohn zwischen (Schwieger-)Mutter und (Schwieger-)Tochter.

Alles in allem sind die meisten Haushalte abhängig von Einkommen aus Industriearbeit entweder weit außerhalb von Linden in den größeren industriellen Zentren oder in den Kleinbetrieben in Linden und den Nachbardörfern oder Städten der näheren Umgebung. Diese Feststellung schmälert nicht die große Bedeutung des zusätzlichen Einkommens, das im Zusammenhang mit dem Haushalt erarbeitet wird; aber zur Erwirtschaftung des Lebensunterhalts muß ein Haushalt im allgemeinen nicht mehr als zwei oder drei erwachsene Mitglieder haben. Nur vorübergehend, jahreszeitlich bedingt, brauchen manche Haushalte zusätzliche Arbeitskräfte, die sich meistens in der näheren Verwandtschaft finden.

Ihr Haus ist für die Leute von großer Bedeutung.[7] Die Grundstücke mögen klein sein, aber die Neubauten sind groß, ein- oder zweigeschossige Häuser aus Mauerwerk. Sie machen einen exklusiven und aufwendigen Eindruck, sind mit Marmortreppen, großen Dielen, durchdacht gestalteten Bädern und Küchen ausgestattet. Gemeinhin wirken die neuen Häuser sehr kostspielig, denn das Aussehen ihres Hauses ist für die Menschen sehr wichtig. Sie verwenden viel Mühe und Geld auf die Bauweise, die Ausstattung und die Möblierung ihres Hauses. Trotzdem bleiben die Häuser lange unverputzt, so daß es aussieht, als wären sie noch nicht fertig. Dadurch werden Steuern gespart, sagen die Leute. Vielleicht gibt es andere (finanzielle) Gründe, aber warum auch immer, diese zementfarbenen, unverputzten Häuser sind in der ganzen Gegend ein gewohnter Anblick.

Ein hübsches und komfortables Haus, eine neue Küche, ein neues Schlafzimmer beweisen Wohlstand und Modernität. Dabei wird weniger auf das Beibehalten eines besonderen Lindener Stils geachtet, sondern es geht mehr um Aufgeschlossenheit gegenüber neuen Tendenzen, die Orientierung an einem gehobenen modernen deutschen Lebensstil, und es ist sogar »besser als in der Stadt«, wie manche LindenerInnen gerne betonen. Das trifft sicher zu. Nur wenige Arbeiter oder Arbeiterinnen können in Hanau oder Frankfurt so gut und exklusiv wohnen, wie das in Linden der Fall ist. Das Erben oder der Besitz von Grund und Boden, ein Haus, die Möglichkeit von Landwirtschaft im Nebenerwerb oder andere Formen von Familienbetrieben, das Halten von ein oder zwei Schweinen, der Nutzgarten – dies alles bewirkt insgesamt einen höheren Lebensstandard, als ihn die Leute durch ihre Erwerbstätigkeit als ArbeitnehmerInnen allein erreichen könnten. In Anbetracht auch des weiten Netzes von verwandtschaftlichen Beziehungen und der allgemeinen Verhaltensnormen, die für alle gesellschaftlichen Gruppen gelten, ist festzustellen, daß diese Faktoren des Lebenszuschnitts die Klassenschranken weniger deutlich zutage treten lassen.

Bei der Analyse einer westlichen Gesellschaft hat das Problem der Verwandtschaft einen ganz anderen Stellenwert als zum Beispiel bei Untersuchungen über viele afrikanische oder asiatische Gesellschaften. Die Verwandtschaft ist nicht der herausragende ideologische oder organisatorische Faktor in einer Gesellschaft; doch die soziale Welt ist nicht vorstellbar ohne sie, und zwar auch für diejenigen, die behaupten, die Großfamilie sei für ihr Leben ohne Bedeutung und sie hätten zu ihren Verwandten keinen Kontakt mehr. Denn diese Behauptung und dieser Lebensstil – in der modernen, urbanen Gesellschaft weit verbreitet – hat eine Bedeutung nur in einer Welt, in der die Verwandtschaft tatsächlich als ein Teil des Lebens betrachtet wird, und sei es nur in der Form, daß sie bewußt abgelehnt wird. Weiterreichende und stärkere verwandtschaftliche Beziehungen gelten vielleicht auch als eine Besonderheit des Lebens in ländlichen Gegenden; Stadtmenschen grenzen sich von der Enge ab, die dem Dorfleben zugeschrieben wird. Intellektuelle ganz unterschiedlicher Orientierung neigen dazu, die These vom »Ende der Familie« zu vertreten, was einer ziemlich statischen und historisch vereinfachten Definition von Familie entspricht. Veränderungen werden entweder bedauert oder gutgeheißen. Ein Aspekt von Verwandtschaft in der westlichen Gesellschaft ist, daß sie weitgehend übereinstimmt mit der »Familie«, das heißt einem Zusammenhang von Kleinfamilien, und viele der verwandtschaftlichen Beziehungen sind von einer Ideologie der Freiwilligkeit und Wahlfreiheit bestimmt.[8]

Die räumliche und emotionale Nähe zwischen Eltern und verheirateten erwachsenen Kindern in Linden, der enge geographische Umkreis mit einem Radius von vielleicht dreißig Kilometern, in dem die Menschen gewöhnlich ihre/n EhepartnerIn finden, haben ein dichtes Netz von Blutsverwandten und Angehörigen entstehen lassen. In einer solchen Situation ist es schwer, den speziellen Sinn von Feststellungen wie »verwandtschaftliche Beziehungen sind für die Menschen wichtig«, »Verwandtschaft bedeutet mehr als Freundschaft; die Sippe bestimmt das soziale Leben« usw. deutlich zu machen. Verwandte sind immer in nächster Nähe, das Alltagsleben besteht zum großen Teil aus dem Umgang mit Verwandten. Allerdings wollen sich die Leute nicht ständig mit allen befassen, die zu ihrer Verwandtschaft gehören; es geht ihnen eher um die engste Familie und nahe Verwandte, vor allem die Geschwister und ihre Familien. Wie andere Menschen gesehen werden und welche Beziehungen zu ihnen entstehen, das hängt ab von Faktoren wie Geschlecht, Alter, Begegnungen im nachbarschaftlichen Umfeld oder am Arbeitsplatz.

Verwandte vermitteln ein Gefühl von Geborgenheit, Harmonie und Sicherheit, so charakterisierte eine Frau ihre Familienbindungen, Verwandtschaft ist ein »natürlicher« Lebenszusammenhang. Sie bringt allerdings auch Belastungen durch viel Arbeit und ganz besondere Rücksichtnahmen mit sich. Die Verwandtschaft bestimmt sehr weitgehend die sozialen Kontakte der einzelnen: mit wem sie sich bei unterschiedlichen Gelegenheiten zusammentun, wen sie um praktische Hilfe oder wirtschaftliche Unterstützung bitten können. Freundschaften sind zu einem gewissen Grad eine Fortsetzung der Kindheit, sind Beziehungen zwischen Gleichaltrigen; doch zumindest bei den Frauen lockern sich in der Regel wegen des Familienlebens solche Bindungen mehr und mehr. Es gibt auch Gruppen oder »Cliquen«, wie manche der Jüngeren sagen, in denen sich junge Ehepaare regelmäßig freundschaftlich treffen. Freundschaften mögen der Idee nach hoch geschätzt werden, werden aber für gefährdeter gehalten als verwandtschaftliche Beziehungen. Niemand weiß, wie lange sich ein/e FreundIn als FreundIn erweisen wird, und deshalb gibt es ein gewisses Maß von Unsicherheit und Mißtrauen in bezug auf soziale Beziehungen, die frei gewählt werden. Es besteht eine Angst, daß geschenktes Vertrauen mißbraucht werden könnte, und wenn es einmal zum Bruch gekommen ist, dann ist Versöhnung schwierig, werden sich beide Parteien in ihren Vorbehalten gegenüber engen freundschaftlichen Beziehungen bestätigt sehen.

Sicher, das kann auch zwischen Verwandten passieren. Es kommt vor, daß Geschwister oder sogar Eltern und ihre erwachsenen Kinder viele Jahre lang nicht mehr miteinander sprechen, wie das bei Brigitte Grass und ihrer jüngeren Schwester der Fall ist. In dieser Hinsicht ergaben sich für Renate, eine von Brigittes Freundinnen, drastische Konsequenzen aus ihrer Scheidung. Das Ehepaar war einige Jahre verheiratet und hatte ein Haus auf dem Grundstück neben dem ihrer Eltern. Sie lernte einen Mann aus einer weit entfernten Stadt kennen, zog dorthin und heiratete diesen Mann nach einiger Zeit. Das bedeutete, daß sie auch der katholischen Kirche den Rücken kehrte, denn ihr Mann war evangelisch und die katholische Kirche erlaubt eine zweite Eheschließung nicht. So zerriß sie eine lange Kette von familiären und verwandtschaftlichen Bindungen, die Teil von wirtschaftlichen und kirchlich-traditionellen Verpflichtungen sind. Niemand konnte ihr das wirklich verzeihen, am wenigsten ihre Eltern und ihre Schwester, mit denen sie in den letzten zehn Jahren keinerlei Verbindung mehr hatte. Bindungen innerhalb von Familie und Verwandtschaft, auch Freundschaften sollen dauerhaft sein. Zerbrechen sie, gibt es kaum eine Bereitschaft zu Vergebung und

Versöhnung. Verletzter Stolz ist nicht leicht zu nehmen, und die im gesellschaftlichen Leben festgesetzten Abgrenzungen lassen sich nicht folgenlos übergehen.[9]

Mütter, *Omas* und andere Menschen

Die Mutter steht im Mittelpunkt von Familie und Haushalt, insbesondere die ältere Mutter, die Oma. *Die Mutterliebe ist wie die Ordnungsliebe* – eine nicht unzweideutige Redensart ganz im Sinne dieser Zentralität der Mutter und des Interesses an Ganzheit und Einheitlichkeit, die *Ordnung* beinhaltet (vgl. zur Bedeutung von Ordnung Kapitel 2).[10] Idealerweise sollte die Mutter zu Hause sein und für die kleinen Kinder sorgen, doch die meisten jungen Mütter sind auf irgendeine Weise erwerbstätig. Das Mutterschaftsgeld wird nur für die ersten sechs Wochen nach der Geburt bezahlt. (Die Studie wurde vor Einführung des Erziehungsgeldes durchgeführt, d. Ü.) Es ist keine ungewöhnliche Situation für diese jungen Mütter, daß sie »rausgehalten« werden, was den Haushalt und die Betreuung der Kinder angeht. Die Oma wird die Dinge mehr oder weniger in die Hand nehmen und scheint stolz darauf sein, daß sie die »eigentliche Mutter« ist. Wenn die Tochter im Haus oder im Dorf wohnt, werden die beiden wahrscheinlich einen sehr intensiven Umgang miteinander pflegen, wird die Tochter bei ihrer Mutter Rat und Hilfe suchen.[11] Trotz aller Versuche, die Abhängigkeit der Kinder von ihrem *Elternhaus*, von der Familie, zu verringern – eins der erklärten Ziele des Kindergartens und der Eltern selbst, allerdings mit ambivalenten Gefühlen –, sind erwachsene Kinder, vor allem die Töchter, offenbar sehr eng an ihre Herkunftsfamilie gebunden, ganz besonders an ihre Mutter. Das Alltagsleben, die Versorgung der Kinder hängen von dieser Beziehung ab, und sie gehört zum Kern des Gefühlslebens der Menschen.

Die Neigung junger Ehepaare, einige Jahre nach der Hochzeit auszuziehen, sich ein eigenes Haus zu bauen, und sei es in der Nähe des Elternhauses, hat mit diesen engen und festen Beziehungen zu tun. Kinder im Schulalter brauchen die Art der Betreuung, wie Omas sie bieten, nicht mehr, und die Oma ist nicht länger dazu bereit. Sie hält es dann wohl für angebracht, daß die Eltern der Kinder, speziell die Mutter, endlich die ganze Verantwortung übernehmen. Die Eltern der Schulkinder ihrerseits finden, daß nun ihre Anwesenheit und Aufsicht, soll heißen: die der Mutter, nötig sind. Die Betreuung von Schulkindern ist ein Aufgabenbereich, den die Oma nicht abdecken kann. Das bedeutet jedoch nicht, daß die Bindungen gefährdet sind, sondern eher, daß Mutter und Tochter (Schwiegertochter) nun den gleichen Status haben, daß die jüngere Frau nun »selbst die

Regie übernehmen« und sich auf ihre Zukunft als Oma vorbereiten will. Die ältere Frau wird auch betonen, sich nun darauf zu freuen, einige ihrer täglichen Belastungen loszuwerden.

Ältere Frauen, Omas, erwecken oft den Eindruck, sehr starke und wichtige Personen zu sein. Ein Großteil der interaktiven Energie dreht sich um sie, während die Töchter und Schwiegertöchter im sozialen Leben weniger aktiv und wichtig zu sein scheinen. Dies hat, meiner Ansicht nach, nicht so sehr mit der Persönlichkeit der jeweiligen Frau zu tun, sondern liegt einfach daran, daß sie eine Oma ist. Sie ist *die* Mutter, umgeben von einer Reihe von abhängigen Kindern verschiedenen Alters. Erst wenn die Töchter selbst Omas geworden sind, werden sie »wirklich« Mütter sein, wie sie es ist.

Gewöhnlich wird relativ früh geheiratet, wenn das erste Kind schon unterwegs ist oder bald damit zu rechnen ist. Deshalb ist anzunehmen, daß die junge Frau noch nicht genügend auf die Rolle als Ehefrau und Mutter vorbereitet ist. In vieler Hinsicht ist sie noch ihrer Mutter Kind, und so wird ihr nicht besonders viel zugetraut, weil jungen Mädchen die besonderen Fähigkeiten und Kniffe einer guten Hausfrau nicht beigebracht werden. Es wird gar nicht erwartet, daß sie gut kochen können, und ebensowenig sind sie darauf vorbereitet, ein Kind zu versorgen. Als Teenager lernen sie nicht, was die Mutter weiß. Erst nach einigen Ehejahren übernehmen sie nach und nach entschiedener die Rolle der Hausfrau und Mutter und die damit verbundene Verantwortung; manchmal erst dann, wenn die Oma erklärt: »Jetzt reicht's!« Die jungen, erst kurz verheirateten Frauen und Mütter arbeiten und halten sich eine Zeitlang eher zurück.

Kinderlosigkeit schränkt das Familienleben sehr ein. Eine Oma wird nicht gebraucht, die Möglichkeiten der sozialen Interaktion mit einzelnen Menschen und Familien, mit verschiedenen sozialen Einrichtungen sind eingeschränkt oder nicht von Nutzen. Es ist für Männer und Frauen schwierig, wenn sie keine Kinder haben, vor allem aber für die Frau, denn ihr Leben spielt sich mehr im Dorf ab. Männer, als die Ernährer, sind den ganzen Tag bei der Arbeit. Ob sie verheiratet sind oder nicht, Kinder haben oder nicht: Sie gehen allein aus, in die Wirtschaft, und nehmen am Vereinsleben teil. Frauen hingegen knüpfen direktere persönliche Beziehungen über Bekanntschaften, die von ihren jüngeren oder erwachsenen Kindern oder ihrem Mann angeregt werden. Eine erwachsene Frau, alt genug zum Heiraten und Muttersein, bewegt sich auf der Suche nach Gesellschaft nicht so ungezwungen im Dorf wie die gleichaltrigen verheirateten Frauen, und weil sie nicht Mutter ist, hat sie sogar weniger Anlaß, ihre Mutter zu besuchen. Fast alle Frauen in ihrem Alter werden schon Kinder haben. Ich hatte nicht den Eindruck, daß sie unter sexuellen Gesichtspunkten für gefährlich gehalten wird, als eine potentielle Gefahr für andere Frauen, denen sie ihre Männer abspenstig machen könnte. Sie ist vielmehr eine anormale Frau, zeigt nicht das Sozialverhalten, das von ihr erwartet wird. In gewissem Sinne ist sie nicht richtig erwachsen, sie bleibt das Kind ihrer Eltern, entwickelt sich aber nicht weiter, weil sie nicht selbst Mutter wird. Keine Kinder zu haben bedeutet sowohl für Männer als auch für Frauen das Nichtvorhandensein einer eigenen Familie, und deshalb sind sie weder Kinder noch Eltern, sondern haben eine Position dazwischen. Ein Mensch ohne Kinder hat keinen »natürlichen« Grund, ein Haus zu bauen oder das alte Haus umzubauen oder zu renovieren. Vielleicht am wichtigsten ist, daß Kinderlose niemanden aufziehen und erziehen, also eine der wesentlichen sozialen und moralischen Aufgaben der Erwachsenen nicht übernehmen.[12]

Die gesellschaftliche Stellung der Unverheirateten ist die schwierigste, besonders für Frauen. Eine Frau ohne Ehemann und also ohne Kinder – ohne eigene Familie – ist einem typisch männlichen Leben näher als einem weiblichen, so wie es in Linden definiert wird. Sie muß ihren Lebensunterhalt allein verdienen, hat niemanden, für den sie kocht, putzt oder in der Kirche betet. Nach einiger Zeit hat sie niemanden mehr, mit dem sie einen vertrauten Umgang pflegen kann. Sicher, sie kann eine Zeitlang mit ihren Eltern zusammenwohnen, aber sie kann nicht den gleichen Platz einnehmen wie verheiratete Geschwister oder Verwandte. Außerdem wird sie ihre Mutter nicht Oma sein lassen und verweigert ihr so die Position der älteren Mutter im Verhältnis zu ihr selbst als der jüngeren Mutter. Ein Mann bezieht sein Einkommen aus Erwerbstätigkeit, ob er nun verheiratet ist oder nicht; und er kann zum Unterhalt seiner Eltern beitragen, er kann auch seinem Vater in der Landwirtschaft helfen, wenn es eine solche gibt, oder in der Firma der Familie arbeiten. Für das Unverheiratetsein gibt es selbstverständlich ganz verschiedene Gründe, und niemand wird eine Witwe oder einen Witwer so einordnen wie jemanden, der nie geheiratet hat, ganz besonders wenn die Verwitweten Kinder haben, bei denen sie leben können. Und der *Pfarrer*, der in einem erzwungenen Zölibat lebt und seine Haushälterin, das *Fräulein*, bei sich hat, die seinen Haushalt versorgt, wird auch nicht zur Gruppe der Unverheirateten gerechnet, wenn auch hinter seinem Rücken so mancher Witz erzählt wird.

Die Unterschiede zwischen Männern und Frauen sind nicht in jeder Hinsicht so groß, und Frauen sind auch nicht unfähig, sich mit ihrer Situation zu arrangieren und eine Nische aufzutun, in der sie ihre Zufriedenheit finden und Wünsche verwirklichen können – wie Frau Lahn, eine ältere Frau, die seit einigen Jahren in Linden lebt. Sie hat von einer Witwe einige Räume gemietet und engagiert sich sehr aktiv im Gemeindeleben der Kirche. Ihre Lebensumstände lassen einige Ansätze zur Lösung ihrer besonderen Probleme erkennen. Sie lebt nicht in ihrem Geburtsort, sie hat die Kirchengemeinde in den Mittelpunkt ihrer Interessen gestellt, und die Kirche verlangt nicht, daß diejenigen, die ihr dienen, verheiratet sind – manchmal sogar das Gegenteil –, und sie ist, was alle Menschen einmal werden: alt. Alter kann im Laufe des Lebens durchaus zu einem Vorzug werden. Doch das trifft nicht für alle Menschen zu, wie sich an der armen, alten Irma Henzel erkennen läßt, die unverheiratet ist. Sie hat ihr Leben lang auf dem Bauernhof ihrer Eltern gelebt, zunächst mit ihren Eltern und dem verheirateten Bruder, der den Hof übernommen hat. Nach dem Tod der Eltern blieb Irma im Haus, ohne daß darüber ausdrücklich beraten und eine Entscheidung getroffen worden wäre; sie blieb einfach als Teil des Haushalts ihres Bruders und half dort mit. Das Verhältnis zu ihrer Schwägerin war niemals gut gewesen. Seit Jahren haben sie nicht mehr miteinander gesprochen. Vor einigen Jahren starb der Bruder, und die beiden alten Frauen leben nun mit dem Sohn des Bruders zusammen, der jetzt den Hof besitzt. Er ist verheiratet und hat zwei Kinder im Kindergartenalter. Irma bezieht keine Rente und hat keinerlei Ansprüche auf Unterhalt; die Verwandten sind nicht bereit, sie zu unterstützen. Deshalb arbeitet sie stundenweise bei anderen Leuten als Putzfrau und hilft in der Küche der Wirtschaft aus, so daß sie gerade so zurechtkommt. Mit der Zeit ist sie zu einer kuriosen Gestalt im Leben des Dorfes geworden. Das bedeutet nicht unbedingt, daß sie ein besseres Verhältnis zu ihrer Schwägerin gehabt hätte, wenn sie verheiratet gewesen wäre; doch manches spricht dafür. Sie hätte, zunächst einmal, nicht auf Dauer in ihrem Elternhaus gewohnt, und selbst wenn sie das getan hätte, so wäre doch ihre ökonomische und soziale Position mit einer eigenen Familie völlig anders gewesen. Am wichtigsten ist, daß ihre Kinder sie als Oma gebraucht hätten und später verpflichtet gewesen wären, sie im Alter auf diese oder jene Weise zu unterstützen, zumindest im Notfall oder nur als »nette Gesellschaft«.

Ein Mann wird sehr wahrscheinlich über ein Einkommen verfügen, zum Teil aus Grundbesitz und durch seine Erwerbstätigkeit. Das trifft sehr oft auch auf Frauen zu, aber sie verdienen weniger. Sie arbeiten nicht so häufig ganztags, nur selten reicht der Verdienst, um den Lebensunterhalt einer ganzen Familie zu sichern; von niemandem werden Frauen als Haupternährerinnen der Familie oder in manchen Fällen auch nur ihrer selbst betrachtet. Sie neigen dazu, von ihrem Geld als »Taschengeld« zu sprechen. Es gilt als finanzielle Hilfe zur Finanzierung eines teuren Hauses, steigender Kosten usw. Ihr Geld wird gebraucht, und das wissen sie genau, obwohl manchmal darüber geredet wird, als wäre es ein Zubrot, das nicht wirklich benötigt wird.[13] Ökonomische Unterstützung seitens der Eltern sowie der Austausch von Arbeit oder Lebensmitteln lassen diese Notwendigkeit wohl ein wenig in den Hintergrund treten. Die Frauen arbeiten viel, manche suchen eine feste Anstellung, um außer Haus gehen zu können. Aber niemand stellt die Fähigkeit und Verpflichtung der Männer in Frage, Frau und Kinder zu versorgen.

Das Familienleben für eine berufliche Karriere aufzugeben ist suspekt, und es ist schwierig, eine solche Frau weiter in den täglichen Lauf der Dinge einzubeziehen. Dabei gibt es gewisse Unterschiede, je nach dem, um wen es sich jeweils handelt. Die Außenseiterin, also eine Frau, die aus einem Ort außerhalb der Region nach Linden gezogen ist, ist anders als die Einheimischen, und wenn sie unverheiratet ist, dann ist der Grund dafür nicht bekannt, sondern dort zu suchen, woher sie gekommen ist. Die Zahnärztin, zum Beispiel, ist aus einem anderen Teil Deutschlands nach Linden gekommen. Sie ist mittleren Alters, unverheiratet und seit einigen Jahren in Linden. Als Berufstätige mit einer hohen gesellschaftlichen Position ist es nicht leicht für sie, freundschaftliche Beziehungen zu den sonstigen EinwohnerInnen von Linden zu knüpfen. Es gibt zwar einige Personen, die, nach ihrer gesellschaftlichen Stellung (LehrerIn, Pfarrer, Arzt) zu urteilen, als mögliche Kandidaten für einen engeren Umgang in Frage kämen, aber sie zieht es vor, sich auf einige Freunde zu beschränken, die aus der Gegend, in der sie vorher gelebt hat, zu Besuch kommen. Sie ist aber ein geachteter Gast des Gartenbauvereins und beteiligt sich aktiv und aufgeschlossen an dessen Veranstaltungen. Sie kann, so scheint es, ebensogut mit Männern wie mit Frauen in Kontakt treten, in manchen Situationen leichter mit Männern; und in dieser unverbindlichen Art bewegt sie sich im kulturellen Raum der Männer freier als im Umgang mit den Lindenerinnen. Ihre gesellschaftliche Position und ihr Alter desexualisieren sie genügend, um das zu ermöglichen. Die Frauen in Linden haben nur sehr wenig mit ihr gemeinsam, die Männer mehr, doch sie rangiert in der sozialen Rangordnung über den meisten Männern. Meiner Ansicht nach läßt ihr Unverheiratetsein sie irgendwie anormal erscheinen, weniger weiblich. Dies gilt auch für die Kindergartenleiterin, die ebenfalls eine »Fremde« ist, ohne Familie oder nahe Verwandte in der Umgebung. Niemand kennt Menschen ohne Familie oder zumindest nahe Verwandte richtig, man kann sie nicht leicht kennenlernen, denn es gibt nur sehr wenige Gelegenheiten, mit ihnen in Verbindungen zu treten.

Frau (im Original »Fräulein«, d. Ü.) Hart ist eine unverheiratete Frau in mittleren Jahren. Ihre beiden Schwestern sind verheiratet und leben in Nachbardörfern. Sie hat in einem der Einzelhandelsgeschäfte am Ort gearbeitet, bevor es geschlossen wurde. Danach hat sie verschiedene Arbeitsplätze außerhalb Lindens gehabt. Während meines Aufenthalts in Linden war sie für lange Zeit krankgeschrieben. Frau Hart wurde in Linden geboren und hat fast ihr ganzes Leben dort verbracht, wenn sie auch nicht immer im Haus ihrer verwitweten Mutter wohnte. Aber »die alte Frau brauchte Hilfe und Gesellschaft«, wie sie sagte, und deshalb zog sie vor einigen Jahren wieder zu ihrer Mutter. Ein Jahr später zog sie wieder aus, weil sie eine gemeindeeigene Wohnung in der Nähe des Feuerwehrhauses erhalten hatte, aber auch, weil sie das Zusammenleben mit ihrer Mutter nicht länger ertragen konnte. Ihre Schwestern warfen ihr vor, sie hätte die Mutter geschlagen, weil die alte Frau oft blaue und schwarze Flecken hatte. Die beiden beklagten sich oft bei allen, die zum Zuhören bereit waren, über ihre Schwester. Frau Hart meinte, alle könnten nun sehen, daß die Mutter ihre blauen Flecken beim Hinfallen erhalten hätte, denn sie könne nur noch schlecht laufen. Sie ist nie wieder zu ihrer Mutter gegangen. Ob die Frau immer noch schwarze und blaue Flecken hat, ist der Geschichte nicht zu entnehmen. Daß sie oft hingefallen ist, war bekannt.

Viele Leute sind unsicher, was Frau Hart betrifft. Zeitweilig wurde viel über sie gesprochen: Wie gemein sie sei, was für eine scharfe Zunge sie habe. Sie selbst ist stolz auf ihre Offenheit: Sie habe, so betont sie, den Leuten immer unumwunden gesagt, was sie von ihnen denke. Ihr Verhalten wird als sonderbar bezeichnet, ihre Krankheit wurde weidlich in Frage gestellt, manche hielten sie einfach für vorgetäuscht. Allerdings starb sie gegen Ende meines Aufenthalts an dieser Krankheit. Sie war eine sehr ungewöhnliche Frau in diesem Dorf, geradeheraus, offen kritisierend und anscheinend unbeeinflußt von der Meinung anderer. Sie war als Kind schwer mißhandelt worden und vertrug sich nicht mit ihren engen Verwandten. In den Augen der Leute hatte sie etwas Beunruhigendes an sich. Doch das Störendste an ihr war ihre entschiedene Verweigerung der Mutterschaft. Sie hatte es offensichtlich abgelehnt zu heiraten, hatte kein gutes Wort für ihre Mutter und nahm es nicht auf sich, ihr zu helfen, als sie alt war und Hilfe brauchte (obwohl sie es versucht hatte). Sie entsprach nicht einmal der Bitte des Pfarrers, der sie besucht hatte, um sie zu ermahnen, ihre Mutter am Muttertag anzurufen. Sie fand es ziemlich unerhört, daß der Pfarrer sich da einmischte, wenn sie auch von seiner Schau der Anteilnahme, wie sie es nannte, innerlich bewegt war.

Die Leute klagen zwar manchmal über die Oma und klatschen über sie, aber das hält sich in Grenzen, und in der Regel wird mehr über die Institution der Oma im allgemeinen geredet. Eine von offenem Haß und Verzweiflung geprägte Darstellung, wie sie Frau Hart von ihrer Mutter und ihren Schwestern gab, ist höchst selten und wird als störend empfunden. Obwohl sie ihre Mutter für niederträchtig hielt, zog sie zu ihr, als die Schwestern heirateten und von Linden wegzogen, um die Mutter zu versorgen. Sie fühlte sich, wie sie sagte, gedrängt, wieder zur Mutter zu ziehen, und verbrachte einige Jahre mit ihr. Der allgemeinen Meinung nach war dies das Richtige. Nicht daß die Leute bestritten, wie grausam Fräulein Hart als Kind geschlagen worden war, oder daß sie kein Verständnis dafür hatten, wie sehr sie ihre Mutter haßte. Auch die Mutter war in Linden nicht beliebt. Aber letzten Endes war all das irrelevant: Eine Tochter, ganz besonders sie, sollte ihre Mutter nicht im Stich lassen, nicht so offensichtlich. Was immer die Mutter auch getan hat, sie ist eine Mutter und hat als solche ein Recht auf Respekt und Verehrung.

Kleinkinder und das Problem der Abhängigkeit

Die ersten Jahre der Kindheit sind bestimmt von der Nähe zur Mutter und zu der Person, die sie ersetzt oder ihr übergeordnet ist, der Oma. Ein Kind wird bis zur Einschulung und auch später noch im engen Umkreis des häuslichen Bereichs der Familie, ganz konkret des Hauses, gehalten. Es sind nicht viele Kinder auf der Straße zu sehen, die entweder zu SpielkameradInnen oder zu dem heruntergekommenen Spielplatz unterwegs sind, erst recht nicht, wenn es draußen kalt ist. Sie bleiben zu Hause, spielen draußen im Hof, sehr oft auch drinnen. Außerhalb des häuslichen Bereichs zu spielen bedeutet, sich etwas anderes anzuziehen. Wenn ein Kind aus dem Kindergarten kommt, wird die Kleidung gewechselt, werden die hübscheren Sachen gegen andere getauscht, die schmutzig gemacht werden dürfen.

Kinder machen Besorgungen, sie werden zum Bäcker, zum Metzger oder anderswohin geschickt. Sie gehen auch zum Musikunterricht und zur Kirche.

Im Hof

Wenn sie zu Hause sind, sitzen sie in der Küche oder am Eßtisch und machen ihre Hausaufgaben. Ältere Schulkinder, vor allem die Jungen, fahren mit ihren Fahrrädern herum, die Mädchen gehen zu zweit oder zu dritt spazieren. Bei gutem Wetter und wenn es draußen warm ist, halten sich alle gerne auf dem Parkplatz vor der Kirche auf. Die jüngeren Kindergartenkinder sind unmittelbar vor dem Elternhaus zu sehen; die Jungen mit einem Tretauto, die Mädchen weniger deutlich wahrnehmbar mit einem vergleichbaren Spielzeug.

An Samstagen haben alle Familienmitglieder, ausgenommen nur die Kleinkinder, bestimmte Pflichten beim Säubern von *Haus und Hof*. Gewöhnlich fegt ein Schulkind den Hof und den Gehweg vor dem Haus; der Vater wäscht das Auto, und dabei hilft ihm eher der Sohn als die Tochter. Es kann aber auch sein, daß der Vater den größten Teil des Samstagnachmittags allein im oder beim Auto verbringt, das Auto putzt und durch das Autoradio die Reportage über ein Fußballspiel verfolgt.

Am Sonntagmorgen (manchmal am Samstagabend) gehen die Kinder mit ihren Eltern, vielleicht auch mit den Großeltern, zur Messe in die Kirche. Die älteren Kinder setzen sich gerne mit Gleichaltrigen abseits von den Eltern zusammen. Es gehen nicht alle Familien zur Kirche, aber es gibt noch relativ viele Familien mit jüngeren Kindern, die mit ihnen am Gottesdienst teilnehmen. Bei den Schulkindern gilt das als noch wichtiger, denn der Kirchgang gehört zu ihren schulischen Verpflichtungen, weil der Pfarrer über diejenigen, die nicht zur Kirche gehen, kritische Bemerkungen macht.

Kleinkinder werden von ihren Vätern oft zum *Frühschoppen* mitgenommen, einem Aufenthalt im Wirtshaus zwischen dem Ende der Messe und dem Mittagessen gegen 13 Uhr (dies ist eine weitverbreitete Art der Freizeitgestaltung, die sogar Fernsehprogrammen am Sonntagmorgen ihren Namen gab). Für viele Männer ist dies die einzige Zeit, die sie allein mit ihren kleinen Kindern verbringen. Das ist zugleich ein »Babysitten« zur Entlastung der Frauen, die während dieser Zeit das Sonntagsessen, die aufwendigste Mahlzeit der ganzen Woche, zubereiten; und außerdem haben die Väter die Möglichkeit, ihren kleinen Sohn oder die kleine Tochter vorzuzeigen. Im Anschluß an das Mittagessen macht die ganze Familie manchmal einen *Spaziergang* in den Wald oder durch die Felder; oder es wird etwas Besonderes unternommen, etwa Verwandtenbesuche zu Kaffee und Kuchen, ein andermal die Teilnahme an einer der Vereinsveranstaltungen; oder alle bleiben zu Hause, auch um fernzusehen. Obwohl das Leben sehr familienorientiert zu sein scheint, wäre es falsch, es nur aus dieser Perspektive zu betrachten. Viele Aktivitäten werden von den verschiedenen Vereinen geplant und organisiert, und viele Leute nehmen sehr gerne teil, wenn die Kirche, der Musikverein, der Sportverein neben Kindergarten und Schule jahreszeitlich bedingte Feste, Wettkämpfe und Treffen veranstalten. Es wird zwar viel Zeit zu Hause verbracht, im Hof und im Garten, aber das Familienleben ist zugleich Teil eines umfassenderen sozialen und kulturellen Zusammenhangs. Das sollte im Sinn behalten werden, selbst wenn dieser Aspekt in meiner Analyse etwas in den Hintergrund tritt.

Das Kleinkind ist ein niedliches, belustigendes Wesen, das beim Zusammensein mit anderen Leuten beobachtet und dessen Verhalten gern ausführlich kommentiert wird. Es wird geneckt und ausgelacht, es soll manches immer wieder sagen oder tun, es soll Namen und Bezeichnungen von Menschen und Sachen nennen, es bekommt süße Getränke und Bonbons. Und oft wird ihm gesagt »nein, nein!«, und manchmal erhält es Klapse auf die Hände, wenn es etwas anfaßt, das es nicht anfassen darf. Wenn dies alles auch Aspekte von Verzärtelung hat, so scheint es sich doch nicht um die Lebensphase eines Kindes zu handeln, die den Müttern am liebsten ist. Es ist eine Periode, die wegen der Abhängigkeit des Kindes von der Mutter, von einer/m BetreuerIn und wegen der vorrangigen Orientierung am Körper und seinen Funktionen sehr häufig als anstrengend empfunden wird. Die beiden Aspekte gehören natürlich zusammen. Alles wird auf die Bedürfnisse des Babys ausgerichtet, was der Mutter ständig ein Bild des Körpers, der Natur, vor Augen führt, das durchaus abstoßend erscheinen kann, nicht unbedingt wegen des »Schmutzes«, sondern wegen des Mangels an Selbstkontrolle und der extremen Verletzlichkeit und Empfindsamkeit, die für einen Säugling und ein Kleinkind charakteristisch sind. Das Körperliche wird als ebenso aufdringlichnötigend empfunden wie die unübersehbare Abhängigkeit.[14]

Das Kleinkind wird gestreichelt, auf dem Arm gehalten, gefüttert, gewaschen, angezogen und zu Bett gebracht. Es wird aber zugleich angestrebt, daß das Kind so schnell wie möglich lernt, allein klarzukommen, also nicht mehr abhängig zu sein von der Brust, dem Schnuller oder von der Aufmerksamkeit und Anwesenheit anderer Menschen. Das Kind soll begreifen, daß »die Wirklichkeit«, »das Leben« sich nicht dem Kind anpassen wird; ganz im Gegenteil: Das Kind hat sich nach den ihm von der Wirklichkeit gesetzten Grenzen zu richten. Um das zu erreichen, ist es das Wichtigste zu lernen, den eigenen Körper zu beherrschen, indem man selbst durch ihn hindurch beherrscht wird. Viele Frauen ziehen es vor, nicht zu stillen. Sie halten es für »schmuddelig«, unhygienisch, fühlen sich zu sehr angebunden und sind unsicher, ob sie genug Milch haben werden. Einige Frauen sagen, sie hätten es mit Brustfütterung versucht und herausgefunden, daß ihre Milch nicht ausreichte. Solche Begründungen mögen mit der tieferliegenden Unlust, das Kind zu stillen, zusammenhängen. Es wird auch gesagt, sie wollten verhindern, daß ihre Brust die Form verliert, und fänden es abstoßend, in Gegenwart des Mannes die Brust zu geben.[15]

Ein Baby sollte, dieser Ansicht nach, nicht zu viel herumgetragen und nicht sofort aufgenommen werden, wenn es schreit, denn es könnte sich sonst daran gewöhnen und immer mehr erwarten, sogar verwöhnt werden wollen und ständige Aufmerksamkeit verlangen. Es kommt vor, daß Mütter ihre Kinder sehr lange im Bett sich selbst überlassen, so daß sie selbst sich weniger eingeschränkt fühlen bei dem, was sie tun; es kommt sogar vor, daß eine Mutter einkaufen geht und ihr Baby allein zu Hause läßt. »Sie (oder er) kann nicht raus aus dem Bett, schläft und ist sowieso ruhig.« Ein Kind muß lernen, allein zu sein.

Das Kind, das im Alter von anderthalb Jahren *sauber* ist, hat Lob verdient. Das Sauberkeitstraining beginnt früh, mit sechs bis zehn Monaten, manchmal schon, bevor das Baby sechs Monate alt ist. Die Mutter läuft zum Töpfchen, wenn sie merkt, daß das Baby »preßt«, oder sie hält das Kind regelmäßig über den Topf oder die Toilette, z. B. nach den Mahlzeiten, vor dem Bad usw. Ein Kind, das langsam lernt und Windeln trägt, bis es zwei Jahre alt oder älter ist, was nichts Ungewöhnliches ist, wird auf verschiedene Weise bei anderen Leuten entschuldigt, etwa durch den Hinweis, daß manche Kinder dies und andere Kinder jenes früh lernen, beispielsweise sprechen und laufen: »Du kannst nicht alles auf einmal erwarten.« Über ein nicht so rasches Sauberwerden wird geklagt, obwohl die Mütter wissen, daß ein Kind nicht endgültig sauber wird, bevor es zwei oder drei Jahre alt ist, ganz gleich wann mit dem entsprechenden Training begonnen worden ist. Dennoch haben die meisten Mütter das Gefühl, einen Fehler zu machen, wenn sie auf das Training verzichten. Sie sind davon überzeugt, dafür sorgen zu müssen, daß das Kind das Gewünschte lernt. Logisch betrachtet, bedeutet das, daß ein Kind ohne ein gezieltes Training niemals wirklich sauber werden könnte. Was geschieht konkret? Eine Methode der Mütter und Omas ist es, die Ein- bis Zweijährigen ohne Windeln in Unterhosen herumlaufen zu lassen, vor allem in der warmen Jahreszeit, und ihnen zu bedeuten, sie seien nun so groß, daß sie eigentlich keine Windeln mehr bräuchten. Das Kind wird aufgefordert, der Mutter oder Oma zu sagen, wenn es sein *kleines* oder *großes Geschäft* verrichten müsse. Mutter oder Oma wird sich um das Kind kümmern, sobald sie den Eindruck hat, das Kind müsse zur Toilette gehen. Das Kleinkind wird nicht gescholten oder bestraft, wenn der Erfolg ausgeblieben ist, denn damit ist zu rechnen, aber Liebesbeweise und Lob werden vorübergehend zurückgehalten. Eine Mutter wird stolz darauf hinweisen, wenn ihr Kind früh, d. h. mit anderthalb Jahren, sauber ist. Sie gilt dann als gute Mutter (Oma) eines auffallend intelligenten Kindes.

Die meisten der kleinen Kinder lutschen am Daumen oder haben einen *Schnuller*. Der Schnuller wird dem Kind ziemlich abrupt weggenommen, wenn es ein bis zwei Jahre alt ist. Dem Kind wird dann erzählt, daß der Schnuller verlorengegangen sei, daß der Hund ihn genommen habe, daß Mama und Papa ihn verkauft hätten, daß er alt und ausgeleiert gewesen sei, daß er krank mache und »pfui« sei, nicht mehr zu gebrauchen. Das Kind muß das hinnehmen und verbringt einige unangenehme Nächte, bis es darüber hinweggekommen ist, doch dann ist angeblich »alles vergessen«. Es wird behauptet, das Kind habe sich damit abgefunden, daß der Schnuller »nicht gut« war und nun für immer weg ist. Mütter erzählen sich Geschichten über diese Angelegenheit, freundlich lachend und Grimassen schneidend, um zu verdeutlichen, wie abstoßend sie die ganze Lutscherei finden. Das Daumenlutschen verursacht größere Probleme. Die Eltern beschmieren den Daumen oft mit schlecht schmeckenden Pasten, haben aber weniger schnell Erfolg, denn das Kind gibt nicht so leicht auf. Frau Edelmann erinnert sich, daß sie ihrer Tochter, als diese ein Jahr alt war, verschiedene Arten von übelriechenden, abstoßend schmeckenden Breisorten auf die Daumen schmierte und sie dann mit Stoff umwickelte, um das Kind vom Saugen abzuhalten. »Aber erst als der Daumen sich ein wenig entzündete, da war sie anderthalb Jahre alt, hörte sie mit dem Lutschen auf, weil es ihr weh tat, wenn sie den Daumen in den Mund steckte. Die Entzündung hatte also ihr Gutes.« Und dann erzählt Frau Edelmann lachend, daß sie selbst – heimlich – am Daumen gelutscht habe, bis sie elf Jahre alt war.

Die am häufigsten vorgebrachte Begründung für das Verhindern des Lutschens am Schnuller oder Daumen ist, daß es den Zähnen schadet. Ein Elternpaar erklärte dem kleinen Sohn, wenn er weiter seinen Schnuller benutze, dann werde er ganz bestimmt *Hundezähne* bekommen. Lange Zeit hatte er Angst, wie die Mutter sagt, und fragte sie immer wieder, ob er nun Hundezähne hätte. Diese Geschichte verursacht Gelächter, aber zu jener Zeit hatten die Eltern es bereits bedauert, ihrem Sohn einen derartigen Schrecken eingejagt zu haben. Sein Schnuller verschwand ebenfalls vor einigen Jahren von einem Tag auf den anderen. »Es gab keine Probleme mehr, er fragte nie mehr nach seinem Schnuller.«

Ziemlich viele junge Leute tragen Zahnspangen. Daraus ließe sich schließen, daß die Eltern bei ihren Versuchen, das Daumen- und Schnullerlutschen zu verhindern, nicht besonders erfolgreich gewesen sein können. Das ist durchaus möglich: Wahrscheinlich gibt es Kinder, die ihr Geheimnis, wie früher Frau Edelmann, bewahren können. Glaubt man den Geschichten von vielen Erwachsenen, so haben sie noch etliche Jahre, nachdem sie offiziell damit aufgehört hatten, am Daumen gelutscht, und niemand von ihnen hatte je eine Zahnspange oder sieht so aus, als ob sie nötig gewesen wäre. Ich will hier einen Zusammenhang zwischen Daumenlutschen und Zahnstellung weder beweisen noch widerlegen. Meiner Meinung nach ist die starke Beschäftigung mit Zähnen und Spangen heutzutage die Konsequenz der Berufsinteressen bestimmter Fachleute und gehört in den Zusammenhang der extremen Beanspruchung und Indienstnahme des Körpers. Das kommt zum Ausdruck in den Bemühungen, den Körper immer neuen Anforderungen anzupassen, ihn im Sinne einer »idealen Realität« zu manipulieren, aber auch in der Angst vor Störungen, Krankheiten und Kontrollverlust. Das Kind soll seinen Körper beherrschen, nicht zum Vergnügen und aus eigenem Antrieb, sondern bestimmenden Kräften außerhalb seines Körpers gehorchend, den Eltern, der »Realität«.

Der Schnuller wird früh und energisch weggenommen, aber die Flasche wird noch jahrelang benutzt, oft gefüllt mit süßem Tee oder »Kaba«. Es ist nichts Ungewöhnliches, wenn Fünf- bis Sechsjährige noch aus der Flasche trinken, nicht während der Mahlzeiten, sondern zwischen diesen. Dagegen wird längst nicht soviel eingewendet wie gegen das »pure Saugen«. Eine Mutter (die Tante von Karl, über den ich noch berichten werde) sagte über ihren Sohn, einen Erstkläßler, daß er noch die Flasche nähme, wenn sie es ihm erlauben würde, weil sie ihm so gut schmecke. »Aber dafür ist er ist nun wirklich zu alt.« Vom Kleinkindalter an konsumieren die Kinder eine große Menge Süßigkeiten – Bonbons, Schokolade und »Limo«. In dieser Hinsicht werden kaum Grenzen gesetzt. Wo immer die Kinder hingehen, erhalten sie von den Erwachsenen Süßigkeiten, meist auch von den Eltern, selbst wenn diese klagen, das Kind *nascht zuviel*. Auch die LehrerInnen mahnen bei Elternabenden, daß es nicht gut ist, wenn ein Kind *zuviel nascht*. Kinder sollten regelmäßige Mahlzeiten zu sich nehmen, und es sollte ihnen nicht erlaubt werden, zwischen den Mahlzeiten mehr als eine Kleinigkeit zu essen. Aber es wird nichts dagegen unternommen, niemand scheint das für ein ernsthaftes Problem zu halten, und so sind Süßigkeiten da, wo Kinder sind. Es gibt also aufs engste verbunden einerseits Kontrolle und Verbote, andererseits Nachlässigkeit und Gewährenlassen. Beide Seiten widersprechen einander, sind aber auch komplementäre Teile des gleichen Systems. Das Schwergewicht liegt nicht im Streben nach Lustgewinn und Freisein von Verantwortung durch Selbstbezogenheit, sondern im Vordergrund steht dabei, das eigene Wohlbefinden einem anderen Menschen, einer/m Übergeordneten zu verdanken, der/die beschließt, es nach Gutdünken zu gewähren.

Einige charakteristische Merkmale der Interaktion zwischen Erwachsenem und Kleinkind will ich nun durch die Darstellung des Verhaltens gegenüber dem kleinen Karl verdeutlichen. Karl ist fast zwei Jahre alt, er hat noch keine Geschwister und lebt mit seinen jungen Eltern im Haus der Großeltern mütterlicherseits. Eines Nachmittags kommt er mit dem Bruder seiner Mutter und dessen Frau zu *Kaffee und Kuchen* bei Freunden. Karls Eltern sind zu einem zweiwöchigen Skiurlaub verreist, seine Großmutter konnte ihn nicht zu sich nehmen, weil sie außer Haus arbeitet, und deshalb ist er bei Onkel und Tante untergebracht. »Er ist ein guter Junge, aber ein bißchen unruhig«, berichtet seine Tante.

Während des Nachmittags wird überwiegend über Karl und seine Gewohnheiten gesprochen. Alle beobachten ihn, kommentieren sein Verhalten, ermahnen ihn und geben ihm etwas zu essen und zu trinken. Die Tante erzählt, daß er morgens sehr früh aufwacht, bereits um sechs Uhr. »Aber ich soll ihn nicht aus dem Bett nehmen, hat Sigrid (Karls Mutter) gesagt, er soll nämlich bis neun Uhr dort bleiben, damit er sich nicht an etwas anderes als das von ihr Gewünschte gewöhnt.« Deshalb darf Karl das Bett nicht verlassen, er bleibt ruhig dort; sie weiß nicht, was er tut, hört nur, wie er sich im Bett hin und her bewegt und mit sich selbst redet. Renate, ihre Freundin, meint, es sei ein bißchen zu viel von ihm verlangt, so lange im Bett zu bleiben; eine Stunde, vielleicht zwei Stunden, das ginge noch, aber drei Stunden, das sei zu lang.

Während alle zusammensitzen, geht Karl im Zimmer herum und betrachtet und berührt, was ihm interessant erscheint. Besonders fasziniert ist er von einer kleinen Rechenmaschine in einem Bücherregal. Seine Tante ruft mehrmals »*Nein! Nein!*«, damit er die Finger davon läßt, während Renate sagt, dagegen sei nichts einzuwenden, denn er könne sie nicht kaputt machen. Doch die Tante bleibt dabei, schlägt ihm leicht auf die Finger und hebt ihn schließlich weg. Als er später mit seinem kleinen Gummiball spielt und ihn durch den Raum hüpfen läßt, sagt die Tante nichts und auch die anderen kümmern sich nicht darum, äußern keine Mißbilligung. Es ist sein Ball; mit seinen Sachen kann er machen, was er will, und Kinder spielen und wuseln nun mal herum. Karl hat nicht das Recht, mit der Rechenmaschine zu spielen, weil sein Onkel und seine Tante nicht verantwortlich sein wollen, wenn sie entzweigeht. Karl soll gehorchen, wenn ihm etwas gesagt wird; und aus einem Nein darf kein Ja werden. Es ist wichtig, konsequent zu bleiben, denn sonst, so wird vermutet, wird das Kind nie lernen, was richtiges und korrektes Benehmen ist; es würde Unsicherheit und Verwirrung herrschen und damit Ungehorsam. Ein Kind wird anfangen, übertriebene Forderungen zu stellen, wenn »nein« ohne weiteres zu »ja« werden kann. Es ist Renates Angelegenheit, in bezug auf die Rechenmaschine ja zu sagen, aber zu dem Ballspielen hat sie sich nicht zu äußern, weil der Ball nicht ihr gehört; dafür ist in diesem Fall die Tante verantwortlich.

Die Erwachsenen sprechen über Karl: Wie schlecht er ißt, wie lustig er aussieht, wenn er seine Nase rümpft. Sie lachen über ihn. Er bekommt dauernd Limonade und Kekse und Schokolade, und ständig wischt ihm die Tante mit einem Papiertuch Mund und Nase ab. Sie veranlassen ihn, Worte und Namen zu sagen, wiederholen diese und bedrängen ihn, bis er sie richtig ausspricht. Er wird aufgefordert, Renate, *die Tante* genannt, aus einer Schüssel einige Chips zu bringen, was er nicht will; aber sie lassen nicht locker und sagen ihm, die Tante werde weinen, wenn er ihr nicht ein paar Chips bringe. Er sieht sie an, sie weint nicht, und so lehnt er ab, was die Erwachsenen nicht hindert, immer weiter auf ihn einzuwirken, zu lachen und zu schimpfen. Schließlich geht er weg und wird eine Weile in Ruhe gelassen. Er findet auf dem Fußboden ein kleines Stück Plastik oder etwas Ähnliches, hebt es auf und steckt es in den Mund. Die Erwachsenen sehen das, sie laufen zu ihm hin und fordern ihn auf, den Gegenstand auszuspucken; die Tante will ihn mit dem Finger aus seinem Mund holen, aber er hält den Mund fest geschlossen und beendet die Szene, indem er den Gegenstand hinunterschluckt. Das läßt sie zur Ruhe kommen, denn sie können nichts mehr tun. Sie bedrängen ihn nicht länger und beobachten, ob etwas passiert, aber alles scheint in Ordnung zu sein. »Es wird am anderen Ende wieder herauskommen«, sagt die Tante kopfschüttelnd. »Sie sind so schnell, diese Kleinen, wenn sie etwas machen, wovon sie wissen, daß sie es nicht tun sollen, und wenn man nicht aufpaßt.«

Während des ganzen Nachmittags steht der kleine Junge im Mittelpunkt der Aufmerksamkeit, was nichts Ungewöhnliches ist: Er wird beobachtet, und sein Verhalten wird kommentiert, es wird über ihn gelacht, er wird geneckt, und ihm wird bedeutet, er solle dieses und jenes sagen und tun. Er erhält fast unbegrenzte Mengen von Süßigkeiten und Limonade. Auf diese Art tragen die Kleinen zur Belustigung der Erwachsenen bei, die sie anspornen, Dinge zu tun und zu sagen, die die Erwachsenen zum Lachen bringen. Diese zur Schau gestellte Beachtung entspricht nicht der Aufmerksamkeit, die Erwachsene gewöhnlich Kindern entgegenbringen, und zu Hause bleiben kleine Kinder im Gegensatz dazu oft sehr lange sich selbst überlassen. Es ist bezeichnend, daß die Manipulation des Kindes offenbar dazu führt, daß das Kind seinerseits die Situation manipuliert, in diesem Fall durch das Schlucken eines Gegenstands, der nicht geschluckt werden darf: Karl verläßt seine Position des Ausgeliefertseins gegenüber den ständigen »Attacken« und Übergriffen auf ihn und seinen Körper, indem er eine neue Grenze festsetzt.

Es scheint bei den Müttern eine gewisse Ambivalenz in bezug auf das Maß der noch zu tolerierenden Nähe und Abhängigkeit zu geben, eine Unsicherheit darüber, wieviel des »a-sozialen, natürlichen« Lebens sie zulassen dürfen. Diese Ambivalenz könnte ein Grund dafür sein, daß Mütter ihre kleinen Kinder oder Babys allein zu Hause lassen und einkaufen gehen oder daß Eltern abends weggehen und die kleinen Kinder sich selbst überlassen, ohne eine Oma zum Babysitten zu holen. Das kann auch zu tun haben mit der Tatsache, daß so viele kleine Kinder tage- oder wochenlang im Krankenhaus sind und keinen oder nur ganz selten Besuch von ihren Eltern erhalten. Es werden ihnen die Mandeln oder Polypen herausgenommen, sie haben unspezifische Fieberanfälle, Lungenentzündung, es besteht Meningitisverdacht, sie leiden unter Krampfanfällen nach Impfungen oder unter einer Gehirnerschütterung. Die Kinder werden zur Beobachtung stationär aufgenommen, bis eine Diagnose möglich ist, und oft müssen sie lange im Krankenhaus bleiben. Viele Eltern kommen später zu dem Schluß, daß es keinen guten Grund gegeben hätte, das Kind im Krankenhaus zu behalten. Ein Vater meinte, die Krankenhäuser wollten möglichst viele Betten belegen, um sich durch hohe Auslastung finanzielle Mittel zu erschließen, und deshalb behielten sie die Kinder länger dort, als unter medizinischen Gesichtspunkten nötig wäre.

Mütter erzählen sich etwa, was für ein schreckliches Erlebnis es war, und manche Väter konnten es fast nicht aushalten, die wenigen Besuche zu machen, die erlaubt waren, weil das Kind weinte und so verzweifelt schrie. »Oh, es war furchtbar, er schrie, bis er sich übergeben mußte.« Und: »Ich konnte sie schon von draußen brüllen hören.« Oder: »Nie wieder, niemals!« Das Personal klagte, die Besuche brächten die Kinder völlig durcheinander, die Kinder seien still und ruhig, solange sie ihre Eltern nicht sähen, was wiederum die Eltern sehr verunsicherte, Schuldgefühle verursachte und die Ambivalenz in bezug auf die Hilflosigkeit und Abhängigkeit des Kindes noch verstärkte.

Das eine oder andere kleine Kind nimmt, sozusagen, die Sache in die eigenen Hände – wie der kleine Hugo Hirsch, der vom Sofa fiel und sich am Kopf verletzte. Nach ein oder zwei Tagen im Krankenhaus verweigerte er die Nahrungsaufnahme, weinte und schrie, bis die Mutter herbeigerufen werden mußte, um ihn zu füttern. Er hätte ungewöhnlich großes Heimweh, klagten die Schwestern, und so sah Rita sich in einer Zwickmühle gefangen: Sie hatte Mitleid mit ihrem kleinen Sohn, wünschte aber, er könnte seine Situation hinnehmen, brav sein und tun, was von ihm verlangt wurde. Sie war jedoch auch stolz auf seine Willensstärke und vielleicht auch darauf, daß er sie dem Krankenhauspersonal vorzog. Doch obwohl sie weiß, daß der Junge sie braucht, und er sich sehr an sie klammert, seit er wieder zu Hause ist, sind sie und Wolfgang nicht bereit, ihre Pläne für einen zweiwöchigen Urlaub über Weihnachten zurückzustellen, und werden Hugo bei seinen Großeltern lassen. Rita ist nicht besonders glücklich darüber, aber der Junge ist nun älter als ein Jahr und sollte nicht so abhängig sein von ihr. Es wird davon ausgegangen, daß später alles in Ordnung kommen wird: »Kinder kommen über alles hinweg, sie vergessen sowas.«

Selbst wenn Eltern schwören: »Nie wieder!«, verhalten sie sich später nicht anders. Es geschieht nicht unbedingt mit demselben Kind oder in derselben Familie, obwohl auch das vorkommt, wie Hugos Fall zeigt. Seine ältere Schwester mußte wegen einer Augenoperation viele Wochen in einem Krankenhaus in Frankfurt verbringen, als sie fünf Jahre alt war. Die Erfahrungen anderer beeinflussen das Verhalten nicht. Man kann natürlich auch fragen, welche Alternativen die Leute denn haben. Wenn ein Kind im Krankenhaus behandelt werden muß, besonders wenn eine Autoritätsperson, der Arzt, das feststellt, wie könnten Eltern sich dem widersetzen? Und wenn das Krankenhaus den Eltern nicht das Recht zugesteht, bei ihren Kindern zu sein, was könnten sie dann tun? Die Eltern haben nicht das Recht, die Regeln des Krankenhauses offen in Frage zu stellen oder zu mißachten; mit dem, was zuständige Personen veranlassen, muß man sich abfinden; man hat nicht bei Dingen mitzureden, von denen man nichts versteht, weil man nicht qualifiziert genug ist. Es geht darum, daß das, was diese autorisierten Personen für richtig halten, andere Menschen verletzen und sie in Verzweiflung stürzen kann – aber es geschieht innerhalb allgemein anerkannter Grenzen und auf bekannten Bahnen; die Denkstrukturen auf beiden Seiten stimmen überein, selbst wenn ein bestimmtes Individuum sich an einem bestimmten Punkt unglücklich und verletzt fühlt. Das führt dazu, daß selten nach Alternativen gesucht und so gut wie nie protestiert wird.

Zu Hause geht es häufig lebhaft zu, und die Familienbeziehungen sind zeitweilig sehr intensiv. In diesem häuslichen Lebenszusammenhang entsteht ein Gefühl der Abhängigkeit, das sowohl bestätigt und gefördert als auch abgelehnt wird. Es verändert sich mit der Zeit, ohne wirklich den Fixpunkt zu verlieren, nämlich die problematische Nähe zur Mutter. Das kleine Kind steht im Zentrum des Interesses der Familie, es muß behütet und geformt werden, und es werden ihm elementare Aspekte der Wirklichkeit nahegebracht. Diese Wirklichkeit wird über den Körper wahrgenommen, der ordentlich gepflegt, manipuliert und verwöhnt wird. Das Kind wird schnell von der Mutter »abgelöst«, indem es gedrängt wird, seinen Körper zu beherrschen, und ihm »sinnlose Freuden« wie das Saugen um des Saugens willen verleidet werden. Das Kind soll auch nicht dadurch verdorben werden, daß es auf seinen Wunsch hin hochgenommen und herumgetragen wird oder daß es in seinem Wagen gefahren wird, obwohl es bis zum Laden laufen kann. »Die Realität« darf nicht auch nur ein Stück weit dem Bedürfnis des Kindes entsprechend interpretiert oder abgewandelt werden; es kommt vielmehr darauf an, daß das Kind sich anpaßt und das Leben so hinnimmt, wie es ist.

Die Trennung erfolgt jedoch nicht klar und endgültig, und das scheint Neuinszenierungen der Abhängigkeit in späteren Lebensphasen zu begünstigen. Das Kind soll sich als Kleinkind nicht an die Mutter klammern, soll sie – oder die Idee von ihr – aber als Erwachsener auch niemals verlassen und sich nicht ganz von der Herkunftsfamilie lösen. Dem Kind wird das Saugen abgewöhnt, es wird daran gehindert, nach eigenem Gutdünken Sachen in den Mund zu stecken, aber äußerst freizügig erhält es jederzeit von den Erwachsenen die Flasche mit süßen

Getränken und große Mengen von Süßigkeiten. Der Akt des Empfangens, die Tatsache, daß ihm etwas gegeben wird, bindet das Individuum an eine Autorität. Es ist das Recht des Erwachsenen, etwas zu geben; der Erwachsene produziert etwas, auch eine bestimmte Beziehung, während das unproduktive Genußstreben des Kindes so wirkt, als wende es sich von dieser »Gesellschaftsbezogenheit« ab, als würde es »zu natürlich«. Das Kind gibt nichts als Gegenleistung – außer (künftige) Abhängigkeit.

Die Komplexität dieser Familienbeziehungen lassen sich nicht unter einem einzigen Begriff wie Abhängigkeit subsumieren, wenn dies auch ein sehr wichtiger Aspekt ist, vor allem wegen der intensiven Beschäftigung mit dem, was »Realität« und »Selbständigkeit« bedeutet.[16] Diese komplexen und viele Probleme aufwerfenden Themen werden im Kindergarten ausdrücklich und gezielt angegangen. Dort erlebt das Kind ziemlich genau, daß das Individuum eine öffentliche Angelegenheit und sehr verletzlich ist.

4 Zu einer Gruppe gehören: Ideologie und Praxis der Kindergartenerziehung

Kurz bevor ein Kind in Linden drei Jahre alt ist, wird es im Kindergarten angemeldet. In der Regel geht die Mutter deshalb zum Kindergarten und spricht mit Frau Meier, der Leiterin, obwohl sie es vorziehen würde, mit der freundlicheren Heike, der jungen, »zweiten Kraft«, zu reden. Nicht alle Kinder gehen schon im Alter von drei Jahren in den Kindergarten. Das hängt auch davon ab, ob die Mutter erwerbstätig ist und jemanden braucht, der das Kind in seine Obhut nimmt. Der Kindergarten ist von seiner eigentlichen Aufgabenstellung her nicht dazu da, berufstätige Mütter zu entlasten, sondern soll die »Entwicklung« des Kindes fördern. Sehr darauf bedacht zu sein, das Kind möglichst früh in den Kindergarten zu geben, vielleicht schon bevor es drei Jahre alt ist, gilt als Beweis dafür, keine gute Mutter zu sein und das Kind loswerden zu wollen bzw. zu egozentrisch zu sein. Ein Kind gar nicht oder erst spät in den Kindergarten zu schicken, wird ebenfalls für ziemlich sonderbar, in diesem Fall für eigenbrötlerisch gehalten. Das »tut einem Kind nicht gut«, »es wird niemanden zum Spielen haben und kann all die netten Dinge nicht lernen, die im Kindergarten gelernt werden«. Es gibt also in dieser Hinsicht eine deutlich spürbare Spannung zwischen der guten und der schlechten Seite des Mutterseins, was Mütter und Kindergärtnerinnen auch zum Ausdruck bringen.

Bei der Aufnahme des Kindes erhält die Mutter eine kleine Broschüre über die Zielsetzung des Kindergartens in Übereinstimmung mit den pädagogischen Zielen der Kindergartenerziehung im allgemeinen. Am Anfang wird festgestellt, daß der Kindergarten in keiner Hinsicht die Familie ersetzen soll, sondern lediglich Hilfen zur Förderung der persönlichen Entwicklung des Kindes anbietet und dabei in einem komplementären Verhältnis zur Familie steht. Als selbstverständlich gilt, daß die Eltern für das Kind primär verantwortlich sind und ihre Erziehungspflichten ernst nehmen. Die frühe Kindheit ist eine Zeit, so wird betont, in der Kinder besonders empfänglich für die Einflüsse aus ihrer Umgebung sind, so daß Spiele und andere Aktivitäten eine neue Bedeutung erhalten können. Das Kind wird allerdings nur dann in der Lage und bereit sein, neue Dinge zu lernen, wenn es sich sicher fühlt. Deshalb ist es die besondere Aufgabe des Kindergartens, einhergehend mit der gezielten Anregung durch verschiedene Spiele, Spielsachen und Lernhilfen eine Atmosphäre des Vertrauens und der Liebe zu schaffen. Abgesehen davon ist das Zusammensein in diesem besonderen Kindergarten gekennzeichnet durch die christliche Weltanschauung, zum Ausdruck gebracht in einem *kindgemäßen Glaubens- und Gebetsleben, in einer ersten Glaubensvermittlung und Gewissensbildung und in der Einübung von Toleranz, Hilfsbereitschaft und Verständnis für den Mitmenschen.*

Wie bei vielen ähnlichen Gelegenheiten wird Christentum, also »der Glaube an Gott«, in moralischen Begriffen dieser Art formuliert. Christ zu sein, *ein guter Gläubiger* im »wahren Glauben« zu sein, bedeutet, besonders wenn es um die Kindererziehung geht, anderen gegenüber tolerant, hilfsbereit, freundlich und nachsichtig zu sein, moralisch richtig zu handeln. Im Alltag geht es nicht so sehr um Bibelkenntnis, sondern um das idealisierte Gute in Beziehungen, um das wohlgestaltende Ganze oder Kollektiv, zu dessen Teil der einzelne (gemacht) werden soll. Hier ist an die Ideen und pädagogischen Entwürfe Fröbels und seiner Nachfolger zu erinnern, Ideen über die Einheit aller Dinge, in deren Rahmen sich die Individualität und das Wesentliche des eigenen Seins entwickelt (vgl. Kapitel 2), was nach Fröbel auch einen guten Christen ausmacht. Zum Erreichen dieser Ziele verwendete Fröbel bestimmte Spielsachen als deren Repräsentanten, Bälle, Zylinder, Würfel, »damit das Kind die Einheit der ganzen Menschheit wahrnehmen und be-greifen kann«.[1] Der Kindergarten soll dazu beitragen, daß die Heranwachsenden die Erwartungen erfüllen können, die im späteren Leben an sie gerichtet werden. Das geschieht zum Beispiel auch durch die Vorbereitung der Kinder auf die Schule, ohne sie jedoch schon in Schulfächern zu unterrichten. In der Broschüre wird den Eltern erläutert, daß Körper und Geist in diese Bemühungen einbezogen werden. Die Persönlichkeit des Kindes wird durch das Entwickeln von »seelischem Gleichgewicht, Willensstärke und Selbständigkeit« aufgebaut. Auch die Intelligenz muß durch eine Vielfalt von Aufgaben angeregt werden, die »die Wahrnehmung, das logische Denken und die Erweiterung des Wortschatzes fördern«. Erwünscht ist außerdem die Entwicklung von Kreativität, was durch »eigene Ideen und deren Realisierung beim Spielen und kreativen Tätigkeiten wie Malen, Zeichnen, Musizieren mit Instrumenten, Singen, Basteln mit verschiedenen Materialien« erreicht wird. Aber, so wird betont, der Mensch ist ein soziales Wesen, so daß das Kind »kontaktfähig« werden und lernen muß, andere zu respektieren, Konflikte angemessen zu lösen und seine Rechte und Pflichten gegenüber der *Gemeinschaft* zu verstehen.

Über den Körper als Voraussetzung oder Ergebnis dieser Bemühungen wird nichts gesagt, obwohl eine enge Beziehung besteht. Es wird, wie mir scheint, davon ausgegangen, daß sich die geistigen Kräfte in einem ungepflegten, vernachlässigten Körper nicht entwickeln können. Das Bewegungstraining durch Gymnastik und Geschicklichkeitsübungen führt zu »Bewegungssicherheit«, die auch zu einer richtig erzogenen Person gehört. Ein interessanter Aspekt ist in diesem Zusammenhang die große Bedeutung der Körperhaltung. Um eine schlechte Haltung zu vermeiden, die als »Haltungsschaden« bezeichnet wird, werden Übungen empfohlen, eine *Haltungserziehung*. Bemerkenswerterweise wird hier der Begriff Erziehung verwendet. Geist und Körper sind, so die Theorie, gegenseitige Spiegelungen des jeweils erreichten Zustandes, und folgerichtig kann der Geist durch eine ordentliche Haltung und Pflege des Körpers beeinflußt werden.

Die tägliche Routine entspricht nicht einfach den in dieser Broschüre und in der allgemeinen Literatur über die Kindergartenerziehung dargelegten hochgesteckten Zielen, aber es gibt deutliche Bezüge zwischen Theorie und Praxis und ganz sicher keine bewußte Abweichung von den vorgegebenen Zielen, allenfalls ein Gefühl, die Ziele nicht erreicht zu haben. Die Orientierung an diesen Zielen verleiht jedoch den verschiedenen Tätigkeiten den Charakter von Wesentlichkeit, zumindest in der Einschätzung der Kindergärtnerinnen. Eltern, überwiegend die an diesen Fragen interessierten Mütter, äußern sich gewöhnlich nicht so explizit in bezug auf ihre Vorstellungen von den Zielen, die der Kindergarten verfolgt oder verfolgen sollte. Ihrer Meinung nach ist es gut für die Kinder, wenn sie in den Kindergarten gehen, denn dort lernen sie etwas, basteln viele *schöne Sachen* und spielen. Die Mütter betonen auch, daß sie zu Hause einiges erledigen können, wenn ihre Kleinkinder ein paar Stunden im Kindergarten verbringen, aber das wird nicht als wichtiges Ziel angesprochen, sondern nur zusammen mit anderen Aufgaben des Kindergartens erwähnt, die unmittelbar erziehungsorientiert sind. Die Eltern stellen auch keine gruppenrelevanten Ziele heraus, sondern beziehen sich unmittelbar auf ihr eigenes Kind. Es kann ja ganz nett sein zu lernen, wie man etwas mit anderen zusammen tut, aber ihr Ehrgeiz und Interesse sind nur auf ihr Kind gerichtet, nicht auf die Gemeinschaftsfähigkeit der Kinder, die für die Kindergärtnerinnen besonders wichtig ist.

Wenn es auch als etwas Gutes gilt, daß Kinder den Kindergarten besuchen, so haben Mütter doch auch sehr ambivalente Gefühle, wenn sie ihre Kinder dorthin schicken. Sie fühlen sich unter Druck gesetzt, das Kind in den Kindergarten zu geben; diesem Druck nachzugeben bedeutet jedoch zugleich den Verlust von Kontrolle über die Grenzen der familiären Privatsphäre. Durch das Kind werden Schwächen und Fehler sichtbar. Die Eltern haben den Eindruck, daß die Kindergärtnerinnen die Familien von oben herab beurteilen. Zwischen den Müttern und den Kindergärtnerinnen bleibt eine gewisse Distanz bestehen. Mütter betreten nie oder nur in Ausnahmefällen tagsüber den Kindergarten, was auch den Bereich des fachlichen Wirkens der Kindergärtnerinnen und ihre Kompetenz schützt. Beim Bringen und Abholen der Kinder wird weder zwischen den Müttern und Omas noch zwischen diesen und den Kindergärtnerinnen viel gesprochen. Wenn die Kinder in den Kindergarten gehen, werden Abgrenzungen gefährdet, und daher werden sie in mancher Hinsicht genauer markiert, als es sonst der Fall wäre.

Der Kindergarten in Linden nimmt Kinder aus der ganzen Kirchengemeinde auf, zu der auch Kleinheim und Waldhof gehören. Einige Familien aus Waldhof ziehen es neuerdings vor, ihre Kinder in den Kindergarten von Brücken gehen zu lassen. Dies wird von den Lindenern als eine Art Affront betrachtet, da Waldhof zur Kirchengemeinde gehört und diese der Träger des Kindergartens ist. Dabei geht es nicht darum, daß nicht genügend Kinder im Kindergarten angemeldet sind – eher im Gegenteil –, sondern darum, daß Waldhof sich damit auf die Seite der politischen Gegner von Linden stellt und langfristig dazu beiträgt, daß Linden wirtschaftliche Unterstützung und Prestige verliert. Die Kirchengemeinde von Linden trägt, wenn auch gefördert durch Zuschüsse seitens der Kommune, den größten Teil der ökonomischen und administrativen Verantwortung für den Kindergarten, selbst wenn er nicht mehr von Nonnen geführt wird. Der Herr Pfarrer ist dort der »Boss«, und Eltern wie Kindergärtnerinnen wissen, daß es nur durch sanften Druck des Elternbeirats gelingt, ihn dazu zu bringen, »den Geldbeutel zu öffnen«. Darüber sind viele ironische Bemerkungen und Witzeleien im Umlauf. Es bedurfte einer intensiven Überzeugungsarbeit, um ihn zur Einstellung einer dritten Kindergärtnerin zu bewegen. In einer Gruppe werden 25 bis 30 Kinder betreut, und Heike und Frau Meier waren der Auffassung, daß außer ihnen eine dritte Kindergärtnerin gebraucht wurde. Die Kinder sind verschieden alt und jeweils mit unterschiedlichen Aktivitäten beschäftigt, die eine Person nicht ständig im Auge behalten kann. Schließlich wurde, während meines Aufenthaltes im Dorf, die junge Hildegard aus Kleinheim eingestellt.

Im Vergleich zur Schule ist die Organisation des Kindergartens eher eine Angelegenheit von lokalem Interesse. Er bezieht Eltern in ganz verschiedene Aktivitäten ein, die in Verbindung mit der Schule so weitgehend nicht angeboten werden. Es gibt Elternabende und Sitzungen des Elternbeirats, Bastelabende, Frühlingsfeste sowie Basare und Feiern in der Weihnachtszeit. Von den Eltern wird auch erwartet, daß sie sich freiwillig an bestimmten Arbeiten beteiligen, die Männer etwa beim Bau des Spielplatzes und die Frauen durch Backen und Basteln für die Basare und Feste. Wenn es sich um Aktivitäten handelt, die Geld sparen oder einbringen sollen, engagiert sich der Pfarrer direkter. Der Bau des Spielplatzes – die Einzäunung, das Nivellieren des Bodens und der Bau von Schaukeln und anderen Spielgeräten – war ein Kostenfaktor, auf dessen Einsparung der Pfarrer bestanden hatte, weil die Kirche dafür kein Geld hätte. Seiner Auffassung nach war es angebracht, daß die Männer sich hier ebenso eigenhändig einsetzten, wie sie, oder doch sehr viele von ihnen, es bei der Errichtung der *Turnhalle* getan hatten. »Nicht nur dem Sportverein sollte durch unbezahlte Arbeit geholfen werden; auch die Kirche hat ein Recht darauf!« hieß sein nicht wirkungslos verhallender Aufruf.

Ein Tag im Kindergarten

Morgens um etwa Viertel nach acht nimmt Frau Kellermann ihr jüngstes Kind, Peter, an die Hand und geht mit ihm den Hügel hinauf zum Kindergarten. Vor dem Weggehen hat sie dafür gesorgt, daß Hände und Fingernägel sauber sind und der Mund nach dem Frühstück abgewischt worden ist. Er hat sich von seiner Oma verabschiedet, seinen Beutel geschultert und seine Mutter gefragt, ob sie ihm was Gutes zum Essen eingepackt hätte. Brot mit Schokoladencreme und einen Schokoriegel – das findet er gut. Sein Vater ist schon mit dem Auto zur Arbeit in eine hessische Stadt gefahren. Seine beiden Schwestern haben den Schulbus nach Steingrund und Städten genommen.

Im Gespräch mit Peter wirkt Frau Kellermann gestreßt, so als hätte sie es eilig. Es stellt sich heraus, daß Peter sich unglücklich fühlt, sich über den Kindergarten beschwert hat und nicht hingehen will, weil er Bauchschmerzen hat. Sie weiß, daß es ihm im Kindergarten nicht gefällt, aber sie kommt einfach nicht zurecht im Haushalt und im Geschäft, wenn er die ganze Zeit in ihrer Nähe ist; und die Oma hat genug davon, daß er die ganze Zeit in der Gegend herumwuselt. »Jedenfalls lernt er viel im Kindergarten«, sagt Frau Kellermann, »er bringt viele selbstgemachte Sachen mit nach Hause. Am Anfang, im letzten Jahr, war es viel schlimmer. Er weinte und wollte nach Hause gehen. Frau Meier schloß die Haustüre zu, so daß er nicht hinaus konnte; das war wirklich blöd von ihr. Sie hat so eine schroffe Art im Umgang mit den Kindern, ist irgendwie hart. Sie ist unverheiratet, und da sie keine eigenen Kinder hat, kann sie Kinder nicht verstehen. Die beiden anderen Kindergärtnerinnen, Heike und Hildegard, sind netter, fröhlicher; Peter mag sie. Aber Frau Meier ist eine sehr gute Pädagogin, und das ist selbstverständlich ziemlich wichtig. Peter wünscht sich immer, daß Samstag ist, der arme Kerl.« Sie lacht ein wenig, als sie mir das alles erzählt, während wir miteinander unterwegs sind.

Der Kindergarten liegt nahe bei der Schule. Er ist vor kurzem von einem im Ort lebenden Architekten gebaut worden, der ein einflußreiches Mitglied des

Gemeinderats ist, »was ihm den Auftrag verschafft hat« – so der etwas sarkastische Kommentar von dem einen oder anderen Elternteil. Es ist ein großes, offenes Haus mit einer großen Halle im Zentrum, flankiert von den beiden Gruppenräumen, den Garderoben, Toiletten- und Waschräumen. Die große Halle wird als Turnraum genutzt, aber auch bei Versammlungen oder Veranstaltungen, zum Beispiel für eine gemeinsame Feier oder Vorbereitungen der Mütter auf den Weihnachtsbasar. Das Haus ist schön, das bezweifelt niemand, aber die Kindergärtnerinnen klagen, daß die Gestaltung des Baus beeindruckender ist als der praktische Nutzen. Der Architekt war sich der praktischen Seiten der Arbeit in einem Kindergarten offenbar nicht bewußt. Der Neubau ist jedenfalls besser als der alte Kindergarten, der weiter unten an der Straße gelegen hatte und früher von einigen Nonnen, die in Linden lebten, betrieben worden war. Das wurde mir auf Fotografien gezeigt, auf denen heute erwachsene LindenerInnen zu erkennen sind, wie sie als kleine Kinder folgsam in die Kamera starren, während sie auf den Stufen vor dem alten Kindergarten stehen.

Peter und seine Mutter erreichen den Kindergarten einige Minuten später als die anderen, die schon hineingegangen sind. Mütter und Omas verlassen gerade den Vorplatz, manche mit dem Auto. Es wird nicht viel geredet, alle haben etwas zu tun. Frau Kellermann gibt Peter einen flüchtigen Kuß und sagt ihm, er solle sich gut benehmen und sich nicht schmutzig machen, wenn sie später zum Spielen nach draußen gingen. Er protestiert nicht, zappelt nur ein bißchen, möchte sie noch etwas fragen, bevor sie geht. Aber sie schiebt ihn freundlich hinein und verabschiedet sich.

Der Garderobenraum ist voll von Kindern, die ihre Jacken aufhängen, ihre Schuhe aus- und Hausschuhe anziehen. Sie hängen ihren Brotbeutel an eine besondere Hakenleiste. Heike steht in der Zimmertüre und spricht mit denen, die ihr am nächsten stehen, sie neckt sie ein wenig. Sie beobachtet, daß Holger gerade seinen Mantel auf den Boden geworfen hat und damit beschäftigt ist, einen anderen Jungen zu ärgern und zu jagen. Sie ruft ihm zu, er solle damit aufhören, seine Sachen aufhängen und reinkommen, und zwar schnell. Die Kinder gehen in den Raum hinein, wie es sich ergibt – manche miteinander redend, andere für sich allein.

Der Hauptraum, in dem die Kinder die meiste Zeit verbringen, ist mit kindgerechten Holzstühlen und -tischen möbliert, an denen jeweils vier oder fünf Kinder sitzen können; dort zeichnen sie, schneiden Figuren aus Buntpapier aus, formen Figuren aus Ton, spielen *Memory*, was damals sehr beliebt war, legen Puzzles, setzen *Nobbers* aus Plastik (eine Art weicher Legosteine) zu verschiedenen Konstruktionen zusammen. Das von den Kindern benutzte Material wird in Kästen in Wandregalen aufbewahrt, Buntstifte und Scheren gehören den einzelnen Kindern und sind mit deren Namen gekennzeichnet. An den Wänden hängen Zeichnungen der Kinder und andere Bilder und Dekorationen.

Ein Tisch, an dem sechs Kinder sitzen können, ist der »Teetisch«, der nur benutzt wird, wenn die Kinder ihren Morgenimbiß zu sich nehmen. Er sieht aus wie die anderen Tische, von denen ihn nur diese besondere Funktion unterscheidet. In einer Ecke des Raumes ist ein Spülbecken und ein Schrank mit Tassen und Untertassen, die für den Kräutertee benutzt werden, den die Kindergärtnerinnen in der Küche zubereiten. Die beiden sich gegenüberliegenden Ecken des Raumes sind mit niedrigen Regalen abgetrennt und für bestimmte Spiele vorbereitet und diesen auch vorbehalten. In der einen, der *Puppenecke*, gibt es große Kissen und eine Matratze zum Sitzen sowie eine große Kiste mit Kleidern und Schuhen zum Verkleiden, Puppen, Geschirr, Töpfe und Pfannen. In der anderen Ecke, der *Bauecke*, sind Holzbauklötze, eine große Holzeisenbahn mit Schienen und Teile des Plastiksystems Meccano bereitgelegt.

In diesen Ecken können immer nur vier Kinder gleichzeitig spielen, und zwar nach dem Prinzip: Wer zuerst kommt, ist zuerst dran. Die Ecke zu verlassen bedeutet meistens, die Spielgelegenheit zu verlieren. Oft stehen einige Kinder am Rand dieser abgegrenzten Bereiche und sehen zu, machen ihre Bemerkungen, stören oder warten auf eine Chance zum Mitspielen. Aber bevor sich diese Chance bietet, werden Heike oder Frau Meier entweder alle Kinder ihrer Gruppe oder einige von ihnen zum Tee rufen oder zur *Beschäftigung*, einer organisierten und am weitestgehenden nach pädagogischen Gesichtspunkten ausgerichteten Form von Tätigkeiten im Kindergarten. Den Kindern werden dabei genau bezeichnete Aufgaben gestellt, sie werden über bestimmte Sachverhalte belehrt – zum Beispiel über die Jahreszeiten, verschiedene Berufe der Erwachsenen, Unterschiede zwischen Stadt und Dorf. Solche Beschäftigungszeiten gibt es täglich, und in jeder Woche oder jedem Monat steht die Arbeit unter einem bestimmten Thema. Die Kinder werden je nach ihrem Alter in Untergruppen eingeteilt – die Kleinen, die Mittleren, die Großen. Dementsprechend unterscheiden sich die Ansprüche; das heißt, daß ihre Arbeitsergebnisse nach mehr oder weniger ausgewiesenen Vorstellungen darüber bewertet werden, welche Leistungen von Kindern verschiedenen Alters zu erwarten sind. Die Vorstellungen über Leistung beziehen sich auf Maßstäbe, die an den Pädagogischen Hochschulen gelehrt werden, erweitert um eine Einschätzung der Anlagen des einzelnen Kindes, etwa »Charakter« und »Intelligenz«, und Besonderheiten seiner Familie. Wie andere Vorstellungen über die für ein Kind charakteristischen Eigenschaften sind auch diese situationsbedingt, aber diese Situation selbst wird nicht zum Gegenstand der Erklärung gemacht. Das bedeutet, daß die Leistung eines Kindes nicht in Beziehung zu den jeweils gegebenen Bedingungen gesetzt wird, obwohl diese Situation die Wahrnehmung des Kindes durch die Kindergärtnerin beeinflußt, wie ich meine.

Heike oder Frau Meier nehmen zur Beschäftigung eine kleine Gruppe mit in ein neben dem Hauptraum liegendes Zimmer. Die anderen Kinder bleiben sich selbst überlassen oder werden von Hildegard betreut. Die Tür zum Nebenzimmer wird verschlossen, denn sonst würde der Krach aus dem Hauptraum (der ohrenbetäubend sein kann) zu sehr stören oder es kämen Kinder herein, die sich gerne beteiligen würden. Das geht nicht, sagt Heike, sie können allein zurechtkommen, sie müssen das einfach lernen und nicht gleich zu ihr laufen, wenn sie Lust dazu haben. Wenn es im großen Raum Streit gibt, was ab und zu der Fall ist, kümmert sich Heike nicht darum, es sei denn die Situation geriete völlig außer Kontrolle. Das ist ihrer Auffassung nach der Fall, wenn die Kinder allzu laut und wild schreien und herumrennen. Dann geht sie zu ihnen und klärt, was los ist, ermahnt die Kinder und fordert sie auf, mit dem Geschrei aufzuhören.

Gegen zehn Uhr machen Heike und Frau Meier in ihren Gruppen darauf aufmerksam, daß es nun Essenszeit ist. Zuvor haben zwei oder drei Kinder, die mit Tischdecken und Geschirrspülen an der Reihe sind, den Tisch gedeckt, während die Kindergärtnerinnen in der Küche den Tee zubereitet haben. Viele Kinder rennen in die Garderobe, um ihre Beutel und Taschen zu holen, schubsen sich dabei,

Essenszeit im Kindergarten

stoßen sich in der Türe, drängeln sich, um einen Platz am Tisch zu ergattern. Da nur sechs Kinder gleichzeitig am Tisch sitzen können, stehen ständig wartende Kinder dicht hinter den Sitzenden, und sobald ein Kind fertig ist und aufsteht, gibt es ein Gerangel um den freiwerdenden Platz. Manche Kinder haben es nicht eilig mit dem Essen und spielen weiter. Ein Kind, das vorher gerne in der Puppenecke oder Bauecke hatte spielen wollen, aber daran gehindert worden war, »*Wir sind schon vier drin!*«, nimmt vielleicht die Gelegenheit wahr, wenn die anderen essen wollen. Doch früher oder später müssen sich die Nachzügler losreißen und ebenfalls zum Eßtisch kommen, denn niemand darf den Imbiß ganz auslassen. Keine der Kindergärtnerinnen würde es wagen, ein Kind nach Hause zur Mutter gehen zu lassen, ohne daß das mitgebrachte Essen verzehrt wäre. Sie würde als schlechte Kindergärtnerin gelten, wenn sie nicht darauf achten könnte, daß das Kind gegessen hat – zugleich die guten Sachen ignorierend, die die Mutter eingepackt hat. Andererseits sind die Mütter besorgt, daß der Snack, den sie einpacken, für qualitativ und quantitativ ungenügend gehalten werden könnte. Während der Essenszeit wird das eine oder andere Kind vielleicht so lange wie möglich in einer der Ecken ausharren, um seinen Platz dort nicht zu verlieren. Wieder andere rufen vom Tisch aus einem Kind, das sich gerade erst in die Ecke begibt, zu, der Platz sei schon vergeben; ein Anspruch, der respektiert oder übergangen werden kann. Wenn alle ihren Tee getrunken haben, ist es bald Zeit zum Heimgehen. Zunächst folgt jedoch das Aufräumen, eine im Kindergarten sehr wichtige Angelegenheit. Dazu gehört, daß alles ordentlich an seinen Platz geräumt wird und dann Tische und Stühle abgewischt werden.[2] Bevor sich alle die Jacken und Schuhe anziehen, versammeln sich die Kinder in einem Kreis oder stehen vor dem Kruzifix, um gemeinsam ein Gebet zu sprechen, für diesen Tag zu danken. Erst wenn alle angezogen sind, nicht früher, werden sie zu ihren wartenden Müttern, Omas oder Schwestern hinausgelassen.

Im Kindergarten besteht der Eindruck ständiger Bewegung und Aktivität. Die Kinder wechseln oft ihren Platz, gehen umher, jagen sich gegenseitig, kämpfen vielleicht miteinander, holen sich Material oder Spiele, die sie brauchen, oder gehen zur Kindergärtnerin, um ein anderes Kind zu verpetzen. Gleichzeitig liegt über allem eine Stimmung des Wartens. Irgend jemand wartet immer auf irgend etwas, wartet auf eine Gelegenheit zum Spielen in einer der Ecken, wartet auf den Platz am Tisch beim Essen, wartet auf die Möglichkeit, ein neues Material zu benutzen, wartet, daß ein Spiel zu Ende ist, wartet auf die Aufmerksamkeit der Kindergärtnerin. Wenn sie nicht mit den Kindern gemeinsam tätig ist, sitzt die Kindergärtnerin oft an ihrem Tisch, der an einer Wand des Raumes steht, sieht sich Zeichnungen der Kinder oder andere Arbeitsergebnisse an, schreibt einen Bericht oder schneidet und bemalt Figuren. Oder sie geht im Raum umher, um nachzusehen, was die Kinder tun, und Anmerkungen zu machen oder Hinweise zu geben.

Es wird davon ausgegangen, daß die Kinder durch ihre verschiedenen Tätigkeiten und die Anweisungen und Informationen seitens der Kindergärtnerinnen lernen, sich zu konzentrieren und geduldig zu sein: lernen, mit der Schere umzugehen und nicht aufzugeben, wenn es nicht gleich klappt; lernen, einen Bleistift und Buntstifte korrekt zwischen Daumen und Zeigefinger zu halten; lernen, Anweisungen zuzuhören und sie zu befolgen, zugleich aber ihre Vorstellungskraft zu entwickeln und Phantasie zu zeigen. Die Person des Kindes wird durch Belehrung und Anleitung geformt. Das hat eine kompetente und reife andere Person zur Voraussetzung, die es nicht nur in der Familie gibt. Für das Kind soll die Kindergärtnerin zur zweiten *Bezugsperson* werden, zu einem Menschen, an den es sich wenden kann, dem es vertrauen kann, der ein Vorbild ist, was das Verhalten angeht.

Die Ideologie der Kindergartenerziehung hält die Gruppe für eine wesentliche soziale Einheit. Sie ist der Rahmen, in dem Lernen stattfinden und Ordnung erreicht werden kann. Ein Kind muß sich daran gewöhnen, Teil einer Gruppe zu sein. Es muß lernen, in einer Gruppe zu arbeiten und zu spielen und sich nicht nur auf sich selbst zu beziehen. Eine Gruppe wird inhaltlich bestimmt von Vorstellungen über Einheit im Sinne von Undifferenziertheit, und in der modernen Pädagogik wird der Gruppe eine große Bedeutung beigemessen. Die Idee dabei ist, daß Kinder in einer Gruppe soziale Kompetenz erwerben und ihre egoistischen Neigungen im Zaum halten, die in diesem Alter zwar als »natürlich« gelten, aber potentiell schlecht sind, weil sie die soziale Ordnung gefährden oder zu zerstören drohen. Das grundsätzliche Problem besteht darin, daß eine Gruppe nur dann als Gruppe betrachtet wird, wenn sie bewußt von einem anderen Menschen zusammengebracht und organisiert wird. Die Kindergärtnerinnen halten sich wohl kaum für ein Mitglied der Gruppe, und in anderen, nicht organisierten Situationen gilt das soziale Miteinander als individuelles Unterfangen. Die Gruppe, zu der ein Kind gehört, bewegt sich nicht als ein integrierter Körper, sondern jedes Individuum ist einzeln einer höheren Ordnung anheimgegeben; und diese Ordnung ist es, auf die es ankommt. Die Art von Gruppe, von der zum Beispiel Heike spricht, belohnt sowohl Unterwerfung und Konformität als auch die Bereitschaft, sich als individuell leistungsfähig und einzigartig zu erweisen. Innerhalb einer derartigen Gruppe findet, so wird angenommen, Lernen statt, hier soll das Kind die gewünschten Eigenschaften und Fähigkeiten erwerben. Es wird angenommen, daß dieser Prozeß in einem bestimmten Lebensabschnitt verläuft und an Relevanz verliert, wenn erst das Erwachsenenalter erreicht ist. Er soll das Kind *lebensfähig* machen, es mit den Voraussetzungen für ein eigenständiges Leben ausstatten, und deshalb richtet sich dieses Lernangebot nicht an Erwachsene.

Dieser Bericht über einen Kindergartentag ist nicht als unkommentierte, skizzenhafte Darstellung gedacht. Die Schilderung enthält mehr oder weniger offensichtlich einige »Schlüsselthemen«, etwa *Lernen, Ordnung, Selbständigkeit,* auf die ich noch zurückkommen werde. Diese Themen sind von großer ideologischer Bedeutung hinsichtlich der Vorstellungen darüber, was ein Kind ist und wie es zu einer den geltenden Maßstäben gerecht werdenden Persönlichkeit, einer stabilen Person geformt werden sollte.[3]

Der Neue

Der kleine Otto ist sehr erleichtert, nach Hause gehen zu können. Einige Stunden zuvor war er von seiner Mutter im Kindergarten zurückgelassen worden. Er ist zum vierten Mal dort und hat viel geweint, sich lange an Heike geklammert. Um ihn zu trösten, hat sie gesagt, seine Mutter werde bald kommen, um ihn abzuholen. Sie möchte erreichen, daß er aufhört zu weinen, indem sie ihn darauf aufmerksam macht, daß die anderen Kinder nicht weinen. Dann versucht sie, sein Interesse für ein Spiel zu wecken, das andere Kinder in der *Puppenecke* spielen, aber er bleibt davor stehen, beobachtet die anderen, die sich nicht um ihn kümmern. Eine Zeitlang wandert er im Raum herum, fängt dann wieder zu weinen an und sagt, er wolle *heim*gehen. Jetzt versuchen einige Kinder, ihn zu trösten; ein kleines Mädchen, das ihn kennt, legt ihren Arm um ihn, die anderen streicheln ihn und versuchen, ihn aufzuheitern, aber das alles verliert schnell seine Wirkung.

Für die kleinen Neuankömmlinge gibt es im Kindergarten keine bestimmte oder gar ritualisierte Form der Akklimatisierung. Kinder werden zwar erst vom Beginn des vierten Lebensjahres an aufgenommen, aber im Interesse der Eingewöhnung können Kinder schon einige Monate vor ihrem dritten Geburtstag in den Kindergarten gehen, ohne so lange zu bleiben wie die anderen Kinder. In dieser Übergangsphase besteht jedoch nicht die Möglichkeit, daß die Mütter am Anfang einige Zeit gemeinsam mit ihren Kindern im Kindergarten bleiben. Es wird ihnen nur gestattet, ihre Kinder bis in den Hauptraum hinein zu begleiten, was andere Mütter niemals tun. Dort verabschieden sie sich dann aber sehr schnell. Die Kindergärtnerinnen schätzen es nicht, wenn sich Mütter im Kindergarten aufhalten. Es ist zwar nicht verboten, aber unter keinen Umständen werden Mütter zum Bleiben ermutigt. »Wie sollen wir zu etwas kommen, wenn die ganze Zeit überall Mütter anwesend sind? Das kann ja nichts werden!«

In den Kindergarten zu gehen bedeutet für ein Kind die *Ablösung vom Elternhaus*. Im vorigen Kapitel habe ich beschrieben, mit welcher Ambivalenz dieser Prozeß von den Müttern wahrgenommen wird. Die Kindergärtnerinnen halten die Ablösung für einen Vorgang, der mehr oder weniger von selbst geschieht. Heike meint, daß es oft die Mütter sind, die bei dieser Trennung die größten Schwierigkeiten haben, weil es ihnen schwerfällt, das Kind loszulassen, während das Kind selbst gerne kommt. Daß Kinder am Anfang schreien und weinen, ist nichts Ungewöhnliches; wie lange der Schmerz anhält, hängt davon ab, wie unselbständig das Kind ist, und das wiederum liegt an der Erziehung zu Hause.

Wichtig ist dabei, daß ein Kind »sich daran gewöhnen muß, wie es im Leben zugeht«. Es hat keinen Sinn, etwas vermeiden zu wollen, was doch eintreten wird oder womit sich jeder notwendigerweise abfinden muß, etwa die Trennung vom Zuhause. Die Kindergärtnerinnen haben ihre Probleme mit Müttern, die eine zu enge Beziehung zu ihren Kindern haben und unfähig oder nicht willens sind, sich von ihnen zu trennen – wie sie die meisten Mütter zu interpretieren geneigt sind. Die Zurschaustellung der Abhängigkeit zwischen Mutter und Kind ist nichts Gutes und sollte so weit wie möglich unterbleiben. Das gleiche gilt für Kinder, die eine ausgeprägte Abhängigkeit untereinander oder gegenüber einer Kindergärtnerin zeigen. In diesen Fällen sollte eine Trennung erfolgen. Hier gibt es einen interessanten Zusammenhang mit der Nähe besonders zwischen erwachsenen Töchtern und ihren Mütter, die manchmal sogar zur Abhängigkeit wird und unter moralischen Gesichtspunkten als etwas sehr Positives gepriesen wird, wie wir schon gesehen haben.

Eines Tages fragte ich Hildegard, wie der kleine Norbert zurechtkäme, der am vorigen Tag zum ersten Mal im Kindergarten gewesen war und noch lange, nachdem die Mutter gegangen war, geweint hatte. »Ach ja, er hat heute morgen geschrien und geschrien, so daß Heike ihn schließlich im Arbeitszimmer eingeschlossen hat. Er hat an die Türe getrommelt, und sie hat ihm daraufhin erklärt, sie werde ihn erst herauslassen, wenn er sich beruhigt und mit dem Schreien und Trommeln aufgehört habe.« Nach einer Weile war Frau Meier erschienen und hatte Norbert ausgeschimpft, dann war alles in Ordnung. »Seitdem benimmt er sich gut«, sagt sie mit ihrem Jungmädchenlächeln, »er ist von zu Hause aus so verwöhnt. Seine Schwester ist siebzehn, und er ist erst drei Jahre alt; deshalb ist er, so vermute ich, daran gewöhnt, immer im Mittelpunkt des Interesses aller Leute zu stehen. Allerdings war er gestern den ganzen Vormittag und den ganzen Nachmittag hier, das ist am Anfang viel zu lange. Es war nicht richtig von seiner Mutter, das so zu machen. Heike wird mit ihr darüber sprechen.« Obwohl das für die Kindergärtnerinnen eine Erklärung für Norberts Verhalten sein mag, ist es keine Entschuldigung für das Schreien. Die übergroßen Ansprüche eines Kindes sind nicht zu entschuldigen, sondern müssen auf diese oder jene Weise eingeschränkt werden.

Im Gegensatz zu Norbert, der an manchen Tagen unablässig weint und schreit, weint Maria nur ein wenig in sich hinein, während sie im Raum umhergeht. Und Klaus liegt noch sechs Wochen nach Beginn seiner Kindergartenzeit meistens auf dem Boden und weigert sich, mit irgend jemandem zu spielen. Für die Kindergärtnerinnen ist es am leichtesten, mit Norbert umzugehen, denn er stört und kann dementsprechend behandelt, also zum Beispiel radikal von den anderen getrennt werden, bis er bereit ist, sich den Regeln gemäß, anständig, zu verhalten. Es wird ihm gesagt, daß er herauskommen kann, wenn er nicht mehr schreit. »Er versteht das ganz genau, denn er hat keinen Grund zum Schreien, er wird seine Mutter bald sehen. Er ist einfach ein Kind, dem bisher keine Grenzen gesetzt worden sind. Es ist höchste Zeit, daß das geschieht und er lernt, damit zurechtzukommen.«

Was Maria und Klaus angeht, so gibt es nicht viel zu sagen oder zu tun. Sie stören nicht, und die Kindergärtnerinnen scheinen nicht zu wissen, wie sie mit ihrer eher lautlosen Agonie umgehen sollen. Frau Meier erklärt, sie habe die Mutter von Klaus gefragt, ob ihr Sohn müde sei, weil er so viel auf dem Boden liegt. Aber das könnte nicht der Grund dafür sein. »Woran kann es also liegen? Es gibt hier etwas, was er nicht mag, aber was ist es?« Klaus wird beobachtet, aber er wird nicht in die Suche nach der Deutung seiner Erfahrungen einbezogen. Maria und Klaus werden sehr weitgehend sich selbst überlassen, manchmal zur Teilnahme an einem Spiel oder einer anderen von der Kindergärtnerin vorbereiteten Aktivität aufgefordert, aber nicht gedrängt. Es wird erwartet, daß sie sich mit der Zeit von sich aus mehr am Geschehen beteiligen werden. Bestimmte Tätigkeiten, etwa die *Beschäftigungen* oder das Turnen, sind für alle verbindlich, so daß sie in die Gruppen einbezogen werden.

Norberts Verhalten gilt in einem umfassenderen kulturellen Kontext als normaler und für ein Kind natürlicher als das Verhalten von Maria und Klaus, selbst wenn Norberts Benehmen bestraft wird und ihm auf diese oder jene Weise Grenzen gesetzt werden, sei es durch Kritik, sei es durch Hänseln oder Lächerlichmachen. Still und zurückhaltend zu sein wird als »nicht natürlich« betrachtet. Kinder gelten als impulsiv und energiegeladen, was irgendwie zum Ausdruck gebracht werden muß, und sei es auf negative Art. Sich »nicht natürlich« zu verhalten, das bedeutet gewissermaßen, sich aus der Reichweite pädagogischer Kontrolle hinauszubegeben, »draußen« zu stehen, so als würde eine kritische Position eingenommen, die die Kritik der anderen provoziert.

Die älteren Kinder, die schon länger den Kindergarten besuchen, ganz besonders die Mädchen, nehmen die Neulinge oft sehr freundlich auf. Das bedeutet nicht, daß Frau Meier, Heike und Hildegard die Kinder nicht auch mit einem gewissen Mitgefühl behandeln; aber ihr Verhalten ist angereichert mit einer pädagogischen Ideologie, die die Kinder nicht verstehen (anders als deren indirekte Vermittlung durch Geschichtenerzählen, worauf ich noch komme). Pädagogik verlangt Ergebnisse, und zwar die vorhergesehenen, beabsichtigten. Dadurch sind dem Mitgefühl Grenzen gesetzt, denn das Ausdrücken von Mitleid führt nicht notwendig zu den gewünschten oder vorhersehbaren Ergebnissen und kann die Angelegenheit sogar komplizieren.

Die älteren Mädchen werden zum Beispiel versuchen, Klaus in ein Spiel einzubeziehen oder mit Maria in die Puppenecke zu gehen und sie dort Baby oder Hund spielen zu lassen. Aber wenn Heike zu Sandra sagt, sie benehme sich wie ein Baby, weil sie es abgelehnt hat, bei der Gymnastik mitzumachen, dann ist es für die anderen Kinder verlockend, sich dieser Beurteilung anzuschließen, wahrscheinlich dankbar, daß sie selbst keine Babys mehr sind, und Sandra zu verspotten oder sich anderen gegenüber über Sandra lustig zu machen. Das führt nicht unbedingt zu Sandras Ausschluß von ihren Spielen, denn fast alle Kinder haben schon Erfahrungen mit solchen Kategorisierungen gemacht. Es gibt Streit und Getuschel, es gibt Kämpfchen, vor allem zwischen den Jungen, aber der Ablauf der Ereignisse und die zu erledigenden Aufgaben halten die Kinder in Trab, sozusagen.

Als Edith in den Kindergarten kam, war sie fast drei Jahre alt und wurde vom ersten Tage an von Tina unter ihren Schutz genommen. Tina ist zwei Jahre älter als Edith, scheinbar etwas einsam, und Edith ist entfernt mit ihr verwandt, so daß alle Voraussetzungen für eine enge Beziehung zwischen beiden gegeben sind. Für Edith ist es sehr wichtig, daß Tina schon im Kindergarten ist, wenn sie ankommt. Auch Ediths Mutter liegt viel daran, denn sie fühlt sich entlastet, wenn jemand sich um Edith kümmern kann. Diese scheint oft sehr unglücklich im Kindergarten zu sein und hat angefangen, sich einzunässen, was früher nicht vorgekommen ist (allerdings bei den kleinen Neulingen nicht selten ist); sie weint ohne erkennbaren Grund.

Frau Meier ist weniger erfreut über dieses Arrangement, denn sie ist der Meinung, Edith sei zu abhängig von Tina. »Das ist gar nicht gut. Edith läßt Tina alles für sich erledigen, alles entscheiden. Tina macht sogar die Zeichnungen für Edith!« Auch nach einigen Monaten haben sie noch eine sehr enge Beziehung zueinander, aber es sieht nicht so aus, als werde Edith dadurch gehindert, Beziehungen auch zu anderen Kindern aufzunehmen, sich mit anderen Kindern zusammenzutun und an den vorgeschriebenen Aktivitäten teilzunehmen. Es ist jedoch offensichtlich, daß sie den Kindergarten nur wegen der Anwesenheit Tinas akzeptabel findet, und Tina genießt ihre neue Position und die Verehrung und

Anhänglichkeit ihrer Cousine zweiten Grades. Allerdings befürwortet keine der Kindergärtnerinnen die Beziehung, die sich zwischen Tina und Edith entwickelt hat. Hätte Frau Meier es für möglich gehalten, wie bei anderen Kindern, die weniger stark aneinander hingen als diese kleinen Mädchen, so hätte sie jede der beiden in eine andere Gruppe gegeben, sie also getrennt. Der kleine Pakt zwischen diesen beiden Mädchen wirkt wie eine Gegenkraft gegenüber der Einheitlichkeit der Gruppe, die die Kindergärtnerinnen unter ihrer Kontrolle zu behalten trachten.

Hans hat keine Tina, auf die er sich verlassen kann. Er ist mehrere Wochen lang sehr unglücklich und entwickelt das Bedürfnis, in Hildegards Nähe zu sein, die er von früher kennt. Wenn er bei ihr sein darf, dann ist alles gut, aber wenn sie den Raum verläßt, beginnt er bitterlich zu weinen. Hildegard findet das sehr ermüdend, obwohl sie den kleinen Jungen gern zu haben scheint, Mitleid hat und ihn in ihrer Nähe sein läßt, solange das geht. Er sitzt neben ihr auf einem Stühlchen oder hält ihre Hand, wenn er ihr folgt. Aber sie mag es nicht, daß seine Mutter sich beklagt hat, wie sie es nennt, und sie aufgefordert hat, sich mehr um ihn zu kümmern. Eine ungewöhnliche Bitte. Hildegard hat das Gefühl, daß sie nicht mehr tun kann, nicht bei all den anderen Kindern, nach denen sie sehen muß. Ein Aspekt, den sie nicht erwähnt, der sie aber trotzdem beeinflußt haben wird, ist die deutliche Mißbilligung einer derart offen gezeigten Abhängigkeit durch Frau Meier und deren Aufforderung, Hildegard möge sich doch ihren Pflichten als Hilfskraft für sie und Heike etwas mehr zuwenden. Außerdem vertritt auch Hildegard die in Linden allgemein akzeptierte Auffassung, daß Kinder nicht zu viel Aufmerksamkeit beanspruchen und sich gegebenen Situationen anpassen sollten. Von diesem Standpunkt aus betrachtet, ist Hans verwöhnt. Da sein Bruder sehr viel älter ist als er, wächst er praktisch als Einzelkind auf; und Einzelkinder gelten gemeinhin als verwöhnt. Wie Frau Meier sagt: »Hans weint nicht, weil er Angst hat (er hatte gesagt, er hätte Angst, daß seine Mutter nie zu ihm zurück käme), sondern weil er *zornig*, wütend ist. Er kann sich hier nicht durchsetzen, was er als der Jüngste zu Hause immer schafft.«

Die meisten der neu aufgenommenen Kinder finden sich in einer unbekannten Lage und haben nur sehr geringe Möglichkeiten, der Situation einen Sinn abzugewinnen; sie haben weder Zugang zur Kompetenz und zum Wissen von Eltern und Kindergärtnerinnen noch zu den Erfahrungen der älteren Kinder, die diese Phase schon hinter sich haben. Schmerz und Furcht sind vielleicht deshalb so besonders groß, weil sie irgendwie endlos zu sein scheinen. Geht diese Phase zu Ende ? Das Kind kann das nicht wissen, und es wird nur wenig getan, um ihm zu helfen, es herauszufinden. Das Kind muß die Angelegenheit in die eigenen Hände nehmen – durch Weinen und Schreien, durch das Finden einer/s engen

Verbündeten, durch den Rückzug in sich selbst, durch die angestrengte Hinwendung zu einer der Kindergärtnerinnen.

Selbständigkeit ist eine hoch bewertete Eigenschaft oder Fähigkeit, von der angenommen wird, daß sie durch Erziehung erworben werden muß, nämlich durch das Erlernen von Ordnung. Die Kindergärtnerinnen gehen davon aus, daß ein Kind um so besser mit der täglichen Routine des Kindergartens klarkommt, je selbständiger es ist. Abhängigkeit ist nicht das direkte Gegenteil von Unabhängigkeit, *Selbständigkeit. Abhängigkeit* bezieht sich auch auf eine emotionale Bindung, in diesem Falle vor allem zwischen der Mutter und dem Kind. Es wird vermutet, daß diese Beziehung stark ist und Mütter ein Hindernis für die Lösung dieser Bindung sind, was dem Kind schadet. Ein abhängiges Kind ist ein eher *verwöhntes* Kind, was als das Gegenteil eines *selbständigen* Kindes gilt. Ein unabhängiges, selbständiges Kind kennt die herrschende Ordnung und kann routinemäßig zurechtkommen, ohne fragen zu müssen, was es tun soll. Selbständigkeit ist also nicht primär emotional begründet, sondern eher von Emotionen frei. So wie ich es sehe, gilt Abhängigkeit als Mißachten und Verwischen von Grenzen. Das Kind scheint, darauf lassen die Signale von Unglücklichsein und »Sturheit« schließen, keinen Unterschied zwischen seinem Zuhause und dem Kindergarten zu machen, aber im Denken der Lindener sind diese beiden Sphären auseinanderzuhalten, als zwar komplementäre, aber getrennte Teile eines Ganzen zu betrachten.

Die Realität meistern und kreativ sein

Hildegard nimmt etwa zehn der Kinder mit in den Arbeitsraum. Alle erhalten ein Blatt Papier mit einem Bild, das vier Kinder unterschiedlichen Alters zeigt, drei spielen miteinander, eins ist für sich allein. Hildegard spricht mit den Kindern, meistens in der Frageform: »Was siehst du? Was passiert da? Was machen die Kinder?« Sabine sagt: »Die Kinder bauen was. Ein Junge darf nicht mitmachen.« »Was geschieht dann mit ihm?« Hanna: »Er wird traurig.« »Warst du schon so traurig? Ist dir das schon mal passiert?« Die Kinder erzählen Hildegard von ähnlichen Situationen, die sie schon erlebt haben, und alle beziehen sich dabei auf den Jungen, der nicht mitspielen darf. Nun wird gezeigt, wie das kleinste Mädchen auf dem Bild den Jungen zum Mitmachen auffordert, und dann ist zu sehen, wie die vier Kinder fröhlich lachend zusammen spielen.

Die Bilder zur Illustration dieser Geschichte werden zunächst nicht in der richtigen Reihenfolge präsentiert, denn die Kinder sollen die Bilder dem Verlauf der Geschichte entsprechend ordnen. Manche haben dabei Schwierigkeiten, doch Hildegard erklärt ihnen: »Nun seid ihr dran. Schneidet die Bilder aus und klebt sie in der richtigen Reihenfolge auf das Papier, das ich euch gegeben habe. – Nein, Thomas, ich sage nichts mehr dazu, mache es so, wie wir es eben besprochen haben. Sieh dir die Bilder an! Denke nach!« »*Fräulein, Fräulein*, guck mal! Ist das richtig?« Die Kinder rufen nach Hildegard, Thomas starrt weiter auf sein Papier, anscheinend völlig verloren. Nach einiger Zeit dämmert es ihm, und er ordnet die Bilder richtig ein, so daß er sichtlich erleichtert ist. Er weiß immerhin, daß Hildegard ihn nicht ausschimpfen oder ihn bloßstellen würde, wie Frau Meier es tut, und deshalb sieht er diesmal zufriedener aus als sonst während der Beschäftigung.

Während des Tages gibt es einen Wechsel zwischen vorgegebenen Aktivitäten und »freiem Spiel«. Die *Beschäftigung*, die am meisten reglementierte Tätigkeit, die immer auf ein bestimmtes praktisches und kognitives Ziel ausgerichtet ist, bietet den Schauplatz für Lehren und Lernen. Während des Jahres soll jedes Kind gewisse Leistungen vollbringen, zum Beispiel bestimmte Zeichnungen anfertigen, unter anderem einen großen Fisch mit Schuppen, ein Osterei, ein Dorf, eine Stadt oder Herbstblätter malen. Jedes Kind hat eine eigene Mappe, in der die Kindergärtnerin die verschiedenen Papierarbeiten sammelt. Nach dem Frühjahrssemester erhält jedes Kind seine Mappe, um zu Hause den Eltern zu zeigen, was es geleistet hat, was wiederum beweist, wie sinnvoll und anerkennenswert die Arbeit der Kindergärtnerinnen ist. Die Beschäftigungsarbeiten sollen den Kindern bestimmte Aspekte des gesellschaftlichen Zusammenhangs, in dem sie leben, nahebringen, sie mit praktischen Anforderungen und dem moralischen Kodex der Gesellschaft vertraut machen und ihnen außerdem Kenntnisse über die Natur vermitteln. Viele der Tätigkeiten erledigen die Kinder gemeinsam mit Gleichaltrigen, gewöhnlich in einem besonderen Arbeitsraum neben dem Hauptraum, manchmal auch in der großen Halle, je nachdem, was es zu tun gibt. Mit jeder Arbeitseinheit sind sie etwa eine halbe Stunde lang beschäftigt.

Die älteren Kinder sind in der Halle versammelt und sitzen im Kreis auf kleinen Matten auf dem Boden. Frau Meier sitzt vor ihnen und zeigt ihnen eine große Collage, zu deren Herstellung alle etwas beigetragen haben. Das Bild zeigt ein Dorf, Linden. Die Kinder haben Häuser, größere Gebäude, Figuren gezeichnet, diese ausgeschnitten und auf einen großen Bogen Papier geklebt. Alle deuten auf ihre »eigenen« Häuser. »Jetzt wissen wir, was ein Dorf ist, aber es sind nicht alle EinwohnerInnen immer im Dorf. Und nicht alle Gebäude sind Wohnhäuser. Das bedeutet, daß Menschen zur Arbeit gehen. Was macht der Papa?« »Er arbeitet!« »Und wer ist zu Hause?« »Mama!« rufen die Kinder als Antwort auf Frau Meiers Fragen. »Aber *die Mama* ist nicht immer zu Hause«, erinnert Frau Meier die Kinder, denn es gibt eine beträchtliche Zahl von erwerbstätigen Müttern. Diesmal wollen sie besprechen, was der Papa tut.

»Der Papa geht fort, er geht schaffe'!« sagen die Kinder. Sigrids Vater ist beim Roten Kreuz in Hessen beschäftigt. Beates Vater ist Weißbinder, Inges Vater Mechaniker, Ernsts Vater *arbeitet*, er ist *Kaufmann* (also ein Geschäftsmann, kein *Arbeiter*, der *schafft,* der etwas herstellt oder dafür sorgt, daß etwas funktioniert). Der Vater von Franz schreibt, wie Franz es ausdrückt, ist als Angestellter bei einer Versicherung tätig. Hannas Vater ist bei der Müllabfuhr beschäftigt. Die Kinder machen Unterschiede zwischen verschiedenen Arten von Arbeit, indem sie verschiedene Worte verwenden, die zugleich soziale Klassen in Linden bezeichnen, Unterschiede zwischen Angestellten und Arbeitern verdeutlichen.

Dann sollen die Kinder sich die Bilder ansehen, auf denen verschiedene Berufe dargestellt sind: Bäcker, Schneider, Zimmermann usw. Die Kinder halten alle größeren Gebäude für Fabriken, Industriebetriebe. »Aber nicht alles wird in Fabriken hergestellt«, erklärt Frau Meier. »Es gibt in einem Dorf oder einer Stadt auch nicht nur Handwerker, sondern auch andere, die wie der Vater von Franz in einem Büro am Schreibtisch sitzen und schreiben.« »Mein Vater schreibt auch!« ruft Anja, aber Frau Meier nimmt das nicht zur Kenntnis. »Welche Art von Berufen gibt es in Linden?« fragt sie. Sie beginnen mit dem Bäcker und benennen dabei sämtliche Phasen des Backens samt Zutaten und Geräten.

Die Kindergärtnerinnen sind bei der Auswahl der einzelnen Themen, die sie behandeln wollen, ziemlich frei, aber dem Gesamtkonzept der Arbeit muß von der Kirche und dem Gemeinderat zugestimmt werden. Die Kindergärtnerinnen haben eine Ausbildung abgeschlossen und werden von Zeit zu Zeit zu Fortbildungsseminaren in der benachbarten Stadt eingeladen, um über die laufende Arbeit und auftretende Schwierigkeiten zu diskutieren. Außerdem treffen sich die Kindergärtnerinnen benachbarter Dörfer hin und wieder, um ihre Aktivitäten zu planen. In dieser Beziehung unterscheidet sich der Kindergarten von der Schule. Beide haben der geltenden pädagogischen Theorie zufolge ihren besonderen Platz im Rahmen der Erziehung, aber die Schule untersteht einer strengeren Kontrolle seitens der staatlichen Verwaltung, nämlich der Schulämter und des Kultusministeriums.

Etwa zweimal im Monat treffen sich die Lindener Kindergärtnerinnen mit Berufskolleginnen, besonders denen aus dem Nachbarort Altheim, um die Aktivitäten der kommenden Wochen aufeinander abzustimnmen. Sie sitzen bei Kaffee und Kuchen an den Kindertischen und reden über ihre Arbeit, klagen über das minderwertige Spielmaterial. Welche Themen sollen in den nächsten beiden Wochen während der Beschäftigungszeiten behandelt werden? Sie sehen einige Anleitungsbroschüren durch, die aus der Stadt bezogen werden können, allerdings auf eigene Kosten bestellt werden müssen: »Der Pfarrer hält das nicht für wichtig genug, um dafür Geld auszugeben.«

Im Leben geht es jedoch nicht nur um die Arbeit, so wichtig sie für die EinwohnerInnen von Linden auch sein mag. Das Dasein wird auch vom christlichen Glauben bestimmt, und das soll den Kindern bewußt gemacht werden, selbst wenn das Praktizieren von »Religion« im Kindergarten und besonders während der Beschäftigungszeit nicht im Vordergrund steht. Der gewöhnliche Alltag ist nicht besonders stark an »religiösen« Bräuchen orientiert, aber der moralische Kodex ist unumstritten und den Erwartungen entsprechend christlich und macht die Kinder mit den Grundsätzen der katholischen Kirche vertraut. Kirchenlieder werden gelernt, dem Kirchenkalender wird gefolgt. Weihnachten, Ostern und Pfingsten sind eindeutig christliche Feiertage und werden in diesem Sinne vorbereitet und erläutert, als Angelegenheiten des »Glaubens« und »des Christseins« behandelt. Die Geschichten, die den Kindern erzählt oder vorgelesen werden, verfolgen ein moralisches Ziel, nämlich die Verbreitung der christlichen Botschaft. Gutes tun, Gerechtigkeit üben, fair sein, Mitleid mit anderen Menschen haben, all dies wird als primär christliche Werte und Verhaltensweisen interpretiert, und dadurch erhalten diese Gebote eine für alle Menschen verbindliche, universale Geltung. Der gute Mensch ist Christ!

Die Kindergärtnerinnen haben den Eindruck, daß die Eltern kein Verständnis dafür hätten, wenn die Religion im Kindergarten nicht einbezogen würde. So meint die junge Leiterin des Kindergartens in Altheim, daß die Eltern sehr viel eher geneigt wären, ihre Arbeit zu kritisieren, wenn sie die *religiöse Unterweisung* nicht übernähme. Sie selbst fühlt sich jedoch sehr unsicher, hält es für schwierig, das richtig zu machen. Sie ist sich der starken Tendenz von Erwachsenen, also auch der Eltern, bewußt, in Gegenwart ihrer Kinder nicht zuzugeben, daß sie an etwas zweifeln, ganz besonders wenn es um religiös-moralische Fragen geht.

Diese Kindergartenleiterin gehört zu der Kategorie der »modernen Gläubigen«, die die Bibel und die Lehren der Kirche als eine Sammlung von historisch zu diskutierenden Fakten und moralischen Wertvorstellungen betrachten und von bestimmten Ritualen und religiösen Ideen als »Symbolen« sprechen, d. h. als »nicht wahr« im »historisch-faktischen« Sinne. Das ist allerdings kein Begriff, der in bezug auf die Inhalte des religiösen Glaubens gemeinhin verwendet wird. Für diese Kindergärtnerin ist »Religion« (als Glaube) Privatsache des einzelnen Menschen, eine Angelegenheit der individuellen »inneren Suche«. Sie hat nicht das Gefühl, daß sie den Kindern darüber etwas Überzeugendes sagen kann. Sie kann ihnen Lieder und Gebete beibringen, wie die Eltern es wünschen, aber sie hat Schwierigkeiten, Fragen der Kinder zu beantworten. Bei den schwierigen Fragen der Kinder, auf die sie keine Antwort weiß, kommt es ihr so vor, als stellten nicht die Kinder, sondern die Eltern die Fragen. Was soll sie antworten, wenn sie gefragt wird, wo Gott schläft oder wo die Hölle ist. Auf solche Fragen gibt es keine Antwort, meint sie, weil sie ihrer Meinung nach keinen »Realitätsgehalt« haben und auch ohne symbolischen Wert sind. Heike macht sich um solche Probleme weniger Gedanken, obwohl sie im gleichen Alter ist. Sie geht regelmäßig in die Kirche und ist nicht irritiert von den »verrückten Ideen« der Kinder. Sie lacht und neckt die Kinder, setzt sich mit solchen Fragen nicht besonders ernsthaft auseinander. Frau Meier andererseits stört es, wie selten manche Kinder von ihren Eltern in die Kirche mitgenommen werden. Sie selbst hat einen sehr von der Kirche geprägten persönlichen Hintergrund. Dennoch ist sie von den »kindischen« Geschichten über Gott und seine Existenz weniger beunruhigt als die Kindergartenleiterin in Altheim. Sie ist so tief im Katholizismus und in der Kirche verwurzelt, daß solche Fragen für sie trivial sind und ihre eigenen Glaubensvorstellungen nicht erschüttern können. Sie ist beunruhigt darüber, daß die Kinder viel zu wenig über den kirchlichen Ritus wissen. In dieser Hinsicht ähneln ihre Gedankengänge denen des Pfarrers.

Einige Male im Halbjahr nehmen die Kinder mit den Kindergärtnerinnen und einigen Müttern an einer Kindermesse teil: im Herbst, kurz nach den Kindergartenferien, und jeweils kurz vor Weihnachten, Ostern und Allerheiligen. Frau Meier spricht mit den Kindern über die Kindermesse, an der sie am Tag zuvor mit ihnen teilgenommen hat. »Wer war denn gestern bei der Messe?« fragt sie. »Ich! Ich!« »Was war gestern anders als bei früheren Kindermessen?« »Ja, da wurde etwas vergossen«, sagt Iris. »Ja, das stimmt, was war es?« »Wasser.« »Und Wein«, fügt Peter hinzu. »Und was noch?» »Sie bekamen eine dieser Oblaten«, sagt Tina. »Ja, was war das? – Es war eine gesegnete Oblate, die Hostie«, informiert Frau Meier die Kinder. »Für die Mütter«, kommentiert Sabine. »Ich habe auch eine in meine Hand bekommen«, sagt Frau Meier. »Manche möchten, daß sie ihnen auf die Zunge gelegt wird, andere lassen sie sich auf die Hand legen. Aber *Erstkommunionskinder*, die Kinder, die zum ersten Mal an der heiligen Kommunion teilnehmen, empfangen sie auf der Zunge, so daß sie wissen, was es bedeutet, wie das ist. Aber ihr Kinder habt noch keine bekommen, ihr seid noch zu klein. Was müßt ihr erst tun, um am Abendmahl teilnehmen zu können? Zur *Erstkommunion* gehen! Ja, ihr müßt erst lernen, was das alles bedeutet. Es ist nicht nur Brot, es muß umgewandelt werden, und das kann nur ein Priester tun, das Brot und den Wein in *Jesu Leib und Blut* verwandeln. Gestern haben wir an einer Messe teilgenommen, an einer Kindermesse; nur ein Priester kann die Messe halten. Früher waren wir bei einem Gottesdienst ohne Kommunion.«

Nach dieser kurzen Unterweisung über einen kleinen, aber wichtigen Teil des kirchlichen Ritus geht Frau Meier zu einem anderen Thema über, das, darauf macht sie die Kinder aufmerksam, auch etwas mit Religion zu tun hat. Sie hängt ein in hellen Farben koloriertes Bild an die Wand, das zeigt, wie Arme und Reiche leben. »Was ist das?« »Ein Haus.« »Ein Haus?« »Ein Schloß!« »Das ist richtig, ein Schloß.« »Da kann man Kaffee trinken!« sagt Hilda, aber Frau Meier reagiert nicht auf diese Bemerkung. Sie erzählt, daß ein Schloß wie dieses viele Zimmer hat, daß vor langer Zeit Könige und Prinzen in solchen Schlössern gewohnt haben. Es gibt ein Schwimmbad, große Rasenflächen, Pferde und eine Mauer um die ganze Anlage herum. »Was bedeutet das?« fragt sie und antwortet selbst, daß es zeigt, daß alles, was innerhalb der Mauer liegt, dem Eigentümer des Schlosses gehört. »Wie nennt man Leute, die so wohnen? Haben sie viel oder wenig Geld?« »Viel!« rufen die Kinder. »Und wie nennt man das? Reich sein!«

»Außerhalb der Mauer gibt es eine Straße mit Autos, Bussen und was noch – was ist das?« »Ein Autofriedhof!« »Ja, und das ist nicht ... – was?« »*Schön!*« »Stimmt, das ist nicht schön. Was ist das alles hier unten?« fragt sie und zeigt auf den untersten Teil des Bildes. »Häuser.« »Kinder.« »Das sind richtige Häuser«, meint Thomas (was das Schloß nicht ist). »Ich erkenne eine Katze«, ruft Hilda, offenbar erfreut. »Gibt es hier irgendwo Gras?« überlegt Frau Meier. »Nein.« »Sieht es schön aus, wo all diese Häuser stehen?« »Nein! Es ist schmutzig!« »Haben die Leute dort auch viel Geld?« »Nein, nur wenig.« »Ja, sie sind arm«, sagt Frau Meier. Ein Mann ist zu erkennen, der sich außerhalb des Hauses in einer Wanne wäscht. »Wo wascht ihr euch zu Hause?« »Unter dem Wasserhahn, im Bad.« »Und ihr seid keine armen Leute, stimmt's?« Es gibt noch etwas zwischen Armen und Reichen; die Leute in Linden sind nicht arm und nicht reich. Die Kinder entdecken auf dem Bild Mäuse. »Wir haben Mäuse im Keller«, sagt Sabine. »Mein Papa streut Rattengift«, erklärt Walter. »Mein Vati hat Rattenfallen«, verrät Thomas. Und nun diskutieren fast alle über dieses interessante Thema. Frau Meier unterbricht sie und bringt sie zurück zum Thema Reichtum und Armut. Zusammenfassend stellt sie fest, daß die Menschen in Linden nicht arm seien, denn Mäuse kämen im Herbst in Keller, Scheunen und Dachböden; in Linden lebten sie schließlich auf dem Lande, und da sei es ganz normal, ein oder zwei Mäuse im Haus zu haben.

Armut und Reichtum haben mit Schicksal zu tun, aber auch mit dem eigenen Verhalten. Ein rühriger und geschäftstüchtiger Mensch wird ganz sicher bewundert, und es verdient Hochachtung, wenn jemand im Beruf erfolgreich ist, was sich aus dem vorteilhaften materiellen Ergebnis schließen läßt; aber Extreme sind nicht gut. Jeder sollte genug haben; mehr als genug zu haben ist ein Zeichen von Gier und mangelnder Fairneß. Man sollte mit dem zufrieden sein, was man hat, und nicht immer mehr haben wollen. Die Kinder werden also, implizit, mit einer Art christlicher Bescheidenheit und Dankbarkeit bekannt gemacht, wenn sie den gezielten Fragen von Frau Meier zuhören. Sie empfinden Dankbarkeit dafür, normal zu sein, aber auch Mitleid mit denen, die das nicht sind, also mit denen, die arm sind. Es scheint eine soziale Kritik an denen zu geben, die offensichtlich extrem reich sind, denn sie sind auch nicht als normal zu betrachten, zumal ihr Reichtum einen Mangel an Mitleid verrät. Statt mit den Armen zu teilen, ihnen etwas Raum auf dem Rasen zu überlassen, ihnen beim Bau netter Badezimmer zu helfen, bauen sie eine Mauer um ihr Anwesen, die sie selbst von den anderen trennt. Dieses implizite Nahelegen von Fairneß und sozialer Verantwortung gehört in den Zusammenhang eines expliziten sozialpolitischen Interesses in den christlichen Auffassungen und Begriffsbildungen, die Teil der Ideologie der »christlichen Soziallehre« der Katholischen Arbeiterbewegung (KAB) sind.

In Kindergarten und Schule ist es üblich, daß Religion und religionsbezogen formulierte Probleme in Begriffen von gut und böse besprochen werden, was oft mit Mäßigung beziehungsweise Übertreibung, Exzeß gleichgesetzt wird. Diese Begriffe werden erfahrungs- und situationsbezogen formuliert, das heißt, es werden Situationen vorgestellt, die sowohl sehr spezifisch als auch zu verallgemeinern sind. Diese Pädagogik setzt sehr geschickt auf die Möglichkeit, daß sich jedes Kind mit der einen oder anderen der handelnden Personen identifizieren kann, ohne daß es sich offen zu erkennen geben und Angst haben muß, auf Mißbilligung zu stoßen. Es handelt sich um eine Demonstration unter den Bedingungen der Anonymität und um ein vorgegebenes, festgelegtes Interpretationsschema. Die eigenen Gedanken werden einem Ganzen untergeordnet, in dem nur gleichgesinnte Individuen anerkannt werden.

Den Kindergärtnerinnen und LehrerInnen wird durch die einzelnen Geschichten nahegelegt, die moralischen Fragen herauszuarbeiten, und die Kinder erhalten die Möglichkeit, eigene Erfahrungen mit denen zu verknüpfen, die in der Geschichte dargestellt sind. Manchmal sind das biblische Geschichten, häufiger aber solche, die Ereignisse des täglichen Lebens aufgreifen, die mit den vorgegebenen universalen Werten des Teilens, der Verantwortung von Individuum und Gruppe, der Möglichkeit einer Identifikation mit allen anderen Menschen in Verbindung gebracht werden können. Diese Situationen sind sozial und politisch unspezifisch, was den größeren Zusammenhang betrifft; doch gerade diejenigen »Modelle« ermutigen Kinder, sich Gedanken über ihre eigene Lebenssituation zu machen, deren Sinn vor allem in der didaktischen Vermittlung des christlichen Ethos liegt. Das Individuum und die Situation werden unspezifisch allgemein dargestellt, nur die Ideologie mit ihren Handlungsanweisungen und moralischen Maßstäben ist eindeutig.

Die *Beschäftigungen* stehen im Mittelpunkt der pädadogischen Arbeit des Kindergartens, obwohl alles, was im Kindergarten passiert, als *Lernen* verstanden werden kann. Der Begriff des Lernens geht grundsätzlich davon aus, daß eine explizite Belehrung stattfindet. Lernen, das sich außerhalb gezielter Belehrung vollzieht, gilt nicht als ebenso »real« wie das Lernen, das sich aus dem Belehrtwerden ergibt. Kinder haben die Neigung, eher schlechte als gute Gewohnheiten anzunehmen, wenn sie nicht durch Belehren und Anleiten zum Richtigen und Guten hingeführt werden. Deshalb werden die Kinder ständig auf den didaktischen Wert ihrer Aktivitäten aufmerksam gemacht.

Ein Kind, das nicht lernt, was ihm beigebracht werden soll, gilt als verstockt oder unaufmerksam oder dumm oder alles zusammen. Auf die jeweilige Situation oder die handelnden Personen wird kaum oder gar nicht Bezug genommen, wenn ein Kind etwas nicht verstehen kann, was es lernen soll, wenn es also Fehler macht, etwas mißversteht, sehr langsam vorankommt usw. Der Fehler ist vielmehr dem Kind zuzuschreiben und darüber hinaus der Familie oder der Mutter. Lernen, das Belehren voraussetzt, hat zur Grundlage die Beziehung zwischen einer untergeordneten und einer übergeordneten Person – eine Beziehung, die durch das Lernen zugleich reproduziert wird. Es ist nicht Aufgabe der übergeordneten Person, Mißerfolge beim Lernen unter Berücksichtigung dieser Beziehung als beziehungsabhängig zu erklären. Der Übergeordnete als solcher wird nicht als Teil der jeweiligen Situation betrachtet, während der Untergeordnete nicht die Möglichkeit hat, ungeachtet der Situation zu agieren, sich der Situation gegenüber abzugrenzen. Es kommt nicht darauf an, daß der Übergeordnete den Untergeordneten versteht, sich also mit ihm identifiziert, es verhält sich vielmehr umgekehrt.

Frau Meier will den Kindern etwas beibringen, sie möchte, daß sie Erlebnisse klassifizieren und ordnen, daß sie die richtigen Bezeichnungen und Namen von Dingen kennen. Sie verfolgt ihre erzieherischen Ambitionen sowohl bei der Förderung der Fähigkeiten als auch beim Bestrafen der Kinder. Lernen enthält moralische Wertvorstellungen darüber, wie Dinge sein sollten, verdeutlicht, welches Verhalten in verschiedenen Situationen richtig ist, also zum Beispiel Höflichkeit, Sorgfalt, Aufmerksamkeit oder »Verständnis«.

In diesem erzieherischen Bemühen sind Heike und Hildegard, ebenso wie die anderen Kindergärtnerinnen in den Nachbarorten, Frau Meier ähnlich, wenn diese bei der Erziehung auch am striktesten vorgeht. Sie wissen das und reden darüber, kritisieren Frau Meier auch hinter ihrem Rücken, besonders weil diese ihnen gegenüber sehr fordernd auftritt. Aber grundsätzlich sie sind einer Meinung, und Frau Meier gilt als »gute Pädagogin«. Sie ist die ambitionierteste und in diesem Sinne engagierteste der Kindergärtnerinnen, aber zugleich diejenige, die mit sich und den Menschen um sie herum am meisten über Kreuz zu sein scheint, und sogar mit den Erziehungszielen und Erziehungsmethoden, die sie befürwortet. Ihre eigene Kindheit war schwer und traumatisch, wie sie es darstellt. In Linden ist sie eine Außenseiterin, da sie erst seit einigen Jahren dort lebt. Sie ist unverheiratet, nicht sehr beliebt, wird aber respektiert. Sie ist interessiert, sich Kenntnisse über »moderne Pädagogik« anzueignen, und sie hat »hohe Ideale«; aber das bewirkt, daß sie sich ständig von der Wirklichkeit enttäuscht und provoziert fühlt, weil diese ihren Ansprüchen nicht gerecht wird.

Für eine junge Frau wie Heike andererseits – noch ledig, mit Verwandten und Freunden in Linden und mit einem eher befriedigenden, entspannten familiären Hintergrund, wie er in Linden üblich ist – sind die Regeln von Ordnung und Gehorsamkeit, Leistung, Sauberkeit, Lob und Strafe weniger kontrovers und emotional belastet als für Frau Meier. Heike muß nicht über das Leben in Linden als etwas von außen her zu Problematisierendes reflektieren, sie fühlt sich als Teil dieses Lebens. Heike gilt als nett und freundlich, sie lacht gerne und kann schön mit den Kindern basteln. Niemand würde die Art in Frage stellen, in der sie belehrt, straft oder lobt, obwohl ihre Methoden im großen und ganzen denen von Frau Meier entsprechen, die manchmal kritisiert wird.

Als gute Kindergärtnerin wird diejenige anerkannt, die *viel und schön basteln* kann, denn das ist eine Fähigkeit, die von Müttern und Kindergärtnerinnen geschätzt wird. Wenn die Kinder viele Sachen mit nach Hause bringen, die sie im Kindergarten gemacht haben, so ist das für viele Mütter ein Beweis, *der* Beweis, dafür, daß im Kindergarten alles gut läuft, daß die Kindergärtnerinnen etwas können und die Kinder etwas lernen. Der Kindergarten ist dann sein Geld wert, was bei den Lindenern ein wichtiger Aspekt der Einschätzung sozialer Einrichtungen ist. *Basteln* bezeichnet die Herstellung von dekorativen Gegenständen, es verlangt Geschicklichkeit im Umgang mit verschiedenen Materialien, etwa beim Fertigen von Puppen aus Pappe und Stoffresten, beim Verwenden von Draht, Seidenpapier, Klebstoff, Malstiften, Perlen usw. Das Malen von Bildern unter Zuhilfenahme von Schablonen, die auf das Papier gelegt und dann ausgemalt werden, ist sehr beliebt, ganz besonders bei den Mädchen. Die Kindergärtnerinnen machen das auch gerne, obwohl sie wissen, daß diese Methode bei Aus- und Fortbildungsveranstaltungen kritisiert wird, weil sie die Entwicklung der Phantasie und Kreativität behindert. Besonders Heike bastelt gerne, und manchmal sitzt sie an ihrem Tisch und stellt etwas her, während eine Gruppe von Kindern um sie herumsteht, sie beobachtet, ihre Geschicklichkeit lobt und die »schönen Sachen« bewundert.

Basteln kann in die Zeit der gezielten Beschäftigungen einbezogen werden, aber auch eine improvisierte Aktivität außerhalb des vorgegebenen Programms sein, es hat seinen Platz zwischen dem formalisierten Lernen und dem »freien Spiel«. Das freie Spiel ist eingeplant als Kontrast zu den Beschäftigungen und dem Basteln. Es ist ein Freiraum zum Spielen, in dem die Kinder nach Lust und Laune selbst bestimmen können, was sie tun wollen. Dieses selbstorganisierte Spielen soll der Entwicklung der Vorstellungskraft dienen. Im täglichen Ablauf der Dinge wird den Kindern dadurch Gelegenheit gegeben, selbst Entscheidungen zu treffen. Das betrifft Spiele in der Puppenecke und der Bauecke und für kurze Zeit draußen im Hof. Diese Zeiten gelten als notwendiger Ausgleich zu den Lernsituationen, in denen die Kinder Leistungsanforderungen genügen sollen. Trotzdem ist dieses Verständnis der Beziehung zwischen »freien« und vorgeschriebenen Aktivitäten problematisch: Lernen und Ordnung werden hoch geschätzt, phantasievolles Arbeiten wird leicht als unordentlich und ziellos empfunden.

Heike sieht die Mappen einiger Kinder durch und ordnet Zeichnungen ein. Bei einem Bild fehlt der Name des Kindes, und sie fragt, von wem es stammt. Niemand weiß es, was sie ein wenig zu verwirren scheint, denn Bilder gelten als Ausdruck der Persönlichkeit der Zeichnenden oder Malenden, und sie meint, als Kindergärtnerin die Kinder kennen zu sollen. In einer Zeichnung suchen Eltern und Kindergärtnerinnen nach Hinweisen auf Fähigkeiten: ob das Kind »gut« zeichnet und malt, ob es die »richtigen« Farben benutzt, ob es die Sachen und Personen so darstellt, »wie sie wirklich sind«. Es wird nach Hinweisen auf technisches Können je nach bestimmten Vorstellungen über altersgemäße Unterschiede und Entwicklungsstadien gesucht und auf Talent geachtet, das in anderen Zusammenhängen als Intelligenz bezeichnet wird.

Ganz besonders Frau Meier hat genaue Vorstellungen in bezug auf die Verwendung von Farben und Formen. Es wird davon ausgegangen, daß ein Kind je nach seinem Alter ein Bild auf eine ganz bestimmte Art zeichnen und kolorieren sollte. Eine von Hilda gezeichnete Katze betrachtend, meint Frau Meier, die vierjährige Hilda zeichne so, wie eine Vierjährige zeichnen solle: ein Kopf mit Augen, Nase und Maul und mit daran anschließenden Beinen, also ohne Körper. Sie findet das Bild gut. Wenn ein Kind beim Malen sehr viel schwarze und gelbe Farbe verwendet, ist sie beunruhigt, denn diese Farben sind negativ zu interpretieren. Vielleicht stimmt etwas nicht mit dem Kind, es entwickelt sich nicht so, wie es sich entwickeln sollte. Sie wird das Kind im Auge behalten und es anregen, mit helleren, harmonischeren Farben zu malen und zu zeichnen, so »wie die Welt tatsächlich aussieht«.

Die Kinder werden für ihre Bilder häufig gelobt und gleichzeitig ermutigt oder gezielt aufgefordert, noch mehr in das Bild hineinzumalen: »Kannst du nicht noch etwas dazu malen? Einen Baum vielleicht, warum nicht noch eine Sonne? Du brauchst hier noch mehr Blau für den Himmel, nicht wahr?« Die Kindergärtnerinnen machen darauf aufmerksam, wie Dinge »in Wirklichkeit« aussehen, ermahnen das Kind, etwas Erkennbares aufs Blatt zu bringen, etwas, das mit dem übereinstimmt, wie die Dinge wirklich sind. »Wie Dinge wirklich sind« bedeutet zugleich »hübsch«, so daß das Kind ein Bild anfertigen soll, das wirklichkeitsnah und hübsch ist. Die Vorstellung von Entwicklung besagt, daß Kinder die Wirklichkeit ihrem Entwicklungsstadium entsprechend wahrnehmen, was bedeutet, daß ein kleines Kind nicht sieht, was ein Erwachsener sieht. Ein kleines Kind wird zum Beispiel einen Bus malen wie eine Schachtel, weil es den Bus so sieht. Später, wenn es älter ist, werden Räder hinzukommen, weil das Kind nun auch diese sieht. »Ein Kind zeichnet nur, was es sieht«, sagt Heike, die das Kind so zu einem Realisten macht, allerdings auf einer, sozusagen, niedrigeren Ebene als der Erwachsene. Diese Korrelation zwischen der Wahrnehmung der »äußeren« Welt und deren Wiedergabe mit Hilfe eines bestimmten Mediums, in diesem Falle Zeichnen, macht es den Erwachsenen, ob ErzieherInnen oder Eltern, möglich, die Leistungen jedes beliebigen Kindes auf der Grundlage ihrer eigenen Auffassung von dem, was wirklichkeitsgerecht ist oder nicht, zu beurteilen. Damit erscheinen die Erwachsenen als die einzigen, die legitimiert sind, festzustellen, was real ist.

Phantasie, Imagination, Kreativität werden hoch geschätzt, und es wird für notwendig gehalten, die Kinder darin zu bestärken. Aber das Verständnis von Kreativität ist widersprüchlich. Von Zeit zu Zeit ist zu beobachten, daß Eltern und Kindergärtnerinnen Enttäuschung oder Ablehnung zeigen, wenn sich Kinderzeichnungen zu sehr gleichen oder wenn die Kinder versuchen, Zeichnungen der Kindergärtnerinnen zu kopieren, als würden sie dabei ihre Vorstellungskraft nicht nutzen. Sie befinden sich in einem Zwiespalt zwischen dem Bemühen um vorhersehbar Geordnetes, *die schöne, saubere Arbeit*, und dem vielleicht ungeregelten, spontanen Vorgehen eines phantasiegeleiteten Arbeitens. Das Ergebnis von »Kreativität« mag bewundert werden, aber der Weg dorthin ist nicht absehbar, ungewiß wie das Endprodukt. Diese Zwiespältigkeit ist bezeichnend für die Beziehung, die zwischen Ordnung, Selbständigkeit und Freiheit hergestellt werden sollte. Hier bestätigt sich wieder, daß den LindenerInnen Freiheit ohne Ordnung nicht möglich zu sein scheint.

Warum soll Kreativität denn überhaupt bewundert werden? Als Heike und ich über die Zeichnungen von Ostereiern sprechen, die an der Wand hängen, meint sie, daß es ihr schwer fällt, etwas darüber zu sagen. Die Kinder sollten aus *freier Phantasie* bunte Ostereier malen. »Sie haben alle ungefähr die gleiche Vorstellung davon, wie ein solches Ei aussehen soll, sie haben alle zu Hause welche gesehen.« Heike meint, sie sähen sich ziemlich ähnlich, manche seien besser, manche schlechter. Für sie ist es am wichtigsten zu entscheiden, welche Zeichnungen gut, welche schlecht sind. Kinder, die fast keine oder nur sehr einfache

Muster gezeichnet haben, oder den Umriß des Eis nicht vollständig ausgeführt und die Eiform nicht ganz ausgefüllt haben, so daß die Farben in die Leere nach unten hin auslaufend immer schwächer werden, waren einfach faul oder unkonzentriert. Es wird über Bilder gewöhnlich nicht so gesprochen, als hätten sie eine symbolische Bedeutung, sondern sie werden als Ausdruck des Entwicklungsstands und des Vorhandenseins oder Mangels von Talent betrachtet, manchmal auch als Hinweis auf den guten oder schlechten Charakter eines Kindes. »Ein dreieinhalbjähriges Kind sollte in der Lage sein, Muster zu zeichnen, zum Beispiel auf ein Osterei«, meint Heike. »Sie haben nur nicht genügend Geduld, um es zu Ende zu bringen.« Und das müssen sie eben noch lernen.

Den Kindern werden beim Zeichnen bestimmte Aufgaben gestellt und Hinweise gegeben, wie das Ergebnis in etwa aussehen soll. Außerdem dürfen sie gewöhnlich zwei »freie« Bilder pro Tag malen, also malen, was sie wollen. Oft kommt es vor, daß sie es vorziehen, Schablonen zu benutzen, statt selbst etwas zu zeichnen. Vielleicht haben sie auch deshalb Lust, Schablonen zu verwenden, weil das Ergebnis so vorhersehbar und »richtig/real« ist. Es gibt nichts hinzuzufügen, nichts zu kritisieren, nichts, was vielleicht gerechtfertigt werden müßte. Für die Mädchen besteht ein besonderer Reiz auch darin, etwas so schön und ordentlich machen zu können, wie *die Heike* es kann. Dadurch möchten sie ihr näher kommen, sowohl was die Leistung angeht als auch emotional.

Dinge in Ordnung bringen: *aufräumen*

Gegen Ende der täglichen Kindergartenzeit versammelt Heike die Kinder ihrer Gruppe zum Gebet. Doch zunächst fragt sie, wer denn schön *aufgeräumt* hat. Laut und aufgeregt berichten die Kinder, was sie alles getan haben – die Bauecke in Ordnung gebracht, Stifte, Papier und Stoff weggeräumt. »Heike, Heike! Ich hab's gemacht, ich war's! Aber Rainer hat nichts gemacht, und Sabine auch nicht!« So geht das eine Weile mit dem Erzählen, Prahlen und Petzen. Heike lobt, lacht und tadelt. Den Kindern, die ihrer Meinung nach wirklich Lob verdient haben, gibt sie ein Bonbon. Gewöhnlich hat sie selbst beobachtet, wer sich hilfsbereit und ordentlich verhalten hat.

Während der ganzen Zeit im Kindergarten wird den Kindern in kurzen Abständen immer wieder gesagt, sie sollten aufräumen. Alles muß wieder an seinen Platz gebracht werden, sobald es nicht mehr gebraucht wird oder das Spiel zu Ende ist. »Wer hat in der Bauecke oder in der Puppenecke gespielt? – *Aufräumen! Komm, hopp!*« Das ruft die Kindergärtnerin viele Male am Tag. Es wird

Wert darauf gelegt, daß das Kind, von dem das Material benutzt worden ist, dieses auch selbst wegräumt. Von manchen Kindern ist bekannt, daß sie versuchen, sich vor dem Aufräumen zu drücken; sie werden aber meistens von einer Kindergärtnerin oder von einem Kind, das »es sagt«, dazu gebracht. Die Kindergärtnerinnen halten es für besonders wichtig, daß gerade diese Kinder ihren Teil an der Arbeit übernehmen, damit sie lernen, daß es keinen Sinn hat, sich davor drücken zu wollen. Wenn sie langsam sind, darf ihnen nicht geholfen werden, selbst wenn sie dadurch die Teilnahme an einer neuen Aktivität der Gruppe verpassen, denn sie sollen lernen, allein zurechtzukommen.

Aufräumen ist eine ernsthafte Tätigkeit von fast selbstzweckhafter Bedeutung. Das wird erkennbar, als Heike in einem abendlichen Gespräch Frau Meier und Hildegard berichtet, wie sie das Aufräumen einmal zum Spiel gemacht hat. Sie hatte die Kinder aufgefordert, sich vorzustellen, sie wären Hunde, die nach Knochen suchten, und sie so dazu gebracht, schnell und effektiv alles zu finden, was nicht an seinem Platz war, und es schnell dorthin zu bringen, Papierschnipsel vom Boden aufzuheben usw. Es herrschte ein Durcheinander von bellenden Hunden, als die Kinder auf allen vieren umherrannten und großen Spaß am Aufräumen hatten, was auch schnell vonstatten ging, obwohl einige Jungen nicht mehr

Die Puppenecke

aufhören wollten, als Hunde herumzutollen. Aber Frau Meier ist davon nicht angetan. Solche Methoden kann sie nicht gutheißen, wie sie sagt. Heike sieht etwas irritiert und überrascht aus, verteidigt ihre Methode aber nicht. Frau Meier meint, es sei vertretbar, die Kinder zu loben, wenn sie gut aufgeräumt hätten, sicher; oder ihnen sogar als Belohnung Süßigkeiten zu geben. Aber ein Spiel daraus zu machen, das bedeute, die Ernsthaftigkeit der Sache zu leugnen, die darin liege, daß das Kind begreifen müsse, warum aufgeräumt werden muß, daß bestimmte Dingc um ihrer selbst willen erledigt werden müssen und daß das nicht zum Spaß geschieht.

Ungefähr eine Stunde vor dem Verlassen des Kindergartens wird das abschließende Aufräumen angekündigt. Wenn Hildegard allein ist, hat sie Probleme damit, alle Kinder zum Mitmachen anzuhalten. Ihre sanfte Stimme und vorsichtige Art erreichen dabei offenbar nicht viel; aber vielleicht kann sie dadurch, daß sie den Kindern, die aufgeräumt haben, zur Belohnung Süßigkeiten gibt, für das nächste Mal etwas Positives bewirken. Einige Kinder versuchen, Bonbons zu bekommen, obwohl sie es nicht verdient haben, doch da gibt Hildegard nicht nach; nichts bringt sie dazu, denen Bonbons zu geben, für die sie nicht gedacht sind. Hildegard fällt es zwar schwer, etwas zu erzwingen, aber sie kann etwas verweigern, und das ist ein anderer, nicht unwichtiger Aspekt von Autorität.

Aufräumen als solches mag als etwas sehr Triviales erscheinen: Dinge an ihren Platz zurückbringen, Abfall vom Boden entfernen, den Tisch abwischen usw. Aber die Bedeutung dieser Tätigkeiten, ihr Stellenwert im Gesamtkomplex von Bedeutungen im Rahmen des Kindergartenalltags, des Lebens der Kinder, ist tatsächlich nicht so trivial, allerdings auch nicht sehr offensichtlich. Es mag ganz praktisch sein, alles wieder an seinen Platz zu bringen; aber was als »sein Platz« gilt, ist ein Teil der Problematik. Selten ist das Aufräumen wirklich unbedingt nötig, als müßten Sachen einen festgelegten Platz haben, einen Platz, der nicht nach menschlichem Ermessen bestimmt, sondern von der Natur der »Sache« vorgegeben zu sein scheint. Durch Klassifizierung und ihre Versuche, die belebte Welt zu kennen, werden Menschen immer irgendeine Art von Ordnung herstellen. Etwas anderes ist es aber, wenn Ordnung als solche Teil einer seinsbestimmenden Festlegung ist, so als wäre die Ordnung der Weg zu einer höheren Form von umfassender Einheit bzw. Gleichheit. Mir scheint, daß die »Notwendigkeit« des Aufräumens im Hinblick auf diese umfassende Bedeutung von Ordnung verstanden werden muß. Unter analytischen Gesichtspunkten scheint es sinnvoll zu sein, das Aufräumen mit dem Sinn und den Bedingungen von Hierarchie und Vorstellungen über Schmutz verknüpft zu sehen – das heißt mit dem Postulat: Schmutz ist »Materie am falschen Platz« und wegen des Überschreitens oder Mißachtens von Grenzen potentiell gefährlich. Was als Schmutz gilt, ist demnach abhängig von dem sozialen Kontext, in dem etwas als solcher definiert wird. Zum Beispiel: Erde ist kein Schmutz, solange sie auf dem Acker liegt, doch unter Fingernägeln oder auf dem Tisch wird sie als Schmutz bezeichnet. Sie ist nicht an ihrem Platz, im falschen Umfeld, und wird zur Ursache von Krankheiten, wenn nichts unternommen wird. Je hierarchischer eine Gesellschaft strukturiert ist, je festgelegter also der Platz der ihr Angehörenden ist, um so geringer scheint prinzipiell-ideologisch ihre Toleranz gegenüber Grenzüberschreitungen zu sein, die in Begriffen wie Schmutz und Unklarheit/Unkorrektheit zum Ausdruck kommen, und um so größer die Beschäftigung mit Klarheit/Korrektheit, also Ordnung und Sauberkeit.

Der Kindergarten in Städten, einer Stadt in der Nähe von Linden, der auf den ersten Blick dieser ideologischen Fixierung auf Ordnung und Sauberkeit, ja selbst Gehorsamkeit, nicht zu entsprechen scheint, wird von den Kindergärtnerinnen in Linden und Altheim als antiautoritär bezeichnet. Das heißt, daß er ihrer Ansicht nach extrem unordentlich ist. Die Kindergärtnerinnen in Städten weisen das nachdrücklich zurück. Sie behaupten, nur eine höhere Art von Ordnung zu befürworten, in der sich sowohl die Einheit der Gruppe als auch die individuelle Kreativität entwickeln können.

Der Kindergarten in Städten ist eine nichtkonfessionelle, aus öffentlichen Mitteln finanzierte Einrichtung. Dem Gerede, es handele sich um einen antiautoritären Kindergarten, widerspricht die Kindergartenleiterin indigniert mit dem Hinweis, er sei »durch und durch pädagogisch ausgerichtet«. Sie erläutert: Alle Situationen werden als Lernsituationen begriffen, und deshalb verläuft der Tag im Kindergarten als »ein Ganzes«. Es gibt weder eine Unterbrechung von Aktivitäten durch das Organisieren von Beschäftigungen, noch wird ein besonderer Unterschied zwischen diesen Aktivitäten und »freiem Spiel« gemacht. Das Spielen wird auch nicht zum Aufräumen unterbrochen, sondern die Sachen werden so, wie es sich im Lauf der Aktivitäten ergibt, weggeräumt. Das Herstellen von Ordnung wird nicht zu einer bestimmten Zeit verlangt (und damit zu einer besonderen Aktivität gemacht), sondern als ein Teil der Aktivitäten betrachtet, die als ein kontinuierlicher Lernprozeß zu verstehen sind. Dementsprechend ist jedes Handeln zielgerichtet, liegt allem ein Motiv zugrunde. Von prinzipieller Bedeutung ist für diesen Lernprozeß, daß sich die Kinder mit allen Arten von Material intensiv vertraut machen, zum Beispiel Farben, verschiedenen Formen, stofflichen Eigenschaften (Gewebearten, Maserungen usw.), Größen. Jeder kleine Raum, jede Ecke, jeder Tisch ist für einen bestimmten Zweck gedacht – als Platz zum Bauen mit Klötzen, zum Spielen mit Puppen, zum Lesen usw. Diese Einteilung unterscheidet sich nicht sehr von der im Lindener Kindergarten, aber die in Städten Beschäftigten sehen hier einen großen Unterschied, weil die »üblichen«

Kindergärten, wie der in Linden, ihrer Meinung nach im Gegensatz zu dem ihren keine ausdrücklich pädagogische Zielsetzung haben. Sie haben das Gefühl, daß dort zu viel der jeweiligen Situation überlassen und von unreflektierten Vorstellungen von Ordnung bestimmt wird, daß sich die Kinder dort nicht so gut »entwickeln« wie die Kinder in ihrem Kindergarten. Aufsicht und Kontrolle werden nicht so praktiziert wie in Linden. Lohn und Strafe sind nicht so gegensätzlich wie in Linden, werden nicht so strikt und offensichtlich gehandhabt wie dort. Es wird angestrebt, das Bild eines »umfassenden Ganzen« entstehen zu lassen, das sich auf das Individuum stützt und differenziert wird durch dessen Freiheit, eine widerspruchsfreie Ordnung, eine Einheit, zu schaffen und selbst zu einer solchen zu werden.

Die Kindergärtnerinnen in Städten und in Linden/Altheim glauben, daß sie sich sehr voneinander unterscheiden. Es gibt deutliche Gegensätze zwischen ihnen, und die Kontakte sind nur lose und oberflächlich. Aber selbst wenn sich der tägliche Ablauf und das Selbstverständnis gemäß einer verschiedenen Interpretation der pädagogischen Aufgabe unterscheiden, handelt es sich im Grunde genommen doch um Variationen des gleichen Themas: Es geht um Ordnung und Lernen, sowohl individuell als auch kollektiv. Im Lindener Kindergarten wird Aufräumen zu einem wichtigen und ritualisierten Mittel, einen ordentlichen Menschen in einer genau bestimmten und kontrollierten Gruppe entstehen zu lassen und zu stabilisieren, während der Kindergarten in Städten ambitionierter danach strebt, eine unreglementierte Verbindung zwischen dem Individuum und dem Ganzen herzustellen, ohne diese oder jene Aktivität als Kennzeichen oder Gradmesser dieser Verbindung zu benutzen; Einheit ist Simultanität. Es wird nicht das Aufräumen als solches abgelehnt, sondern die Art mißbilligt, in der diese Tätigkeit, wie andere Aktivitäten auch, eingesetzt wird. Die Städtener Kindergärtnerinnen kritisieren, daß in Linden der Tag zerstückelt wird, was zur Desintegration des Ganzen und zum Errichten von zu strikten Barrieren zwischen den Aktivitäten führt. Dies gilt als Einschränkung der Freiheit des Individuums, weil Ordnung nicht in ihrer Vollständigkeit, als Ganzes erkennbar gemacht wird.

Methoden des Lobens und Strafens

Es ist früher Nachmittag am 6. Dezember, dem Nikolaustag.[4] In der Halle mitten im Kindergarten sitzen alle Kinder auf niedrigen Bänken. Sie warten auf den Nikolaus. Nachdem die Kinder sich gesetzt haben, liest Hildegard aus einem Buch etwas über den Nikolaus vor – woher er kommt, welche guten Taten er vollbracht hat. (Der Nikolaus berichtet manchmal auch selbst darüber oder hält eine kleine Prüfung ab, um zu hören, was die Kinder über den Nikolaus wissen.) Die Kinder singen einige Lieder, die sie in den Wochen zuvor in vielen Übungsstunden gelernt oder wiederholt haben. Wenn alle wieder still sind, kommt durch den Haupteingang der Nikolaus in seinem prächtigen Bischofsornat, mit goldenem Bischofshut, Mantel und Stab (der Mantel ist eine Leihgabe des Herrn Pfarrer).

Mit dem Nikolaus ist der Gedanke an einen Sack voller Geschenke verbunden, den traditionell sein Knecht Ruprecht trägt. Dieser Sack kann allerdings, ebenso wie eine Rute, zu einem bedrohlichen Mittel der Bestrafung werden. Oft kommt der Nikolaus ohne Ruprecht, trägt Sack und Rute selbst. Im Lindener Kindergarten sind der Sack und die Rute anfangs nicht sichtbar, obwohl den Kindern ihre Existenz durchaus bewußt ist.

»Wir grüßen den lieben guten Nikolaus!« rufen die Kinder auf ein Zeichen der Kindergärtnerinnen hin zur Begrüßung. Vor ihnen stehend, sieht er die Kinder einen Moment lang schweigend an (und einige der Kinder flüstern sich zu, daß diesmal der freundliche Küster, Herr Grün, der Nikolaus ist). Er öffnet sein großes, golden eingebundenes Buch, das die Kindergärtnerinnen gemacht haben, und rezitiert in monotonem Hochdeutsch einen Bericht über seine lange und beschwerliche Reise bis zu seinem Eintreffen bei den Kindern. Anschließend fordert er alle auf, brav zu sein.

Nach diesem einleitenden Teil ruft er, einer von den Kindergärtnerinnen vorbereiteten Liste folgend, kleine Gruppen von vier bis sechs Kindern namentlich auf. Die Kinder jeder Gruppe müssen entweder gemeinsam ein kleines Lied singen oder ein Gedicht aufsagen. Manche spielen Flöte, andere tanzen im Kreis. Frau Meier, Heike und Hildegard sitzen neben der Gruppe und spornen die Kinder an. Nikolas ermahnt die einen, lauter oder schöner zu singen, die anderen lobt er. Er sagt allen, von Zeit zu Zeit in sein Buch blickend, sie sollten *aufpassen*, brav sein und ihre Pflichten erfüllen. Er nennt namentlich diejenigen, von denen er »weiß«, daß sie gewöhnlich beim Gruppensingen nicht mitmachen, daß sie unaufmerksam sind, faul sind oder nicht beim Aufräumen helfen. Die Kindergärtnerinnen unterstützen den Nikolaus, indem sie Informationen über einzelne Kinder, über ihre Missetaten oder Mißerfolge beisteuern.

Die Kinder in jeder der kleinen Gruppen stehen vor ihm und hören ihm zu, manchmal voller Angst und sehr verunsichert. Die anderen Kinder sitzen dabei und beobachten, was vorgeht. In einer der Gruppen wird zum Beispiel Hannah als gutes Kind gelobt, weil sie nun allein Mantel und Schuhe anziehen kann, während Marina das immer noch nicht gelernt hat. Ein Kind wird wegen zu großer Neugier getadelt, Beate wegen ihres vielen Schwätzens ermahnt. Einige

Jungen erhalten eine Rüge, weil sie in den Räumen zu wild herumtoben. Ein kleines Mädchen ist zu tyrannisch; ein Junge versucht immer, die anderen vom Spielen in der Bauecke oder Puppenecke abzuhalten. Und Tina nimmt ihre Cousine Edith zu sehr unter ihre Fittiche. Sandra und Walter haben oft schlechte Laune. Zwei Jungen ziehen ihre Schuhe und Jacken zu langsam an. »Das ist aber wirklich schlimm!« tadelt mal wieder der Nikolaus und erklärt: *»Das will ich nicht mehr hören!«* Schließlich sind die unordentlichen Kinder an der Reihe: Sechs Kinder werden nach vorne gerufen und erhalten ihre Scheren zurück, die sie mehrmals verlegt hatten und die dann von den Kindergärtnerinnen in Verwahrung genommern worden waren. Sie kommen, schamrot im Gesicht, zögernd näher, nehmen betreten ihre Scheren in Empfang und gehen zu ihrem Platz zurück.

Wenn alle Kinder wieder auf den Bänken sitzen, wendet sich der Nikolaus zur Seite und nimmt die Rute zur Hand. Frau Meier erzählt ihm, es sei da ein Junge in ihrer Gruppe, der ständig andere Kinder kratzt und beißt, »deshalb soll nun Georg die Rute schmecken«. Der Nikolaus geht daraufhin zu Georg und reibt seine Backe mit der Rute. Georg sitzt ganz still da, die anderen Kinder schauen ihn an, niemand sagt ein Wort. Frau Meier, die den Nikolaus vielleicht für zu nachsichtig hält, sagt zu Georg: »Jetzt siehst du mal, wie das ist. Jetzt erlebst du es mal selbst!« Sie sieht ihn strafend an. Hildegard ruft munter, daß sie auch einige ungezogene Buben in ihrer Gruppe habe. »Hier sind die drei – Thomas, Peter und Herbert!« Auch sie sollen »die Rute schmecken«. Nikolaus läßt alle Kinder die Rute anfassen, während er langsam durch die Reihen geht. Sie tuscheln leise oder kichern verlegen. Manche drängeln, andere zögern, aber alle greifen nach der Rute, um sie zu berühren.

Bei anderen Gelegenheiten wird statt der Rute ein Sack zum Strafen benutzt. Dann fragt der Nikolaus die Kindergärtnerin rhetorisch, ob denn ein *böses Kind* da sei, das er in den Sack stecken und mitnehmen sollte. Gewöhnlich ist es mindestens ein Kind, das sich dafür qualifiziert hat. Im vorigen Jahr hatte Frau Meier gerufen, sie halte Uwe für so böse, daß er in den Sack gesteckt werden sollte. »Er hat Martin erschreckt, der viel jünger ist als er, indem er Martin sagte, er werde in den Sack geworfen. Deshalb weint Martin schon die ganze Zeit. Nun, dann soll jetzt Uwe sehen, wie das ist, und dabei lernen, anderen keine Angst einzujagen!« Da fing Uwe an zu schreien, und er bestritt, so etwas zu Martin gesagt zu haben – »Ich war's nicht!«. »Ach so, du warst das nicht; na dann ...«, die Kindergärtnerinnen lachten, und der Nikolaus machte sich auf den Weg, ohne Uwe in den Sack gesteckt zu haben.

Wenn dieser Teil der Nikolausfeier beendet ist, helfen die Kindergärtnerinnen dem Nikolaus, kleine Geschenke an die Kinder zu verteilen: eine Orange, ein kleines Puzzle, Buntstifte, eine kleine gelbe Krone. Dann muß Nikolaus sich beeilen. Er dankt den Kindern für Lieder, Gedichte und Aufführungen, die ihm Freude bereitet hätten. Alle rufen »Auf Wiedersehen!« und gehen dann in die Gruppenräume, wo sie statt der üblichen Süßigkeiten Plätzchen essen und Sprudel trinken.

Nikolausfeiern können auf verschiedene Art inszeniert und zu verschiedenen Zwecken veranstaltet werden, je nach dem, wer die Feier arrangiert.[5] Zu Hause finden die Kinder vor der Haustür oder am Kamin rote Plastikstiefel, gefüllt mit Süßigkeiten, Plätzchen und Obst. In manchen Familien verkleidet sich der Vater oder ein naher Verwandter als Nikolaus und bringt in einem Sack Süßigkeiten und Geschenke für die Kinder. Dieses Auftreten mit einem Sack und mit Süßigkeiten und Geschenken ist eine Variation des bekannten Themas von Lob und Belohnung oder Strafe. Der Nikolaus ist eine der herausragenden Gestalten im Kindergarten und ebenso in Vereinen, in denen viele Kinder Mitglied sind, oder in Vereinen, die sich mit der Ausbildung und Erziehung von Kindern befassen, zum Beispiel der Musikverein. Im Mittelpunkt dieser Feiern stehen das Verteilen von Süßigkeiten und die Androhung einer potentiellen Lebensgefahr, symbolisiert durch den Sack, aber auch die Rute. Darauf wird, je nach der Aufgabenstellung des Vereins und dem Kreis der Anwesenden, mehr oder weniger Gewicht gelegt. Die Feier des Musikvereins unterscheidet sich in einigen Punkten von der des Kindergartens.

Der Musikverein hat für seine Nikolausfeier an einem Samstag abend das große Hinterzimmer der Wirtschaft gemietet, in dem nun viele Leute, darunter ganze Familien, zusammengekommen sind. Die im Orchester spielenden Kinder stehen hinter Herrn Dahmer, dem Vereinsvorsitzenden und Musiklehrer. Ihre Kleidung ist den Vereinsfarben entsprechend einheitlich in Blau und Weiß gehalten, und sie spielen Blasmusik. Die Acht- bis Siebzehnjährigen sind in drei Altersgruppen eingeteilt, die abwechselnd amerikanische Weihnachtslieder, Polkas, Märsche und Walzer spielen. Diese Musik ist bei den Zuhörern sehr beliebt.

Nach den Musikdarbietungen und einer ziemlich förmlichen Willkommensrede von Herrn Dahmer ist der Nikolaus an der Reihe. Der Schwager des Bäckers gibt einen großgewachsenen und imponierend aussehenden Nikolaus ab. Sein Gewand ist reich geschmückt, doch er trägt keinen Bart. Das große, in Goldpapier eingebundene Buch in der Hand, liest er mit tiefer Stimme die vorbereitete Predigt ab. Er hebt die Verdienste des Musikvereins hervor und lobt Herrn Dahmers außergewöhnliche Fähigkeit, den Kindern Musikunterricht zu geben und das Musikleben in Linden zu erhalten und zu fördern. Alle Musikausübenden, kleine und große, werden zu zweit oder zu dritt, manche auch allein nach vorne gebeten, um zu hören, was der Nikolaus zu sagen hat. Er hat von ihren Fehlern und ihrem falschem Verhalten gehört, so sagt er, und tadelt sie wegen ihrer Faulheit, weil sie zu Hause nicht genug geübt haben, wegen Störens und Schwätzens während der Übungsstunden, wegen Unpünktlichkeit. All das wird übertrieben jovial vorgetragen, die Leute lachen. Wenn die Kinder mit ihren Tüten voller Süßigkeiten wieder zu ihrem Platz zurückgehen, wird auch geklatscht. Die älteren Kinder werden am meisten gelobt, die jüngeren in der Regel mit Ermahnungen bedacht.

Wegen der Anwesenheit von Erwachsenen muß der Nikolaus redegewandt und *witzig* sein. Mit einer übertrieben strengen, ironischen und neckischen Rede bietet er den einen Unterhaltung, während er die Schwächen und Fehler der anderen bloßstellt und kommentiert: die der Kinder und damit auch die ihrer Eltern. Die Kinder nehmen es hin, wenn auch manche erschreckt und irritiert sind. Unter den Zuhörern sind Eltern zu erkennen, denen das Lächeln vergeht, wenn sie indirekt wegen des Fehlverhaltens ihrer Kinder erwähnt werden; andere machen Witzchen, weil sie sich unbehaglich fühlen. Die Kinder sehen sich öffentlich demütigender Ironie ausgesetzt und lächerlich gemacht, was zum Umgang der Erwachsenen mit Kindern gehört. Unter diesen Umständen wird von Sack und Rute kein Gebrauch gemacht, denn das Aufziehen und Lächerlichmachen ersetzt sie auf weniger handgreifliche, »elegante« Art. Bei einer Zuhörerschaft von Erwachsenen und nicht mehr ganz kleinen Kindern ist eine derartige sprachliche Darbietung ebenso effektvoll wie das In-den-Sack-Stecken oder eine Rute.

Kindergärtnerinnen und Eltern betonen den erfreulichen Aspekt des Auftretens eines Nikolaus, das den Kindern, so wird behauptet, Spaß macht: »Die Kinder mögen es!« Sie weisen allerdings auch auf die von den Kindern erwarteten Leistungen hin: wie sinnvoll es ist, daß sie lernen, sich gut zu benehmen und aufzutreten, und daß sie schließlich begreifen müßten, die Verantwortung für ihr (Fehl-) Verhalten zu übernehmen. So wie die Nikolausfeier im Kindergarten abläuft, hat sie eine besondere Bedeutung als erstes öffentliches Ereignis, bei dem einem kleinen Kind das Unsichere und Gefährdetsein der eigenen Individualität sowie die Begrenztheit der Autorität seiner Eltern vor Augen geführt wird.[6] Angezogen wie ein mächtiger Bischof und diese faszinierende christliche Kombination von Wohlwollen und Zorn zeigend, ist der Nikolaus die Verkörperung der Kirche, was aber auch als Verkörperung des Gesamtzusammenhangs der guten Gesellschaft und des guten Staates gelten kann. Aus dem Anspruch, es handele sich um eine historische Gestalt, leitet sich ein Teil des legitimen Anspruchs auf Autorität ab, denn Geschichte zeigt, was »real« ist. So wird der Glaube an den Nikolaus noch bestärkt. Anzunehmen, daß etwas historisch entstanden ist, führt dazu, es oberhalb der Ebene des bloßen Glaubenmachens oder der »Einbildung« anzusiedeln.

Die furchterzeugenden Seiten des Nikolaus werden von vielen Eltern bedauert, obwohl auch sie in Erinnerung an manchen eigenen Schrecken lachen müssen. Auf den moralisierenden oder nachtragend-rächenden Aspekt einer Nikolausfeier wird selten ganz verzichtet, wenn dieser auch vor allem in öffentlichen Veranstaltungen hervortritt.[7] Der Sack ist wirklich mehr eine Angelegenheit der Vergangenheit, meint Frau Hirsch. Sie erinnert sich an das lustige Ende der Verwendung des Sacks, bei der es um einen ihrer Verwandten ging. Er war Schüler und einer seiner Onkel war der Nikolaus, der ihm Schläge verpaßte und ihn in den Sack steckte. Der Junge war sehr unhöflich und frech, erzählt sie. Aber er ertrug es ungebrochen, und als er zurückkam, rief er: »Das war wie bei Onkel Heinz!«, obwohl er nicht wußte, daß es wirklich dieser Onkel war (so die Geschichte). Alle lachten. Es ist diese stoische Haltung des »Nimm's, wie's kommt«, die sehr geschätzt wird, und genau darauf zielt die Geschichte. Der Sünder erhält, was ihm zukommt, aber er hatte seinen Spaß (gemein, unordentlich zu sein). Das wird gern gesehen und belacht, so wie die Geschichten über *Max und Moritz* geschätzt und belacht werden.

Die entlastende Wirkung der Nikolausfeier liegt in der Wiederinszenierung der Spannung zwischen Bestrafung und Beschenken (etwas Gutes zum Essen), und ich nehme an, daß diese Entlastung dazu beiträgt, Nikolausfeiern für Erwachsene sowohl eine Bedeutung zu verleihen als auch zum Genuß zu machen. Für sie ist eine derartige Veranstaltung eine aus der Distanz betrachtete Wiederbelebung ähnlicher Kindheitserfahrungen. Das entspricht vielleicht der Beobachtung: »Ein Ritual wird nicht nur vollzogen, um interpretiert zu werden; es wird auch vollzogen, um eine Situation zu lösen, zu verändern oder zu demonstrieren.« [8] Was die Kinder angeht, so vermute ich, daß bei ihnen nach und nach ein Gefühl der Konfusion entsteht. Sie können nicht so gut wie Erwachsene zwischen der wörtlichen und der metaphorischen Bedeutung einer Aussage unterscheiden. Sie sind noch nicht so weit, daß sie mit dem Gefühl der Sicherheit über alles lachen können. Sie empfinden den Nikolaus je nach den gegebenen Umständen vielleicht wirklich als Bedrohung.

In bezug auf die Problematik von Lob und Strafe sind die Kinder nicht bloß passive Rezipienten, sondern sie interpretieren dieses System und wenden es ihrerseits auf eine eigene Weise, mit ihren eigenen Mitteln an. Eine dieser Methoden ist, meiner Meinung nach, das häufig vorkommende Petzen und Prahlen der Kindergartenkinder, für das ich zur Abrundung dieses Kapitels einige Beispiele anführen möchte.

Beate kommt zu Frau Meier und sagt ihr, daß Sabine Kaugummi kaut. »Ach geh, male ein Bild, oder tu etwas anderes, Beate!« seufzt Frau Meier und sagt: *»Bring nicht die anderen Kinder an, ich will das nicht. Warum machst du das?«*

Als Beate weggegangen ist, äußert sie mir gegenüber, daß Beate eine richtige Klatschbase ist.

Nach einer Weile steht Frau Meier auf und nimmt einige Kinder mit in den kleineren Beschäftigungsraum. Die anderen sind sich selbst überlassen und spielen, zeichnen, laufen herum. Plötzlich tut es einen Schlag. Ulrike hat Hilda so geschubst, daß sie über das zum Spielen dienende Kaffeegeschirr gefallen ist, und dabei ist eine Tasse zerbrochen. Frau Meier hat den Krach gehört und kommt in den großen Raum zurück. Die anderen Kinder erzählen ihr sofort, wer es getan hat: »Uli war's! Uli hat das gemacht!« Alle, die sich in der Puppenecke befinden, werden von Frau Meier ruhig, aber streng aufgefordert, da herauszukommen. Hilda weint und Ulrike sagt, sie könne eine neue Tasse kaufen. Frau Meier wendet sich nun an sie, zeigt ihr die kaputte Tasse und sagt, ohne viel Gefühl zu zeigen, unterdrückten Zorn in der Stimme, daß es nicht möglich ist, nur eine Tasse zu kaufen, daß vielmehr ein ganzes Geschirr gekauft werden müsse, was sehr teuer sei, nämlich mindestens 20 Mark kosten werde. »So viel Geld habe ich nicht, Ulrike.« Die Kinder mischen sich ein, rufen Ulrike zu: »Da hast du es, Uli; du hast eine Tasse kaputtgemacht!« Ulrike verzieht keine Miene, sie läßt sich nicht fertigmachen, sagt kein Wort. Frau Meier erklärt, sie sei so schlimm wie Beate Heinz, wenn nicht noch schlimmer, »aber schließlich sind sie ja Cousinen«.

Die größeren Kinder sollen Blumen zeichnen, sie arbeiten alleine, weil Frau Meier mit einer anderen Gruppe zu tun hat. Nach einiger Zeit kommt sie herein, und ein Kind nach dem anderen berichtet ihr, daß Walter, der in der Mitte des Raums auf einem Stuhl sitzt, ihre Zeichnungen zu *Fliegern* gefaltet hat. *»Fräulein, Fräulein, guck emol, der Walter hot e Fliescher gemocht! Fräulein, guck!«* Frau Meier seufzt und fragt Walter, warum er das gemacht hat, obwohl er es doch besser wissen muß. Sie sagt, daß er die Arbeit der anderen zerstört hat. Währenddessen kommt Tina zu mir und beklagt sich, weil Ulrike ihr Namensschildchen von einem Buntstift abgemacht hat. »Das hat sie absichtlich gemacht!« Meine Fragen, warum Ulrike das wohl getan hat, ob sie mit Ulrike gesprochen hat, scheint Tina nicht befriedigend zu finden, denn sie geht hinüber zu Frau Meier, die sie ihrer Meinung nach wohl besser verstehen wird. Frau Meier fragt nun Ulrike, warum sie das getan hat. Ulrike schweigt. Als Frau Meier dort steht, macht sie die viel gravierendere Entdeckung, daß Ulrike und Anja gemogelt haben. Sie sind irgendwie in den Besitz von kleinen Bildern verschiedener Blumen gekommen und benutzen diese als Vorlagen, damit ihre Blumenbilder so korrekt wie möglich werden. »Wie könnt ihr sowas machen? Jetzt ist die ganze Aufgabe ungültig. Schäm dich, Ulrike! Du machst dauernd solche Sachen! Jetzt bleibst du hier stehen, bis du weißt, wie du dich zu benehmen hast!«

Frau Meier schreit nicht und brüllt die Kinder nicht an. Das hat vielleicht mit ihrem persönlichen Temperament zu tun, aber für meine Studie ist von Bedeutung, daß Schreien als pädagogisch falsch gilt, als Beleg für »nicht mehr zeitgemäßen Autoritarismus«. In dieser Hinsicht unterscheiden sich die Kindergärtnerinnen wohl von den Eltern, die ihre Kinder eher anschreien, wenn sie wütend sind, Kinder manchmal auch schlagen. Der unterkühlte Zorn entspricht mehr der modernen pädagogischen Art, mit Fehlverhalten umzugehen, leise sprechend, erklärend, strafend je nachdem, wie eine Missetat in der jeweiligen Situation interpretiert werden mag. Dies gilt als korrekter und sogar bewundernswerter als ein Ausbruch »blinder Wut«. Frau Meiers Verhalten soll die Kinder verstehen lassen, warum sie bestraft und ermahnt werden.

Wenn Beate Schwierigkeiten beim Anfertigen einer Papierblume hat und nervös zu verstehen versucht, wie sie es machen muß, und deshalb immer wieder Frau Meier fragt, was sie tun soll, dann fangen einige Kinder an zu prahlen und sich als Gegenstück von Beate darzustellen, weil sie möchten, daß Frau Meier sie lobt, während sie Beate vorwirft, daß sie nicht richtig zuhört, nicht aufmerksam genug ist, was heißt, daß sie nicht die erforderlichen Fähigkeiten hat. Solche Situationen kommen oft vor. Wenn ein Kind ermahnt wird, besonders bei strengen und leicht demütigenden Ermahnungen, fangen immer einige andere Kinder an, ihre eigenen guten Leistungen herauszustellen oder vielleicht noch etwas zur »Geschichte« über das Kind, das im Zentrum der Mißbilligung steht, beizutragen.

Die Kindergärtnerin moralisiert, straft und lobt, und die Kinder orientieren sich an diesem Vorbild. Sie müssen sich einer Situation gewachsen zeigen, die sich wiederholt – selbstverständlich nicht ganz genau, aber nach den Kriterien der Verwendung von Lob und Strafe innerhalb eines moralischen Bezugsrahmens leicht erkennbar. Diese scheinbar einfachen Situationen wecken in den Kindern verschiedene Gefühle, meines Erachtens Angst, Wut, Rache und Rivalität. Die Kindergärtnerin muß nicht viel sagen oder tun, bevor die Kinder anfangen, sich ihres Wohlwollens ihnen gegenüber zu vergewissern, und dabei greifen sie zu deren eigenen Methoden, indem sie versuchen, abgeleitete Formen des Lobens (Prahlen) und Strafens (Petzen) zur Selbstdarstellung einzusetzen. Es ist auch zu beobachten, wie Kinder in anderen Situationen, die nicht mit einem unmittelbaren Konflikt zwischen Kindergärtnerin und Kind in Verbindung zu bringen sind, anfangen, ein anderes Kind herumzukommandieren, indem sie es zum Aufräumen auffordern und sich auf diese Weise mit der Rolle des mächtigen Erwachsenen identifizieren.

Die Kinder greifen sich wegen des Petzens so gut wie nie gegenseitig an, was in den von mir bereits geschilderten Zusammenhang gehört, daß nämlich das Petzen vor allem Teil eines kulturspezifischen Verhaltens gegenüber Erwachsenen ist, etwa im Umgang mit der Kindergärtnerin oder den Eltern. Das Petzen bezieht sich nur indirekt auf das Kind, das angeschwärzt wird. Und die verpetzten Kinder sind auch nicht so irritiert, daß es zu tätlichen Auseinandersetzungen kommt oder die beiden Kinder nicht mehr miteinander spielen. Ich denke, daß der Unmut, den Frau Meier und Heike (wie auch Eltern, wenn die Kinder nach Hause kommen und jemanden anschwärzen) manchmal zum Ausdruck bringen, wenn Kinder übereinander herziehen, sich darauf bezieht, daß diese Kinder »das System« zu weit treiben, sie »wühlen im Dreck« – in eben dem »Dreck«, der durch das bestehende, einer Ideologie von Ordnung und Gehorsam verpflichtete Wertsystem erzeugt wird. Diese Kinder legen die Schwächen und Defekte des Systems bloß, denn die Normen sind nicht auf Petzen und Prahlen angelegt, sondern fordern ein wohlerzogenes, ordentliches, hilfsbereites, gehorsames und höfliches Verhalten.

Hildegard sitzt mit den Kindern ihrer Gruppe auf den kleinen Stühlen im Kreis. Frau Meier ist im anderen Raum. Sie sollen singen, während sie auf Frau Meier warten, ein Lied, aber es geht ziemlich laut zu, und die Kinder bleiben nicht sitzen. Hildegard versucht mit ihrer leisen Stimme, sie zur Ruhe zu bringen: »Nun müßt ihr aber still sein, bis Frau Meier kommt. Wir wollen ein Lied singen!« »Nein, lies lieber ein Gedicht vor!« ruft Ulrike. »Nein, nicht dieses Gedicht!« schreit ein anders Kind. Hildegard kann nicht erreichen, daß sie kooperieren oder gehorchen. Ulrike dominiert, sie beginnt, laut und falsch zu singen, und die anderen stimmen mit ein, laut und durcheinander. Aus irgendeinem Grund springt Ulrike auf und schlägt oder schubst Anja, setzt sich dann wieder hin, hält Walter den Mund zu, damit er zu singen aufhört. Hildegard ist hilflos.

Dann kommt Frau Meier herein, ziemlich verstimmt, und sagt den Kindern, wie enttäuscht und verärgert sie wegen ihres schlechten Benehmens ist. Die Kinder werden sofort ruhiger, und kurz darauf beginnt Anja, sich bei Frau Meier über Ulrike zu beklagen, die sie geschlagen habe. Frau Meier antwortet nicht darauf, sie unternimmt auch nichts deswegen. Sie sieht nur sehr streng in die Runde und veranlaßt die Kinder, einige der Lieder so zu singen, wie sie gesungen werden sollen. Anja und Walter, die sich bemühen, Frau Meiers Aufmerksamkeit zu gewinnen, um ihr zu berichten, was vorgefallen ist, werden von ihr ignoriert, als wären sie nicht anwesend. Mit sehr geringen Mitteln, aber erst nach langwierigen Bemühungen, ist die Ordnung wieder hergestellt, und sobald die Lage unter Kontrolle ist, öffnet sich die Tür zum Petzen. Und wieder seufzt die Kindergärtnerin, unfähig zu verstehen, wie das System funktioniert, das doch auch sie ständig reproduziert.

Der Kindergarten erscheint in vieler Hinsicht als ein festgefügtes ideologisches und verhaltensbestimmendes System, in dem die wichtigsten Personen, die

KindergärtnerInnen und die Kinder, sich der Unwägbarkeiten und Instabilität der »Zugehörigkeit zu einer Gruppe« bewußt werden. Ziel der Kindergartenerziehung ist es, das Kind in die umfassendere soziale Welt einzuführen, die Welt, die sich außerhalb der Kompetenz und des Einflußbereichs der Familie auftut. Mit Hilfe von bestimmten vorgeschriebenen Tätigkeiten soll das Kind seine Individualität erkennen und verstehen, welche Grenzen ihr gesetzt sind und daß es notwendig ist, sich in einer Gruppe ein- und unterzuordnen. Dies ist ein Teil der pädagogischen Zielsetzung des Kindergartens seit Fröbels Tagen, wenn diese auch verschieden formuliert worden ist. Sie hat zu tun mit dem scheinbar unlösbaren Dilemma der Versöhnung des Begriffs der individuellen Freiheit mit dem Fortbestehen eines übergeordneten Ganzen. Ein derartiges Projekt bedarf bestimmter Mittel und schafft bestimmte Hindernisse, die in den verschiedenen pädagogischen Kontexten immer wieder sichtbar werden, nicht zuletzt in der Schule.

5 Auseinandersetzung mit der Pädagogik: die ersten Schuljahre

»Da haben Sie recht!« sagt Herr Mann, einer der Lehrer, zu seiner Kollegin Rasch, als sie mit zwei anderen LehrerInnen wie üblich neben dem Haupteingang der Grundschule in Steingrund stehen und die SchülerInnen während der Pause beaufsichtigen. Er ist nicht so aufgebracht wie Frau Rasch, stimmt ihr aber grundsätzlich zu, als sie beklagt, daß die Kinder heutzutage keine Grenzen mehr kennen: »Zu Hause machen sie, was immer sie wollen, und niemand sagt ihnen, wo Schluß ist. Und auch die LehrerInnen dürfen nichts unternehmen, nur reden, reden, reden.«

Es ist die erste Pause am Morgen, die zwanzig Minuten dauert – genug Zeit, um das von zu Hause mitgebrachte Brot zu essen oder, lieber noch, ein oder zwei der großen Gebäckstücke bei der Bäckersfrau zu kaufen, die jeden Morgen mit einem Lieferwagen aus Linden kommt und *Brötchen und Weck* anbietet. Die Kinder beeilen sich auf dem Weg zu Frau Wald, aber die LehrerInnen sorgen gewöhnlich dafür, daß sie die beste Auswahl haben, bevor sie sich auf ihren »Beobachtungsposten« zurückziehen und ihr Gebäck, dessen Qualität kommentierend, verzehren.

Der gepflasterte Schulhof ist voll von etwa 150 Zweit- bis Fünftkläßlern. Viele von ihnen werden täglich mit dem Bus von Linden hergebracht. Die meisten Mädchen machen Hüpfspiele, einige der Jungen ärgern sie, andere spielen Fangen. Das Schreien und Gelächter wird manchmal zum ohrenbetäubenden Lärm, und nicht selten kommt es zu ernsthaften Prügeleien zwischen einigen der Jungen. Die LehrerInnen lassen sich nur selten aus der Ruhe bringen, um einzugreifen und zu schlichten. Die Kinder sind sich selbst überlassen, losgelassen. Ihr Herumrennen und lautes Spielen gelten als Zeichen der Energie, die Kinder nach Auffassung der Erwachsenen freisetzen müssen. Situationen wie diese, im Randbereich organisierten Miteinanders, dürfen durchaus ihre eigene wilde, ungezügelte Struktur haben, sich spontan entfalten. Verlangt wird nur, daß die Kinder zwischen verschiedenen Situationen genau zu unterscheiden lernen, daß sie bewußt zwischen dem Geordneten und dem Wilden hin und her wechseln können. Deshalb kann es vorkommen, daß Kinder selbst im Klassenzimmer zu gewissen Zeiten sehr viel lauter und lebhafter sind, als zu erwarten wäre, ohne daß der/die LehrerIn sich beunruhigt zeigt.

Ordnung ist notwendig, wie wir gesehen haben, und die Schule spielt eine entscheidende Rolle beim Schaffen und Aufrechterhalten von Ordnung, beim Formen von geordneten, selbständigen Personen in einer geordneten Gesellschaft von »guten Menschen«. Die Schule nimmt ihre Aufgabe nach wie vor durch Belehren und das Fordern von Lernen wahr, aber der Inhalt dieses Lernens und die Methoden zum Erreichen der Lernziele sind in den letzten Jahrzehnten in Deutschland ein sehr umstrittenes Thema gewesen. Die Debatte nahm in den siebziger Jahren aufgrund der Intensivierung der politischen Auseinandersetzung in den späten sechziger Jahren an Schärfe zu. Diese politischen Konflikte in der Bundesrepublik Deutschland entsprachen, in etwa, denen in den anderen westeuropäischen Ländern. Die westdeutsche Gesellschaft und der Staat schienen insgesamt in Frage gestellt zu sein, aber im Erziehungs- und Bildungsbereich spitzte sich diese grundsätzliche Kritik besonders stark zu, und zwar in bezug auf die Einzelheiten der Erziehungskonzepte und -praxis in der Schule wie auf Erziehungspraktiken ganz allgemein.

Das Schulsystem ist seit Mitte der sechziger Jahre ausgebaut und im Sinne einer »demokratischeren und egalitäreren« Verteilung der Bildungschancen reformiert worden. Die späten sechziger und frühen siebziger Jahre waren eine Periode besonders intensiver Reformen.[1] Kritiker sahen das deutsche Schulwesen als Einrichtung zur Zulieferung des Nachwuchses für verschiedene soziale Niveaus mit jeweils unterschiedlichen beruflichen Anforderungen und je besonderem Prestige. Das bedeutete, daß die Kinder fast von Beginn an in einem dreigliedrigen Schulwesen nach den Ansprüchen mehr oder weniger voneinander getrennter »Schichten« auf verschiedene Schultypen verteilt wurden. Begriffe wie *Bildungsnotstand*, *Chancengleichheit*, *Demokratie lernen* erhielten in der Diskussion zur Bezeichnung der Defizite des bestehenden Schulsystems eine zentrale Bedeutung. In den siebziger Jahren wurde dann vor allem nach besseren Formen des sozialen Lernens gesucht. BildungsexpertInnen und PolitikerInnen sprachen davon, wie notwendig es sei, daß SchülerInnen lernen, verantwortungsbewußte StaatsbürgerInnen zu sein und kooperativ an der Weiterentwicklung *unserer freiheitlich-demokratischen Grundordnung* mitzuarbeiten. Sie sollten kritisch, emanzipiert und konfliktfähig sein. Der/die SchülerIn als Individuum sollte im Zentrum des Interesses stehen, nicht der Lehrstoff.[2]

Es scheint, als ob, ganz gleich aus welcher Richtung Kritik laut geworden ist, die Vorstellungen von Lernen in der Regel eine Verantwortung gegenüber dem Staat mit der Sorge um Demokratie und Freiheit verbinden. Das mag nicht nur für Deutschland zutreffen, aber wieder läßt sich feststellen, daß in Deutschland das Interesse an Demokratie und Freiheit auf eine zwiespältig-doppelsinnige Weise mit bestimmten Auffassungen von Ordnung und Loyalität gegenüber dem Staat verbunden wird. Unterordnung und individuelle Freiheit sind auf problematische Weise verzahnt, und zwar sowohl historisch als auch aktuell im heutigen Deutschland – wie ich es teilweise, aber vorrangig durch die Lebensweise und Umstände in Linden verstanden zu haben glaube.

Schon in der Zeit meiner Feldforschung befürchteten einige Kommentatoren, daß dic hochgesteckten Ziele der Reformer im Schulalltag verloren gehen werden. Das ist sehr wohl möglich, aber ich will nicht versuchen, irgendeine Art von Bewertung vorzunehmen. Es geht mir vielmehr darum, eine ethnographisch fundierte Darstellung der derzeitigen Diskussion über Schule zwischen den LehrerInnen und Eltern in der Gegend von Linden vorzulegen. Dabei will ich einige der wiederkehrenden Ideen und Themen hervorheben und zeigen, welche ideologischen und, vielleicht kann man das so sagen, ontologischen Grundauffassungen die Lindener miteinander verbinden. Was soll gelernt werden? Warum lernen die einen erfolgreich, wo die anderen versagen, und wer ist schuld an den Defiziten?[3]

»Die Kinder lernen einfach nicht, Verantwortung zu übernehmen! Sie begreifen nicht, daß jeder in einer Gesellschaft etwas geben muß, nicht nur nehmen kann.« Das sagt Frau Rasch zusammenfassend, als die Schulglocke läutet und die Kinder sich beeilen, um sich unter heftigem Geschubse klassenweise aufzustellen. Herr Mann nickt: »Ja, da haben Sie recht.«

Der erste Schultag

Das neue Schuljahr beginnt Mitte September, wenn es noch sommerlich warm ist. Bei der Einschulung nehmen hübsch angezogene Mütter ihre hübsch angezogenen Kinder bei der Hand und gehen mit ihnen hinauf zur Schule. Das Schulgebäude ist der Stolz der LindenerInnen. Gebaut in den späten sechziger Jahren, gilt es als modern, denn es bietet helle, geräumige Klassenzimmer, breite Treppen und, im Verhältnis zu seiner eher geringen Größe, imponierende Korridore. Dieses Gebäude hat das alte, sehr beengte Schulhaus ersetzt, das mitten im Dorf bei der Kirche steht. Die neue Schule liegt oben auf einem Hügel mit Blick über den Ort, umgeben von neuen Häusern und in der Nähe des noch später gebauten Kindergartens.

Frau Heim, die Lehrerin der ersten Klasse, steht vor ihrem Tisch und der Tafel, hinter ihr ein dunkles und eindrucksvolles Kruzifix. Die Kinder werden aufgefordert, sich zu setzen; ihre Mütter stehen hinten im Raum. Viele dieser Mütter waren selbst schon Erstkläßlerinnen bei Frau Heim. Vor den Kindern liegen auf den Tischen riesige Papiertüten, die bis zum Rand mit Süßigkeiten, etwas Obst, einem Bleistift und Buntstiften gefüllt sind. Es handelt sich um die obligatorische *Schultüte*, die jede/r deutsche ErstkläßlerIn am ersten Schultag von seinen/ihren Eltern erhält. So war das schon immer, sagen die Erwachsenen und zeigen mir Photos, auf denen sie selbst mit einer großen Tüte zu sehen sind. Vielleicht soll das den Schritt in die leistungsorientierte Welt des *Lernens* erleichtern, überlegt eine Mutter und zuckt lachend mit den Schultern. Wie ich schon erläutert habe, sind Süßigkeiten eine Art Materialisierung des kulturspezifischen Zusammenhangs von Lob und Strafe und Disziplin. Fast beliebig und gedankenlos werden sie im alltäglichen Umgang mit Kindern verteilt, in bestimmten ritualisierten Situationen rücken sie gar in den Mittelpunkt des Geschehens – als eine Art Opfergabe an das Kind, so könnte man sagen.

Während Frau Heim spricht, hören alle bewegungslos und schweigend zu. Nachdem sie die Anwesenden willkommen geheißen hat, verteilt sie schriftliche Informationen über das erforderliche Schulmaterial: Stifte, Schere, Hefte. Die Kinder werden von der Schule nicht damit versorgt. Der Ferienplan wird be-

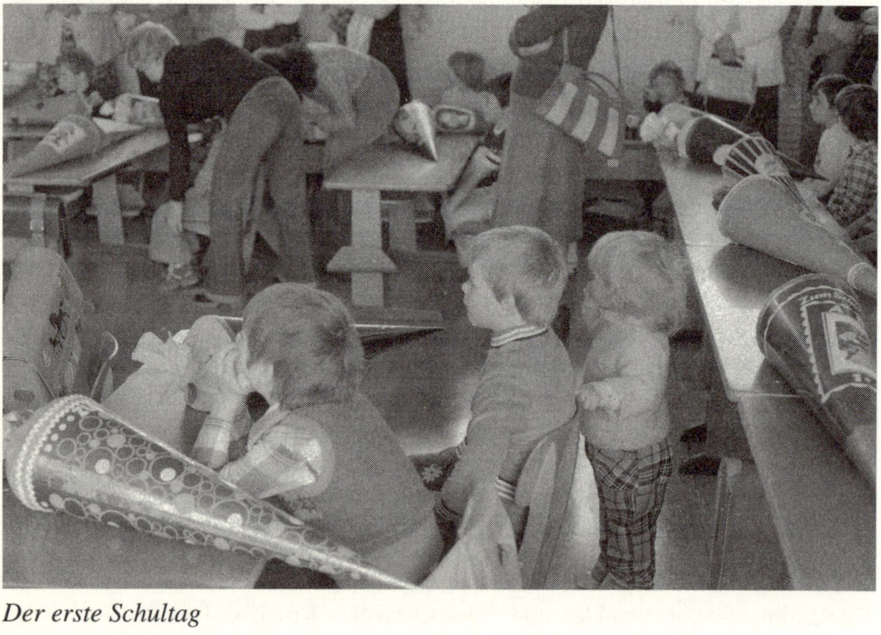

Der erste Schultag

kanntgegeben, und es wird angekündigt, daß demnächst die Mädchen hellgelbe Schals und die Jungen hellgelbe Kappen erhalten werden, die auf dem Schulweg getragen werden sollen, damit die Kinder im Verkehr auffallen, denn »Kinder dieses Alters verlieren sich gewöhnlich in ihren Gedanken und achten nicht darauf, was auf der Straße geschieht«. Die Kinder tragen die Schals und Kappen nicht lange. Manche finden sie kindisch, andere stört die Auffälligkeit der Kleidungsstücke, weil überall deutlich zu erkennen ist, wo sie sich aufhalten.

Es folgen einige Ratschläge, die Frau Lender, deren drittes Kind nun eingeschult wird, mir schon auf dem Weg zur Schule angekündigt hat: Die Kinder sollen früh ins Bett gehen, spätestens um sieben Uhr. Die Schule ist anstrengend, von den Kindern wird mehr erwartet als im Kindergarten, ihre Konzentrationsfähigkeit sinkt erheblich, wenn sie abends noch vor dem Fernseher sitzen. Sie sollten vor der Schule in Ruhe ein gutes Frühstück zu sich nehmen. Ein Kind, das nichts Richtiges gegessen hat, kann nicht lernen. Den Müttern wird das Gefühl vermittelt, daß ihr Kind beim Lernen in den Fächern Lesen, Schreiben, Rechnen gut vorankommen wird, wenn sie die Ratschläge der Lehrerin befolgen. Bis Weihnachten, so versichert sie, werden alle Kinder lesen können, selbstverständlich einige besser als andere.

In allen deutschen Schulen sind die Hausaufgaben von großer Bedeutung. Der Unterricht ist vergleichsweise früh zu Ende, um 12 oder 13 Uhr, was dazu führt, daß zu Hause oft noch einige Stunden lang Hausaufgaben erledigt werden müssen. In den ersten Schuljahren wird allerdings noch nicht so viel verlangt. Frau Heim legt Wert darauf, mit den Müttern über die Hausaufgaben zu sprechen. Die Kinder müssen einen bestimmten Platz zum Arbeiten haben und dürfen nicht durch Geräusche oder andere Tätigkeiten gestört werden; sie sollten auch dazu angehalten werden, die Aufgaben allein zu erledigen. Eltern sollten nicht versuchen, den Kindern im Interesse eines schnelleren Vorankommens mehr beizubringen als die Lehrerin. Eltern und LehrerInnen gehen unterschiedlich vor, und deshalb würden Belehrungen der Eltern das Kind nur verwirren. »Nach wem soll ich mich richten?« würde das Kind sich fragen und die Frage wahrscheinlich nicht beantworten können. »Wichtig ist, daß die Kinder gelobt werden. Schularbeit ist schwierig, und deshalb ist Lob angebracht. Die Kinder werden nicht besser arbeiten, wenn sie ausgeschimpft oder geschlagen werden. Das wird sie nur nervös machen.« Sie erwähnt Beispiele, wie ein Kind gelobt werden kann: »Das ist richtig. Das hast du gut gemacht, morgen kannst du es vielleicht noch besser.« Der Sinn dessen scheint zu sein, daß die Erwartungen an das Kind nicht nachlassen sollen, daß es Sache der Eltern ist, das Kind ständig anzuleiten und zu fordern, damit das Kind(-Gewächs) sich richtig entwickelt, denn andernfalls wird es sich nicht richtig entwickeln, sondern schief und krumm werden. Wenn auch die

Analogie der Gartenpflege hier nicht ausdrücklich erwähnt wird, so paßt sie doch, wie ich schon erläutert habe, gut zu den Vorstellungen über das Aufziehen der Kinder als eine Art Gartenarbeit, wobei das Kind als die sich entfaltende und wachsende Pflanze, als Zögling, gesehen wird.

Im Klassenzimmer wird es still: Niemand will eine Frage stellen, als Frau Heim dazu auffordert. Also spricht sie weiter: Es kommt vor, daß sie Kinder in ihrer Klasse hat, die, sobald sie in ihre Nähe kommt, »unter den Tisch kriechen, als wollten sie sich verstecken«, obwohl nichts vorgefallen ist. Sie erklärt dieses »irrationale Verhalten« mit einer Tendenz mancher Eltern, dem Kind mit der Schule zu drohen, zum Beispiel zu sagen: »Paß auf, sei brav, denn sonst kannst du was erleben, wenn du in die Schule kommst. Warte nur ab, was dann passiert!« Es ist nicht gut, wenn Eltern Kindern mit der Schule drohen, denn die Kinder werden dann eine falsche Einstellung gegenüber der Schule haben. Gewiß, sie wird die Kinder auch mal schelten, wenn sie zu laut oder unordentlich sind; sie wird vielleicht selbst einmal laut werden, sagt sie lachend, denn »das ist halt so meine Art, ich kann's nicht ändern«. Sie versichert jedoch, daß sie die Kinder auf keinen Fall schlagen wird.

Noch ein anderes Problem muß, wie Frau Heim betont, besprochen werden, bevor die Mütter gehen. Sie möchte wissen, ob eins der Kinder unter *Blasenschwäche* leidet. Keine Antwort, alle verharren schweigend und bewegungslos. Sie betont, wie wichtig es ist, daß sie darüber und über eventuell vorhandene »Verdauungsprobleme«, wenn Kinder häufiger unter Durchfall leiden, informiert wird. Die Unterrichtseinheiten dauern anderthalb Stunden, und ein gesundes Kind sollte während dieser Zeit nicht auf die Toilette gehen müssen. Sie kann nur Kindern mit den genannten Schwierigkeiten erlauben, während des Unterrichts zur Toilette zu gehen; sobald nämlich ein Kind losgeht, wollen auch alle anderen Kinder zur Toilette und stehen schließlich in einer langen Schlange wartend auf dem Flur. Bei dieser etwas sarkastischen Bemerkung lächeln die Mütter und fühlen sich entlastet von dem Ansinnen, erklären zu sollen, ob sie oder ihr Kind als normal betrachtet werden können oder nicht. Keine der Mütter wird Frau Heim etwas über Unregelmäßigkeiten oder Störungen bei ihrem Kind mitteilen; als einzige Möglichkeit bleibt in einem solchen Fall, das Kind zu ermahnen, bevor es morgens zur Schule geht.

Nun ist es Zeit für die Mütter, sich zu entfernen. Die Kinder bleiben noch eine Zeitlang bei Frau Heim. Die Mütter verabschieden sich, streicheln die Wange ihres Kindes, geben ihm einen flüchtigen Kuß, streichen ein Hemd glatt oder die Haare zurecht und fordern die Kinder auf, sich gut zu benehmen. Ein Junge reagiert überhaupt nicht auf seine Mutter, er scheint sie nicht zu bemerken; so sagt sie schließlich wütend und laut: »Auf Wiedersehen! Oh, wie er mich nervt!«

Diese Aufnahme in das Schulleben und der neue Status als *SchülerIn* wird am nächsten Morgen feierlich in der Kirche bestätigt. Die Kirche ist voll von SchülerInnen, die mit den LehrerInnen und einigen Müttern in den vorderen Bänken sitzen. Etwas weiter hinten sitzen die dunkel gekleideten älteren Frauen, die wenigen, die noch täglich zur Messe kommen.

Nach Gebeten und Psalmen – einige der älteren SchülerInnen lesen Bibeltexte und sprechen Gebete – wendet sich der Pfarrer an die Kinder. Er kommt vom Altar herunter und tritt an einen näher zur Gemeinde hin aufgestellten Tisch. Auf diesem Tisch liegt eine *Schultüte*. Ausgehend von diesem Symbol für die Schule spricht er darüber, wie wichtig es ist, »sittliche Werte« zu achten. Zunächst nimmt er einen Apfel aus der Tüte und hebt ihn hoch, so daß die Kinder ihn sehen können. *»Die Schule ist wie ein Apfel«*, sagt er »und so wie dieser Apfel, ganz und vollkommen, sollte die Schule und das Schuljahr sein. Es gibt keine Würmer in diesem Apfel, er fault noch nicht. Ich sage euch, Kinder, geht zur Schule und tut eure Pflicht!« Danach entnimmt er der Tüte einen Stundenplan und einen Fußball. »Viel Zeit und Mühe sind nötig, um in der Schule voranzukommen, die Schule verlangt harte Arbeit und will, daß ihr euren Teil dazu beitragt. Aber es sollte noch genug Raum für andere Dinge bleiben, für Sport und Musik, und für die Kirche!« Dann hebt er eine Zeichnung hoch, auf der ein Lehrer zu sehen ist, der einigen SchülerInnen hilft. »Sehr wichtig ist eine gute Beziehung zwischen Lehrer und Schülern, und daß die Schüler dem Lehrer gehorchen.« Schließlich nimmt er eine Perlenkette aus der Tüte. »Diese Kette kann ich gewaltsam auseinanderreißen, die Perlen würden dann hinunterfallen und in alle Richtungen wegkullern. Aber solange die Kette ganz bleibt, wird jede Perle nahe bei der nächsten gehalten und gemeinsam bilden sie ein Ganzes. Das zeigt, wie ihr in eurer Klasse zusammenhalten solltet, seid eine Gemeinschaft, in der jeder dem anderen hilft und alle sich gegenseitig unterstützen. Das ist besonders die Aufgabe von gläubigen christlichen Schülern!«

Es ist von jeher üblich, daß die Kirche die Einschulung der Kinder offiziell besiegelt, aber dieser Pfarrer, der dem Leben in Linden seinen eigenen Stempel aufdrücken will, hat dieses spezielle Ritual mehr oder weniger allein entwickelt. Besonders raffiniert ist die Einfachheit und Direktheit der Verwendung einer *Schultüte*, dieses inhaltsreichen und altbekannten Symbols, das eine andere Bedeutung erhält, weil ihm durch die Interpretation des Pfarrers ein anderer Inhalt gegeben wird. Ihre symbolische Füllung enthält nicht Süßigkeiten und Assoziationen an die Familie, sondern Botschaften von einer erstrebenswerten moralischen Ordnung. Der Pfarrer weckt die Neugier der Kinder, was wohl als nächstes aus der Tüte herausgenommen wird. Er verläßt sich nicht nur auf die Wirkung seiner Worte, sondern gibt den Worten einen entsprechenden materiellen Ausdruck, und zwar durch Materialisierungen, die aus dem häuslichen Umkreis hinaus auf eine höhere Gemeinsamkeit hinweisen, so wie der einzelne Mensch in die Welt hinausgeführt wird. Entsprechend der Vorstellung vom »Werden einer Nation« wird hier in gewisser Weise das »Werden einer Moral« betrieben. Es wird an das appelliert, was jenseits des Individuums liegt, also Ideale, die nur erreicht werden können, wenn der einzelne in einer Gemeinschaft aufgeht, und zwar in einer von Staat und Kirche sanktionierten Gemeinschaft. Bevor ich mich näher mit der Geschichte von den »Perlen« beschäftige, um bei dieser Analogie von Pfarrer Kreis zu bleiben, will ich kurz einen Überblick über das Schulsystem in der Bundesrepublik und die Schulsituation in Linden geben.

Das Schulwesen in der Bundesrepublik und die Schule in Linden

Die Schule ist in Deutschland eine öffentliche Einrichtung, wenn es auch einige private Alternativen für diejenigen gibt, die sie nutzen möchten und bezahlen können. Jedes *Bundesland* ist für seine eigene Schulpolitik zuständig und verantwortlich, doch es gibt keine extremen Abweichungen von den bundesweiten gesetzlichen Vorgaben und Rahmenplänen.[4] Bildungspolitik, Lehrpläne, Schulaufsicht und die Einstellung wie Entlassung von LehrerInnen sind Ländersache. Die Unterschiede sind zwar wegen differenzierter Absprachen zwischen den Kultusministern der Länder nicht sehr groß, werden aber in den politischen Auseinandersetzungen besonders betont. Für die Eltern in Linden, nahe an der Grenze zwischen Bayern und Hessen, sind sie von Bedeutung, wenn entschieden wird, welche weiterführende Schule ein Kind im Anschluß an die Grundschule besuchen soll.

Formal betrachtet, beginnt die Schullaufbahn aller Kinder gleich: mit der vierjährigen *Grundschule*. Danach wird entschieden, welche Art der weiterführenden Schulen, die Türen zu späteren Berufschancen und -karrieren öffnen oder schließen, für ein Kind die richtige ist. Bis in die siebziger Jahre war diese Entscheidung nach der Grundschule so gut wie endgültig, denn ein Wechsel zwischen den Schulformen, die jeweils zu einem speziellen Abschluß führten, war sehr schwierig. Das hat sich in den letzten zehn bis fünfzehn Jahren in einem gewissen Grad verändert, so daß es, zumindest prinzipiell, nicht länger unmöglich ist, von der einen Schulform in eine andere zu wechseln, und manchen Kindern vor der Entscheidung mehr Zeit bleibt.

»Keine Wahl zu treffen« bedeutet, daß sich an die Grundschule die *Hauptschule* anschließt, *das Sorgenkind des deutschen Schulwesens*, wie in der bildungspolitischen Debatte von Kritikern beklagt wurde. Diese Schule führt zu einem Abschluß nach der insgesamt neunten Klasse, und daran schließt sich in der Regel die *Berufsschule* an. Wo die Ziele höher gesteckt sind und ein etwas anderer Lebensstil gegeben ist, wechseln die Kinder von der Grundschule in die *Realschule*. Diese endet nach weiteren sechs Jahren mit der »mittleren Reife«, die theoretische und praktische Kenntnisse mit der Fähigkeit zu einer weiteren fachspezifischen Ausbildung und beruflichen Spezialisierung bestätigt. Der gehobenste Bildungsgang führt nach der Grundschule ins *Gymnasium*, das nach dem dreizehnten Schuljahr mit dem Abitur die Tür zur Hochschulausbildung öffnet.

Eine andere Laufbahn beginnt in der *Sonderschule*. Kinder, die in verschiedener Hinsicht als unfähig gelten, mit den Anforderungen der Regelschule zurechtzukommen – sie haben vielleicht ein Schuljahr mehr als einmal wiederholen müssen oder gelten als körperlich oder geistig zurückgeblieben –, werden dort nicht länger akzeptiert. Nicht selten haben LehrerInnen ein oder zwei Kinder in ihrer Klasse, die zur *Dummenschule*, wie sie in Linden manchmal genannt wird, wechseln sollen. »Einmal rein, nie wieder raus!«, so heißt es, auch wenn das nach der Gesetzeslage nicht unbedingt zutrifft. Wie lange ein Kind auf der Sonderschule bleibt, ist abhängig davon, warum es diese Schule besucht. Aber für die SchülerInnen und die Eltern mag es schwer sein, die Gründe dafür zu verstehen. Solche Begründungen haben außerdem die Tendenz, sich selbst und diejenigen, die sie geben, immer wieder neu zu bestätigen. Jedenfalls ist es für eine Familie sozial abträglich, wenn ein Kind zur Sonderschule gehen muß. Doch Fachleute aller Art – Kindergärtnerinnen, LehrerInnen, ErziehungsberaterInnen, ÄrztInnen – diagnostizieren ständig irgendwelche Unregelmäßigkeiten und Störungen. Deshalb werden eine ganze Reihe von Kindern zu verschiedenen Zeiten mehr oder weniger lange in besondere Kindergärten und Schulen geschickt, damit Sprachfehler behoben oder Lern- und Verhaltensstörungen behandelt werden. Das heißt, daß Aussonderung nicht immer ein so starkes »soziales Trauma« verursachen muß, wie es auf den ersten Blick der Fall zu sein scheint.

In einigen Bundesländern, so auch im benachbarten Hessen, ist im Rahmen der Bildungsreform eine neue Schulform entstanden, die eine Alternative zu dem dreigliedrigen Schulsystem, durch das die Kinder schon so früh bestimmten sozialen Schichten zugeordnet werden, anbietet. Dort bleiben alle Kinder in den ersten sechs oder sieben Schuljahren oder noch länger in einer Schule zusammen und müssen sich erst dann endgültig entscheiden, welchen der verschiedenen Bildungswege sie einschlagen. Diese *Gesamtschule* wird von der CDU/CSU abgelehnt und ist deshalb nur in SPD-regierten Ländern in gewissem Umfang verwirklicht worden.

Die Schule in Linden hat Klassen vom ersten bis zum siebten Schuljahr, die von 200 SchülerInnen besucht werden. Sie kommen nicht alle aus Linden, sondern die meisten von ihnen aus anderen Gemeinden. Die Kinder aus Linden gehen ihrerseits nur im ersten Schuljahr in die Schule am Ort. Ab der zweiten Klasse werden sie als Fahrschüler in ein komplexes System des Einsatzes von Schulbussen einbezogen. Gegen Ende der sechziger Jahre brachte die staatliche Schulreform eine Reorganisation des Schulwesens auf dem Lande. Etliche Generationen lang hatte jedes Dorf seine eigene Schule, in der Kinder verschiedener Jahrgänge in einer Klasse gemeinsam unterrichtet wurden. In Linden wurden aus acht Schuljahrgängen drei Klassen gebildet, und daran schloß sich bei den meisten die Lehrlingsausbildung mit dem Besuch von Berufsschulen an. Für viele Jugendliche begann ohne weitere Ausbildung sofort die Erwerbstätigkeit in Kleinbetrieben oder in der Landwirtschaft.

Das Schulwesen ist demnach so organisiert, daß auf verschiedenen Ebenen unterschiedliche Schulabschlüsse erreicht werden können, was zugleich bedeutet, beim Wechseln der Schulform auch den jeweiligen Zuständigkeitsbereich in der Schulverwaltung zu wechseln. Die Hauptschule, die auch von den Kindern aus Linden nach den vier Grundschuljahren am häufigsten besuchte Schulform, befindet sich in Brücken. Doch schon als Zweitkläßler verlassen sie die Schule in Linden und fahren mit dem Schulbus nach Steingrund. In Linden gibt es keine Hauptschule, aber die Lindener Schule stellt einer Hauptschule im Nachbarort, die unter Raumnot leidet, Klassenräume zur Verfügung. Das alles führt zu einer erheblichen Verwirrung und einer Menge Ärger zwischen den vielen Gemeinden der Gegend. Diese Art der Schulorganisation ist teuer, in den kleinsten Dörfern stehen die ehemaligen Schulhäuser leer, und alle Kinder müssen, manche schon von der ersten Klasse an, aus ihrem Wohnort in andere Gemeinden mit dem Bus zur Schule fahren.

Gewöhnlich geht es vor allem um die Kosten, wenn über die Folgen der Schulverwaltungsreform geklagt wird. Wer soll die Reparaturen an den Schulgebäuden bezahlen? Es gehen zum Beispiel kaum SchülerInnen aus Linden in Altheim zur Schule, obwohl es zum gleichen Schulverband gehört. Warum sollen also die Leute in Linden für die Sanierung des alten Schulhauses in Altheim zahlen? Haben die Altheimer denn den Lindenern für ihre Schule Geld gegeben? Die Transportkosten sind hoch. Die SchülerInnen werden generell von privaten Busunternehmen befördert, und ein Altheimer Unternehmen hat beinahe ein Monopol zur Beförderung der SchülerInnnen in der Gegend. Der Kommentar eines Lindeners: »Die erleben goldene Zeiten, und wer zahlt? Wir bezahlen das! Warum sollen die Altheimer unser Geld einsacken?« Obwohl es also in Linden eine ziemlich neue und moderne Schule, sogar mit einem kleinen Schwimmbad, gibt, gehen die Kinder aus Linden nur ein oder zwei Schuljahre dorthin. Danach besteigen sie jeden Morgen zunächst den Bus nach Steingrund, in späteren Jahren den nach Städten oder Brücken.

Sarkasmus und Lob: das Herstellen von *Ordnung* in der Schule

Wie ich schon dargelegt habe, ist *Ordnung* ein Begriff und ein Wert von zentraler Bedeutung für das Denken der LindenerInnen. Die LehrerInnen sind überzeugt, daß Ordnung etwas ist, was alle Kinder lernen müssen, weil sie nicht »auf natürliche Art«, von selbst entstehen kann. Das Denken muß auf geordneten Bahnen verlaufen und wird das nur, wenn Ordnung zuerst einmal äußerlich verwirklicht wird, so wie im Kindergarten. Das heißt, daß ein Kind lernen muß, seine Sachen in Ordnung zu halten, alles sauber und gepflegt an seinem Platz aufzubewahren, damit anfallende Arbeiten, wie etwa die Schulaufgaben, sauber und korrekt erledigt werden können. Nur unter gewissen Voraussetzungen ist Erfolg in der Schule möglich, und dazu gehört, gelernt zu haben, Ordnung zu halten. Ordnung ist dabei sowohl Mittel als auch Selbstzweck. Immer wieder wird erklärt, wie wichtig das Loben für ein gutes Arbeitsergebnis ist. LehrerInnen und ExpertInnen für pädagogische Fragen mahnen die Eltern, ihre Kinder zu loben, und empfehlen ihnen sogar den Wortlaut des Lobs, so daß die Eltern schließlich bei mangelndem Schulerfolg der Kinder den Fehler bei sich suchen. Dieses Fehlersuchen ist auf diese oder jene Weise das Thema einer ständigen Auseinandersetzung, die ideologisch Person, Familie, Schule und Staat in einen nicht genau zu fassenden und widersprüchlichen »Gesamtzusammenhang« einbindet. Von verschiedenen Standpunkten aus betrachtet, kann den jeweils anderen Beteiligten die Schuld gegeben werden.

Aber Lob ist nicht alles, denn ständig eingesetzt wird es sinnlos. Etwas verdecktere Methoden des Anspornens bestehen darin, die Kinder zu ermutigen oder zu verführen, doch ihre/n LehrerIn nachzuahmen. In einem gewissen Maße stimmt das mit der ohnehin in Linden weit verbreiteten Meinung überein, daß Lernen zu einem großen Teil durch Nachahmung erfolgt. Nach diesem Verständnis von Nachahmung nimmt der Erwachsene den Platz eines Vorbilds ein (vgl. Kapitel 2), eine Position, die sehr angreifbar, sehr verwundbar macht, die aber zugleich die hierarchische Beziehung zwischen Erwachsenem und Kind bestätigt und verstärkt. Das Kind macht sich Charakterzüge und Fähigkeiten des Erwachsenen zu eigen, um zu der »vollendeten Person« zu werden, die der Erwachsene angeblich ist.

Frau Rasch sagt auch, daß die Hausaufgaben schlecht gemacht werden, wenn nicht Ordnung herrscht, und daß Kinder vor allem und zuerst zu Hause lernen müssen, was Ordnung bedeutet. Eine hübsche, saubere Handschrift ist ein Zeichen von Ordentlichkeit, »aber manche Eltern verstehen das einfach nicht!« Sie selbst ist kein besonders ordentlicher Mensch, unglücklicherweise, wie sie sagt; doch deshalb ist sie sich der Notwendigkeit von Ordnung um so bewußter. »In der modernen Gesellschaft gibt es so ungeheuer viel Wissen und so viele verschiedene Angebote, daß es nur durch die Beachtung der Prinzipien von Ordnung gelingen kann, sich einen Überblick zu verschaffen. Nicht einmal der intelligenteste Mensch kann das ohne eine gründliche und stabile Ordnung schaffen.«

Eine spezifische Form der Ordnung gilt in der Schule für das Schreiben, und zwar sowohl für die Schönschrift als auch für die *Rechtschreibung*. Das Diktat ist die wichtigste Methode zur Kontrolle des Schreibens. Darauf wird in der Schule viel Zeit verwendet, besonders während der ersten vier oder fünf Schuljahre. Rechtschreibung bildet den Kern des schulischen Lernens (selbst wenn das kritische Pädagogen heutzutage nicht so sehen möchten). Auch die Eltern sind sehr besorgt wegen der Rechtschreibung und wünschen, daß ihre Kinder sie so gut wie nur irgend möglich beherrschen. Mit der Rechtschreibung keine Schwierigkeiten zu haben verheißt, auch in anderen Fächern gute Leistungen zu zeigen, und gilt als Gewähr, daß der/die SchülerIn die vorgegebenen Maßstäbe des Lernens erfüllt und die Lernziele erreichen wird.[5] Die Rechtschreibung setzt fort, was beim Basteln und Zeichnen sowie im Rahmen des Programms der Beschäftigungen im Kindergarten begonnen worden ist, und kann auch mit der Auffassung in Verbindung gebracht werden, daß Kinder angehalten werden sollten, auf Fragen mit ganzen Sätzen zu antworten. Alle diese Tätigkeiten und Verfahren haben ihre standardisierten Formen, die von den Kindern beherrscht werden sollten; denn wenn sie nicht diesen Standards entsprechen, werden sie nicht als Lernen anerkannt.

Frau (im Original: Fräulein, d. Ü.) Zeiger, die Lehrerin der dritten Klasse in Steingrund, ist gerade dabei, die korrigierten Diktate zurückzugeben. Die Kinder sind sehr aufgeregt und hören kaum zu, als sie – die Diktatblätter in der Hand, was die Ermahnung wirksam unterstreicht – darauf hinweist, wie überaus wichtig es ist, daß sie zu Hause üben. Es ist deutlich zu erkennen, so erklärt sie mir, welche Eltern wirklich mit ihren Kindern üben und welche Eltern nur darauf achten, daß die Kinder die Hausaufgaben machen. Zusätzliches Üben ist genauso wichtig wie das Erledigen der Hausaufgaben. Das ist jedoch nicht unproblematisch, weil den Eltern immer wieder gesagt wird, sie sollten ihre Kinder selbständig arbeiten und üben lassen, ohne sich einzumischen. Gleichwohl werden sie kritisiert, weil sie nicht genug und nicht richtig mit den Kindern üben. Dazu äußerte sich bei einer Veranstaltung ein pädagogischer Experte: Es sollte täglich eine oder anderthalb Stunden mit dem Kind geübt werden. Er lobte die Bemühungen der Mütter: »Die Mütter sind die Hilfslehrerinnen der Nation.« Was allerdings viele nicht für eine beneidenswerte Ehre halten.

Schließlich werden die korrigierten Diktate zurückgegeben, zuerst an diejenigen, die die besten Noten erhalten haben. Sie hüpfen vor Freude und Erleichterung. Die anderen erhalten die Arbeiten mit einigen Kommentaren zu Fehlern, die sie gemacht haben. Manche Kinder sind offensichtlich aufgeregt oder bekümmert, und alle wandern herum und sehen nach, wer welche Noten bekommen hat, vergleichen sie und reden laut miteinander. Ein kleines Mädchen hat die schlechteste Note erhalten und ist sehr unglücklich. Ihre beste Freundin versucht, sie zu trösten, doch sie wird von der Unglücklichen, gekränkt und wütend wie diese ist, zurückgestoßen. Alle, die Fehler gemacht haben, müssen die entsprechenden Sätze noch einmal richtig schreiben. Frau Zeiger schreibt die Sätze in schönster Schönschrift an die Tafel, und die Kinder schreiben sie ab.

Nun folgt als letztes an diesem Schultag Rechtschreibung. Frau Zeiger schreibt drei verschiedene Schreibweisen von A an die Tafel, die sie in den Heften der Kinder gesehen hat. Welches ist das richtige A? Die Kinder zeigen an die Tafel und rufen. Alle Kinder schreiben, sie nachahmend, das korrekte A in die Luft. Sie arbeiten an den Buchstaben A, M und N. Worauf kommt es an? Auf die richtige Neigung, den richtigen Aufstrich am Anfang, den richtigen Bogen am Ende – jedes Detail ist wichtig beim Schreiben, wird den SchülerInnen erklärt. »Nun wollen wir unsere Hände flach auf den Tisch legen und die Finger gerade halten. Dann bewegen wir nur unseren Zeigefinger, dann die Mittelfinger, dann die anderen Finger, einen nach dem anderen. Dann bewegt alle Finger rasch über den Tisch, als würden sie schnell laufen. Nun stellt eure Ellbogen auf den Tisch und laßt eure Handgelenke locker kreisen. So, jetzt werdet ihr leicht und schön schreiben können. Wir üben nun A, M und N.« Jedes Kind erhält ein großes weißes Papier, alle schreiben immer wieder A, M und N. Später werden die Linien mit Buntstiften in verschiedenen Farben nachgezogen. Frau Zeiger geht herum, sieht nach, was die Kinder machen, korrigiert, kommentiert, manchmal das Geschriebene anerkennend. Die Kinder sind intensiv bei der Arbeit und scheinen die Konzentration, die die Aufgabe verlangt, gerne aufzubringen.

Ordnung ist ohne Anstrengung nicht zu erreichen, und das verweist wieder auf die Problematik von Lob und Strafe, die in den Zusammenhang des Diskurses über die Arten der Förderung und der Behinderung des Lernens gehört.

»Warum hat ein Kind Angst vor der Schule?« Diese Frage steht am Anfang eines Referates, das eine Diplompädagogin aus Würzburg auf Einladung des Elternbeirats in Linden hält. Sie führt aus, daß ein Kind sich vor schlechten Leistungen und schlechten Noten fürchtet: »LehrerInnen weisen oft darauf hin, daß es einem Kind an Intelligenz mangelt und daß die Eltern zu viel von ihm verlangen. Durch eine derartige *Überforderung* entwickelt sich Angst. Ein Kind braucht ständig Anerkennung, und es wird viel erreichen, wenn es gelobt wird. Es ist schwierig, immer zu loben, aber es muß immer wieder sein, selbst wenn das Heft schmutzig geworden und vollgekrakelt ist oder wenn es beim Schreiben nur langsam vorangeht.« Ihr Argument lautet, daß ein Kind besser arbeitet, wenn es gelobt wird, weil es nach mehr Lob strebt; wird es bestraft, so wird es aggressiv und fürchtet sich vor Strafen. Sie fragt, wie denn in der Schule gestraft würde. Die LehrerInnen geben Beispiele: Es wird ein Klaps gegeben, obwohl das, so betonen sie, eigentlich nicht mehr vorkommt; eine Aufgabe muß nochmal gemacht oder eine Teilaufgabe mehrmals wiederholt werden; das Kind muß sich in eine Zimmerecke oder auf einen Stuhl stellen. Nach häuslichen Strafen befragte Eltern sagen, daß den Kindern je nach Anlaß der Hintern versohlt oder ihnen Hausarrest verpaßt wird; auch Fernsehverbot kommt vor, oder es wird den Kindern verboten, auf dem Hof zu spielen; auch das Kürzen des Taschengelds ist eine häufige Strafe. Eltern und Lehrer beschreiben diese Strafen auf eine Art, die nicht erkennen läßt, ob sie nun selbst so handeln oder sich ganz allgemein auf etwas beziehen, was für sie selbst nicht zutrifft. Es ist nicht ungewöhnlich, darüber zu reden, »was die Leute tun«, also ganz allgemein über übliche Verhaltensweisen zu sprechen, so daß nicht deutlich wird, was die sich Äußernden selbst tun.

Die eingeladene Pädagogin verurteilt Strafen und bemüht sich sehr, den Sinn des Lobens herauszustellen. Strafe bedeutet, jemandem etwas zu entziehen, so sagt sie, nämlich Liebe. Sie geht so weit, daß es Eltern und LehrerInnen schwer fällt zu erkennen, wie sie sich denn nun in der Praxis verhalten sollen. Die Empfehlungen der Pädagogin bewegen sich innerhalb eines Kontinuums zwischen Lob/Belohnung und Strafe, das Eltern und LehrerInnen wohl bekannt ist. Sie leugnet aber die darin liegende Dynamik, vor allem die Spannung, oder besser: die mangelnde Schlüssigkeit, die auch während der Nikolausfeier so deutlich zum Ausdruck gebracht worden ist. Pädagogen unterstreichen oft die Notwendigkeit, Kinder zu loben, räumen allerdings gleichzeitig ein, daß selbstverständlich auch Strafen vorkommen und manchmal sogar notwendig sind. Strafen werden jedoch selten ausgesprochen propagiert. Sie gelten eher als die negativen Konsequenzen allzugroßer Nachlässigkeit und Nachsicht. Es ginge aber, so meinen die LindenerInnen, wohl doch zu weit, das Loben zum einzigen Erziehungsmittel machen zu wollen. Eltern und LehrerInnen können die Thesen der Pädagogin nicht ganz ernst nehmen. Der idealisierte Erwachsene, der nur Lob spendet, wird zu einer irrealen Gestalt, selbst bei einer Diskussion wie dieser, bei der gewöhnlich Ideale das wichtigste Thema sind.

»Was soll man denn tun? Sie können doch ein Kind, das eine schlechte Note erhalten hat oder sitzengeblieben ist, nicht loben, wenn es nach Hause kommt!« ruft plötzlich jemand. Herr Bender, ein Lehrer, Vater und Lokalpolitiker, ergreift die Gelegenheit, in der üblichen Art Eltern im allgemeinen zu verurteilen, weil sie die Kinder schelten, bestrafen und zu sehr unter Druck setzen. Aber selbst er ist der Meinung, daß es nicht angeht, Kinder nur zu loben. Eine Mutter, die Schwägerin von Brigitte Grass, kann nicht umhin zu bemerken, daß Kinder nicht schon auf bloßes Bitten hin tun, was sie tun sollen. »Wenn ich meine Tochter bitte, mit dem Essen fertig zu werden, dann wird sie noch Stunden dazu brauchen; sage ich aber ›Verdammt nochmal, jetzt iß!‹ dann dauert es höchstens fünf Minuten!« Einige der jüngeren LehrerInnen teilen die Auffassung, daß manchmal nichts zu erreichen ist, wenn es bei *bitte* bleibt. »Und das liegt daran, daß sie zu Hause nicht an eine freundliche Behandlung gewöhnt worden sind«, meint Herr Bender, wieder das Wort ergreifend. Einige Eltern stimmen ihm zu, andere meinen, die Kinder selbst seien das Problem, Kinder forderten Strafen geradezu heraus, das Kind sei schuld.

Wie ich schon beschrieben habe, weist Frau Heim zu Beginn jedes Schuljahres die Eltern darauf hin, daß Kinder Unterstützung brauchen, um mit der Schule zurechtzukommen, daß sie die Kinder loben und ermutigen sollten. Eltern sollten sich Zeit für ihre Kinder nehmen und keinen Zwang ausüben, weil der zu nichts führt. Auch mir gegenüber stellt sie die Bedürfnisse der Kinder so dar. Doch ihre Praxis entspricht dem nicht. Sie scheint nur selten einen Grund zu finden, die Kinder ihrer Klasse zu loben, hat vielmehr die Neigung, sich aufs Schimpfen und Lächerlichmachen zu verlegen, wenn SchülerInnen Fehler machen oder ihre Anweisungen nicht verstehen. Dies ist ein vielschichtiges Beispiel für die Schwierigkeiten bei der Interpretation der Beziehung zwischen allgemeinen Richtlinien und tatsächlichem Verhalten.

Das Handeln von Frau Heim nimmt manchmal recht extreme Formen an, aber ihre Gedanken und Taten erklärt sie in Begriffen, die von ihren jüngeren und gelasseneren KollegInnen verstanden werden. Frau Heim sieht sich selbst als eine erfahrene Lehrerin, die mit den Bedürfnissen der SchülerInnen vertraut ist; sie meint zu wissen, daß Kinder eine feste Führung brauchen, damit sie etwas lernen können. Aber ihrer Fähigkeit, ihre Erziehungsziele auch zu erreichen, werden von außen Grenzen gesetzt, und diese Behinderung soll die Diskrepanz zwischen ihren theoretischen Feststellungen und ihrem Verhalten erklären. Die Einschränkung ihrer Möglichkeiten ergeben sich, ihrer Auffassung nach, aus der wenig hilfreichen Betreuung der Kinder zu Hause und aus dem von den Eltern auf ihre Kinder ausgeübten Leistungsdruck, andererseits aber auch aus der Trägheit der Eltern und ihrem geringen Interesse an der Arbeit ihrer Kinder, also auch an ihrer Arbeit als Lehrerin. Außerdem ist die mangelnde Intelligenz der Kinder ein Hindernis beim Erreichen ihrer Ziele. Frau Heim hält dies für einen der schwerwiegendsten Gründe für die ungenügende Leistungsfähigkeit der Kinder. Angesichts dieser Hemmnisse gibt es vielleicht gar keinen Widerspruch zwischen dem, was Frau Heim sagt, und dem, was sie tut. Sie hat die gleichen Ideale wie die Eltern, die sie recht verallgemeinernd kritisiert und sogar verachtet. Daß sie sich manchmal aufregt und »etwas laut wird«, ist eben ihre Art, wie sie sagt. Sie betrachtet ihr Verhalten nicht als Teil der sozialen Situation und leugnet also einen Einfluß auf diese. Der situative Kontext gilt vielmehr als »gegeben«, und offenbar wird nicht davon ausgegangen, daß die handelnden Personen von diesem Kontext geprägt werden oder ihn gestalten. Sie betreten das Handlungsfeld mit gewissen Voraussetzungen ihres »Charakters« und sind der Situation in einem bestimmten Sinne auf Gnade oder Ungnade ausgeliefert. Dies ist ein Aspekt der Vorstellung, das Leben sei hart, und es sei unumgänglich, sich seinen Bedingungen und Anforderungen anzupassen.

Liebe und Lob sind wirklich notwendig beim Aufziehen der Kinder, wie Eltern und LehrerInnen es sehen, aber Lob und Liebe werden nicht freizügig gegeben, ohne etwas als Gegenleistung zu erwarten. Liebe und Lob werden eingesetzt, damit gute Ergebnisse erzielt werden, wobei letztere allerdings als Vorleistungen zu erbringen sind. Strafen helfen, die Grenzen zwischen Gut und Böse zu verdeutlichen. Eine weitverbreitete Art des täglichen Umgangs mit den Kindern, im Interesse des Erreichens bestimmter Ziele oder als Kommentar zu den erreichten Ergebnissen, besteht in Formen der Ironie und des Stichelns.

»Die Kinder hier sind im Vergleich zu den SchülerInnen anderer Schulen geistig zurückgeblieben, ganz bestimmt im Vergleich zu Schulen in der Stadt, aber auch zu solchen in ländlichen Gegenden.« Das sagt Herr Mann und zuckt resigniert mit den Schultern, lächelnd. *»Ich habe nichts gegen die Rosentaler, es ist halt so.«* Mit dieser Klage über die fehlende Intelligenz der Menschen im Rosental reiht sich Herr Mann ein in eine weltweit zu beobachtende LehrerInnengruppe, deren eigene Resignation und Berufsbiographie eine gewisse Geringschätzung gegenüber der Welt der jungen Lernenden enthält.

Herr Mann ist etwa 45 Jahre alt, er hat mit seiner Familie fünfzehn bis zwanzig Jahre lang in einem der kleineren Dörfer der Gegend gelebt. Weder er noch seine Frau sind hier geboren. Sie stammt aus einem anderen Teil Bayerns, er kommt aus dem früheren Ostdeutschland. Gleich nach dem Krieg ist er als junger Flüchtling mit seinem Bruder in den Westen gekommen, allerdings nicht sofort in diese Gegend. Zur Zeit ist Herr Mann Lehrer der fünften Klasse in der Schule in Steingrund, was bedeutet, daß er HauptschülerInnen unterrichtet. Früher war er als Lehrer in einem anderen Ort, aber die Schule ist geschlossen worden, und nun ist er Rektor der Schule in Steingrund.

Beim Betreten des Klassenzimmers mit etwa 35 SchülerInnen überraschen einen der Krach, die Lebhaftigkeit der SchülerInnen und die Unordnung. Während Herr Mann vorne die Mathematikstunde vorbereitet, scheint ihn der Lärm um ihn herum nicht zu stören. Die SchülerInnen setzen sich, manche versuchen aufzupassen. Seine feste Stimme weckt ihre Aufmerksamkeit, ohne daß er schreit, und ein Nicken in meine Richtung signalisiert das Einverständnis mit meiner Anwesenheit; alle Anwesenden sind in diese desillusionierte Unterrichtsstunde einbezogen. Beim Sprechen stellt er nach allen Seiten hin Fragen, ohne auf die erhobenen Hände der sich meldenden SchülerInnen zu achten, pausenlos schnelle Antworten erwartend. Fragen und Antworten sind Teil seines Redeflusses. *»Herbert, hier vorne läuft der Film!«* sagt er, um Herberts schwindende Aufmerksamkeit zu erhalten, ohne seine Schritte zu verlangsamen oder auf eine Reaktion zu warten.

Ein anderes Unterrichtsfach. Auf Mathematik folgt Sprachlehre, und zwar Grammatik. Es entsteht eine erhebliche Unruhe in der Klasse, als Arbeitsblätter ausgegeben werden. In einem kleinen Test sollen Fragen beantwortet werden. Es wird ruhiger, als die Fragen besprochen und erklärt werden. *»Sehen Sie, Frau Norman«*, sagt er in irgendwie belustigtem Ton und ohne mich weiter zu beachten, *»was mich wirklich die Nerven kostet! Die können nicht mal lesen, was da steht!«* Kurz danach wendet sich einer der Jungen an Herrn Mann, um sich den Sinn einer der Fragen erläutern zu lassen. Herr Mann gibt sich ironisch: »Und was ist es diesmal, was du nicht verstehst?!« Während Ironie und Aufziehen bei Herrn Mann eher gut gemeint sind, setzt Frau Heim Sarkasmus ein und macht SchülerInnen lächerlich, bedient sie sich der Ironie auf eine ausführlichere Art und mehr im strafenden Sinne. Das kommt bei anderen LehrerInnen nicht so häufig vor, ist aber dennoch Teil einer kulturspezifischen Verhaltensweise, die alle mehr oder weniger als eine Möglichkeit des Umgangs mit SchülerInnen akzeptieren. Das ganz Besondere an Frau Heim ist, daß die meisten LindenerInnen unter 35 Jahren (in der Zeit meiner Feldforschung) als Erstkläßler ihre SchülerInnen gewesen sind. Wie andere Menschen können auch LehrerInnen sich ändern, aber ich hatte den Eindruck, daß die Erwachsenen in ihrer großen Mehrheit mit ihr bereits die gleichen Erfahrungen gemacht hatten wie die jetzigen Schulkinder und nicht der Meinung waren, daß ihre derzeitigen Methoden und Einstellungen sich in nennenswerter Weise von denen unterschieden, an die sie sich noch erinnern konnten. Viele der Erwachsenen kritisierten ihr Verhalten, aber niemand fühlte sich aufgerufen, etwas zu unternehmen, um die Situation zu verändern; keine/r unter den Eltern war der Meinung, kompetent genug zu sein oder das Recht zu haben, sie in Frage zu stellen. Viele erklärten, es werde den Kindern nichts schaden, mit dem Verhalten von Frau Heim umgehen zu lernen, und daß die Kinder wahrscheinlich oft selbst daran schuld seien, wenn Frau Heim sie anbrülle. Deshalb ist das Beispiel von Frau Heim eher »Stoff zum Nachdenken« als ein Beispiel dafür, wie es in Lindener Schulen »wirklich ist«.

Es ist früher Vormittag. Die Kinder haben gemeinsam laut gebetet, sich bekreuzigt und auf eine gedehnt-monotone Art »*Guuuuuten Mooorgen, Frau Heiim*!« gerufen. Sie setzen sich, der Unterricht kann beginnen. An diesem Morgen ist zuerst *Sachkunde* dran. Es ist Frühjahr, und sie werden über Wiesenblumen sprechen und ihre Namen lernen. Frau Heim fragt die Kinder, wie die verschiedenen Blumen heißen, und schreibt je nach den Antworten die Namen an die Tafel. »Nein, nicht nur den Namen«, schreit sie Jutta an, »wir sprechen in ganzen Sätzen!« Mit leiser Stimme wiederholt Jutta den Namen in einem ganzen Satz. Anschließend sollen die Namen ins Heft geschrieben werden, und zwar in Schönschrift, alle sollen *sauber arbeiten*. Gemeinsam werden Bilder der Blumen betrachtet, und die SchülerInnen sollen die einzelnen Arten erkennen. »Welche Blume ist das?« fragt Frau Heim und deutet auf weißen Steinklee. Franz zögert, als er gefragt wird. »Weißt du das denn nicht?« ruft sie laut. Er sagt, es sei ein Löwenzahn. »Du meinst, das ist ein Löwenzahn?! Ist ein Löwenzahn weiß? *Dies* hier ist ein Löwenzahn, wie kann dann das da (Steinklee) ein Löwenzahn sein?! Kannst du mir das vielleicht mal sagen?!!« Franz starrt auf die Bilder und antwortet nicht. Kein Kind meldet sich mehr, alle blicken krampfhaft und schweigend auf die Bilder, die gezeigt werden.

Frau Heim geht im Klassenraum umher, um zu sehen, wie die Kinder mit dem Schreiben zurechtkommen. »*Wir arbeiten ohne Mund!*« ruft sie im Befehlston, »*Mund zu!*« Frau Heim ist verärgert, wenn Kinder Fehler gemacht haben, und kann dann sehr sarkastisch werden. »Ja, ja, da sieht man es mal wieder: Unser Daniel hat nicht zugehört«, teilt sie laut der Klasse mit, und als sie ihren Rundgang wieder aufnimmt, macht sie bei Jan halt. »Und was hat Jan da wieder alles verhunzt?!!« schreit sie und boxt ihn an den Kopf. »Wie üblich hat er vergessen, einen Rand zu lassen«, läßt sie die Klasse wissen. Sie wendet sich von Jan ab, ohne eine Andeutung zu machen, was er denn nun tun sollte oder könnte. Mit lauter Stimme fordert sie alle auf, sich zu beeilen, seufzt laut und gereizt.

»*Was ist los? Wer flennt denn jetzt?! Der Walter! Unsere Heulsuse!*« Sie sitzt an ihrem Tisch. Die Kinder, die mit dem Schreiben fertig sind, stehen in einer Reihe und warten, daß sie nachsieht, ob alles richtig ist. Manche Kinder kichern ein bißchen bei ihrer Bemerkung. Walter sagt, er wisse nicht, wie er es bei der Beschriftung des *Steinklees* machen solle. Thomas, der neben ihm sitzt, flüstert, er solle deshalb doch nicht weinen. Nach einer Weile geht Frau Heim zu Walter hinüber. »Ach du lieber Himmel, schreib es hier drunter! Kannst du das denn nicht begreifen?!« Sie wendet sich an die Klasse, um allen zu erzählen, was für einen albernen Fehler er gemacht hat. Die Kinder sehen sie an, sagen aber keinen Ton.

Die *Wiesenblumen* werden mehrfach wiederholt, auch als Hausaufgaben. »*So'n Mist mache' mer net zusamme'!*« sagt sie zu einer Schülerin, als sie die Hausaufgaben überprüft. »*Gänseblümchen* wird großgeschrieben. Sie weiß das nicht!« Diejenigen, deren Arbeit zufriedenstellend ist, hören nichts von ihr. Als Zeichen, daß die Aufgaben korrekt erledigt sind, zeichnet Frau Heim die Seite mit einem roten H ab.

Als es Zeit zum Grammatikunterricht ist, kommen wieder die Wiesenblumen dran. Es geht um Nomen und Adjektive. »Adjektive sind *Wiewörter*«, erklärt sie, »sie erklären uns, wie etwas ist – blau, grün, klein, groß. – *Wie bist du denn eben?*« fragt sie Martin mit erhobener Stimme. »Müde«, antwortet Martin. »Ja, du bist müde.« Sie schreibt es als Beispiel für ein Adjektiv an die Tafel. »Und was können wir statt müde auch schreiben?« »Faul«, schreien die Kinder. Sie lacht: »Das stimmt. Faul.« Die Kinder lachen auch. Frau Heim findet es gut, daß die SchülerInnen »einen Sinn für Humor« haben.

Durch Ironie, Sarkasmus, Seufzen und Schulterzucken kann eine bestimmte amüsante Situation geschaffen werden – wie zum Beispiel in der Klasse von Herrn Mann –, die den Erwartungen in bezug auf die strenge Erziehung in Deutschland, allgemein und in der Schule speziell, zu widersprechen scheint. Es wird nicht alles bestimmt von »hart durchgreifender Disziplinierung«, aber auch nicht vom Gegenteil, wie Frau Heim beispielhaft zeigt. Aufziehen, Ironie, Lächerlichmachen, die bei den LindenerInnen als Formen von Humor gelten, müssen in einem Zusammenhang mit der Forderung nach Ordnung, Gehorsamkeit und Unterordnung gesehen werden. In der Beziehung zwischen Erwachsenen und Kindern herrscht eine große Ambivalenz. Es ist eine Beziehung, die emotional eng und fordernd sein kann und asymmetrisch und unsicher. Nicht der Untergeordnete macht Späßchen, sondern der Übergeordnete. In einem Buch wie *Max und Moritz* ist dies zum großen Vergnügen beider Parteien unter den Lesern, nämlich Erwachsenen und Kindern, zu Beginn andersherum; aber am Ende ist der mächtige Erwachsene immer der Sieger. Das Witzemachen ist womöglich auch eine Art, Kontrolle auszuüben. Sarkasmus und Ironie sind Zeichen eines Anspruchs auf Überlegenheit, sollen aber zugleich andere zum Lachen bringen, was das Kind, dem das Lachen gilt, sehr wirksam entwaffnet. Es ist der Überlegene, der sich über den Unterlegenen lustig macht. Erst wenn jemand die entsprechende Fähigkeit und den erforderlichen Status, nämlich den der Gleichheit oder Überlegenheit, erreicht hat, kann er oder sie darauf reagieren, etwas dagegensetzen.

Witze und Humor können auch als Umkehrung von hierarchischen Beziehungen wirken, die sonst nicht in Frage gestellt werden dürfen. Dies ist ein Teil der Beliebtheit der *Faschingszeit*. Aber selbst bei solchen Gelegenheiten ist es wahrscheinlich, daß es letztlich der Untergebene ist, über den am meisten gewitzelt wird. Sich in einer untergeordneten Position zu befinden, ist wenig befriedigend; es bedingt Abhängigkeit. Aber als Erwachsener ist niemand gegenüber allen anderen Menschen in einer untergeordneten Position. Und von Zeit zu Zeit besteht die Möglichkeit, über die ganze Hierarchie und ihre Zurschaustellung ebenso zu lachen wie über sich selbst. Ein Kind hingegen befindet sich ständig in der untergeordneten Position; allerdings nicht für alle Zeiten, denn das Kind wird erwachsen werden. Die Versuchung, sich über diese Warteposition, dieses Wesen im Übergang, lustig zu machen oder Witze zu reißen, scheint manchmal sehr groß zu sein.[6]

Es kommt vor, daß LehrerInnen es bedauern, SchülerInnen nicht mehr mit Körperstrafen belegen zu dürfen. Das bedeutet nicht unbedingt, daß sie solche Strafen anwenden würden, sondern eher, daß sie selbst sich mehr als früher kontrolliert und weniger geschützt fühlen. Es kann sein, daß Ironie und Lächerlichmachen in einem gewissen Maße die physischen Strafen ersetzen und dadurch einen allgemein befürworteten Aspekt des interaktiven Diskurses in Linden gefördert haben.

Fragen und Fragen beantworten

Frau Heim fragt die Klasse: »Welche Blume ist das?« und deutet auf einen Steinklee. Die Kinder melden sich schon, als sie den Satz noch gar nicht beendet hat. Die Kinder wedeln heftig mit den hochgestreckten Armen und machen mit verschiedenen Lauten auf sich aufmerksam. Frau Heim sieht die Kinder nacheinander durchdringend an, und manche Kinder lassen die Arme sinken, wenn ihr Blick sie erreicht. Dann fordert sie eins der Kinder auf, die Frage zu beantworten, und während die anderen die Antwort hören, seufzen und stöhnen einige der Kinder, als wären sie sehr frustriert, weil nicht sie die Chance erhalten haben zu antworten. Sie wollen dadurch Frau Heim versichern, daß sie die richtige Antwort hätten geben können.

In allen Klassen, die ich besuchte, war dieses Verhalten zu beobachten, allerdings mal mehr, mal weniger ausgeprägt. Wenn dieses Ächzen und Stöhnen zu hören war, fragten manche LehrerInnen voller Ironie, wer denn da unter Magenschmerzen litte, was mitunter dazu führte, daß diese Laute eine Zeitlang unterdrückt wurden. In der Klasse von Frau Rasch in der Steingrunder Schule hatten die Beteiligten eine beachtliche Ausdauer erreicht: Frau Rasch überlegte sehr lange, wem sie die Antwort auf eine Frage überlassen sollte. Manchmal wurde das Stöhnen sehr laut und das Warten fast unerträglich.

Fritz ist ein Junge in der Klasse von Frau Heim, der sich dieses System virtuos zunutze macht. Er hebt sofort nach einer Frage die Hand, offenbar ohne über die Antwort überhaupt nachdenken zu müssen. Wenn Frau Heim ihren durchdringenden Blick schweifen läßt, winkt er ständig, laut stöhnend. Doch wenn sie näherkommt, wird er zaghafter, nimmt seinen Arm immer tiefer herunter und versteckt sich fast, bis ihre Scheinwerferaugen weitergewandert sind; dann beginnt wieder das heftige Gewedel. Ab und an soll er antworten, doch in den meisten Fällen hat er dann die Antwort »vergessen«. Er seufzt schwer wegen dieser Vergeßlichkeit, beteuert erregt: »Es lag mir auf der Zunge, doch nun ist es weg!« Frau Heim hält sich nicht lange damit auf, sondern fragt nach einer kurzen Wartezeit eine/n andere/n SchülerIn. Wenn Fritz aber nicht gefragt wird, dann ist er derjenige, der das am emphatischsten bedauert und sich zum Beispiel auf die Knie schlägt in scheinbarer Enttäuschung darüber, daß ihm nicht erlaubt worden ist, die richtige Antwort zu geben, die er doch so gut wußte.

Wie Frau Rasch kann sich auch Frau Heim Zeit lassen, bis sie entscheidet, wer die Frage beantworten soll, aber sie tut es entweder lässiger oder hat es auf ein

Erstkläßler in ihrem Klassenzimmer

ganz bestimmtes Kind abgesehen. In diesem Jahr ist sie darauf aus, sich ihre beiden Enkelkinder vorzunehmen – weniger, um sie zu bevorzugen, als um ihre Kontrolle zu verschärfen. Wenn sie von ihnen eine schwache oder falsche Antwort erhält, kommt es vor, daß sie schimpft: »Wenn du das nicht besser kannst, dann wird Oma dir nichts zum Geburtstag schenken.«

Der Versuch, eine Frage zu beantworten, ist ein Glücksspiel. Ist die Antwort falsch, so ist das unter Umständen der Auslöser für eine sarkastische Bemerkung seitens der Lehrerin. Frau Heim fühlt sich leicht zum Sarkasmus veranlaßt: »Aha, du glaubst also daß sieben Groschen 80 *Pfennige* sind, tatsächlich?! Habt ihr das alle gehört? Herrje, wie gut können wir doch zählen heutzutage! Es sind natürlich acht, du Dummkopf!!« Die anderen LehrerInnen werden nicht so weit gehen, aber auch sie machen oft ähnlich »passende« Bemerkungen.

Auch wenn ein Kind Fragen stellt, kann das zum Glücksspiel werden. Fragt es nach etwas, was schon erklärt worden ist und verstanden sein sollte, dann reagiert der/die LehrerIn meist mit Seufzen, stellt eine Gegenfrage nach der Fähigkeit des Kindes, ihr zuzuhören, oder gibt einen anderen ironisch-sarkastischen Kommentar von sich. Frau Heim wird womöglich richtig wütend, und so kommt es in ihrer Klasse vor, daß ein Kind zu weinen anfängt, weil es sich nicht zu fragen traut oder Angst vor der Erniedrigung hat, die es bedeutet, nicht zu wissen, wie eine Aufgabe zu bearbeiten ist.

Wird aber Fragen als eine positive Form des Austauschs betrachtet, so sind die SchülerInnen emsig und freudig dabei. Die Kinder finden heraus, welche Art von Fragen sie stellen können, ohne gerügt, ignoriert oder lächerlich gemacht zu werden. Als die Klasse von Frau Heim eines Tages Worte von der Tafel abschreibt, arbeitet sie still vor sich hin, bis eines der Kinder fragt, wie bei einem bestimmten Wort die Silben getrennt werden sollen. Diesmal antwortet Frau Heim freundlich und gelassen. Die Silbentrennung ist noch nicht durchgenommen worden, so daß diesbezügliche Kenntnisse nicht erwartet werden können und die Kinder, so wird auch mir erläutert, fragen müssen. Jetzt übertreffen sie sich mit Fragen nach den Trennungsmöglichkeiten, als ob sie alle Wörter trennen müßten, und die gleichen Worte ertönen vom einen Ende des Klassenraums zum anderen. Frau Heim dämpft die Lautstärke von Zeit zu Zeit, ist aber sehr geduldig. Die Atmosphäre wird bei solchen Gelegenheiten recht lebendig, die Lähmung durch Langeweile und Furcht weicht, und die Kinder sprechen in ihrer gewohnten Art und nicht in dem gedehnten, nöhlenden Ton, den sie den LehrerInnen gegenüber oft benutzen.

Was geschieht, wenn Frau Heim mit Fragen nach der Silbentrennung bombardiert wird? Welche »Bedeutung« hat das Stellen und Beantworten von Fragen? »Was ist die Beziehung zwischen den Arten von Botschaften, die Fragen in einer bestimmten Gesellschaft übermitteln, und den Grenzen, die dem Fragen gesetzt werden?«[7] Das Stellen und Beantworten von Fragen ist in der Schule nicht dasselbe wie zu Hause, zwischen Fremden nicht das gleiche wie zwischen Freunden, aber es sollten auch keine zu großen Unterschiede gemacht werden.[8]

Sowohl die Kinder als auch Frau Heim genießen einen Augenblick verminderter Kontrolle und spielen mit dieser ungezwungen-redseligen Situation. Der Druck, nicht zu fragen und ihren Fragen auszuweichen oder aber die Fragen in Konkurrenz zu anderen zu beantworten, ist aufgehoben. Indem sie weiter fragen, schinden sie Zeit, um die glückliche Gelegenheit einer einigermaßen entspannten Situation möglichst lange zu erhalten. Das Wechselspiel von Fragen und Antworten in der Schule hat einen Aspekt von (Selbst)Täuschung oder Verstellung, was diese »guten Fragen« auch offenlegen. Die »guten Fragen« enthüllen lediglich ein akzeptables Wissensdefizit, stellen das autoritative Wissen des Überlegenen, der Lehrerin, nicht in Frage. Die Kinder können sich zu ihrem geringeren Wissen bekennen und dieses zugleich benutzen, um die Lehrerin zu bedrängen, so als dächten sie: »Sie hat gesagt, das Fragen sei in Ordnung, dann soll sie jetzt auch dazu stehen.«

Die Fragen und Antworten haben etwas mit Täuschen und Verstecken zu tun, und mit Vorstellungen über das Lügen. Wie ich schon dargestellt habe, gehört das Verstecken zum Alltagsleben in Linden: sich hinter Gardinen verstecken, Räume der Wohnung gegenüber Besuchern verschließen, schmutziges Geschirr vor den Blicken anderer verbergen. Dies ist eine Art von Grenzziehung und Kontrolle darüber, was den Blicken anderer ausgesetzt wird. »Die Realität« ist etwas, worüber man Bescheid wissen und deren Anforderungen man gerecht werden muß. Zugleich sollen die Menschen aber einem Persönlichkeitsideal entsprechen, dessen Merkmale nur schwer zu verwirklichen sind, so daß Wissenslücken und Verhaltensmängel offen zutage treten und thematisiert werden könnten. Deshalb scheint es wohl notwendig zu sein, bestimmte Teile des eigenen Selbst, ob nun Gedanken oder Taten, vor anderen zu verbergen.

Fragen und Antworten konstituieren einen bedeutsamen und heftigen Diskurs über Ungewißheit und Autorität und zugleich eine Manipulation von beidem. Dieser gleicht zu einem gewissen Grad dem Diskurs über *freie Phantasie* und dem, was ich hier Kopieren nenne, was den Versuch bezeichnet, dem, was der/die LehrerIn tut, so weit wie nur irgend möglich nahezukommen. Kopieren ist etwas Sicheres, Vorhersagbares, autoritativ Maßgebendes und Kollektives, während Vorstellungskraft, auch als Kreativität zu bezeichnen, mehr oder weniger als das Gegenteil dessen betrachtet wird. Aber Kopieren wird nicht einhellig bewundert, denn Kreativität ist eine Manifestation individueller Einzigartigkeit und »Sensibilität«, die hoch geschätzt wird.[9] Aber auch sie hat ihre Gefahren. Wie »Wildheit« oder »Energie« wird sie toleriert und positiv gesehen, stößt sie sogar auf Bewunderung; doch wenn sie sich am falschen Platz offenbart, sind damit womöglich Grenzüberschreitungen und -verletzungen verbunden, was sie strafwürdig werden ließe, so wie »schlechte« Phantasien sehr zu bedauern wären. LehrerInnen befinden sich in der gleichen Klemme wie die Eltern. Beide erwarten von den Kindern gute Leistungen, weil diese auch auf sie ein gutes Licht werfen, und so wird das Kopieren, ob nun beim Zeichnen oder Schreiben, ganz unvermeidlich zu einem geschätzten Aspekt des Lernens. Eine Mutter, selbst Lehrerin, kommentierte dieses Phänomen auf ironische Weise, als ihre Tochter mit einem Adventskalender nach Hause kam, den sie in der Schule gemacht hatte: »Sie sehen wahrscheinlich von Nord bis Süd alle gleich aus.« Sie hatte etwas dagegen, daß in der Schule alles auf eine so genau vorgegebene Weise geschah, wie zum Beispiel die Wahl der Gedichte, mit denen die Kinder im vergangenen Jahr ihre Mütter zum Muttertag überraschen sollten: »Es waren überall dieselben, und sie wurden wahrscheinlich auch noch auf die gleiche Art aufgesagt.« Die »gute Frage« ist also ebenso wie das »gute Ergebnis« vorhersagbar und festgelegt. Auf einer gewissen Ebene macht diese Vorhersehbarkeit die Sozialisation des Nachwuchses leicht und reibungslos, auf einer anderen Ebene jedoch provoziert sie Zorn und Geringschätzung.

Die Kinder bewegen sich in einem Rahmen von Einschränkungen und Erwartungen. Abgesehen von den Problemen beim Fragen und Beantworten von Fragen, ist die Verwendung von Zeit und die Herstellung von Ordnung ein kulturell signifikanter Aspekt dieser Formen von Einschränkungen und Erwartungen. Mehrmals täglich werden die Kinder ermahnt, sich zu beeilen, mit etwas rechtzeitig fertig zu werden, schneller als andere zu sein. Dies wird verstärkt, wenn der/die LehrerIn immer wieder ruft: »*Aufräumen!* Bringt eure Sachen in Ordnung, macht eure Tische sauber!« Frau Zeiger sagt das gewöhnlich so: »Aufräumen. Nun will ich aber mal sehen, wer als erste/r seinen Tisch in Ordnung gebracht hat. Los, los! Eins, zwei, drei!« In großer Eile und Geschäftigkeit räumen die Kinder auf. Sie wartet in betontem Schweigen, bis alles vollständig erledigt ist und die Kinder wieder ruhig auf den Stühlen sitzen, was trotz der an den Tag gelegten Schnelligkeit einige Zeit dauern kann. Es stellt sich heraus, daß Aufräumen wie im Kindergarten eine der besonders wichtigen Aktivitäten ist. Dazu gehört, sich zu beeilen, als wäre die Zeit knapp bemessen, obwohl das Aufräumen sehr zeitaufwendig sein kann. Es herrscht ein ständiges Beschleunigen und Verlangsamen im Hinblick auf die Zeiteinteilung, und die Kinder beeilen sich, damit sie sich nicht abhetzen müssen, oder vielmehr sie eilen, um am Ende vorzeitig fertig zu sein und zu warten.[10]

Selbstverständlich machen die Kinder in der Schule nicht alle die gleichen

Erfahrungen, aber sehr häufig machen sie einen ziemlich gelangweilten Eindruck. Das scheint mir nicht an irgendeiner Art von angeborener Trägheit oder einem Mangel an Neugier zu liegen, sondern eher eine Reaktion auf die Einschränkungen und besonderen Erwartungen zu sein, denen sie sich ausgesetzt sehen. Diese wirken häufig so einengend, daß die Reichweite der emotionalen und intellektuellen Bewegungsmöglichkeiten sehr klein wird, was eine »Kunst der Verstellung« entstehen läßt. Dem lustvollen, »zweckfreien« Phantasieren ohne vorgegebenem Ziel wird kein Raum gegeben. Die Ausübung von Kontrolle im Klassenzimmer, bei der die von vielen LehrerInnen empfohlene Art des Lobens eine große Rolle spielt, macht Lernen zu einer moralischen Angelegenheit. Strenge und Lächerlichmachen erzeugen vielleicht nicht notwendig nur offensichtliche Angst, sondern auch Langeweile, wobei die Langeweile das Verbergen von Gefühlen, wie zum Beispiel Angst oder Wut, erlaubt. Daß die Kinder so wenig von sich preisgeben, mag schließlich selbst die LehrerInnen langweilen und ihre Verdrießlichkeit gegenüber den Kindern erklären.

Lernbehinderungen und das Problem von Schuld und Schande

Mehrmals im Jahr finden in der Schule Klassenelternabende statt, oder die Schule, manchmal auch die Kirche, organisieren allgemeinere Veranstaltungen für Eltern und LehrerInnen. Bei diesen Gelegenheiten werden immer wieder bestimmte Konzepte und Begriffe erörtert, die sich auf die Lernfähigkeit der Kinder beziehen.

Bei den Klassenelternabenden sitzen ein/e oder zwei LehrerInnen vorne frontal zu den Eltern, zumeist Mütter, die an den Kindertischen Platz genommen haben. Die Atmosphäre ist förmlich, alle sind etwas besser angezogen als an einem gewöhnlichen Wochentag, und es gibt kaum ein Gespräch zwischen den Eltern. Das Treffen ist von den LehrerInnen gut vorbereitet worden, und es besteht kein Zweifel daran, daß sie für den Verlauf des Treffens verantwortlich sind. Die LehrerInnen machen einen gespannt-verkrampften Eindruck, als hätten sie das Gefühl, daß die Eltern ihnen und ihrer Arbeit mit den Kindern kritisch gegenüberstehen. Es kommt vor, daß sie ihr Verhalten so erklären, als müßten sie sich gegen die potentielle Kritik seitens der Eltern wappnen oder rechtfertigen. Die LehrerInnen halten Distanz, und es ist unübersehbar, daß sich die Eltern nicht auf heimischem Grund befinden. Tatsächlich sind es die Eltern, die bei diesen Gelegenheiten kritisiert werden, nicht die LehrerInnen – allerdings in einer verallgemeinernden Art, ohne einzelne Personen direkt anzusprechen.

Die Eltern hören zu und behalten das meiste, was ihnen dabei wahrscheinlich durch den Kopf geht, für sich. Denn obwohl die Eltern aufgefordert werden, Fragen zu stellen und an der Diskussion teilzunehmen, sehen sie sich kaum ermutigt, das auch wirklich zu tun. LehrerInnen haben die Tendenz, Fragen und Anmerkungen zu ersticken, indem sie vorschnell, aber weitschweifig antworten und Nebensächlichkeiten erklären, so daß nur Fragen, die von vorneherein Zustimmung signalisieren, tatsächlich akzeptiert werden. Das ist der Inszenierung von Fragen und Antworten in der Klasse von Frau Heim nicht unähnlich.

Bei einem Elternabend greift Frau Rasch, die nun eine vierte Klasse unterrichtet, das Thema *Konzentrationsstörungen* auf. Sie liest Auszüge eines Artikels über dieses Thema vor. »Das ist zu einer richtigen Epidemie geworden.« Sie und die anderen LehrerInnen wüßten, was das bedeute, weil eine beachtliche Zahl von SchülerInnen unter derartigen Störungen litten. Die Konzentrationsstörung ist eine ziemlich neue Erscheinung, es ist ein »wissenschaftlicher« Begriff, den LehrerInnen, PsychologInnen und KinderärztInnen benutzen, um zu erklären, was sie für eine zunehmende Unfähigkeit von Kindern halten, in der Schule etwas zu lernen und die Hausaufgaben korrekt zu erledigen. Es ist ein Fachausdruck, den Eltern nicht, oder nur sehr selten verwenden, obwohl sie ihn oft als Bezeichnung eines schwierigen Problems verwendet finden, für dessen Lösung sie verantwortlich sein sollen. Die LehrerInnen halten Konzentrationsstörungen für ein neues Phänomen, zumindest was ihre weite Verbreitung angeht. Sie beziehen sich im Gespräch über diese »Störung« auf nicht näher bezeichnete psychologische Studien, um ihre eigenen Beobachtungen bei verschiedenen Kindern darauf zu stützen und die Bedeutung des Befunds zu belegen. Diese Studien scheinen außerdem Begründungen zu liefern, die sich leicht in moralische Begriffe umformulieren lassen; und der wissenschaftliche Charakter, der den Thesen unterlegt wird, läßt zugleich jede Kritik oder grenzüberschreitende Fragen seitens der Eltern zur derzeitigen Schulsituation als überflüssig oder unberechtigt erscheinen.

Niemand sagt etwas oder bewegt sich. Frau Rasch macht weiter und ermahnt die Eltern in Worten, die sie kennen, seit sie ihr erstes Kind in die erste Klasse eingeschult haben: Sie müßten ihrem Kind Anerkennung und Lob zuteil werden lassen; sie müßten dem Kind bestätigen, daß es etwas gut gemacht hat und beim nächsten Mal noch besser machen wird. Es ist außerdem wichtig, daß die Kinder ein nahrhaftes Frühstück zu sich nehmen und daß sie einen Platz haben, an dem sie ungestört ihre Hausaufgaben erledigen können.[11] Ein beratender Pädagoge hat es einmal so gesagt: Ein Kind darf nicht abgelenkt werden und seine Schulaufgaben unterbrechen oder ganz liegen lassen, etwa indem es aus dem Fenster guckt oder Musik hört. »Ablenkung bedeutet, daß man einem Problem den

Rücken zukehrt«, was zu Konzentrationsstörungen führt. Am Ende dieser Ausführungen, die sehr viel länger dauern, als ich hier wiedergebe, wird den Eltern eine Liste mit Worten ausgehändigt, die dazu dienen soll, den Wortschatz des Kindes zu überprüfen und zu trainieren, denn »es ist offensichtlich, daß der Wortschatz der Kinder zu klein ist«.

Von Zeit zu Zeit werden Fachleute aus einer Universität oder einem Krankenhaus zu Vorträgen eingeladen. Sie betonen nachdrücklich, wie wichtig Erziehung und die sie bedingende hierarchische Ordnung sind.

Bei Diskussionen mit Sachkundigen von außerhalb sind Fragen und Redebeiträge etwas lebhafter als sonst, werden eigene Erfahrungen und Meinungen offener angedeutet. Aber selbst wenn die Fachleute eine gewisse Bereitschaft zeigen zu berücksichtigen, »wie die Dinge wirklich sind«, besteht eine deutliche Tendenz zu unterstreichen, wie die Dinge sein sollten. Das geschieht nicht immer in der Form direkter Ratschläge, sondern in Form von Erklärungen und Mahnungen, durch die bestimmte Verhaltensweisen empfohlen, andere getadelt werden, und zwar so, daß sich alle Überlegungen auf die angeblich wissenschaftlich abgesicherte Information, die vorgetragen worden ist, stützen. Die Eltern werden von den Fachleuten oder den LehrerInnen oft als zu fordernd und zu leistungsfixiert bezeichnet (und »verurteilt«, mal eher milde, mal recht scharf). Und wieder: »Kinder brauchen positive Unterstützung, feste Verhaltensregeln, Lob und Anerkennung sowohl in der Schule als auch zu Hause.« Die Schule wird dabei einbezogen, wenn der/die RednerIn nicht zum LehrerInnenkollegium im jeweiligen Ort gehört.

»Es ist heute wichtiger als je zuvor, daß wir uns mit Erziehungsproblemen auseinandersetzen.« So beginnt ein Pädagoge der Universität Erlangen seinen Vortrag und ordnet sich damit ein in die lange Reihe deutscher Pädagogen, die sich angesichts drohender sozialer Katastrophen eine wichtige, wenn nicht die einzige, Abhilfe von geeigneten Erziehungsmethoden versprochen haben. Dieser Standpunkt beinhaltet Vorstellungen von *Schuld* und Verantwortung, ein ganz allgemein für relevant gehaltener Aspekt sozialen Handelns. Wessen Fehler ist es, daß alles falsch läuft? Wer ist schuld daran? Der Hauptkonflikt besteht zwischen Schule und Elternhaus. Die LehrerInnen sind sich einig, daß die Eltern von ihren Kindern zu viel verlangen, die Eltern sehen es umgekehrt. Oft wird behauptet, die Eltern kümmerten sich nicht genug um die Kinder und seien zu nachgiebig, doch andererseits wird festgestellt, daß »auch zu viel und zu hart bestraft« wird. Kinder müssen belohnt, gelobt und geliebt werden, so der Referent. Den Meinungen von Fachleuten zufolge scheint es so, als wären Eltern dazu mehr oder weniger unfähig. Eltern stimmen dem vielleicht sogar zu, weil es nicht um konkrete Fälle geht, die Beispiele generell und abstrakt gewählt sind und gewöhnlich über »die anderen« gesprochen wird.

Es wird Bezug genommen auf die Entwicklungs- und Lernpsychologie, manchmal auch auf die Psychoanalyse, hin und wieder sogar auf die Ethnographie. Der Pädagoge von der Universität Erlangen erklärt den Eltern und LehrerInnen, daß ein Kind von Geburt an bestrebt ist zu lernen. Dies gehe zurück auf die erste Phase der Nahrungsaufnahme, in der der Mund das Zentrum der Erkenntnis und die Mutter(-brust) die gute Nahrungsquelle sei. Dieser Prozeß des Nährens/Gebens und der notwendig darauf folgenden Frustrationen seien die Voraussetzungen von Lernen. Die Arapesch in Neu-Guinea, berichtet er, stillen ihre Kinder sehr lange, und deshalb seien die Arapesch glückliche und zufriedene Menschen, zeigten aber keinerlei Leistungsstreben. Von den Deutschen werde oft gesagt, sie seien zu leistungsorientiert, setzten die Schulkinder zu sehr unter Druck, aber die Lebensart der Arapesch sei wohl auch nicht ideal. Der Pädagoge verweist auf die vielschichtige Problematik der Ausgewogenheit zwischen einem verwöhnenden Übermaß an Belohnungen, Lob und Süßigkeiten einerseits und hohen Leistungsforderungen und der Notwendigkeit von Strafe andererseits. Der Lernprozeß beinhaltet ein gewisses Maß an Unglücklichsein.

Wenn die Auffassung vertreten wird, die Eltern hätten zu hohe Ansprüche an ihre Kinder, wie der Schulleiter und einige »aufgeklärte« Eltern meinen, sind andere Eltern eher geneigt, die »Gesellschaft« oder die Lebensumstände, was oft auf das Fernsehen abzielt, verantwortlich zu machen. Darauf können Eltern und LehrerInnen sich – ideologisch – leicht einigen, denn auch die LehrerInnen klagen über den Fernsehkonsum der Kinder. Kinder werden durch das Fernsehen überstimuliert. »Sie gucken zu viel«, sagen die LehrerInnen, und das liegt ihrer Meinung nach daran, daß die Eltern unfähig sind, »nein« zu sagen, auch weil sie selbst zu viel fernsehen. Zuviele Ablenkungen und Anforderungen behindern das Lernen. Hier ist Erziehung von allergrößter Bedeutung, was die Familie ins Zentrum der Aufmerksamkeit rückt. Durch Erziehung ist sehr viel zu erreichen, was die Konzentrationsfähigkeit betrifft. Als Eltern befinden sich die Leute in einer Falle: Sie sollen am Lernen der Kinder Anteil nehmen, zu Hause mit ihnen üben, ihnen bei Bedarf helfen, aber sie sollen es nicht übertreiben, damit das Kind nicht zu abhängig wird. Zugleich sollen sie die Kinder nicht überfordern, sondern loben.

LehrerInnen beschreiben die ideale Familie, und für die Eltern ist es sehr schwer, solchen Beschreibungen zu widersprechen, da sie keinen Grund zum Widerspruch haben; sie wissen jedoch, wie es bei ihnen zu Hause tatsächlich zugeht. Das steht aber auf einem anderen Blatt, und in Anwesenheit von LehrerInnen und anderen Eltern wird darüber nichts geäußert. Obwohl oft selbst Eltern, sind auch LehrerInnen nicht daran interessiert, ihre eigenen Probleme, Ängste und Fehler offenzulegen. Sie möchten ihre eigene Situation und Verhaltensweisen lieber als exemplarische Belege für ihre Ideale darstellen. Insofern stehen sie dann als Vorbilder da, von denen andere lernen können, werden nicht als Individuen erkennbar, die in Frage gestellt oder kritisiert werden können oder von denen Hilfe zu erwarten ist.

Für Eltern stellen ihre Kinder immer ein Risiko dar, das Risiko, aus der Anonymität heraustreten zu müssen und in der Öffentlichkeit erkennbar zu werden. Was die Kinder tun und sagen, ihre Leistungen und Mängel, gelten als Widerspiegelungen des Verhaltens, der Denkweise oder gar des Erbgutes der Eltern. Doch das Letztere will sich niemand zur Last legen lassen. *Veranlagung* verweist in eine unbekannte Ferne, wenn es nach den Eltern geht. Die LehrerInnen hingegen sind eher geneigt, die jeweilige biologische Ausstattung in die Diskussion einzubeziehen, wenn es zur Deutung einer Situation dienen kann. Eltern und LehrerInnen vertreten also gemeinsam eine bestimmte Auswahl von Vorstellungen auf der Ebene der Verallgemeinerung, setzen sie aber nicht auf die gleiche Art um; und ihre Ausdrucksweisen unterscheiden sich ebenso wie ihre sozialen Positionen, wenn sie sich bei bestimmten Gelegenheiten treffen. Die Eltern befinden sich wegen ihrer Kinder auf dem Prüfstand, die LehrerInnen wegen der Eltern; aber die LehrerInnen müssen sich zudem gegenüber ihren Vorgesetzten verantworten und in letzter Instanz gegenüber dem Staat, der ihnen den sicheren Status als Beamte gewährt, wenn ihre Loyalität sich als verläßlich erweist.

Ordnung und das Problem der Differenz

Die Herstellung von Ordnung ist in Linden ein fundamentales Interesse, aber ihre Gewährleistung ist durchsetzt mit Schwierigkeiten. Eins dieser ideologischen Probleme von entscheidender Bedeutung ist die Frage, wie mit Unterschieden umzugehen ist, wie sie zu definieren und zu erklären sind. Wenn Ordnung eine Sache von Einheitlichkeit und Ganzheit ist, sind Unterschiede dann ein Hindernis für dieses Ordnungsstreben? Ich will dieses spezielle Problem eines Individualismus, der Gleichheit als einen seiner wesentlichen Werte sehr hoch schätzt, an Hand einiger Beispiele aus dem Zusammenhang der religiösen und sexualitätsbezogenen Erziehung in der Schule in Steingrund verdeutlichen. Bestimmte Inhalte des Lehrplans werden für heikler gehalten als andere, vor allem solche, die Glaubensfragen und Sexualität betreffen. Ich denke, daß diese Themen teilweise deshalb so umstritten sind, weil es dabei darum geht, wie Unterschiede betrachtet und ob sie akzeptiert werden. Es gibt ein Bestreben, Differenz in Gleichheit umzudefinieren, was zugleich eine Methode zur Definition von Ordnung ist.

Dies wiederum hat zu tun mit der Vieldeutigkeit der Beziehung zwischen Ordnung und Auffassungen von Gleichheit und Freiheit.

Es ist Zeit für den Religionsunterricht in der Klasse von Frau Zeiger. Sie erteilt diesen Unterricht einmal pro Woche, zweimal in der Woche übernimmt das der Pfarrer von Altheim. Sie liest oft eine kurze Geschichte aus dem Lehrbuch für den Religionsunterricht vor, die alle eine religiöse Botschaft vermitteln sollen: gut zu sein, sich gut zu benehmen, nachdenklich, großzügig und hilfsbereit zu sein. Diesmal geht es um einen kleinen Jungen in Südafrika, einen schwarzen Jungen, der seine Eltern verloren hat und überall nach ihnen sucht. Während des Suchens stößt er immer wieder auf Verbotsschilder, die sich gegen den schwarzen Bevölkerungsteil richten, was ihn sehr unglücklich macht. Die Moral der Geschichte lautet: *Alle Menschen sind gleich.* Deshalb ist es nicht richtig, daß er so schlecht behandelt wird. Es sind lediglich Hautfarbe, Sprache, Aussehen, Kleidung und Nahrung, die Unterschiede zwischen den Menschen schaffen. Die Kinder hören kommentarlos zu. Einige Male stören sie durch leises Getuschel, dann bringt Frau Zeiger sie seufzend zum Schweigen.

Die religiöse Erziehung vollzieht sich weitgehend nach dieser Methode, also mit Hilfe von Geschichten über Kinder, die in Schwierigkeiten geraten. Es geht darum, daß die Kinder die moralische Botschaft erfassen: Vergebung ist wichtig; wir sind alle gleich; schlechtes Benehmen kann ein Zeichen von Unglück und Einsamkeit sein usw. Die Kinder werden aufgefordert, sich in die Situation von anderen zu versetzen, ihre eigenen Erfahrungen mit der jeweils beschriebenen Situation in Zusammenhang zu bringen. Es geht ständig darum, wie Dinge sein sollten und welche Gefühle jeweils angebracht sind. LehrerInnen und SchülerInnen können durchaus darin übereinstimmen, wie die Dinge sein sollten, aber die tägliche Praxis läuft eher darauf hinaus, daß Ideal und Wirklichkeit auseinanderklaffen. Die moralisch-sittlichen Ideale werden als erstrebenswerte Ziele beibehalten, aber die Alltagserfahrung entspricht diesen Wertsetzungen nicht, es sei denn, sie wird im Sinne einer klaren Gegenüberstellung von Gut und Böse umformuliert. Die Geschichten bieten Modelle an, und die Kinder müssen sich mit der Idee vom *Vorbild* identifizieren, nicht so sehr mit der Komplexität des Inhalts.

Die LehrerInnen vermuten, daß die meisten Eltern protestieren würden, wenn sie den Verdacht hätten, daß die Kinder eine unzureichende religiöse Unterweisung erhielten, spätestens aber, wenn die Zahl der Religionsstunden reduziert würde. Nach Äußerungen bei verschiedenen Gelegenheiten zu urteilen, sind die Lindener, insbesondere die Eltern von Schulkindern, sehr daran interessiert, daß die Kinder nicht nur über das Leben Jesu und die Funktionen der Kirche informiert werden, sondern auch über die Notwendigkeit, »gute Gläubige« zu sein, den Regeln der Kirche zu entsprechen. Es wird davon ausgegangen, daß auch die »Religion« dazu beiträgt, den Kindern ein gutes Benehmen beizubringen. Das bedeutet nicht, daß alle Eltern wirklich gläubige Christen oder treue Kirchgänger sind, sondern beweist, daß niemand bereit ist, das Risiko einzugehen, öffentlich zu bekennen, nicht zu den Gläubigen zu gehören. Solange Kinder Kinder sind, sollen sie nichts von den Zweifeln der Erwachsenen wissen, denn das könnte die Moral des Kindes und das Ansehen der Familie untergraben.

Die meisten LehrerInnen sind keine besonders leidenschaftlichen Gläubigen, manche gehen nicht regelmäßig, andere gar nicht zur Kirche, was sie mit etlichen Eltern gemeinsam haben. Aber das wird diskret behandelt, wird von den LehrerInnen den Kindern gegenüber nicht angesprochen. LehrerInnen, die sich in diesem Dilemma befinden, fühlen sich entlastet, wenn sie in einem anderen Ort als dem Schulort wohnen können, so daß sie nicht ständig beobachtet und kontrolliert werden. In einem Punkt sind sich aber alle einig, wenn es nämlich um das Thema Atheismus geht. Niemand, ob gläubig oder nicht, wird irgendeine atheistische Tendenz unterstützen. Es geht einen Schritt zu weit, offen zu erklären, kein gläubiger Christ zu sein, oder Gott und die Mutter Maria in Abrede zu stellen. Das ist mit einem unbekannten Risiko behaftet, sowohl gesellschaftlich wie ontologisch, weil das Handlungsfeld ohne verbindliche Perspektiven und Regeln und potentiell destruktiv zurückgelassen wird. Durch das Medium der Religion, des Christentums, können moralische Werte wie Demut, Nächstenliebe, Freundlichkeit, Loyalität universelle Geltung erlangen und der kritischen Diskussion entzogen werden.

Der andere Stolperstein in der Schule ist die Sexualität, die Sexualerziehung, die auch als *Aufklärung* bezeichnet wird. Was sollen die LehrerInnen den SchülerInnen darüber sagen? Diese Frage wird nicht nur an den einzelnen Schulen, sondern bundesweit diskutiert. Zumindest in Bayern sind in bezug auf den Sexualkundeunterricht Proteste von Eltern und Politikern laut geworden. Dem Lehrplan zufolge soll mit der Sexualerziehung schon in der ersten Klasse begonnen werden. Aber LehrerInnen können das ablehnen, was zum Beispiel Frau Heim von Anfang an getan hat. Viele LehrerInnen sympathisieren mit dieser Haltung. Viele CSU-Politiker waren der Meinung, daß mit Sexualerziehung frühestens in der dritten Klasse begonnen werden sollte und die Eltern ein »natürliches Recht« haben zu entscheiden, ob ihr Kind in der Schule überhaupt Sexualerziehung erhalten soll oder nicht. Sie proklamierten: »Die Schule soll mit dem Elternhaus zusammenarbeiten.«

In der Schule sollen nur die »biologischen Fakten« behandelt werden, ohne jede Bewertung. Das Konzept besagt, daß die Schule die Eltern darüber informiert, was den Kindern gesagt werden soll, welche Filme gezeigt werden, welches schriftliche Material im Unterricht eingeführt werden soll usw. In Steingrund sind Frau Rasch und Frau Zeiger verpflichtet, zu diesem Thema einen Elternabend zu veranstalten, damit die Eltern sich mit ihren Vorschlägen zur Sexualerziehung einverstanden erklären. Die beiden Lehrerinnen sind außergewöhnlich gut auf dieses Treffen vorbereitet, weil sie wissen, daß zwar die meisten, wenn auch nicht alle Eltern eine Art von Sexualkunde akzeptieren. Manche Eltern fühlen sich entlastet, daß die Schule Sexualkundeunterricht erteilt. Das gibt ihnen die Möglichkeit, das Thema zu Hause zu umgehen, mit ihren Kindern nicht darüber zu sprechen. Sie müssen ihre eigenen Auffassungen zu diesem Thema nicht äußern, und unter diesem Aspekt gibt es eine Ähnlichkeit zwischen dem Umgang mit Sexualität und Sexualkunde einerseits und dem religiösen Zweifel und Religionsunterricht anderseits.

Frau Rasch referiert über das Thema Kinder und Sexualität. Sie ist gut vorbereitet und wird sich von den Eltern nicht aus der Ruhe bringen lassen, sollte jemand das versuchen wollen. Sie ist, so scheint es, gut informiert und aufgeschlossen, spricht über das Kind als sexuelles Wesen und als Teil der Gesellschaft. Es folgt die Erklärung, daß das Kind sexualisiert und die Sexualität eine »gesellschaftliche« Angelegenheit ist. Kinder empfinden schon sehr früh sexuelle Neugier und Lust in bezug auf ihren Körper, schon kleine Kinder suchen nach Selbstbefriedigung und sollten nicht daran gehindert werden. Kinder wachsen in der Familie als sexuelle Wesen auf, denn diese Entwicklung beginnt schon sehr früh. Deshalb hängt es sehr stark von den Eltern ab, was aus der Sexualität der Kinder wird. Mann und Frau haben verschiedene sexuelle Gefühle, so sagt sie, und Männer und Frauen übernehmen verschiedene Rollen sowohl in der Familie als auch außerhalb. Die Eltern müssen ihre Kinder deshalb zu Toleranz und *Liebesfähigkeit* erziehen.

Sie spricht über »Offenheit«, daß die Eltern es wagen sollten, sich vor den Kindern nackt zu zeigen. Sie tue das auch. Sie ziehe sich auch in Gegenwart der Mädchen aus, wenn sie sich vor und nach dem Turnen umziehen müßten. »Zuerst wurde viel gekichert, auch im Verhältnis der Mädchen untereinander, aber das hat sich jetzt gegeben.« Das soll bedeuten, daß Nacktheit, Sexualität, etwas ganz Natürliches ist und nichts, was Staunen oder Scham erregt, wenn erst einmal klar ist, daß es keinen Grund mehr gibt, solch ein Aufhebens davon zu machen, irritiert oder geschockt zu sein oder es peinlich zu finden. Um zu zeigen, wie widersprüchlich die Einstellungen sind, weist sie darauf hin, daß »überall pornographische Darstellungen gezeigt werden, Pornomagazine sogar in manchen Wohnungen herumliegen, aber Frauen ohne BH als obszön gelten«. Sie hält das für schlicht absurd. »Alle diese sexuellen Tabus müssen aufgebrochen werden.« Zugleich betont sie die Notwendigkeit, Toleranz einzuüben. Sie will hier keinesfalls »freie Liebe« oder einen »unkonventionellen Lebensstil« propagieren; sie will diese nur erwähnen, die SchülerInnen auf Vorurteile aufmerksam machen, auf die vorhandenen Tabus und darauf, welche Probleme sie schaffen. »80 Prozent haben Geschlechtsverkehr im Dunkeln«, was ihrer Meinung nach sehr bezeichnend ist, weil »die Leute sich noch nicht einmal vor ihrer Frau oder ihrem Mann nackt zu zeigen wagen, selbst in dieser Situation sich und ihre Gefühle noch verstecken.«

Die Eltern sitzen still da, und Frau Rasch fährt fort, bis sie auf die Sexualerziehung in der Schule zu sprechen kommt. Es ist ihr gelungen, den Boden recht weitgehend zu bereiten, so daß sich niemand besonders aufgerufen fühlt, ihrer »modernen Auffassung von Sexualität« zu widersprechen. Sie bleibt, trotz aller scheinbaren Offenheit, sehr allgemein, was Sexualität und sexuelle Gewohnheiten angeht, und bezieht sich zum Teil auf »wissenschaftliche Untersuchungen«. Sie scheint nie über Anwesende zu sprechen, auch nicht über sich selbst, obwohl sie einige ihrer eigenen Praktiken erwähnt, allerdings als eine Art modellhaften Verhaltens, was ihr die Rolle eines *Vorbilds* einbringt.

Wie alle Anwesenden erwartet haben, stellt Herr Klemm das gesamte Konzept der Sexualerziehung in Frage. Er führt aus, daß manche Kinder geschockt sein könnten, wenn sie aus Familien kämen, in denen nicht über solche Dinge gesprochen werde, und fügt hinzu: »Es kann durchaus Kinder geben, die an solchen Angelegenheiten nicht interessiert sind.« Andere Eltern äußern sich nicht zu diesen Ansichten, manche lächeln bei seinem letzten Argument still vor sich hin. Frau Rasch atmet auf, weil sein Protest so milde ausgefallen ist, und versichert ihm, daß sie so diskret wie möglich vorgehen werde. Sie erlaube keine *nicht gesellschaftsfähigen Worte* für Geschlechtsorgane, keine vulgären Ausdrücke. Sie betont im Unterricht, wie sie sagt, daß Menschen verschieden sind: »Manche Menschen sind schwarz, andere weiß, gelb oder rot, und manche sind *Männlein*, andere *Weiblein*. Und wegen dieser Unterschiede müssen wir lernen, tolerant zu sein.« Die Idee der Toleranz stammt aus dem Religionsunterricht, wo in den dort erzählten Geschichten Akzeptanz und Versöhnung hervorgehoben und als moralische Werte vorgestellt werden. Die Schlußfolgerung ergibt, daß wir alle gleich sind, unsere Unterschiede nur oberflächlich sind und deshalb nachsichtiges Verständnis am Platze ist, denn anders zu sein als andere ist nicht als besonderes Verdienst zu betrachten.

Durch den Religions- und Sexualkundeunterricht tritt die schwierige Frage in den Vordergrund, wie Unterschiede zu verstehen und zu definieren sind. Wesentlich für die pädagogischen Themen, die für die gegenwärtige Debatte in der Bundesrepublik wie in anderen westlichen Ländern von zentraler Bedeutung sind, sind die Ansichten über Demokratie, Freiheit und Gleichheit, die ich alle im

Begriff der *Chancengleichheit* einbezogen sehe. Diese Werte haben eine anerkannte programmatische Bedeutung, und sie sollen den Kindern vermittelt werden, damit sie fähig sind, einen Beitrag zur Aufrechterhaltung der verfassungsgemäßen, für positiv gehaltenen Gesellschaftsordnung zu leisten. Aber es bleibt ein Problem, wie diese erhabenen Werte in ihrem Bezug zu den Erfahrungen im sozialen Umfeld erklärt werden können. Wie sind die Ideen von Gleichheit oder Ähnlichkeit und Unterschiedlichkeit in Einklang zu bringen? Offensichtlich gibt es alle Arten von Unterschieden zwischen Menschen. Manche sind leicht zu beobachten, zu erkennen, zu begreifen; andere sind weniger genau bekannt und bestehen mehr in der Phantasie. Das gilt auch für Ähnlichkeiten; sie sind »real«, und sie sind Produkte der Imagination.

In den Unterrichtsstunden wird deutlich, daß Unterschiede nur so lange toleriert werden, wie sie nicht wirklich »einen Unterschied machen«. Es sind nicht »die differenten Unterschiede«, die von dieser Ideologie der Toleranz akzeptiert werden; diese Ideologie verlangt vielmehr eine Umdefinition des Unterschieds in Gleichheit. Aus irgendwelchen Gründen ist es nicht gestattet, sich zu sehr voneinander zu unterscheiden, denn »die Wirklichkeit« ist schließlich nicht irgendeine Realität, sondern eine, die getränkt ist mit den Idealen, die für die Menschen in Linden die Wirklichkeit wirklich machen.

Das ist nicht nur die besondere Einstellung der LindenerInnen, sondern Ausdruck eines umfassenderen gesellschaftlichen Zusammenhangs, in dem sie leben. Die ziemlich hierarchischen Werte von Ordnung und Einheitlichkeit treten in Widerspruch zu den Vorstellungen über das freie und bis zu einem gewissen Grad ungebundene Individuum. Was Frau Rasch über die Toleranz gegenüber Unterschieden sagt und was im Religionsunterricht von anderen LehrerInnen vorgebracht wird, läßt nicht unbedingt Mitleid mit anderen oder das Hoffen auf eine bessere Welt vermissen, aber in der Praxis geraten sie in eine »modernistische Falle«, wenn ich das mal locker so nennen darf. Offen und ohne Umschweife läßt sich feststellen, daß Frau Rasch Differenz nicht toleriert, es sei denn mit Hilfe ihrer Neudefinition des Unterschieds nach dem Motto »alle Menschen sind gleich«. Und dieser Idee liegt die Annahme zugrunde, daß alle Menschen unter bestimmten Voraussetzungen einander gleich sind, wodurch sie letztlich alle Menschen zu guten LindenerInnen oder zu guten Deutschen macht. Es gibt keine andere Welt, die man erleben und wirklich kennen kann, als die eigene, und trotzdem muß Frau Rasch sich als aufgeklärte moderne Person erweisen, die Zugang zu Informationen über andere Menschen hat, über die sie nichts weiß und die sie nicht erlebt hat. Um das Fremde zu verstehen und über das Verstandene anderen etwas beibringen zu können, muß es in etwas umgedeutet werden, was ist wie sie selbst, also wie die Welt, in der sie lebt und über die sie etwas zu wissen glaubt. Ich behaupte nicht, daß Frau Rasch lügt oder bewußt manipuliert, sie vermengt vielmehr ihre eigenen Auffassungen mit bestimmten christlich-abendländischen Vorstellungen von Universalismus und den Bedeutungen, die diesen universalistischen Vorstellungen durch die besonderen Eigenarten der deutschen Gesellschaft gegeben werden.

Der vielschichtige Prozeß des Lernens, wie er in den Schulen vor sich geht, vollzieht sich in der Auseinandersetzung mit dem Thema Ordnung, wie das auch schon im Kindergarten der Fall war. Diese kleine »Perle« SchülerIn, von der Herr Pfarrer Kreis bei der Einschulung spricht, die sich unter ideologischen Aspekten von all den anderen Perlen nicht unterscheiden läßt, bewegt sich innerhalb einer Ordnung, für die alle individuell Verantwortung tragen. Die Lernerfolge des einzelnen Kindes sind Signale der Bereitschaft, diese Ordnung zu verstehen und sich ihr durch Einordnen zu unterwerfen. Aber es wird nicht erwartet, daß Kinder sich immer und in jeder Hinsicht fügen. Es wird angenommen, daß Kinder eine große Menge von Energie in sich haben und einzigartige Wesen sind, was beides zu den Voraussetzungen von Ordnung gehört, zugleich aber eine Gefahr für ihre Aufrechterhaltung darstellt. Wenn Kinder Grenzen erkennen und anerkennen sollen, dann müssen sie zunächst von Erwachsenen dazu erzogen werden. Das Plädoyer von Frau Rasch im Sinne von Gleichheit ist solch ein Versuch, von ihrem modernen Standpunkt aus.

Gewiß, Menschen konstruieren ihre Welten durch viele Arten der Herstellung von Ordnung, also durch Klassifizieren, Erkennen von Unterschieden und Ähnlichkeiten, und indem sie selbst einen Platz einnehmen in Relation zu dieser Welt, ob sie nun aus eigenen Erfahrungen bekannt ist oder nicht. Der Begriff der Ordnung als solcher steht jedoch nicht immer im Zentrum dieser ordnenden Tätigkeit, die Ordnung als ausgewiesenes Ziel, als bestimmter »eigener Inhalt« oder Selbstzweck. Gleichwohl hat Ordnung, wie ich nachzuweisen suchte, Konnotationen jenseits seiner scheinbar zu beobachtenden Aspekte. Ordnung ist ein »Schlüsselsymbol«, Teil eines ontologischen Interesses. Deshalb entfalten die Vorstellungen über die Notwendigkeit des Lernens und über das richtige Formen der Persönlichkeit eine große Wirkung. In der Praxis scheint jedoch nichts so eindeutig zu sein, und »Kultur« ist, wie wir wissen, eine nie endende und komplexe Auseinandersetzung.

6 Das Individuum einbeziehen: Ansprüche der Kirche

Die Kirche liegt im Zentrum von Linden, und das nicht nur im wörtlichen Sinne. Sie hat auch eine zentrale Bedeutung für das Leben der EinwohnerInnen des Ortes. Das heißt nicht, daß alle LindenerInnen ohne Wenn und Aber religiös sind, sondern bedeutet, daß die Kirche ein fester Bestandteil ihres gesellschaftlichen Lebens ist und ihr Bewußtsein, zur Gemeinschaft der LindenerInnen zu gehören, prägt. Sie hat zudem einen enormen Einfluß auf die Erziehung der Kinder und Jugendlichen. Daß sich daraus Konflikte ergeben, widerspricht dieser Feststellung nicht unbedingt, denn Konflikte und Ambivalenzen sorgen für einen ständigen Prozeß des Überlegens und Meinungsaustauschs, was die tatsächliche bzw. die gewünschte Lebensweise angeht.

Die Kirche setzt Zeichen zur Orientierung in Zeit und Raum, sie deutet den Sinn von Routine und Krisen des gesellschaftlichen Lebens. Das Jahr ist durch Rituale, Prozessionen und Umzüge, Festlichkeiten, Veranstaltungen und Seminare in kürzere oder längere Abschnitte gegliedert, von denen sehr viele mit der Kirche zu tun haben. Der alljährliche Zyklus von Jahreszeiten und Festen sorgt für die verhaltensorientierende und sinnstiftende Umsetzung des christlichen Kalenders und dessen örtliche Interpretation mit allen ihren Hinzufügungen und Abweichungen. Die Zeit stellt sich als immer neue Vergegenwärtigung von Ereignissen dar, die in einem Zusammenhang mit dem Leben Jesu stehen, vor allem Fastenzeit und Ostern, Pfingsten und Weihnachten. Nationalstaatliche Gedenktage haben auch im kirchlichen Rahmen ihren Platz gefunden, wie zum Beispiel der Volkstrauertag, an dem der Kriegstoten gedacht wird. In leicht abgewandelter Form werden obendrein politische Botschaften in den sogenannten *Hirtenbriefen* verkündet, etwa die Mahnung, die CSU zu wählen.

Mehr als 90 Prozent der LindenerInnen sind der Gemeindestatistik zufolge Mitglieder der römisch-katholischen Kirche, die anderen sind ProtestantInnen. Das entspricht den Verhältnissen in fast der ganzen Region, wenn es auch in einigen der größeren Kommunen genügend ProtestantInnen gibt, um eine eigene Kirchengemeinde zu bilden und eine Kirche zu unterhalten. Das trifft zum Beispiel für Brücken zu. Eine jüdische Gemeinde gibt es dort nicht mehr. Es leben wieder einige Juden in der Gegend, vor allem in den größeren Städten. Die Synagoge in Brücken wurde während des Pogroms am 9. November 1938 niedergebrannt und ist nicht wieder aufgebaut worden. In allen Teilen der Bundesrepublik leben zugewanderte Muslime; die meisten von ihnen stammen aus der Türkei. Zu ihnen haben die LindenerInnen jedoch keinen Kontakt, es sei denn an ihrem auswärtigen Arbeitsplatz.

Es gibt vielfältige Beziehungen zwischen Kirche und Familie, Kindergarten und Schule, aber auch zwischen Kirche und Kommunalpolitikern und Vereinen. In früheren Epochen hatte die Kirche einen größeren Einfluß auf die Menschen, doch auch heute noch erhebt sie einen gewissen Anspruch auf Allwissenheit und umfassende Zuständigkeit. In Linden wird viel über das »In-die-Kirche-Gehen« gesprochen, womit pauschal das Problem der Beziehung zwischen Glauben und Handeln und der Einfluß der Kirche auf das soziale Leben und das Denken der Menschen gemeint ist.

Dieses Kapitel befaßt sich mit verschiedenen Eigenheiten des kirchlichen Lebens und stellt oft Aktivitäten des Pfarrers in den Mittelpunkt, weil er ein prominenter Verfechter der »Gemeinde als Gesamtheit« und der »Modernität« ist. Es wäre jedoch irreführend, anzunehmen, die Kirche wäre der einzige wichtige Rahmen von Denken und Geselligkeit der LindenerInnen. Die Deutschen sind bekannt für ihr lebhaftes *Vereinsleben*, das es auch in Linden gibt. Mein Augenmerk ist jedoch vor allem darauf gerichtet, welche erkennbaren Erziehungsbemühungen die LindenerInnen unternehmen, welche Einrichtungen zu diesem Zweck geschaffen worden sind und wie die Kinder zwischen ihnen hin und her wechseln. In diesem Zusammenhang hat die Kirche eine sehr viel größere Bedeutung als der Gartenbauverein oder die freiwillige Feuerwehr und ist der Einfluß der Kirche sogar größer als der von Musik- oder Sportverein, selbst wenn die letzteren einen immer größeren Raum im sozialen Leben der Heranwachsenden einnehmen, je älter sie werden. Diese Vereine treten nicht an die Stelle der Kirche, sondern wirken Seite an Seite mit ihr, allerdings manchmal im Gegensatz zu ihr. Dies trifft, worauf ich bereits hingewiesen habe, ganz besonders für die Beziehungen zwischen der Kirche und dem Sportverein zu, und zwar ungeachtet der Tatsache, daß einige Vorstandsmitglieder von Sportverein und Kirchengemeinde ökonomisch und politisch eng miteinander verbunden sind.

Der Pfarrer lebt seit einigen Jahren in Linden (seit er den weniger aktiven und nun pensionierten Pfarrer abgelöst hat, der viele Jahre in Linden gewesen ist), nachdem er etwas mehr als zwanzig Jahre in einer nicht weit entfernten Gemeinde tätig gewesen ist. Er scheint entschlossen zu sein, das Geschehen in Linden deutlich zu beeinflussen, und manchmal tritt er wie ein gewiefter Unternehmer auf. Er ist in Linden zwar ein Außenseiter (wie es Pfarrer fast immer sind), nimmt aber aus jedem sich irgendwie bietenden Anlaß am öffentlichen Leben teil, von kirchlichen bis zu sportlichen Veranstaltungen oder auch Faschingsbelustigungen; außerdem übt er einen erheblichen politischen Einfluß aus und setzt dazu die ihm durch die Kirche in die Hand gegebenen Mittel bewußt ein. Er beansprucht, als »traditionelle Autorität« zu gelten, ist aber zugleich bestrebt, »modern« zu sein und dem Zeitgeist zu entsprechen, indem er Veranstaltungen organisiert, die Lindens Einheit und Zusammengehörigkeit demonstrieren. Viele finden ihn und den engeren Kreis von Kirchenvorstandsmitgliedern um ihn herum zu aktiv und mißbilligen seine hegemonialen Ansprüche. Aber viele EinwohnerInnen sind auch der Auffassung, daß er dazu beiträgt, Linden zu einer lebhaften und ereignisreichen Gemeinde zu machen und dem Ort dadurch ein hohes Ansehen zu verschaffen. In meiner Darstellung sollen die Kirche und Pfarrer Kreis bestimmte Möglichkeiten des Denkens und Handelns in Linden repräsentieren und zusammenfassen, die sowohl »gute Tradition« sind als auch der »modernen Entwicklung« Rechnung tragen und sich auf Themen beziehen, die für viele LindenerInnen eine vitale Bedeutung haben. Dazu gehören die Beziehungen zwischen Individuum und Gesellschaft, abrißartig verdeutlicht im Begriff der Erziehung.

Glaube und Kirchgang in Linden

»*Als Kind muß man in die Kerch' geh'n*! So ist das eben.« So sagt es eine junge Mutter, ohne es für nötig zu halten, dafür eine Begründung zu geben. Warum muß ihr Sohn hingehen, warum mußte sie es tun? Sie hat nie danach gefragt, sagt sie, sie ist eben hingegangen, und nun achtet sie darauf, daß auch ihr Sohn hingeht. Er protestiert zwar, *macht jeden Sonntag ein Riesentheater* deswegen, aber erfolglos. So wachsen die Kinder hier nun mal auf, mehr ist dazu nicht zu sagen. Sie bezieht sich auf maßgebliche Autoritäten außerhalb der Familie, etwa LehrerInnen oder Pfarrer, und auf die eigene Motivation: Es geht einfach darum, sich seinen guten Ruf zu erhalten. Früher wurden die Kinder von den LehrerInnen kontrolliert, die jedesmal fragten, wer am vergangenen Sonntag in der Kirche war und wer nicht. »So ist es heute nicht mehr. Die LehrerInnen kümmern sich heutzutage nicht mehr darum, aber der Pfarrer tut es, das ist sicher. Du wirst nicht respektiert, wenn du nicht zur Kirche gehst.« Diese Meinung teilt sie mit vielen anderen. Doch ihr Mann ist im Gegensatz zu ihr nicht der Auffassung, daß der Pfarrer Einfluß auf seine Reputation hat; aber trotzdem hält er es für richtig, daß Kinder in die Kirche gehen müssen.

Es ist erforderlich, die Kinder im Glauben zu unterweisen, denn ohne Glauben zu sein bedeutet fast, kein Mensch zu sein,[1] nämlich das Schlechte und Unordentliche zu akzeptieren, das Gute zu verachten oder gering zu schätzen. Viele Menschen halten den Glauben auch für eine Quelle der Hilfe, des Trostes und der Kraft. Ein Mensch ohne Glauben scheint ihnen verloren. Die Kirche ist eine Art konkreter Inbegriff des Glaubens. Kirchgang bedeutet also Anerkennung und Einüben des Glaubens sowie die Möglichkeit, Zweifel und Unglauben zu verbergen, was für viele Menschen ein Problem ist. Dennoch geht nicht jeder Gläubige zur Kirche. Frau Stiller sagt, daß sie so gut wie nie am Gottesdienst teilnimmt, sich aber nicht vom Glauben lossagen will. Sie stammt sowieso nicht aus Linden und meint, sie könnte sich deshalb etwas mehr nach ihrem eigenen Gutdünken verhalten – eine Situation, die andere eingeheiratete Frauen durchaus anders, genau entgegengesetzt, interpretieren. Solange Frau Stiller zu Hause bei ihren Eltern lebte, war sie jeden Sonntag zum Kirchgang gezwungen worden, ganz gleich, ob sie erst morgens um fünf nach Hause gekommen war. Wenn sie nicht hinging, wurde sie vom Vater verprügelt. Die Messe am Sonntag genügte nicht, sie mußte auch an ein oder zwei Wochentagen in die Kirche gehen. Sie fühlte sich übel dabei. Aber nun achtet auch sie darauf, daß ihr neunjähriger Sohn jeden Sonntag zur Kirche geht, wenn sie ihn auch nicht so unter Druck setzt, wie sie selbst es erlebt hat. Viele Frauen entschuldigen den Unwillen ihrer Männer, zur Kirche zu gehen, damit, daß sie früher als Kinder so oft hätten hingehen müssen, daß sie nun *die Nase voll* hätten. Häufig wird ganz allgemein gesagt, es gelte vorsichtig zu sein, damit die Kinder nicht die Nase voll haben werden, und daß sie nicht gezwungen werden sollten, zur Kirche zu gehen, wenn sie eigentlich noch zu klein dafür sind.

Glauben, Zweifel und Unglauben empfinden die Menschen als problematisch, was zu unterschiedlichen Verhaltensweisen führt. Es gibt auch das ausgesprochene oder unausgesprochene Eingeständnis, daß das Festhalten an den Regeln und Normen der Kirche etwas störend Traditionalistisches an sich hat. Schließlich lebt man im Zeitalter der Wissenschaft, und manchmal ist es schwer, alles zu schlucken, was die Bibel oder der Pfarrer zu sagen haben. Andererseits ist es kaum vorstellbar, nicht zu glauben; es muß einen Gott geben, eine göttliche Macht, eine Kraft, irgend etwas; man kann das Christentum nicht prinzipiell negieren. Am besten ist es, nicht darüber nachzudenken, um keine ernsthaften Zweifel aufkommen zu lassen, ganz gewiß nicht in Gegenwart der Kinder. Was soll denn sonst aus den Kindern werden?!

Als ich mich mit einigen Kindern aus der vierten Klasse unterhielt, erfuhr ich, daß sie ziemlich offen in Frage stellten, daß es einen Gott gibt, oder sogar ganz eindeutig die Möglichkeit seiner Existenz verneinten. Aber darüber sprechen sie weder mit ihren Eltern, noch geben sie es in der Schule zu. Diese Einstellung äußert sich als Spott, Stören oder Unhöflichkeit. Ihr Problem besteht möglicherweise eher darin, zu verstehen, worum es den Erwachsenen geht, und sich mit ihnen und ihren Weltbildern auseinanderzusetzen, als sich ernsthaft damit zu beschäftigen, ob es einen Gott gibt oder nicht und ob der Glaube notwendig ist oder nicht.

Nach Auskunft des Pfarrers kommen ungefähr 50 bis 60 Prozent der Gemeindemitglieder regelmäßig zur Kirche. Vielleicht hat er recht, vielleicht übertreibt er ein wenig. Ich hatte den Eindruck, daß seine Einschätzung ziemlich genau den Tatsachen entsprach. Er kennt die Arbeitsteilung zwischen Männern und Frauen, so wie er weiß, daß einige LindenerInnen nie zur Kirche gehen oder allenfalls an bestimmten Feiertagen wie Ostern und Weihnachten, zu einer Beerdigung oder zur Erstkommunion eines Sohnes oder einer Tochter anwesend sind. »Wir Pfarrer nennen sie *Auswahlchristen*«, sagt der Pfarrer, »sie suchen es sich aus wie im Supermarkt, nehmen, was ihnen paßt, und lassen den Rest liegen. Für sie hält die Kirche ein Angebot unter anderen Angeboten bereit.« Der Pfarrer kritisiert, daß es solchen Menschen an Verantwortung mangelt und sie nicht willens sind, sich vor etwas zu beugen, was jenseits ihrer selbstsüchtigen Wünsche seinen Platz hat. Er legt Wert darauf, den Menschen das mitzuteilen, wenn sich ihm die Gelegenheit dazu bietet. Als zum Beispiel der Vorsitzende des Sportvereins, Herr Thal, plötzlich gestorben ist, weist der Pfarrer bei der Trauerfeier darauf hin, daß Herr Thal nicht gerade häufig in der Kirche gewesen ist, was bedeutet, daß er überhaupt nicht zur Kirche gegangen ist. Selbstverständlich ist das allen bekannt. Doch eine derartige Bemerkung wird als schrecklicher Affront betrachtet, die Leute sind aufgebracht, daß sich der Pfarrer in einem solchen Moment die Freiheit herausnimmt, über den Toten etwas Schlechtes zu sagen, und zwar über eine Person, die in Linden beliebt gewesen ist und »eine Position« innegehabt hat. Der Pfarrer will zum Ausdruck bringen, daß Herr Thal kein guter Christ, nicht *gläubig* gewesen ist. Der Pfarrer nimmt die Gelegenheit wahr, den Sportverein mit einer versteckten Anspielung zu bedenken und das Feuer des tieferliegenden Antagonismus zwischen Kirche und Sportverein auflodern zu lassen. Beide versuchen, miteinander konkurrierend, das öffentliche Leben des Ortes zu dominieren, sind jedoch auch bis zu einem gewissen Grad voneinander abhängig. Mit diesem Vorwurf wendet sich der Pfarrer indirekt auch an diejenigen, die der Kirche fernbleiben, solange es ihnen gut geht, die es aber, wenn das Blatt sich wendet und es ihnen schlecht geht oder sie oder ihnen nahestehende Menschen sterben, für selbstverständlich halten, daß die Kirche und er als Pfarrer für sie da sind. Die Kirche ist bis auf den letzten Platz besetzt, die ganze Kirchengemeinde ist anwesend, da beschließt er, ihnen aus Anlaß dieses Ereignisses das zu verabreichen, was sie, seiner Meinung nach, verdient haben.

Die Kirche hat eine zentrale Bedeutung in bezug auf Macht und Ansehen. Leute, die in Linden eine herausragende Stellung haben und dieses Ansehen in der Politik nutzen wollen, werden in der Regel, anders als Herr Thal, versuchen, jeden Sonntag zum Gottesdienst zu gehen. Das kann auch für ganze Familien gelten, aber es sind meistens Männer, die prestigereiche und politisch einflußreiche Positionen innehaben. In diesem Zusammenhang ist auch die Institution des *Frühschoppens*, die ich schon in Kapitel 3 angesprochen habe, wichtig. Dabei handelt es sich um eine im allgemeinen fröhlich-entspannte Form des Beisammenseins von Männern, um ein den Männern vorbehaltenes Sonntagsvergnügen im Zusammenhang mit Kirche und Familie einerseits und eine wichtige Gelegenheit, politische oder wirtschaftliche Kontakte zu knüpfen und zu pflegen, andererseits.

Für die meisten LindenerInnen ist die Eucharistie eine problembeladene Angelegenheit. Sie ist sehr eng, aber auf eine nicht eindeutig festgelegte Weise mit der Beichte verbunden, was für die Menschen in Linden bedeutet, daß sie nicht zu lange vorher gebeichtet haben sollten, um richtig darauf vorbereitet zu sein, das Sakrament zu empfangen. Was aber unter »zu lang« zu verstehen ist, wird sehr unterschiedlich beurteilt. Manche Leute gehen nur ein- oder zweimal im Jahr zur Beichte, andere beichten fünf- oder sechsmal. Nur wenige Gemeindemitglieder beichten öfter, und es wird nicht mehr verlangt, daß vor jedem Abendmahl gebeichtet wird. Wie oft man nach einer Beichte zur Kommunion geht, ist dem Gewissen und dem Urteil jedes einzelnen überlassen. Die Jugendlichen sind deshalb der Meinung, daß die meisten Erwachsenen kaum Gebrauch davon machen. Diejenigen, die vor jeder Messe beichten, provozieren sehr leicht, daß sie als Leute ins Gerede kommen, die ihre Gläubigkeit und ihr reines Gewissen zur Schau stellen. Viele Menschen fühlen sich wegen der Beichte sehr unwohl und meinen, daß sie etwas Abstoßendes, Kindisches und Unwahrhaftiges an sich habe und daß es den Pfarrer nichts angehe, was sie getan oder unterlassen hätten.[2]

Männer und Frauen haben eine unterschiedliche Beziehung zur Kirche. Bei den Kindern verhält es sich nicht anders. Die Jugendlichen gehen, so klagen viele Erwachsene, nicht oft genug zur Kirche. Das hängt ganz davon ab, ob die Mutter zur Kirche geht und die Kinder von klein auf mitnimmt und später darauf achtet, daß die älteren Kinder auch zum Gottesdienst gehen. Wenn das üblich wäre, »wären sehr viel mehr junge Leute in der Kirche anzutreffen«, so eine weitverbreitete Meinung. Was der Vater tut, wird in diesem Zusammenhang für weniger wichtig gehalten.[3] Daß es nicht gelingt, die Jugend zum Kirchgang zu motivieren, gilt nicht als ein nur in Linden vorhandenes Problem, sondern wird als eine bundesweite Erscheinung, ja, ein die ganze moderne Welt betreffendes Problem gesehen. Deshalb muß die Kirche moderner werden, müssen während der Messe

Fragen aufgegriffen werden, die für die Menschen, ganz besonders die Jugendlichen, relevant sind. Und auch das, was die Leute glauben sollen, muß »realistischer« sein. Herr Bender, ein junger Lehrer, ist ganz entschieden modern, engagiert sich bei Aktivitäten der Kirche und strebt eine einflußreiche Position in seiner neuen *Heimat* an. Drastisch und witzig erklärt er während einer Veranstaltung, er für seine Person interessiere sich nicht besonders für die Jungfrau Maria: »Sie ist nicht mein Typ«, meint er, vor sich hin lachend. Er findet es überflüssig und unsinnig, die Jungfräulichkeit Marias zu idealisieren. Daß Maria existiert hat, ist eine historische Tatsache, sagt er, aber nicht, daß sie als Jungfrau Mutter geworden ist. Er und andere mit ihm halten es für höchste Zeit, die Bibel mehr im Sinne der historischen Wirklichkeit zu interpretieren und dadurch den »christlichen Glauben« glaubwürdiger werden zu lassen. Der Pfarrer verschließt sich dem nicht, auch weil er das für einen Weg hält, dafür zu sorgen, nicht auch selbst überflüssig zu werden. Und manchmal ergreift er begierig die Initiative, sich als modern zu erweisen.

Es gibt aber eine sehr unterschiedliche Konkretisierung der Glaubensinhalte, was nach Auffassung des Pfarrers und der theologisch Versierten nicht unproblematisch ist. Es besteht zum Beispiel ein Gegensatz zwischen Herrn Benders Vorstellungen und denen von Hermann Hirsch (vgl. Kapitel 3), die beide übereinstimmen, was den Wert von »Fakten« und »Realismus« und Wissenschaft angeht. So ist Herr Bender eher bereit, über den symbolischen Sinn der biblischen Geschichten und des christlichen Dogmas zu diskutieren, während er gleichzeitig Wert darauf legt, alles, was nicht wissenschaftlich zu belegen ist, beiseite zu lassen, um der Bibel eine autoritative Geltung in der modernen Zeit zu verschaffen. Herr Hirsch andererseits zuckt mit den Schultern als Zeichen seiner Verneinung von allem, was sich nicht beobachten läßt und unsichtbar bleibt. »Wie soll man denn an Himmel und Hölle glauben, wenn niemand sie je gesehen hat?! Da sind Astronauten ins All geflogen, ohne irgend etwas Dementsprechendes zu finden.« Die Hölle stellt ein noch größeres Problem dar, denn an welchem Ort soll man sich die vorstellen. »Und wie soll denn Jesus übers Wasser gewandert sein? Warum das? Es ist kindisch zu versuchen, uns sowas glauben zu machen.« Wenn Herr Hirsch das auch besonders provokativ äußert, so spricht er Probleme an, mit denen die Leute nicht zurechtkommen, nämlich die Beziehung zwischen dem Symbolischen und dem Konkreten oder dem »Realen«. Was symbolisieren die Symbole? Die Leute werden sagen, ihnen sei klar, daß viele der biblischen Geschichten, die Wundertaten Jesu zum Beispiel, »symbolisch« zu verstehen seien, sie könnten aber nicht deuten, was sie denn symbolisierten. Es scheint so, als fühlten sich die LindenerInnen mit dem Unwahren konfrontiert, wenn es um das »Symbolische« geht. Dies ähnelt der Situation im Kindergarten und in der

Schule, in der die Kinder nicht mit irgendeiner theologischen Fragestellung konfrontiert werden, sondern nur versucht wird, ihnen die moralischen Werte des Christentums nahezubringen, wie sie exemplarisch in scheinbar »realistischen« Geschichten zum Ausdruck kommen.

Die Zerreißprobe zwischen der Wertschätzung der freien Welt der inneren, persönlichen Überzeugung und der Forderung, diese öffentlich unter Beweis zu stellen und damit der Kontrolle durch die Gemeinschaft zu unterwerfen, wird von vielen Jugendlichen immer wieder schmerzlich erlebt. Besonders diejenigen, die der bundesweit organisierten Katholischen Jugendgemeinschaft (KJG) angehören, artikulieren eine kritische Einstellung gegenüber den Regeln, die das »Glaubensverhalten« vorschreiben. Sie scheinen den Glauben, das Christsein, vielmehr ausschließlich als eine Angelegenheit der persönlichen inneren Überzeugung zu betrachten, die eine engere Verbindung zwischen Glauben und Handeln verlangt, als sie ihrer Ansicht nach gegeben ist. Für sie bedeutet das, daß jemand sehr wohl ein/e gute/r ChristIn, ein/e Gläubige/r, sein kann, auch wenn er/sie nicht ständig in die Kirche geht. Für sie sind Beichte und Kommunion, ohne »wirklich etwas zu fühlen«, Heuchelei und folglich ohne Bedeutung. Sie kritisieren ihre Eltern, die Unwahrhaftigkeit in weiten Lebensbereichen der Erwachsenen, wie sie es sehen, und versuchen, etwas zu erarbeiten, was sie als ihren eigenen, selbstgewählten Lebensstil betrachten.

Ob die Einstellung der Menschen nun kritisch, indifferent oder gläubig ist, es ist ihnen wichtig, Katholiken bzw. Christen zu sein. Das wird dann oft in Begriffen des Glaubens zum Ausdruck gebracht, aber es ist nicht die einzige oder die wichtigste Kraft, die der Kirche oder der »Religion« Bedeutung verleiht. Der Glaube an den Glauben, die Überzeugung, daß der Glaube notwendig ist, um aus Menschen anständige Menschen zu machen, ordentliche soziale Wesen, scheint im Vordergrund zu stehen. Die Kirche ist ein Inbegriff der Ordnung, die Kirche erhebt den Anspruch, der Knoten zu sein, in dem alle sozialen und ideologischen Leitlinien miteinander verknüpft sind. Für die LindenerInnen ist eine Gesellschaft ohne Christentum, ohne Religion undenkbar, selbst wenn jede/r einzelne von ihnen glaubt, ganz gut ohne Pfarrer und Kirche auskommen zu können.

Einerseits verstehen die Menschen in Linden die individuelle Person als frei und autonom: Jede/r entscheidet für sich, wie sein/ihr Leben aussehen sollte. Andererseits ist die einzelne Person nur als Teil eines sozialen Ganzen, einer Gemeinschaft, vorstellbar. Die Persönlichkeit des Menschen wird vor allem in dem Lernprozeß geformt, durch den er erkennen kann, was dieses »Ganze« ist und was es von jedem/r fordert. Die Kirche gerät in bezug auf diesen Widerspruch in eine prekäre Position, weil sie traditionell eine uneingeschränkte, verbindliche ideologische und soziale Macht darstellte, unter die der individuelle

Wille sich unterzuordnen hatte. Diesem individuellen Willen kam dementsprechend im Bewußtsein der Menschen eine eher bescheidene Bedeutung zu, aber er war trotzdem mit gewissen Ansprüchen versehen, an der Ausformung der Persönlichkeit beteiligt zu sein.

Die Kirche steht nicht unangefochten im Mittelpunkt des Lebens der LindenerInnen, wie schon gezeigt worden ist, und viele derer, die der Kirche eine besonders wichtige politische und pädagogische Funktion beimessen, sind sehr besorgt, daß sie ihren Einfluß auf die Entwicklung des modernen gesellschaftlichen Lebens, das vom wissenschaftlichen Fortschritt und Auffassungen von individueller Freiheit und Entwicklung bestimmt wird, verlieren könnte. Für Pfarrer Kreis und für einige andere LindenerInnen ist es sehr wichtig, daß die Kirche in der sich verändernden Welt nicht ihre maßgebliche Position einbüßt. In Diskussionen und Gesprächen betonen diese Leute die Notwendigkeit, die Kirche den modernen Zeiten anzupassen. Dieses angestrengte Bemühen, Linden sowohl als ein Ganzes, eine *Gemeinschaft,* als auch als Teil der modernen Gesellschaft auszuweisen, kommt auch in den verschiedenen von der Kirche organisierten Diskussionen, Vorträgen und Seminaren über Erziehungsfragen zum Ausdruck sowie im Engagement der Kinder und Jugendlichen bei verschiedenen Aktivitäten und in der Veränderung bestimmter kirchlicher Rituale. So rücken Schule, Familie und Kirche enger zusammen, und für einige ambitionierte Lindener bietet das die Möglichkeit, daraus für sich politischen Nutzen zu ziehen. An der anhaltenden Debatte teilzunehmen, am öffentlichen Diskurs beteiligt zu sein, ist eine Methode, Zugang zu Einfluß und Macht zu erhalten. Bestimmte Aktivitäten zu organisieren, öffentlich zu handeln und zu sprechen, Mitglied in Beratungsgremien zu sein, heißt jemand zu werden, auf den nicht verzichtet werden kann. Vorstellungen und Verhältnisse scheinen durch den organisierten Diskurs über sie »realer« zu werden.

Besonders im Frühjahr veranstalten Pfarrer Kreis und der Kirchenvorstand, manchmal in Zusammenarbeit mit der Schule, eine Reihe von Vorträgen und Seminaren. Die Themen reichen von »Terrorismus und die Frage der Todesstrafe« bis zu »Religiöse Erziehung und das Problem der Sexualität«. In allen Veranstaltungen spielt die Erziehungsproblematik eine große Rolle. Die Organisationsform der Seminare und Vorträge ist den Veranstaltungen in der Schule ähnlich. Ich will hier eines dieser Treffen darstellen, bei dem es um die Problematik der Sexualität ging, wobei wie in der Schule der Begriff *Aufklärung* verwendet wurde. Der Körper gilt als eine moralische Angelegenheit, für die die Gesellschaft Verantwortung zu übernehmen hat, und zwar wahrgenommen durch die Schule oder die Kirche.

Der moralische Körper: eine Diskussion über Sexualität

Pfarrer Kreis spricht die einleitenden Worte vor dem Abendvortrag und begrüßt als eingeladenen Fachmann den Leiter der Realschule, Herrn Stein. Er spricht von dem starken Interesse an Erziehung und Glaubensfragen. Aus Anlaß der Eröffnung der Lebenskundlichen Seminare (sechs Veranstaltungen) bezieht er sich auf das Sechste Gebot, *Du sollst nicht ehebrechen*, und fügt hinzu, daß Herr Stein über das Thema Sexualität aus christlichem Blickwinkel sehr offen reden werde.

Herr Stein, ein freundlicher Mann in mittleren Jahren, unterrichtet in der Schule die Fächer Deutsch, Geschichte und Erziehungslehre. Er begrüßt die Anwesenden und betont, wie froh er ist, hier zu sein und so viele junge Leute unter den Anwesenden zu sehen. Er spricht in einem lockeren Ton und bezieht die älteren Zuhörer in die Darstellung seiner Erfahrungen mit Teenagern ein. Da er selbst fünf Kinder habe, wisse er einiges über den Umgang mit ihnen und verfüge, an die jüngeren Leute gewandt, über ein sachkundiges Verständnis dafür, was das Heranwachsen bedeute. Er zitiert während seiner Ausführungen immer wieder aus Werken der deutschen Klassiker, vor allem Schiller, und aus wissenschaftlichen Untersuchungen über das Sexualverhalten von Männern und Frauen. Dabei vergleicht er die heutigen Verhältnisse mit denen in früheren Zeiten, zum Beispiel der Zeit, in der er aufgewachsen ist und völlig ahnungslos war, weil es damals keine *Aufklärung* gab.[4]

Hauptthemen sind anschließend die Sexualität und die damit verbundenen emotionalen und sozialen Beziehungen. In diesem Zusammenhang stellt sich unvermeidlich die Frage nach der Freiheit, nach *dem freien Menschen*, und ganz allgemein wird die Auffassung vertreten, daß »niemand tun kann, was er oder sie will«, daß also die Freiheit ihre Grenzen hat, was sich auch auf die sexuellen Beziehungen auswirkt. Das »gute« und das »schlechte« Sexualverhalten wird in Beziehung zur Emanzipation der Jugendlichen erörtert, das heißt zu deren Erwachsenwerden. Mädchen (und Frauen) werden mit Jungen (und Männern) verglichen, was ihre Gewohnheiten, Charaktereigenschaften und die Sexualität betrifft. Die Fragen von Freundschaft und Liebesbeziehungen werden durchgesprochen. Alle diese Themen werden während der sechs Veranstaltungen mehr oder weniger oberflächlich erwähnt, diskutiert oder nur beiläufig angerissen.

Die Ehe ist eines der wichtigen sozialen Ziele im Leben, und nach Ansicht der erwachsenen LindenerInnen setzt sie ein erhebliches Maß von Verantwortung voraus. Ihr Zweck ist die Gründung einer Familie, aber sie wird von Liebe und Sex initiiert und sollte bis zum Lebensende auf gegenseitiger Liebe beruhen. Das

Problem ist, daß die Leute heiraten, wenn sie noch zu jung sind. Im Alter von 18 oder 19 Jahren wissen sie noch zu wenig über Liebe, und deshalb sollten sie noch warten. So denken viele Erwachsene, ganz besonders aber die Generation der Eltern der gegenwärtigen Jugendlichen. In einer ehelichen Gemeinschaft zu leben ist keine reine Privatangelegenheit, in keiner Gesellschaft. Dem stimmt Herr Stein zu.

Es ist eine anerkannte Tatsache, heute ganz normal, wenn auch nicht von allzu vielen wirklich gutgeheißen, daß viele junge Leute vor der Ehe sexuelle Beziehungen haben (wie es auch früher der Fall war, nur heute geschieht es offen und ehrlich, so flüstert mir eine Frau zu). Aber eigentlich sollten sie das nicht tun, denn sie wissen nicht, was sie tun. »Es gibt so viel Unsicherheit, du weißt nicht, was du tun mußt, damit es klappt, oder was Liebe ist. Wenn es nicht richtig funktioniert, kann es zu Impotenz oder Frigidität führen.« Es wird auf Berichte darüber Bezug genommen, und ein Mann erinnert die Anwesenden an die Gefahr von Geschlechtskrankheiten, die bei verantwortungslosem Geschlechtsverkehr rapide wächst (dies war vor der sich schnell ausweitenden Verbreitung von AIDS). Das Problem ergibt sich daraus, daß der Körper schneller wächst als Willenskraft und Verstand, sagt Herr Stein, was die Eltern und mit ihnen die gesamte Erwachsenenwelt, vor allem in Schule, Kirche und den Massenmedien, vor hohe Anforderungen und eine große Herausforderung stellt. Unsicherheit auf seiten der Eltern oder anderer Erwachsener beeinflußt die Jugendlichen negativ und verunsichert sie in bezug auf ihre eigene Persönlichkeitsentwicklung. Dann unterliegen sie leicht jedweden schlechten Einflüssen, wie etwa denen religiöser Sekten, oder hängen unerreichbaren Traumzielen nach, die ihnen in Zeitschriften und durch die Werbung nahegebracht werden.

Die Eltern sollen ihre Sexualität beglückend finden und stolz sein, Mann oder Frau zu sein. »Der Sex ist die Grundlage des Temperaments und der Lebenseinstellung«, sagt Herr Stein. Obwohl er stolz ist, ein Mann zu sein, gibt er doch offen zu, daß er die für seine Generation typische Prüderie teilt, ein Problem, das man nicht unterschätzen sollte. Aber die uns überschwemmende Sexwelle ist auch nichts, was einen freut. »Sex genügt nicht zum Glücklichsein. In den USA wird bereits über Sexstreß gesprochen.« Was ihn angeht, so hat er darüber mehr im Sinne von *Pflicht* reden gehört – »*eine angenehme Pflicht, nicht wahr, meine Herren?*« Manche Zuhörer grinsen und lächeln vor sich hin. Aber, jeder dritte Mann, der sich in medizinische Behandlung begibt, hat sexuelle Probleme, sagt Herr Stein, und bezieht sich auf Forschungsarbeiten. Die Situation ist einfach schwierig.

Sexualität ist für die meisten eine peinliche Angelegenheit, aber unter Umständen wie diesen, also ziemlich formalisiert im Sinne eines bestimmten voraussehbaren Diskussionsverlaufs unter der Leitung eines Fachmanns, läßt sich offener und direkter über Sexualverhalten sprechen als in anderen Situationen, in denen es schnell zu obszönen Witzen und Anspielungen kommt oder Sexualität völlig ausgeklammert wird. Hier wird Bezug genommen auf eine Reihe von Berichten und Studien, die wissenschaftlichen Rang erhalten und überwiegend quantitative Angaben zum Sexualverhalten machen. Diese Art der Information erlaubt eine persönliche Distanz zum Thema Sexualität, was das Gespräch erleichtert. Es gibt eine unausgesprochene Übereinkunft dahingehend, daß das, was jemand sagt, nicht offen so interpretiert wird, als hätte es mit ihm oder ihr persönlich zu tun. Das entspricht dem relativ weitgehenden Ausklammern von persönlichen Erfahrungen, wenn es um Lernen und Erziehung geht. Solche Erfahrungen könnten eine explosive Wirkung entfalten, die unter Kontrolle gehalten werden muß. Meiner Meinung nach beruht die scheinbare Offenheit des Diskurses auf einer Desexualisierung des Körpers, körperliche Lust um ihrer selbst willen wird abgelehnt. In gewisser Weise handelt es sich um eine Enteignung des Körpers, die aber nicht jede/r bereitwillig akzeptiert. Witze und Gelächter, die ab und an vorkommen, durchdringen die Barrieren in der Auseinandersetzung mit diesem Konflikt .

In seiner erziehungsbezogenen Art spricht Herr Stein im Rahmen seiner allgemeinen Ausführungen über die Entwicklung der Kinder und Jugendlichen das Thema Masturbation an. Es kommt zu einer kleinen Diskussion, auf die er offensichtlich nicht gefaßt war. Einer der jüngeren männlichen Jugendlichen stellt etwas beunruhigt fest, daß Onanieren die Beziehungen zum anderen Geschlecht für immer zerstören kann. Herr Stein antwortete, das hätten die Menschen »früher« gedacht und das entspräche dem, was er als junger Mann in einem Buch zum Thema Sexualität gelesen hätte – nämlich, daß fast alles geradewegs in die Hölle führt; doch heute wüßten wir das besser. Masturbation könne vielleicht zu einem geringen Selbstwertgefühl und Schuldgefühlen führen oder davon bedingt sein; es gebe Eltern, die es verbieten. Aber das Masturbieren während der Pubertät sei weder eine Sünde noch schädlich. Das Masturbieren von Erwachsenen andererseits sei falsch. Es ist, Herrn Stein zufolge, egoistisch und eine Art, sich von der Partnerin zu distanzieren.

Es wird deutlich, daß Herr Stein sich nur auf das Sexualleben von Jungen bezieht, und so fragt einer der Männer, ob denn nur Knaben masturbieren: »Ich denke, auch Mädchen möchten gerne mit der Zeit gehen!« Herr Stein ist völlig perplex und kann nicht verstehen, warum Mädchen masturbieren sollten. Bei Jungen gehört das zur Entwicklung, aber bei Mädchen? Nein, das kann er sich nicht vorstellen. Eine der Frauen meint, wie der vorher zu Wort gekommene Mann, daß »nun neue Zeiten angebrochen sind, auch die Mädchen wollen nun ihre Rechte«. Petra, eine Sechzehnjährige, erwähnt einen Artikel im Magazin

Der Spiegel, demzufolge die meisten Jugendlichen masturbieren, darunter 54 Prozent der Mädchen. Auch der Vorsitzende des Ortsverbands der Katholischen Arbeiternehmer-Bewegung hat eine Studie über Masturbation, auch solche von Frauen, gelesen. Dort wurde mitgeteilt, daß die Befriedigungsfähigkeit der Frauen beim Geschlechtsverkehr ziemlich gering sei, 50 Prozent der Frauen hätten nie einen Orgasmus. Herr Bender meint, das liege daran, daß Mädchen nicht darüber sprechen, weil sie sich schämen. »Aber wie, ums Himmels willen, soll denn ein Mädchen auf eine derartige Idee kommen?« Herr Stein überlegt immer noch. Herr Haupt, dessen jüngstes Kind ein dreijähriges Mädchen ist, was er aber nicht erwähnt, erzählt ihm, daß kleine Mädchen ihren Körper ebenso erforschen wie kleine Jungen und daß auch ganz kleine Kinder das schon tun.

Für einige Zeit hat sich die Situation in ihr Gegenteil verkehrt: Herr Stein hat offensichtlich trotz seiner Belesenheit und trotz seiner fünf Kinder etwas übersehen, worüber die anderen Anwesenden sehr viel mehr wissen und was sie auch gutheißen. Vom Pfarrer erhält er keinerlei Unterstützung, denn der sagt kein Wort und zeigt keinerlei emotionale Regung. Mit dem Thema ist schwer umzugehen, es läßt sich nur auf einer abstrakten Ebene behandeln, und hier ist plötzlich eine Bresche, wie klein auch immer, geschlagen worden. Masturbieren die anwesenden Mädchen? Haben die anwesenden Frauen masturbiert, als sie jung waren? Auch die Frau von Herrn Stein, oder seine Töchter? Masturbieren alle Menschen? Auch der Herr Pfarrer? Und wer ist denn hier nun der Experte? Die Diskussion ist offensichtlich an ihre Grenzen geraten, es wird für alle zu schwierig, ihr Gesicht zu wahren; mit Ausnahme von Petra hat kein Mädchen und keine der Frauen irgend etwas gesagt; und niemand hat versucht, Witze zu reißen.

Das Interesse an allem Körperlichen und das Beschäftigtsein mit dem Körper ist beträchtlich. Von Geburt an wird der Körper von anderen Menschen kontrolliert und manipuliert, um zu erreichen, daß er wächst und sich gemäß einer bestimmten Vorstellung vom Körper und von der Person in diesem Körper entwickelt. Der Körper hat bestimmte Bedürfnisse, die Teil seiner Natur sind, und diese Bedürfnisse müssen befriedigt oder eliminiert, jedenfalls unter Kontrolle gebracht werden. Bei der Veranstaltung kommt es zum Bruch der Übereinstimmung zwischen Herrn Stein und den anwesenden LindenerInnen, als behauptet wird, der Körper sei, und zwar von Anfang an, ein erotischer Körper. Meiner Ansicht nach verlangt es ein gewisses Maß von Mut, das offen anzusprechen. Aber hier gibt es einen nicht geringen Grad von Ambivalenz in dieser Hinsicht. Das läßt sich vielleicht vor allem in den Beziehungen zu Säuglingen und Kleinkindern unter dem Aspekt des Problems der Abhängigkeit zwischen Mutter und Kind feststellen, aber auch in der dialektischen Beziehung zwischen dem Anspruch auf *Ordnung* und der burlesken Seite des Lebens in Linden.

Bei dieser Diskussion wird das Gespräch über Sexualität im allgemeinen und Masturbation im besonderen auf der Ebene von Tatsachenberichten gehalten, doch dann kommt es nach einiger Zeit zu einem Zwist über die Vorstellung vom Körper und über eben diese Sexualität. Denn als sie über den Entwicklungsprozeß der Heranwachsenden sprechen, reden sie, meiner Meinung nach, in einem gewissen Sinne über die Natur, die Erfordernisse des Natürlichen. Das männliche Kind scheint diese Natur zu repräsentieren, Jungen *sind* diese Natur, was heißt, daß es natürlich ist, daß ein Junge onaniert. Das verlangt die Natur seines Körpers als solche, denn er hat einen Überfluß an Samen, und der wird hinausgelassen, eine andere Möglichkeit gibt es nicht. So wie der Darm entleert werden muß, wenn er voll ist. Das läßt sich als nicht zur Sexualität gehörend definieren, gilt nicht als pure Lust und deshalb schon als zulässig. Es handelt sich um natürliche Natur, nicht um »unnatürliche Natur«, und hat seinen Platz innerhalb des gesellschaftlichen Zusammenhangs. Als deutlich wird, daß auch Mädchen masturbieren, hat das sogleich die Bedeutung, daß Masturbation ein sexueller Akt ist. Es ist keine »natürliche Notwendigkeit«, daß Mädchen masturbieren. Es ist ein »sinnloses« Verhalten, weil es nur auf die Befriedigung eines Wunsches gerichtet ist; das Ziel dieser Masturbation ist körperliche Lust, nicht das Regulieren eines Systems, um eine von der Natur gewollte Ausgeglichenheit zu erreichen. Weibliche Masturbation produziert nichts. Einige der Zuhörer sprechen sich für die Anerkennung des Akts als Ausdruck von Sexualität aus, halten den Körper für sexuell besetzt, was Herr Stein zu leugnen wünscht. Ein Gespräch über Sexualität muß jedes sinnlichen, erotischen Gehalts entleert werden und sich im Interesse der (öffentlichen) Zulässigkeit einer wissenschaftlichen Sprache bedienen. Das bezieht sich auf alles Sexuelle, ganz besonders aber auf die Sexualität von Kindern – und die von Frauen.

Solange die körperlichen Aktivitäten ein Teil der unvermeidlichen Natur sind, können sie akzeptiert werden und kann in dementsprechenden Begriffen darüber gesprochen werden, so unangenehm es einem auch sein mag – zum Beispiel, was die Sauberkeitserziehung angeht. Diese ist jedoch für viele LindenerInnen ebenfalls ein spannendes Thema. Es gibt ein offensichtliches Interesse an den inneren Organen, besonders am Darm. Darmbeschwerden beschäftigen viele der Frauen ganz besonders stark, viele verwenden ziemlich häufig Abführmittel. Ein Baby saugt seine Nahrung; aber nur um des Vergnügens willen zu saugen, wofür bei den Lindener Müttern der Schnuller steht, kann das Saugen zu etwas beinahe Abstoßendem machen, weshalb manches Kind so früh wie möglich davon abgebracht wird, an einem Schnuller zu nuckeln. Eine Flasche jedoch macht das Saugen zu etwas Sinnvollem, und deshalb kann eine Nuckelflasche viele Jahre lang verwendet werden. Der süße Tee oder Saft in der Flasche unterliegt der Kontrolle der Mutter oder der Oma, die dem Genuß einen »Sinn« verleihen, als wollten sie dessen »sinnlose« Natur verbergen; und die Flasche ist recht nutzlos, wenn sie leer ist, was die Brust niemals ist. Außerdem verbindet die Brust zwei empfindungsfähige Wesen sehr eng und lustbetont miteinander.

Wenn die Kontrolle nachläßt, wenn von der Erziehung abgelassen wird, dann wird der Körper zu einem Ort egoistischer Wünsche und also asozial. Zu Hause nackt zu sein, seinen Körper den Blicken von Familienmitgliedern oder im Umziehraum der Turnhalle zu präsentieren, über Details der Sexualität im Sinne von Aufklärung in der Schule oder bei einem Seminar wie dem erwähnten zu sprechen, das alles geschieht innerhalb der Grenzen der modernen wissenschaftlichen Auffassung vom Körper, wozu auch die Anerkennung von Unterordnung und einer hierarchischen Ordnung gehören kann. Obszönität und Ursprünglichkeit oder Zügellosigkeit hingegen sind eine subversive Kommentierung dieser Ordnung, Obszönität gepaart mit Grobheit ist eine noch radikalere Möglichkeit dazu. Da der Körper als ein Instrument der Lust und des Leidens ein unleugbarer Teil der Erfahrungen aller Menschen ist, kann er zu einem sehr ergiebigen Gegenstand von Witzen und Gelächter werden. Er wird zu einer Bühne gemacht, auf der die Absurditäten des Lebens enthüllt werden, und dabei bleiben nur wenige ungerührt.

Der Körper ist ein wichtiger Schauplatz für die Bemühungen um die Entwicklung und die Erziehung der Heranwachsenden. Der Körper wird auf verschiedene Weise so manipuliert, daß er möglichst weitgehend dem Ideal der realitätsgerechten, reifen Person entspricht. Dies ist die grundlegende Zielsetzung aller Erziehungseinrichtungen in Linden, nicht zuletzt der Kirche. Die körperliche Ordnung ist wie ein Abbild der individuellen und der gesellschaftlichen Ordnung, und die Kirche will die Vermittlung zwischen diesen beiden übernehmen.

Gemeinschaft und Konformität bei Jugendlichen

An Seminaren und Veranstaltungen wie der Diskussion mit Herrn Stein nehmen einige Teenager teil, aber die große Mehrheit der Anwesenden sind Erwachsene. Der Anspruch der Kirche, Jugendliche in ihre Aktivitäten einzubeziehen, wird anders deutlich, vor allem durch die Katholische Jugendgemeinschaft (KJG), die ich schon erwähnt habe. Die KJG in Linden ist schon seit einigen Jahren nicht mehr aktiv gewesen und hat nur wenige Mitglieder. Sie geht vielleicht nicht ausschließlich auf die Initiative von Pfarrer Kreis zurück, aber gemeinsam mit der örtlichen *Katholischen Arbeitnehmer-Bewegung* unterstützt und dominiert er diese Jugendgruppe, um nicht die Kontrolle über sie zu verlieren.[5]

Während manche der Jugendlichen zur *Teestunde* der KJG gehen (dort wird mehr Coca Cola als Tee getrunken), bewegen sich andere mit dem *Mofa* oder zu Fuß in die Wirtschaft oder ins Café, oder sie treffen sich an der Ecke mit der Gruppe von Jugendlichen, die sich selbst die Black Angels nennen, abgekürzt BA.

Die Katholische Jugendgemeinschaft und die Black Angels sind also zwei Jugendgruppen in Linden. Die BA gibt es noch nicht lange, wie das wahrscheinlich bei derartigen losen Gruppen von Jugendlichen eines bestimmten Alters meist der Fall ist. Sie bilden sich und lösen sich wieder auf. Bei weitem nicht alle Teenager in Linden sind Mitglieder dieser Gruppen, aber sie nehmen hin und wieder an einzelnen ihrer Aktivitäten teil oder treffen deren Mitglieder bei verschiedenen Gelegenheiten. Die Gruppen repräsentieren bestimmte gegensätzliche Orientierungsmöglichkeiten von jungen Leuten, schließen einander aber nicht aus, denn einzelne Jugendliche sind Mitglied in beiden Gruppen. Sie neigen dazu, sich gegenseitig, als Gruppen, für sehr verschieden zu halten, und das tun die Erwachsenen auch, doch manche ihrer Interessen stimmen überein. Wenn auch von verschiedenen Seiten her, betreten sie das gleiche gesellschaftliche Umfeld. Es besteht ein gewisser Gegensatz zwischen den Gruppen, so daß ein Unterschied bleibt, selbst wenn einige der Jugendlichen zu beiden Gruppen Beziehungen unterhalten. Zum Engagement der KJG gehört es, diese Unterschiede überwinden zu wollen, um mehr Mitglieder zu gewinnen. Manche Erwachsene ermutigen sie dabei, während niemand den BA nahelegt, ihrerseits neue Mitglieder zu gewinnen. Die BA befinden sich im Randbereich zur »unordentlichen Gesellschaft« hin, die KJG wird der »ordentlichen Gesellschaft« zugerechnet; aber beide haben Eigenschaften, die sie auf eine gemeinsame soziale Ordnung hin ausrichten.

Die meisten der BA gehen in die Kirche, auf Geheiß der Eltern, wie sie sagen. Einer von ihnen war sogar bis vor kurzem Ministrant. »Wenn du jünger bist, möchtest du Ministrant sein, aber im Alter von 15 oder 16 Jahren bist du da rausgewachsen«, betonen sie. Die wenigen, die es länger bleiben, werden für kindisch gehalten. Selbst wenn die BA-Jugendlichen in die Kirche gehen, nimmt sie das nicht für die Katholische Jugendgemeinschaft ein. Bei der KJG wird alles vom Pfarrer entschieden, und das mögen sie nicht. Sie wollen nicht da herumsitzen, Tee trinken und diskutieren. Es stimmt, daß die KJG Erwachsene auf eine Art in ihrer Mitte akzeptiert hat, wie es die BA nicht zulassen würden, aber die Mitglieder der KJG kommen auch allein zusammen, und die BA ihrerseits werden bei ihren Treffen und anderen Aktivitäten zu einem gewissen Grad von ihren Eltern kontrolliert.

Alle oder die meisten Aktivitäten der Jugendlichen stehen in einem Zusammenhang mit den Erwachsenen und werden von ihnen gutgeheißen. Die Vereine haben in dieser Hinsicht eine große Bedeutung. Die wichtigsten von ihnen, etwa der *Musikverein*, der *Sportverein* und, auf etwas andere Art, die *Freiwillige Feuerwehr* haben ihre Jugendgruppen, die allerdings mehr für Jungen als für Mädchen gedacht sind. Diese Vereine binden nicht alle Jugendlichen aus Linden in ihre Aktivitäten ein, so wie sich auch nicht alle Erwachsenen dafür interessieren. Da aber die Aktivitäten, die von den verschiedenen Vereinen und von der Kirche organisiert werden – Treffen, Ausflüge, Feste und Feierlichkeiten –, viele TeilnehmerInnen und ZuschauerInnen anziehen, sind sie fast der ganzen Bevölkerung bekannt.

Etwa fünfundzwanzig Jugendliche, mehr Jungen als Mädchen, zwischen 14 und 20 Jahren sind Mitglieder der BA. Manche von ihnen haben schon lange miteinander herumgehangen, ohne »eine Gruppe« zu sein. Diese Gruppe ist auf Anregung eines der älteren Jungen erst vor einigen Jahren gebildet worden. Daß sie einen Namen haben, gibt ihnen das Gefühl, eine Gemeinschaft zu sein, wie sie sagen. Sie sind auch von den anderen Gruppen in der Gegend beeinflußt, den »Veni, vidi, vici« aus Brücken und den »Devil Drivers« aus Altheim zum Beispiel. Die Zahl solcher »Jugendgangs« hat in der Region zugenommen, doch sie betrachten sich nicht als *Rocker*. Rocker kämpfen mit Ketten und Messern, betonen sie, und gewöhnlich sind sie auch älter als die Jugendlichen aus Linden. Aber es gibt manchmal Kämpfe zwischen den Gangs, das gehört dazu. Sie trinken ziemlich viel, wenn sie ausgehen, vielleicht nicht gerade an Wochentagen, aber wenn sie zu einer Tanzveranstaltung oder in die Disco gehen, auch bei Zeltfesten, die in der Gegend sehr häufig stattfinden. Da kommt es vor, daß einer der Jungen in eine Schlägerei mit einem Mitglied einer anderen Gang verwickelt wird.

In Linden wird von den BA nicht viel Aufhebens gemacht. Sie treffen sich regelmäßig beim Café, und zwar montags, wenn es regulär geschlossen hat. Uwe, der einzige Sohn der Inhaber, ist eines ihrer Mitglieder. Recht oft gehen sie auch in eine der anderen Kneipen, oder sie fahren mit Autos und Motorrädern nach Hessen. Da die meisten der jüngeren Mädchen um neun Uhr abends zu Hause sein müssen, können sie nicht immer an den Fahrten teilnehmen. Sie beklagen sich darüber und halten ihre Eltern für zu streng. Im allgemeinen ist dies das von den Eltern am häufigsten verwendete Mittel der Disziplinierung, wenn sich Jugendliche nicht fügen: Es wird ihnen verboten, auszugehen. Hausarrest haben alle schon mehr als einmal erlebt. Vor allem darüber beschweren sie sich, wenn über zu wenig Freiheit geklagt wird – abends nicht so lange wegbleiben zu dürfen, wie sie möchten. Aber andererseits meint einer der männlichen Jugendlichen auch wieder, Kinder sollten nicht zuviele Freiheiten genießen. Seiner Meinung nach haben Kinder zu viel Freiheit; sie sollten nicht tun dürfen, was sie wollen, etwa uneingeschränkt rauchen und trinken. Er selbst trank ziemlich viel, rauchte aber nicht.

Diese Jugendlichen gehen entweder in die *Berufsschule* oder besuchen noch ein oder zwei Jahre die *Hauptschule*, beides Schulen, die zwar ein geringes Ansehen genießen, gleichwohl aber die von den LindenerInnen am häufigsten besuchten Schulen sind (vgl. Kapitel 5). Die älteren Jugendlichen gehen schon zur Arbeit. Einige der Mädchen arbeiten in einem der örtlichen Betriebe zur Lederwarenherstellung, einer der Jungen ist an der Tankstelle im Ort beschäftigt. Manche haben Eltern, denen ein kleiner Betrieb gehört, in dem die Kinder mithelfen und den sie später vielleicht einmal übernehmen. Andere arbeiten in einem der vielen kleinen oder größeren Industriebetriebe oder werden dort Arbeit finden. Sie gehen davon aus, in Linden oder im näheren Umkreis zu bleiben, früh zu heiraten, vielleicht weil sie »heiraten müssen«, also weil das Mädchen schwanger ist. Das macht nichts, meinen sie. Jetzt wollen sie sich amüsieren und Spaß haben. Sie suchen eine Zuflucht vor den Eltern und der Welt der Erwachsenen, vor einer Welt, deren Teil sie doch sehr weitgehend sind.

In der Katholischen Jugendgemeinschaft treffen sich überwiegend Jugendliche, die als Mittelschichtjugendliche zu bezeichnen sind; die meisten von ihnen besuchen weiterführende Schulen, die *Realschule* oder das *Gymnasium.* Die Black Angels verfolgen keinerlei erzieherische Ziele, was für ihre Kritiker ein wichtiger Aspekt ist: »Sie haben keine Ziele.« Manchmal ergeben sich bei der KJG Diskussionen, wie es wohl gelingen könnte, mehr Hauptschüler zum Mitmachen zu motivieren, doch es bleibt bei der Vermutung, daß für jene ihre »Gespräche zu hoch« sind. Das kann sein; aber denkbar ist auch, daß sie nach außen hin eine so weitreichende Gemeinsamkeit mit der Lindener Erwachsenenwelt zeigen, daß andere sie für nicht nachvollziehbar, bedürfnisverneinend und unterwürfig halten.

Diese beiden Jugendgruppen lassen die Frage nach der Bedeutung der Zugehörigkeit zu einer bestimmten sozialen Schicht aufkommen. Dies ist ganz sicher nicht der einzige Zusammenhang, in dem Klassenunterschiede als ein Bezugspunkt für die LindenerInnen thematisiert werden, aber ein wichtiger Kontext, in dem dies geschieht. Für die Mitglieder der Katholischen Arbeitnehmer-Bewegung, die sich mit dieser Frage intensiv beschäftigen, betrifft die Klassenfrage die Kirche, die Familie und die Erziehung, also Beziehungen und Institutionen, die, wie sie und die meisten LindenerInnen meinen, von vitaler Bedeutung sind. Erziehung gilt als klassenspezifisch, als Voraussetzung und Ausdruck der Schichtzugehörigkeit. Aus Erziehung und Bildung ergeben sich Möglichkeiten, die, selbst wenn sie nicht tatsächlich wahrgenommen werden, einkommensabhängige Möglichkeiten weit übertreffen, so wichtig das Einkommen auch sein mag.

Die Katholische Jugendgemeinschaft bemüht sich aktiv um eine Mitwirkung bei der Erziehung von Kindern, ihre Mitglieder engagieren sich bewußt in diesem Sinne. Deshalb räume ich ihnen in dieser Darstellung relativ viel Platz ein, obwohl ich Jugendgruppen wie die Black Angels für interessant und wichtig halte. Die Mitglieder der KJG kritisieren die Erwachsenen, sie wünschen sich eine wahrhaftigere, wirklichkeitsnähere Einstellung dem Leben gegenüber, und sie benutzen manche der typisch christlichen Redewendungen, wenn sie den weitverbreiteten Mangel an Hingabe beklagen. Die Black Angels andererseits setzen sich mit ihren Lebensumständen nicht intellektuell auseinander und sehen keine sehr großen Unterschiede zwischen sich und den Erwachsenen, denen sie aus dem Wege zu gehen versuchen.

Am Beispiel des Weihnachtsfestes will ich einige dieser Gesichtspunkte der KJG darstellen und das Erziehungsprojekt, für das sie sich engagieren, beschreiben, das auch die umfassenderen Ambitionen der Kirche unterstreicht. Weihnachten ist in Linden kein besonders spektakuläres Fest, und deshalb könnte es als eine Verzerrung erscheinen, sich so unverhältnismäßig stark auf die Beschreibung dieses Ereignisses zu konzentrieren, aber für mich ist wichtig, daß dieses Fest die Familie als Teil einer Gemeinschaft herausstellt und die Kinder in den Mittelpunkt des Geschehens rückt.

Umgang mit dem Modernen

Seit der Amtsübernahme von Pfarrer Kreis scheint die KJG aufzublühen. Im Abstand von zwei Wochen treffen sich 10 bis 15 Jungen und Mädchen regelmäßig in ihrem Gruppenraum im Rathaus zu ihrer sogenannten *Teestunde*. Sie diskutieren über ihre Mitwirkung bei kirchlichen Veranstaltungen oder debattieren über einzelne Fragestellungen, die oft mit sozialen, kirchlichen oder, seltener, politischen Problemen zusammenhängen. Manchmal nimmt der Pfarrer an einem der Treffen teil. Kommt er zu oft, fühlen sie sich zu sehr dominiert; kommt er zu selten, haben sie den Eindruck, daß er sich zu wenig um sie kümmert und ihre Meinungen und Aktivitäten nicht für wichtig hält.

Einige Wochen vor Weihnachten, wenn sie ihre Mitwirkung an der Weihnachtsmesse besprechen, nimmt der Pfarrer an ihrer Teestunde teil. Diesmal überrascht er sie mit seinen modernen Ansichten, allerdings nicht mit der Art, wie er sie äußert; das Unbehagen ist nicht zu übersehen. Er bleibt bei seinem recht autoritären Auftreten gegenüber diesen Jugendlichen. Dabei ist er nicht ausgesprochen unfreundlich, aber er schiebt alles, was er an ihren Hinweisen und Vorschlägen für irrelevant hält, umstandslos beiseite. Zwar wird er nicht aufgefordert, sein Verhalten zu begründen, aber die Jugendlichen akzeptieren nicht alles, was er für richtig hält.

Bei dieser Gelegenheit erklärt der Pfarrer, daß es höchste Zeit ist, die Weihnachtsmesse einmal anders zu gestalten, ganz besonders die Krippenfiguren. Sie sollten nicht immer gleich aussehen, es sollte nicht immer diese niedliche Holzkrippe aufgebaut werden. Die Leute nehmen sie einfach als gegeben hin und haben schon lange aufgehört, über ihre Bedeutung nachzudenken. Er möchte sie gerne schockieren, wie er sagt, sie ein bißchen aufrütteln. Er fordert sie auf, bei der Herstellung einer anderen Krippe moderne Materialien zu verwenden, etwa Plastik. Die jungen Leute sind prinzipiell von seiner Empfehlung angetan. Tatsächlich haben sie auch schon Überlegungen in diese Richtung angestellt, und zwar in der Absicht, eine Beziehung zwischen der Geburt Jesu und der heutigen Zeit zu zeigen, damit die Leute »reagieren«. Aber Plastik? Nein, das kommt nicht in Frage. Vielleicht ein ganz bestimmtes Gebäude; aber der Pfarrer geht zu weit. Sie sind konservativer als der Herr Pfarrer, so stellt eins der Mädchen fest. Und sie sind bei weitem nicht so gut vorbereitet wie er. Er bringt eine Menge Bücher mit, in denen beschrieben ist, wie Weihnachten gefeiert werden kann. »Aber eins ist klar: Wir müssen den Ochsen und den Esel aufstellen; das ist für die Leute *ein Stück Heimat.*«

Aus einem der Bücher liest Pfarrer Kreis die Weihnachtsgeschichte vor: wie Joseph und Maria eine Bleibe suchen, aber überall zurückgewiesen werden. Der Text ist in einem Allerweltsstil geschrieben, und der Pfarrer liest ihn mit einer gewissen kalten Teilnahmslosigkeit vor. Einer der Jungen äußert sich zu dieser Schärfe und Grobheit. »Ja, aber siehst du nicht, daß das die Leute aufrütteln soll!« Pfarrer Kreis ist entschlossen, die Gestaltung des Gottesdienstes auf seine Art anzugehen. Er will die Menschen aufwecken, damit sie die Bedeutung der Bibel, des Lebens Jesu in der heutigen Welt erkennen. Die Leute sollten nicht alles für selbstverständlich und unwandelbar halten.

Konservatismus und Modernität, von denen hier gesprochen wird, haben offensichtlich nichts mit einer (partei-)politischen Orientierung und Mitgliedschaft zu tun. Bei der Modernität, an die Pfarrer Kreis appelliert und die von vielen als eine notwendige und positive Entwicklung kirchlicher Rituale betrachtet wird – »andernfalls werden viele, vor allem junge Leute die Kirche verlassen« –, geht es eher um die Mobilisierung fundamentaler Formen von sozialen Gemeinschaften, um eine Wiedereingliederung eines Haufens von Individuen in geordnete Reihen. Ein Problem der Jugendlichen besteht darin, daß der Pfarrer ihnen die kritische Initiative aus der Hand nimmt. Der Pfarrer ist eine »Triebfeder der Modernisierung« und bedient sich der Jugendlichen und Kinder, um die Ordnung des Familienlebens und die Gesellschaftsordnung, in der die Familie eine fundamentale Bedeutung hat, wiederherzustellen. Die Erwachsenen mögen sich beschweren über »alle diese Kinder, die die Messe stören«, aber der Pfarrer und seine Anhänger bleiben unnachgiebig.

Die Jugendgruppe diskutiert viele Abende lang und stellt schließlich eine Krippe für die Kirche her, die an der Seite des Altars ihren Platz finden soll. Sie haben, angeregt von ihrem Vorsitzenden Robert, auch beschlossen, statt des Weihnachtsbaums einen *Wunschbaum* aufzustellen. Nicht Kerzen und andere Dekorationen, sondern kleine Zettel sollen an den Zweigen hängen. Auf diesen Zetteln sind Wünsche notiert. Die Leute sollen sie lesen und über die Bedeutung von Weihnachten und über ihre Lebensweise nachdenken. Ein Mädchen fragt: »Warum solche Zettel und Wünsche? Wozu soll das gut sein? Was hat das mit der Krippe zu tun?« Robert gibt sich Mühe, es ihr zu erklären: »Wir müssen die Leute zu Reaktionen herausfordern, sie sollen denken und reflektieren, nicht alles einfach hinnehmen und für selbstverständlich halten.« Sie findet es immer noch etwas verquer und macht eine kleine Schau aus ihren Zweifeln: »*Nachdenken! Nachdenken!* – Was, wenn ich wünsche, daß ich keine Feinde hätte, was könnte das Gutes bewirken?! Alle Menschen haben Feinde! Es würde nichts ändern!« Robert muß dem zustimmen, aber er und Lovise, die ebenso aktiv wie Robert ist, sich aber weniger dominierend und gutmütiger verhält, argumentieren, daß die Leute doch nachdenken und überlegen würden, was der Sinn der notierten Wünsche und des Wunschbaums wäre.

Und so fangen alle, durch einen vielstimmigen Chor von Bedenken, Protesten, Necken und Witzchen hindurch, nach und nach an zu überlegen, welche Wünsche denn nun auf die Zettel geschrieben werden sollen. »Ich wünsche mir ein *Mofa*!« ruft Maria. Robert akzeptiert das nicht: »Es muß etwas *Geistiges* sein, ein Mofa ist nichts für diese Art von Wünschen.« Das führt zu einer langen und intensiven Diskussion darüber, ob man materielle Dinge oder nur *geistige Dinge*, etwas, *was vom Herzen kommt,* wünschen kann, wie Lovise es ausdrückt. Doch Maria beharrt auf ihrer Meinung: »Die Leute wünschen sich *Dinge*, materielle Dinge; das ist für sie oft das wichtigste, und wir sollten niederschreiben, was die Leute selbst am meisten wünschen.« Aber Robert ist nicht zu Kompromissen bereit, und Maria gibt schließlich ein wenig nach: »O.K., die Menschen sind nicht nur an Sachen interessiert, aber sie gehören dazu, wenn sie sich etwas wünschen.« Lovise schwenkt auch auf diese Linie ein, fragt allerdings, ob Robert sich denn nie materielle Dinge wünsche. Alle äußern übereinstimmend, es sei nicht zu leugnen, daß »Dinge« wichtig sind. Aber zu guter Letzt akzeptieren sie Roberts Auffassung, daß die Wünsche »geistiger« Art sein sollen. Maria ist ein wenig verärgert und verletzt in dem Gefühl, Robert meine, sie werde den Ansprüchen nicht gerecht. »Was soll das überhaupt heißen? Daß ich *gläubiger* sein sollte, oder was?« Sie erhält darauf keine Antwort, laute Gespräche nehmen überhand.

»Also, was wollen wir denn nun schreiben?« ruft Lovise. Vorschläge werden geäußert. »Daß die Leute in Linden nicht so viel übereinander tratschen sollen.« Das finden alle gut und wirklich wichtig. Andere schlagen vor, daß man sich mehr umeinander kümmern und ein größeres Verständnis für die Alten und die Jungen aufbringen soll; daß man mit den Weihnachtsgeschenken, die man erhalten hat, zufrieden ist; daß die Leute sich Gedanken machen, wie sie Weihnachten feiern; daß in den Familien während der Weihnachtstage nicht so viel gestritten und gehadert werden soll. »Wir jungen Leute sind tatsächlich diejenigen, die am ehesten etwas verändern können. Wenn du zum Beispiel die Weihnachtsgeschichte liest, dann kannst du ein Gespräch beginnen und sagen, was du darüber denkst. Das wäre wirklich positiv.« Lovise ist optimistisch, aber ein anderes Mädchen denkt nicht, daß ihre Eltern es begrüßen würden, wenn ihre Ansichten nicht mit denen der Eltern übereinstimmten. Die anderen Jugendlichen stimmen dem zu: Es gibt zu Hause keinen Raum für Diskussionen. Manche sehen bei dieser Feststellung ziemlich unglücklich aus.

Als schließlich Weihnachten da ist, hat der Pfarrer auch mit einer Gruppe von Zehn- bis Zwölfjährigen einige Zeit verbracht, um mit ihnen Sketche einzuüben, die sie während der Messe am Weihnachtsabend aufführen sollen.

Die Kirche ist bis auf den letzten Platz besetzt, Eltern und Kinder, Omas und Opas sind anwesend. Man kann die schrillen Stimmen der Kleinsten hören. Ein riesiger Weihnachtsbaum ist hinter dem Altar aufgestellt worden. Die Lampen leuchten gedämpft, Kerzen brennen. Dies ist eine Messe, in der die Kinder im Mittelpunkt stehen. Die Schulkinder führen ihre Sketche auf, und der Pfarrer verhält sich wie ein Theaterdirektor. Andere Kinder spielen in kleinen Gruppen Klarinette und Flöte, einige sprechen Gebete, und die ganze Gemeinde singt »Stille Nacht« und andere Weihnachtslieder. Fast alle gehen zur Kommunion; Reihe nach Reihe treten sie vor den Altar. Der Pfarrer und seine beiden Helfer verteilen die geweihten Oblaten. Auf der rechten Seite des Altars ist die Krippe der Jugendgruppe zu sehen, an deren Seite steht der »Wunschbaum« mit vielen kleinen weißen Wunschzetteln. Auf leere Zettel sollen die Gemeindemitglieder ihre Wünsche schreiben.

Das erste Spiel der Kinder ist eine Geschichte über den Weihnachtsbaum. Was die Kinder tun und sagen, ist nur schwer zu sehen und zu verstehen, weil sie vor Aufregung kaum sprechen können. Der Pfarrer erläutert die Bedeutung der Aufführung, und dadurch können die anderen verstehen, was vor sich geht. Zwei Kinder spielen Adam und Eva im Paradies (in ihren Alltagskleidern), die auf Geheiß des Teufels den Apfelbaum abhauen. »Und deshalb müssen wir einen

Weihnachtsbaum schmücken und uns gegenseitig beschenken, als Dank an Gott«, so erzählt Pfarrer Kreis; der Weihnachtsbaum symbolisiert das Leben und seine immer neue Bestätigung.

Das andere Spiel nimmt ein Thema auf, das in der religiösen Erziehung im Kindergarten und in der Schule von Bedeutung ist. Es handelt von einer Gruppe von Kindern, die miteinander spielen. Sie beginnen zu streiten, können sich über irgend etwas nicht einigen, und nach einer Weile rennen sie weg und lassen ein Kind ganz alleine zurück. Nach dieser kurzen Szene erklärt Pfarrer Kreis, das Spiel solle uns, vor allem aber den Kindern, sagen, daß man einander helfen und rücksichtsvoll sein soll, daß es unfreundlich ist, jemanden nicht einzubeziehen. Pfarrer Kreis hat während der Aufführung neben den Kindern gestanden, das Mikrophon in ihre Richtung gehalten und ihnen vorgesagt, wenn sie ihren Text vergessen hatten, während sie auf ihre Bewegungen und ihr ziemlich angestrengtes *Hochdeutsch* achten mußten.

Einige Leute wissen diese Aufführungen der Kinder und das Engagement des Pfarrers zu schätzen. Aber es werden auch kritische Stimmen laut. Der Pfarrer geht für manche zu weit. Am Wunschbaum aufgehängte Notizen bringen Unzufriedenheit mit dieser »neuen Mode«, Kinder bei der Gestaltung des Gottesdienstes einzubeziehen, zum Ausdruck. Das sei als Störung zu betrachten, die heilige Messe verliere so all ihre Würde, Weihnachten sollte nicht einen derartig trivialen Charakter erhalten. Kinder werden generell nicht für ernsthaft genug gehalten, um die Last der Formulierung dessen, was für die Erwachsenen und die Gesellschaft als ganze lebenswichtig ist, zu übernehmen. Schließlich sind sie noch keine »wirklichen Persönlichkeiten«. Es kommt diesen Leuten so vor, als würde das Leben zu einem Spiel, einem Kinderspiel, abgewertet. Es ist annehmbar, wenn Kinder als Zuschauer und Zuhörer teilnehmen oder eine kleine, genau festgelegte Rolle übernehmen, etwa als Ministranten, oder daß sie manchmal aufgefordert werden, ein Gebet zu sprechen, ein Instrument zu spielen und dergleichen. Es ist auch in Ordnung, daß ihnen gutes Benehmen und moralische Normen beigebracht werden. Aber es werden Grenzen verletzt, wenn Kinder in einem Ritual die Hauptrolle übernehmen dürfen. Dieser Konflikt in bezug auf zu beachtende Grenzen wird auch durch die Einfachkeit der ganzen Darbietung provoziert: Warum zur Kirche gehen, wenn es dort nicht anders zugeht als im täglichen Leben?

Die moderne Gesellschaft wird von der Kirche nicht nur in bezug auf Kinder und die Familie begrüßt, auch andere Ereignisse werden unter Umständen in diesem Sinne neu interpretiert. Eins dieser Ereignisse ist das Erntedankfest im Oktober. Dieses Fest paßt zu den Besonderheiten von Linden und zur Arbeit in der Landwirtschaft, so weit davon noch etwas geblieben ist. Die Art, in der sich dieses Fest während meines Aufenthaltes in Linden entwickelt hat, scheint mir zu demonstrieren, wie stark die Kirche bestrebt ist, sich in einer Gesellschaft, in der sie nicht mehr wie früher die unbestrittene wegweisende Position hat, doch weiterhin ihren Einfluß zu sichern.

Wie im Gottesdienst zum Erntedankfest üblich, sind im Bereich vor dem Altar große Körbe mit schön arrangierten Früchten und Gemüsesorten, große Brotlaibe aus der Bäckerei, Flaschen mit gutem Wein aus der Gegend und Vasen mit großen Sonnenblumen dekorativ aufgestellt. Dies alles sind Spenden von den örtlichen Kleinbetrieben und den ambitionierteren Bauern und Gartenbesitzern. Das ganze Kirchspiel ist stolz auf sich, auf harte Arbeit, Talent und Glück, und die Kirche macht den Eindruck von fordernder und fördernder Mitwirkung.

In diesem Jahr schließt der Gottesdienst nicht nur die Früchte der Landwirtschaft ein, er bezieht sich vielmehr auch auf die Früchte der modernen Technologie und des zeitgemäßen Lifestyles, die für beide typischen Gefahren und Freuden, wie sie in den Autos und dem zunehmenden Verkehr sichtbar werden. Ein Polizist aus einer nahen Stadt ist eingeladen worden, um als Laienprediger etwas über den Verkehr und seine Gefahren, über die vielen Unfälle und Möglichkeiten ihrer Vermeidung zu sagen. Auch der Pfarrer spricht über das Autofahren und betont, wie gefährdet besonders die jungen Männer sind, weil sie Spaß daran haben, zu schnell zu fahren. Aber es gibt auch den Anflug von Bewunderung für das Auto – wegen der Bewegungsfreiheit, die es uns gibt, und seines praktischen Nutzens. Gegen Ende des Gottesdienstes kommt ein junger Mann nach vorne zum Altar, um ein Gebet zu sprechen. Er trägt einen hübschen Anzug und einen großen, rotweißen Motorradhelm und betet, daß Gott ihn und seine Freunde beschützen möge, wenn sie mit dem Motorrad unterwegs sind. »Amen«, er verbeugt sich, »Amen« antwortet die Gemeinde. Zum Schluß bläst der Posaunenchor zu den Psalmen und füllt den Kirchenraum bis hinauf zum Dach mit dieser sehr beeindruckenden Musik.

Nach der Messe verlassen die Gemeindemitglieder die Kirche. Dann kommt der Pfarrer hinaus und geht die Stufen auf dem Weg vom Kirchgarten zur Straße hinunter. Dort bleibt er, umgeben von den Ministranten, stehen. Er trägt ein Festgewand in Weiß und Gold. Der Posaunenchor, die Bläser in weißen Hemden und hellblauen Westen, den bayerischen Farben, bereitet sich darauf vor, oben an der Treppe ihr Konzert fortzusetzen. Über die Mauer gelehnt, beobachten einige Leute, was unten geschieht, wo der Pfarrer steht, und wieder andere stehen auf den angrenzenden Gehwegen. Während einer der Ministranten das Weihrauchgefäß schwenkt, macht sich der Pfarrer fertig, um mit Weihwasser die Autos zu segnen, die nun langsam auf der Straße an ihm vorbeifahren. Die Prozession blinkender Autos ist lang, und jeder Fahrer sieht ernst nach vorne, während der Pfarrer wohlwollend lächelt und das Auto besprenkelt. Die Straßen rund um die Kirche sind voll von Leuten und Autos, und ein paar von außerhalb gekommene Polizisten regeln den Verkehr, um einen Stau zu verhindern. Sobald alle Autos gesegnet sind, geht der Pfarrer mit seinem Gefolge weiter zu einem Feld, auf dem Traktoren und Lastwagen aus allen Gemeinden des Kirchspiels in Reihen aufgestellt sind, Reihe um Reihe und ebenso blankgeputzt wie die Autos. Und der Pfarrer segnet jedes der Fahrzeuge. Oben am Rathaus, neben der Kirche, verkaufen einige der Jugendlichen Brot, Würstchen und Coca Cola an diejenigen, die hungrig geworden sind. Es wird schnell fast schon zu kalt, niemand bleibt sehr lange, zumal einige der Männer es eilig haben, zum *Frühschoppen* zu gehen. Die Frauen ihrerseits streben nach Hause, um ihr Sonntagsessen zuzubereiten.

In diesem Jahr ist das Ritual des Erntedanks in Art und Umfang sorgfältig erweitert worden. Der Pfarrer und seine engsten MitarbeiterInnen in Linden beabsichtigen, die Kirche zu einem Teil der »modernen Welt unserer Tage« zu machen, und Pfarrer Kreis möchte auf diesen Prozeß Einfluß nehmen. Die Kirche bezieht »Gesellschaft« ein und tritt ihrerseits hinaus in die »Gesellschaft« und segnet einen Teil ihrer Materialisierung, das Auto. Auf diese Weise unternimmt es die Kirche zu demonstrieren, daß sich alles miteinander vereinbaren läßt und Teil der allumfassenden Ordnung ist, was bedeutet, daß die Abwendung von der Kirche zugleich eine Abwendung von der Gesellschaft ist. Meiner Meinung nach ist dies auch ein Teil der Botschaft, die bei den anderen Gelegenheiten transportiert wird, die anscheinend nichts miteinander zu tun haben – bei dem Seminar über Sexualität, den Aktivitäten der Jugendgruppe und der Gestaltung des Weihnachtsgottesdienstes. Die Kirche beansprucht die Kontrolle über die Formierung und Prägung des »guten Menschen« und einer guten Gesellschaft. Die Jugendlichen befinden sich gewissermaßen in einer Zwischenposition, in der die Handlungsfreiheit größer zu sein scheint als bei Kindern und bei Erwachsenen; aber meiner Ansicht nach bewegen sie sich dennoch innerhalb des Geltungsbereichs der in Linden üblichen Ansichten über Ordnung und Unordnung.

Lernen, ChristIn zu sein

Der Pfarrer sitzt in seinem *Wochenendhäuschen*, wie Priester unter ihresgleichen witzelnd den Beichtstuhl nennen, und empfängt die Beichtenden, eine/n nach dem/r anderen, die wartend in den Bänken sitzen, bis sie an der Reihe sind. Es herrscht nicht immer eine angenehme Atmosphäre, wie einige der weiblichen Jugendlichen es sehen: »Manche Leute versuchen, sich vorzudrängen, alle wollen es so schnell wie möglich hinter sich bringen.« Nach der Beichte, die nur ein paar Minuten lang dauert, knien sich die Leute in ihre Bänke und sprechen die Gebete, die ihnen als Strafe für die von ihnen begangenen Sünden aufgegeben worden sind, so daß dieser Teil der Beichte öffentlich erkennbar gemacht wird.

Schulkinder gehen vier- bis sechsmal im Jahr gemeinsam zur Beichte. Sie werden klassenweise dazu aufgefordert, was dem *Pfarr-Echo*, der wöchentlich erscheinenden Kirchenzeitung, zu entnehmen ist. Pfarrer Kreis überprüft die Anwesenheit, damit alle zu dem für sie vorgesehenen Termin erscheinen. Und auch die Eltern achten darauf, daß ihre Kinder hingehen, wenn sie aufgerufen worden sind, selbst wenn sie selbst nicht zur Beichte gehen und sich anderen Erwachsenen gegenüber abfällig über das Beichten äußern. Kinder wirken mit an der Selbstdarstellung der Familie nach außen, und die Repräsentanten der verschiedenen Institutionen werden die Familie auch danach beurteilen, wie sich die Kinder benehmen. Deshalb werden die Kleinen nicht so leicht vom Pflock gelassen, das Kind wird vielmehr angehalten, die sich im sozialen und ideologischen Gebäude auftuenden Lücken zu überbrücken. *Religion ist Erziehungssache*, so meinen viele Erwachsene, eine Sache des Lernens wie so vieles andere, was zur Formung der für erstrebenswert gehaltenen Persönlichkeit erforderlich ist.

Dieser christliche Lernprozeß hat seinen besonderen Höhepunkt in der *Erstkommunion*. Ein *Kommunionskind* zu sein bedeutet, mit Anweisungen und Ermahnungen überschüttet zu werden und sich auf ein großes Fest vorzubereiten. In der vierten Klasse werden die Kinder etwa ein halbes Jahr darauf vorbereitet, in die *Gemeinschaft Gottes* aufgenommen zu werden. Die ernste und festliche Zeremonie findet am *Weißen Sonntag* statt, dem Sonntag nach Ostern. Es sei der wunderbarste Tag im Leben eines Kindes, wie die Lokalzeitung es damals formulierte. Aber es wird auch Kritik geäußert, nicht so sehr an dem Fest an sich, sondern mehr an der Art, in der es gestaltet wird: übertrieben und gewollt modern. Es wird sowohl eingewendet, das Fest sei zu einer Modenschau verkommen, als auch geklagt, das Fest verliere seine gewohnte Feierlichkeit und Würde.

Die katholische Kirche hat offenbar einige Probleme mit diesem zentralen Ereignis im Leben aller katholischen Christen. Für die Kirche bedeutet es, nach der in der Lokalzeitung zitierten Aussage eines Priesters, *das christliche Defizit der Familien aufzufangen*. Während der siebziger Jahre bemühte sich die Kirche zunehmend um eine »kindgerechte« Gestaltung der Feierlichkeit und ihrer Vorbereitung, um das Gefühl der Gemeinsamkeit in einer Gruppe von Kindern und in der Beziehung zu Gott und zur Kirche zu betonen, eine Gemeinsamkeit, die »nicht notwendig nur auf der Familie aufbaut«. Sie kann durch die Betreuung einer kleinen Gruppe von Kindern durch eine *Gruppenmutter* erreicht werden, die sich regelmäßig mit den Kindern trifft, so daß diese in einer entspannten

Atmosphäre durch Fragen und Antworten, kleine Spiele, durch Zeichnen und Basteln etwas über Religion und die Bedeutung der Heiligen Kommunion lernen. Die Gruppenmutter ihrerseits steht unter der Supervision des Priesters.

Diese schon etwas herausgehobene soziale Stellung wird durch die neue Aufgabe noch unterstrichen, was von anderen offen oder verdeckt kritisiert wird. Die Frauen, die als Kommunionsmütter ausgewählt werden, fühlen sich nicht alle dieser Aufgabe gewachsen, sie sind sich ihrer Angreifbarkeit wohl bewußt und zeigen ihre Unsicherheit, ob ihre Kenntnisse ausreichen, um anderer Leute Kinder zu unterrichten, ob sie wirklich deren Vertrauen haben. Sie halten es für eine große Verantwortung, setzen sich über Grenzen hinweg, die sonst unberührt bleiben würden. Eingedenk der allgemeinen Beschäftigung mit der Problematik von Schuld und Scham ist es nicht schwer, die Verunsicherung der Frauen zu verstehen. Ist es wirklich richtig, was der Pfarrer da tut? Manche Leute können nur schwer tolerieren, daß Laien ein derart herausgehobener Platz bei der Vermittlung des christlichen Dogmas und des Glaubens an ihre Kinder eingeräumt wird. Es geht nicht nur darum, daß es Laien sind, sondern wichtig ist dabei auch, daß diese Frauen glauben oder glauben könnten, sie seien etwas besser als andere, ihre neuen Pflichten bedeuteten eine Anhebung ihres sozialen Prestiges. Anderseits könnte es auch ihrem Prestige schaden, wenn sie nicht das erwartete Ergebnis erreichen sollten. Der Pfarrer beaufsichtigt das ganze Unternehmen sehr sorgfältig, trifft sich mit den Müttern in seinem exklusiven Wohnzimmer zu Diskussionen, oder eher Instruktionen, die den Müttern manchmal den Eindruck vermitteln, sie würden zu stark kontrolliert, und sie zu einer diskreten Konkurrenz provozieren, die klären soll, wer von ihnen denn nun die bessere Kommunionsmutter ist.

Irmgard Weiß, die halbtags als Büroangestellte in der Firma Lewa arbeitet, ist eine der Kommunionsmütter und die Mutter eines Mädchens in ihrer Gruppe von vier Kindern. An den zehn Treffen dieser Gruppe, die im Abstand von vierzehn Tagen stattfanden, habe ich teilgenommen. Sie sitzen um einen Tisch im Arbeits- und Musikzimmer; Herr Weiß ist Chorleiter in Waldhof, und deshalb steht im Musikzimmer ein Klavier. Irmgard bringt für die Kinder Stühle aus dem als Küche, Eßzimmer und Minibar dienenden Raum ihrer Eltern.

Sie hat eigene Notizen und Instruktionen vom Pfarrer und folgt diesen so genau wie möglich, versucht aber auch, auf die Kinder und deren Fragen und die Antworten auf die vorgegebenen Fragen einzugehen. Sie wagt nicht, wie sie sagt, ganz selbständig zu handeln, denn der Pfarrer entscheidet, wie vorgegangen werden soll. Nach jeder Zusammenkunft schreibt sie einen zusammenfassenden Bericht über das, was sie getan haben, und gibt ihn den Kindern beim nächsten Mal mit der Aufforderung, zum jeweiligen Thema ein Bild zu malen. Die Kinder haben einen Ordner, in dem alle Arbeiten abgeheftet werden. Sie legt Wert darauf, um nicht zur Zielscheibe übler Nachrede über »diese unfähigen Kommunionsmütter« zu werden, die sie im vorigen Jahr gehört hat. Die Kinder kommen nach Hause und erzählen, sie hätten Bilder gemalt und Plätzchen gegessen (die Gruppe arrangiert ein kleines Fest, damit sie lernen, was die tiefere Bedeutung eines Festes ist, was dann überleitet zum Gespräch über das Fest der Heiligen Kommunion), was die Eltern denken läßt, daß die Kinder nur herumspielen und nichts lernen. Die Kommunionsmutter will allen Eltern beweisen, daß die Kinder etwas lernen und nicht nur einen vergnügten Nachmittag erleben.

Jedes Treffen hat ein Thema, das mit dem Leben Jesu zu tun hat: Tod, Auferstehung, der Glaube an ihn. Biblische Geschichten werden herangezogen, so die Geschichte von Emmaus oder Zacharias (vgl. Lukas 19 und 24). Beide werden in der religiösen Erziehung von Kindern häufig verwendet. Es wird auch über die Gliederung der heiligen Messe gesprochen, wie die einzelnen Abschnitte genannt werden und was die Kommunion bedeutet.

Zu einem Treffen sollen sie Fotos von Menschen mitbringen, die »von anderen abgelehnt werden«. Was sind das für Leute? »Neger, Häftlinge, ein Kind, das nur ein Bein hat«, wird geantwortet. Die Bilder, die sie gefunden haben, zeigen Gefangene, einen Schwarzen aus Südafrika, eine Szene des Holocaust. Irmgard verwendet ihre schriftlichen Unterlagen und erläutert, halb vorlesend, daß es solchen Menschen nicht viel hilft, wenn ihnen gesagt wird, daß Gott sie ebenso liebt wie alle anderen Menschen. »Was brauchen und erwarten sie?« fragt sie. »*Liebe*«, sagt Anton, »*Hilfe*«, sagen sie fast einstimmig. »Auch in der Zeit, in der Jesus lebte, gab es Leute, die niemand mochte, zum Beispiel die Aussätzigen. In jenen Tagen dachte man, diese Kranken wären krank, weil sie gesündigt hätten.« Das Wort *Sündenbock* hat seinen Ursprung in Israel, hatte der Pfarrer erklärt, und nun erinnerten sich die Kinder daran.

Die vier Kinder scheinen gern zu den Treffen zu kommen. Sie benehmen sich gut, sprechen und beantworten Fragen im Schrittmaß von Irmgards Präsentation des Stoffs. Dieser Unterricht ist, anders als in der Schule, frei von Sarkasmus und Ironie, wenn Irmgard sie auch manchmal ein wenig aufzieht und mit ihnen, ein kleines bißchen ironisch, lacht. Die Atmosphäre ist insgesamt angenehm und freundlich, manchmal so entspannt, daß Irmgard besorgt ist, sie könnte nicht ernst genug sein, um die Kinder etwas lernen zu lassen, obwohl die Kinder sich offensichtlich der Ernsthaftigkeit der ganzen Angelegenheit durchaus bewußt sind. Es scheint, daß sie nicht ganz glauben kann, Lernen könnte den Kindern Spaß machen.

Einige Wochen vor Ostern treffen sich die Kinder vier- oder fünfmal ohne die Kommunionsmütter mit dem Pfarrer in der Kirche. Dies soll der inneren Vorbereitung der Kinder dienen, wie der Pfarrer ihnen erklärt, damit sie »mit Jesus fühlen« können. Außerdem sollen sie sich auf den Ablauf der *feierlichen Kommunion* am Weißen Sonntag vorbereiten. Pfarrer Kreis gibt ihnen Anweisungen, läßt sie üben, wie sie den Mittelgang entlang zum Altar gehen sollen, wohin sie während der verschiedenen Phasen des Rituals ihre Blicke richten sollen, wie sie beten sollen, wie sie ihre Hände während des Gehens halten sollen, wie und wann sie knien werden. Aber diese Treffen sind, wie gesagt, auch dazu gedacht, daß sich die Kinder Jesus nahe fühlen, verstehen, wie gut es ist, an ihn zu glauben und auf ihn zu vertrauen. Dazu nimmt er ein kleines Buch aus einem evangelischen Verlag zur Hand; der Titel: *Jesu kleine Getreue*. Das entspricht dem ökumenischen Trend, der für den Pfarrer zur zeitgemäßen Kirche gehört.

Das Buch enthält Kurzgeschichten über *Angela, Hannele, Claudia, Markus* und andere Kinder, die sich entgegen allen Anfechtungen als fest im Glauben und im Vertrauen auf Jesus erweisen. Einige der Geschichten handeln von Kindern in Osteuropa, die wegen ihres Glaubens unterdrückt werden, die aber mit Stärke und ruhiger Bestimmtheit dem Druck widerstehen und ihre Lehrer zum Schweigen bringen, die wütend versuchen, sie zum Glauben an den Staat zu bekehren. Die einzig wahre Gemeinschaft ist die der Kirche. Die einzig wahre Person ist diejenige, die zu dieser Gemeinschaft gehört. Es gibt eine für alle verbindliche Ordnung, der sich jeder unterwerfen muß. Aber wenn diese Ordnung die individuelle Freiheit zu zerbrechen und kollektive »Gleichheit« zu proklamieren droht, dann ist das Individuum frei und aufgerufen, vorzutreten und zu protestieren. Der gute, gerechtfertigte Protest oder Aufstand ist immer ehrenwert und entspricht der höheren Ordnung, denn der Ideologie zufolge gibt es keine uneingeschränkte individuelle Freiheit und keinen Raum für einen »unordentlichen«, ordnungswidrigen Protest. Es wird sehr deutlich erklärt, daß es nicht die westlichen Staaten sind, in denen es zu einem solchen Protest kommen kann, sondern einzig und allein die sozialistischen Staaten.

Die Kinder sitzen zusammen vor dem Altar der Heiligen Muttergottes, links vom Hauptaltar. Pfarrer Kreis steht im Mantel vor ihnen. In der Kirche ist es kalt. Es wird erzählt, der Pfarrer sei zu geizig, die Kirche öfter als zur Messe zu heizen. Die beiden Jungen, die als letzte vor dem Altar das Knien üben, gehen zu ihrem Platz in der Bank zurück und fangen zu kichern an. Sie können sich nicht beherrschen, Pfarrer Kreis wird blaß vor Zorn. Er geht zu ihnen hin und fragt sie in strengem Ton, was los ist. Ein daneben sitzender Junge berichtet ihm, was passiert ist. Die beiden werden für fünf Minuten ins Vestibül hinausgeschickt, doch ihr Lachen ist noch immer zu hören. »Jetzt gehen sie zu weit!« Mit diesen Worten eilt Pfarrer Kreis den Gang hinunter zu dem Platz hinter den Glastüren, wo die beiden stehen, und schlägt sie auf die Backen; alle können die Schläge durch die fast leere Kirche hören. Die beiden Jungen werden auf ihre Plätze in der

Bank geschickt, wo sie mit niedergeschlagenen Blicken sitzen. Pfarrer Kreis stellt sich wieder vor die Kinder, immer noch blaß, auch auf den Boden blickend, sich an der Bank festhaltend. Es dauert einige Zeit, bis er zu sprechen beginnt.

Der Pfarrer nimmt das Buch zur Hand und spricht über das Mädchen Angela in ihrer Schulklasse. Er fragt die Kinder: »Wenn, zum Beispiel, eure Oma tot wäre, könnte sie euch hören, wenn ihr nach ihr ruft?« Arme fliegen hoch, aber es ist kein Stöhnen und Drängen zu hören wie in der Schule. Eine Antwort lautet »Nein!« »Gut, meinst du, Jesus hört dich, wenn du rufst?« »Nein«, sagt Bert, der vorher geohrfeigt worden ist. Das ist nicht die gewünschte Antwort, der Pfarrer ignoriert sie und fragt nochmal. »Ja, natürlich«, sagt er zu den Kindern. Das ist es auch, was Angela in der Geschichte so stark glaubt, und es gab mehrere *Gläubige* in Angelas Klasse. Sie sind alle sehr mutig, weil sie Jesus um Hilfe bitten und sogar die Lehrerin, die im Glauben schwach ist, das Licht sehen lassen. Sie hatte den Kindern erzählt, daß Jesus nicht kommen könne, denn er sei tot. Aber Jesus lebt, denn er ist auferstanden! Woher kommt der Mut dieser Kinder? Von Jesus, gibt der Pfarrer sich selbst die Antwort. »Jesus liebt alle Kinder. Er liebt euch wirklich, auch wenn ihr *ein bißchen Unsinn macht*«, und dabei sieht der Pfarrer zu den beiden Jungen hin und lächelt ihnen als Zeichen der Begnadigung zu.

Die Kinder sollen nun sagen, was sie an dieser Geschichte besonders mögen, was sie ihnen persönlich bedeutet. Ihre Antworten sind folgender Art: »Daß Jesus kommt; daß die Kinder immer beten, daß man zu Jesus beten soll; daß man nicht nur sonntags zur Kirche gehen soll; daß man in der Kirche singen soll.« Diese Antworten findet der Pfarrer befriedigend, und nun sollen sich alle hinknien und jede/r soll laut ein Gebet sprechen. »Jesus, gib ihnen den Mut zum Beten!« betet der Pfarrer, hinter den Kindern kniend. Ein kleines Mädchen ganz vorne beginnt schließlich: »Lieber Gott, ich danke dir, ich danke dir für diesen Tag, für die Speisen, die ich empfange.« Und so geht es weiter. Sie singen, stehen auf, beten gemeinsam das Angelus, und dann gehen sie einzeln nacheinander hinaus, sich vor dem Altar verneigend, wenn sie den Mittelgang erreicht haben. Zwei der Jungen albern während des Betens herum, der Pfarrer geht schweigend zu ihnen hin und fragt sie, was sie mit diesem Sakrileg bezwecken. Sie antworten nicht und müssen bleiben, bis alle anderen weggegangen sind. Beim Hinausdrängeln verbeugt sich einer der Jungen nervös in die falsche Richtung.

An einem anderen Tag ist Pfarrer Kreis besser gelaunt. »Heute wart ihr sehr viel ordentlicher«, lobt er die Kinder, als sie sich in die Bänke setzen. Er behandelt wieder das Thema vom großen Vertrauen, großen Mut und liest aus dem kleinen Buch die Geschichte über ein anderes Beispiel dafür vor, wie Jesus Mut macht: Klein Hannele, deren Liebe zu Jesus größer ist als ihre Angst. Sie stottert, aber trotzdem bittet sie die Lehrerin, vor der ganzen Schulgemeinschaft im großen Versammlungsraum sprechen zu dürfen. Sie will über Jesus sprechen, und als sie da vorne steht, hört das Stottern auf. Der Pfarrer fragt: »Was wird Hannele wohl ihrer Lehrerin antworten, wenn diese fragt, wie sie es geschafft hat, nicht zu stottern und keine Angst zu zeigen?« Ein Junge meint: »Das weiß ich nicht.« Der Pfarrer übergeht das, etwas verbittert aussehend. Ein Mädchen sagt, daß Hanneles Glauben an Gott größer ist. »Ja, aber statt Gott solltest du lieber Jesus sagen«, korrigiert er, »es geht hier mehr um ihr Vertrauen auf Jesus als um den Glauben.« »Woran liegt es, daß Jesus manchen Kindern hilft und anderen nicht?« fragt er. Bert antwortet, ein Kind sei gut, das andere nicht. Ein Mädchen sagt, nicht alle seien gläubig. Etwas irritiert weist der Pfarrer die Kinder darauf hin, daß er gerade erklärt habe, es ginge mehr um das Vertrauen auf Jesus als um den Glauben. Niemand macht einen Unterschied wie diesen, das widerspricht den Sprachgewohnheiten der LindenerInnen. Niemand spricht von Vertrauen, es ist immer eine Frage des Glaubens, wenn jemand ein/e gute/r Gläubige/r ist. Auch in der Schule werden derart subtile Unterschiede nicht gemacht. »Gemeinsam mit Jesus ist es möglich, Furcht und Angst zu überwinden!« kommt der Pfarrer lächelnd zum Schluß. »Nun schließt die Augen und denkt an Hannele, ihre Angst und ihren Helfer, Jesus. Dann denken wir an unsere eigenen Ängste und an Jesus. ›Jesus mach mich stark!‹ bitten wir. Denkt an die Gebete, wenn ihr euch fürchtet. ›Fürchte dich nicht!‹ sagt Jesus. Und nun öffnet eure Augen.«

Die Kinder müssen verstehen, wie der Ritus am Weißen Sonntag gegliedert ist. Der Pfarrer gibt ihnen eine kleine Broschüre, in der die Reihenfolge der Lieder und Gebete angegeben ist. Der wichtigste Teil ist die Eucharistie, die Grenzüberschreitung, wenn der von seinen Sünden befreite, gereinigte Mensch eins ist mit Jesus. Die Kinder sollen diesen Teil einleiten, indem sie ihre Opfergaben zum Pfarrer bringen, Geld für Kinder in anderen Teilen der Welt. Nach weiteren Liedern und Dankgebeten, nach Credo und Fürbitte treten die Kinder wieder zum Altar, um mit ihren Eltern das Sakrament zu empfangen. Danach kommuniziert die ganze Gemeinde.

Wegen verschiedener Verwirrungen und Verwechslungen während der Probe wird Pfarrer Kreis mehrmals ziemlich wütend. Einige der Kinder sehen feierlich aus und benehmen sich die ganze Zeit über korrekt, andere hingegen stören und schneiden Grimassen, sobald sich ihnen eine Gelegenheit dazu bietet. Manchen wird vom Pfarrer an den Haaren gezogen, ein Junge wird hinter den Altar geführt, als alle anderen Kinder vor dem Altar knien. Sie können sehen, wie der Pfarrer ihn schüttelt, und hören die Schläge auf seinen Backen. Der Junge muß ziemlich lange hinter dem Altar bleiben, während die anderen den Friedensgruß üben. Sie müssen »Schalom« sagen und sich bei den Händen fassen. »Schalom ist ein hebräisches Wort, mit dem sich die Juden in Israel grüßen«, erklärt der

Pfarrer, »ein wunderbares Wort, denn es bedeutet Frieden.« Nachdem sie anschließend zu ihren Plätzen in die Bankreihen zurückgekehrt sind, müssen sie sich vor der Kommunion niederknien, ihre Hände vors Gesichter halten und innerlich ganz bei Jesus sein, ihm danken.

Als eine abschließende Bestätigung der neuen Gottesdienstordnung wird eine Art Vor-Messe gehalten – nicht in der Kirche, sondern in dem kleinen Rathaussaal – eine intime und wirkungsvolle Probe für die »feierliche Kommunion« einige Wochen später am Weißen Sonntag. Diese Art, die Erstkommunion in zwei Teilen zu begehen, hat sich in den Jahren zuvor in vielen Gemeinden durchgesetzt, und Pfarrer Kreis möchte es nach dem Erfolg im letzten Jahr wieder so halten. Dieses Ritual bezieht nur die wichtigsten TeilnehmerInnen ein, nämlich die Kommunionskinder und ihre Eltern, keine anderen Familienmitglieder oder Verwandten, nur Vater, Mutter und dies eine Kind. Das betont die Intimität und Exklusivität, auch die Intensität dieser Gemeinschaft.

Der Raum ist festlich geschmückt. An den Wänden hängen große Illustrationen zu biblischen Geschichten, die von den Kindern in der Vorbereitungszeit gezeichnet worden sind. Die langen Tische sind mit weißen Papiertischdecken versehen, und auf jedem Tisch stehen Vasen mit schön arrangierten Blumen. Die Kinder sitzen zwischen ihren Eltern, und jedes Kind hält eine Kerze in den Händen. Nachdem alle Platz genommen haben, heißt Pfarrer Kreis sie willkommen und betont, wie froh er ist, daß so viele gekommen sind. Nur drei Familien haben abgesagt (weil sie diese »Probe« ablehnen; weil es die Feierlichkeit des wirklichen Ereignisses zerstöre, sagten andere). Die Messe wird wie gewohnt in ihren beiden Teilen gehalten: erst der *Wortgottesdienst*, dann die heilige Kommunion. Ein Teil des Wortgottesdienstes ist etwas erweitert worden, weil die Predigt durch die Mitwirkung der Kinder ersetzt worden ist. Alle singen den ersten Psalm, dann folgt das Reuebekenntnis und die Bitte um Vergebung. Die Kinder kommen eins nach dem anderen nach vorne zum Pfarrer, der in der Mitte des vordersten Tisches sitzt, halten als Opfergabe ihre brennende Kerze und sprechen laut ein Gebet, das sie sich auf einem Zettel aufgeschrieben haben: »Danke Jesus, daß wir hier versammelt sind! Herr Jesus, mach, daß wir gesund bleiben!«

Die Kinder singen und beten abwechselnd. Einem Mädchen verschlägt es die Sprache, und ihre Mutter gibt ihr einen Stoß in die Seite, sagt ihr flüsternd und mit Zeichen des Zorns und der Verwirrung etwas vor, damit sie den Mund aufmacht; aber umsonst. Ein anderes kleines Mädchen hört genau zu und beobachtet alles mit gefalteten Händen. Auch sie sagt kein Wort, aber ihre Eltern lassen sie in Ruhe, lächeln sich gegenseitig an und machen alle drei einen sehr frommen Eindruck. In meiner Nähe sitzen Nina Berthold, die ältere Schwester der kleinen Edith im Kindergarten, und ihre Eltern. Frau Berthold ist eine dicke Frau, freundlich und etwas schüchtern, ihr Mann hingegen ist sehr dünn, und Nina sieht ihm ähnlich. Er scheint seine Tochter sehr zu lieben, tätschelt ihre Schulter, streicht ihr das Haar zurecht, und Frau Berthold ermahnt sie freundlich, dem Pfarrer zuzuhören, was sie aber ohnehin konzentriert tut.

Pfarrer Kreis geht herum und verteilt die gesegneten Oblaten, damit sich nicht alle um ihn herum drängen müssen. Als er zu den Bertholds kommt, streckt Herr Berthold unwillkürlich seine Hand aus, und als er die Oblate auf der Hand hat, sieht er verunsichert zu seiner Frau, als wollte er sie fragen, was denn nun zu tun sei. Sie deutet auf ihren Mund, er grinst verwirrt und legt sich die Oblate auf die Zunge. Herr Haupt hat das zufällig gesehen und berichtet später denen, mit denen er zusammensitzt, lachend über den Manfred, der wohl noch nie im Leben in der Kirche gewesen sei. Alle finden das sehr erheiternd.

Nach der Messe werden auf profane Art Brot und Wein serviert, und die Leute setzen sich zusammen, um noch miteinander zu reden. Es wird deutlich, daß sich die Gesprächsgruppen schicht- oder klassenspezifisch bilden, daß sich nun insbesondere die »gehobenen Schichten«, die in der Minderheit sind, um Herrn Haupt herum zusammenfinden. Er hat darauf geachtet, daß er die vom Pfarrer bereitgestellten Flaschen mit gutem Wein unter seine Kontrolle gebracht hat. Während die Erwachsenen miteinander reden und Wein trinken, rennen die Kinder herum und spielen Fangen, ringen miteinander, lachen und schreien. Der Krach ist manchmal ohrenbetäubend, aber niemand versucht, die Kinder zur Ruhe zu bringen oder vom Herumrennen abzuhalten. Nur Pfarrer Kreis bemüht sich einmal darum, aber ohne Erfolg. Niemand scheint sich von den Kindern gestört zu fühlen, ihr Toben wird im Gegenteil als etwas Natürliches angesehen. Wie Frau Mann, die Frau des Lehrers, im letzten Jahr bei dieser Gelegenheit gesagt hat: »Die Kinder haben sich so richtig schön ausgetobt.« Hier trennen sich die Wege von Kindern und Erwachsenen für eine Weile, und beide Gruppen geben sich ihrer Form von »Wildheit« hin.

Aber hinter ihnen steht die Kirche, mit der Familie, dem Kindergarten, der Schule, den Institutionen, die dem Kind gegenüber einen bestimmten Anspruch zum Ausdruck bringen. Die Kirche, vertreten durch die praktizierenden Gläubigen, hat ihrer Meinung nach gewisse Vorrechte bei der Kontrolle des gesellschaftlichen Lebens; sie wird zu einem Manager der Moral und in jeder Hinsicht eine Stütze des Staates. Durch die Beschreibung bestimmter Ereignisse habe ich zu zeigen versucht, wie die Kirche sich zu einem Teil des Projekts der Persönlichkeitsbildung, der Ausformung des einzelnen Menschen zur Person, macht und nicht ohne Konflikte versucht, die Grenzen des Individuums zu definieren, während die Individuen auf verschiedene Weise darum bemüht sind, sich diesen Beschränkungen zu unterwerfen oder sie zu überwinden.

7 Schlußfolgerungen

In diesem Buches habe ich durchgehend die zentrale Bedeutung des Erziehungsbegriffs hervorgehoben und zu zeigen versucht, wie er im Rahmen eines kulturellen Diskurses über die Person verstanden wird. Erziehung gilt zweifellos als der wichtigste Vorgang bei der Formung von Heranwachsenden zu einer stabilen Person mit den erwünschten Eigenschaften, wodurch eine Gesellschaft erst möglich gemacht wird. Auf erstaunlich einfache Art faßt ein Satz Kants zusammen, worum es letztlich geht: *»Der Mensch kann nur werden durch Erziehung. Er ist nichts, als was die Erziehung aus ihm macht.«*[1]

Erziehung als Projekt beinhaltet Konzeptionen der Entfaltung des Individuums in einer bestimmten sozialen Ordnung, innerhalb eines gesellschaftlichen Ganzen, zu dem das Individuum, dieser Auffassung nach, in einem Verhältnis sowohl von Unterordnung als auch von Autonomie steht. Ich habe versucht, die Konturen und den Inhalt dieses Projekts so zu zeigen, wie es sich in den Worten und Taten der Eltern und ErzieherInnen in Linden niederschlägt. Ich habe auch, sehr begrenzt, versucht, Beziehungen zwischen diesen Konzeptionen und jenen historisch variablen und vielschichtigen Theorien und Wertvorstellungen aufzuspüren, die von verschiedenen Wissenschaftlern für die »deutsche Ideologie« als besonders bezeichnend betrachtet werden. Das soll dazu beitragen, daß der in Linden geführte Diskurs in einem Kontext jenseits seines unmittelbaren Horizonts auf Resonanz stößt. Viele Erzieher unserer Tage und auch die Menschen in Linden mögen der Ansicht sein, sie seien weit entfernt von einigen der im letzten und in diesem Jahrhundert vertretenen pädagogischen Theorien. Aber ich vermute, daß diese Distanz in vielen Fällen geringer ist, als angenommen wird, und daß Veränderungen und Unterschiede nicht so groß sind, wie die Leute zu glauben scheinen. Damit soll weder behauptet werden, es gebe eine umstandslose Kontinuität, noch meine ich, daß es eine objektive Wirklichkeit gibt, im Verhältnis zu der ich von einem abgehobenen Standort aus feststellen kann, ob die Leute ihr Rechnung tragen oder nicht. Ich vertrete lediglich die These, daß die Reproduktion von Begriffen und Bedeutungen in Linden die dort Handelnden in einen umfassenderen Diskurs einbindet. Deshalb ist es vielleicht angebracht, kurz einige der bezeichnendsten Merkmale dieses anhaltenden pädagogischen und ideologischen Diskurses zu rekapitulieren, die in einem gewissen Umfang die Grenzen von Raum und Zeit transzendieren.

Während des 19. Jahrhunderts wurde es zu einer selbstgewählten Aufgabe und gezielten Beschäftigung einzelner Intellektueller und des Bürgertums, bewußt die Prägung und Erziehung von Kindern in die Hand zu nehmen, ein Vorgang, der im Zuge der fortschreitenden Verbreitung der schulischen Bildung und der Einführung der Schulpflicht für alle sozialen Schichten eine zunehmende Bedeutung erhielt. Dies geschah nicht nur oder vor allem um der Kinder willen, sondern im Interesse der Gesellschaft. Die bessere Qualifizierung des Individuums dient den wohlverstandenen Interessen des Staates. Es ergab sich eine komplexe theoretische Oszillation zwischen der *Entfaltung der freien Natur des Kindes*, wie immer sie jeweils verstanden worden ist, und den anscheinend eher hierarchisch orientierten und autoritären Bemühungen, den Kindern ein bestimmtes Maß an Fakten und Normen einzutrichtern.

Fröbel und Fichte, zwei prominente, wenn auch umstrittene Gestalten in der frühen öffentlichen Erörterung von Problemen der Erziehung, können als Repräsentanten vieler dieser Ideen und Wertvorstellungen gelten, die in den Theorien über die richtige Ausformung des Menschen zum Ausdruck kommen. Für sie war es wie für viele andere von entscheidender Bedeutung, diejenigen Mittel und Methoden herauszufinden, durch die der gute Bürger für den guten Staat geschaffen werden könnte. Für Fröbel waren die Mutter und die Natur die wichtigsten Elemente und handelnden Kräfte in seinem Erziehungsprojekt. Von Fichte dagegen läßt sich analog dazu sagen, daß er mehr am Vater und am Staat orientiert gewesen ist. Angesichts dieses Gegensatzes und wegen der starken Beschäftigung mit den Schwierigkeiten auf dem Weg zur nationalen Einheit entwickelten sich bei den Pädagogen Gruppierungen und Lehrmeinungen von ganz unterschiedlicher Orientierung und Zusammensetzung. Aber allen ging es um das Definieren und Kontrollieren der »natürlichen Ordnung« der Dinge, durch die Individualität und Freiheit sich entwickeln und ihrerseits wiederum kontrolliert werden können. Auf die Natur berief man sich auf ganz verschiedene Weise ebenso wie auf die Nation und auf den Staat. In einem gewissen Maße entsprach dieser Diskurs der politischen und ökonomischen Umwälzung in Deutschland während des 19. und 20. Jahrhunderts, aber es bestand auch ein unauflösbarer Widerspruch zwischen beiden.

Nichtdeutsche neigen möglicherweise zu der Ansicht, alle Deutschen seien besonders geneigt, sich dem Staat unterzuordnen, und ganz sicher gab es und gibt es auch heute noch eine gewisse Idealisierung des Staates als höchste Autorität und als Wahrer der politischen und kulturellen Interessen der Deutschen. Daneben wurden jedoch heftige und kompromißlose Proteste und Angriffe gegen den Staat gerichtet und organisierten sich gemäßigter auftretende kritische Gruppierungen, etwa die *Bürgerinitiativen*. Unter den Kritikern gilt die Demokratie als eine Idee und ein Anspruch, die in Deutschland nur schwer zu verwirklichen sind, mit denen die Deutschen nicht ohne beträchtliche Schwierigkeiten zurechtkommen. Dies ist ein Teil der Komplexität der »deutschen Frage«, wie sie unter Bezugnahme auf den traditionellen Autoritarismus des deutschen Staates erörtert worden ist. Heute wird Demokratie als ein Zeichen der Qualität deutscher Politik hervorgehoben und zu etwas erklärt, was Schulkinder lernen müssen. Aber wenn die Regeln der Demokratie tatsächlich beachtet werden, so wird das von den Menschen sehr leicht als Mangel an Einheit und Geschlossenheit interpretiert oder empfunden; und der Staat wird dann, trotz all seiner Mängel, von den Menschen unter Umständen als eine notwendige Stärkung oder als erforderlicher Ersatz dessen gesehen, was man sich einmal von der umfassenden nationalen Gemeinschaft versprochen hatte. Die kontroverse Frage nach den Grenzen des Deutschtums stellte sich erst kürzlich, als die Regierung von Kanzler Kohl 1989 erklärte, daß alle Menschen deutscher Nationalität gleichberechtigte BürgerInnen der Bundesrepublik Deutschland seien. Der Staat legitimiert die Nationalität, vermag diese Legitimation aber auch zu widerrufen, was zu furchtbaren Konsequenzen führen kann, wie es zum Beispiel unter der nationalsozialistischen Herrschaft der Fall gewesen ist. Der Staat erscheint als Schutzherr individueller Rechte und Freiheit und wird auf einer gewissen Ebene eins mit der Person, die er aber auch wieder zum Feind erklären und bekämpfen kann. Es ist ein paradoxer Vorgang.

Während der langen Periode der Auseinandersetzung zwischen Nation und Staat erschien die Erziehung des Individuums, des Kindes, als eine der wichtigsten Methoden zum Erreichen der angestrebten gerechten Gesellschaft, heute der »demokratischen Gesellschaft«. Pädagogen und Sozialphilosophen haben sich bemüht, herauszufinden und zu formulieren, wie das geschehen kann, während der Staat seinerseits die für erforderlich gehaltenen Institutionen kontrolliert, vor allem die Schule, aber auch die Familie, die als Keimzelle und entscheidender sittlicher Wert des gesunden Staates betrachtet wird. Um nur ein Beispiel zu nennen: Kerschensteiner, um die Jahrhundertwende viele Jahre lang Stadtschulrat in München und einer der Väter der Berufsschule, hielt es im Interesse des Staates für notwendig, daß die BürgerInnen im Geiste einer »*staatsbürgerlichen Erziehung*« aufwachsen und erzogen werden. Und seiner Auffassung nach ist es »die Pflicht der Familie, der Idee des Staates zu dienen«.[2]

In der Zeit nach dem Zweiten Weltkrieg gab es mehrere ziemlich heftige Debatten über Erziehung, bei denen es vorwiegend um die Organisation und die Lehrpläne der Schulen ging. Die Methoden und Ziele des Lernens haben das

Vokabular verändert. Es hat Reformen der Zielsetzung und der Praxis gegeben, auch Klagen wegen des hohen *Leistungsdrucks* und der Notwendigkeit, *Chancengleichheit* zu erreichen. Aber es scheint dennoch eine starke Beschäftigung mit der tieferen Bedeutung von Ordnung und Lernen zu geben, und zwar in dem Sinne, den ich herauszuarbeiten versucht habe: Es geht um sich widersprechende Forderungen nach individueller Autonomie und Befähigung und die Notwendigkeit, sich einer gegebenen Ordnung durch Unterordnung anzupassen.

Ein richtiger Mensch muß durch die Konzepte, die den richtigen Menschen beschreiben, ständig neu geschaffen werden. Für die Lindener ist das Formen oder Herstellen einer Person individuell ein endlicher Prozeß, kulturell hingegen eine unendliche Anstrengung; und dieser Prozeß vollzieht sich über Konzeptionen in bezug auf die Ordnung des Lebens und der Natur, des Individuums und der Gesellschaft, und über die Grenzen der Freiheit. Kinder sind demnach noch keine wirklichen Personen. Sie bedürfen einer langwierigen Formung und der erforderlichen Konfrontation mit der »Wirklichkeit«, mit dem Leben, wie es die Erwachsenen verstehen. Kinder müssen *lebensfähig* gemacht werden, damit sie in die Lage versetzt werden, die Verantwortung, Teil der Gesellschaft zu sein, zu übernehmen. Dieser Prozeß des »Lebensfähigmachens« erfolgt entsprechend den Vorstellungen von Ordnung, innerer wie äußerer Ordnung. Die äußere Ordnung schafft innere Ordnung und wird ihrerseits von dieser inneren Ordnung wieder neu geschaffen. *Ordnung* bedeutet Einheit und Individualität. *Selbständigkeit,* dieses ganz besondere und signifikante Merkmal der vollendeten Persönlichkeit, wird nur als Teil dieser Einheit erreicht. Diese ist eine idealisierte Erwachsenenwelt, in der alles eins ist. Kinder hingegen sind eine Realität, geliebt und zugleich verlacht, ermahnt und bestraft und manipuliert, damit sie die Idee der richtig geformten Person verkörpern. In all den verschiedenen Einzelheiten wirkt dieses Vorgehen zum großen Teil durch das Ordnen des Körpers und das Ordnen der Dinge, die physische Strukturierung der räumlichen Umgebung.

Der Körper des Menschen hat eine natürliche und eine moralische Qualität. Vom Beginn des Lebens an wirken sich die Definitionen von Natur und Moral unmittelbar auf den Körper aus; die Gesellschaft drückt ihm ihren Stempel auf. Durch Äußerungen der körperlichen Lust, des Saugens, und der Abhängigkeit scheint das kleine Kind zugleich Einheit zu bestätigen und auch bedrohlich deren Zerstörung anzukündigen. Durch eine zu große Nähe macht sich das Kind quasi zu einem Teil des Körpers der Mutter und betont dadurch übermäßig die Exklusivität der Familie und seine eigene, sozusagen »antisoziale« Abhängigkeit, womit es zugleich »die Härte des Daseins« negiert. Erzieherische Einwirkungen auf den Körper lassen das Kind nach und nach etwas über die verschiedenen Facetten von Ordnung und seinen Körper als ein soziales und ideologisches Konstrukt lernen; und so wird das Kind darauf vorbereitet, die Tugenden der Selbständigkeit zu entwickeln.

Wohlschmeckende Nahrung, Snacks und Süßigkeiten, die die LindenerInnen ihren Kindern so oft zukommen lassen, betonen und flexibilisieren zugleich die Grenzen des den Regeln der Ordnung unterworfenen Körpers und die Zwiespältigkeit von Nähe und Autorität. Der Erwachsene hat das Privileg und die Autorität, Genuß zu ermöglichen und zu steuern, aber es wäre eine Vereinfachung, dies als ein bewußtes Ausüben von Kontrolle und Autorität aufzufassen. Der Erwachsene, besonders als Familienangehöriger, möchte auch die Liebe und das Wohlwollen des Kindes gewinnen. Es ist wie eine ständige Geste, in der Schmerz und Unvermeidlichkeit des Erwachsenwerdens und des Lernens symbolisch, und nur momentan, aufgehoben werden.

Aber das Kind, das bewußt das Wohlwollen und die Güte des Erwachsenen mißachtet, wird das Bild seines Körpers sehr in Unordnung gebracht und verunstaltet sehen. Ungehorsam, Unordnung und mangelnde Anpassung an die gesellschaftlichen Normen, die den *Struwwelpeter* und seine LeidensgenossInnen auszeichnen, sind in dem Hofmannschen Buch als körperliche Verunstaltung und Häßlichkeit veranschaulicht. Die politische Entsprechung dieser Ungehorsamkeit und Unordnung ist symbolisiert in den Portraits der RAF-Terroristen. Auf den Plakaten mit den Fahndungsphotos der »meistgesuchten Terroristen« werden diese finster und häßlich präsentiert. Den Staat zu attackieren ist dem Angriff auf die natürliche Ordnung der Dinge gleichzusetzen, und dabei wird der Körper »natürlich« in Mitleidenschaft gezogen, das heißt, er wird unordentlich, ordnungswidrig. Der unmoralische Körper, etwa der des »Staatsfeindes«, ist der finstere, verunstaltete, ungepflegte Körper.

Der Körper ist auch ein sexualisierter Körper, aber Sexualität wird zwei- oder mehrdeutig verstanden, denn sie gilt als etwas Natürliches und Gutes, kann aber zu etwas gemacht werden, was die gesellschaftliche Ordnung subversiv gefährdet, sowohl in der Form eines obszönen und lächerlichen Spektakels als auch durch Streben nach Lust und Leidenschaft. Das betrifft Frauen und Männer, Jungen und Mädchen, aber die Frauen und Mädchen erhalten eine gewisse Sonderposition, zumindest im pädagogischen Kontext. Andererseits scheint es auch eine Tendenz zur Minimierung der Unterschiede zu geben, indem auf die Natürlichkeit der Sexualität und des nackten Körpers hingewiesen wird. Die Sexualität der Frauen wird wohl zu etwas Anstößigem, wenn sie als »unproduktiv« im Vergleich zur Sexualität des Mannes betrachtet wird, was für Herrn Stein während des Seminars über Sexualität zum Problem geworden ist (vgl. Kap. 6). Das Streben nach Lust ist demnach unproduktiv und sinnlos, als bedeute es, der natürlichen sozialen Ordnung den Rücken zuzukehren und sich nur um sich selbst zu kümmern – wie das Kleinkind, das noch nicht gelernt hat, »in einer Gruppe zu sein«. Die Menschen in Linden haben immer wieder Schwierigkeiten, die Gegensätze und Widersprüche zu versöhnen, die in diesem Zusammenhang eine Rolle spielen, denn sie wollen sich selbst auch als moderne Menschen sehen, die ihr Leben selbst bestimmen und nicht von sichtbaren oder unsichtbaren Autoritäten eingeengt werden.

Das Ordnen des Raumes, das Ordnen von Sachen sind wie eine Ausweitung der Ordnung des Körpers. Zu Hause, im Kindergarten und in der Schule hat alles seinen richtigen Platz, an dem es sein sollte, wenn es nicht gerade in Gebrauch ist. Es entspricht der Natur der Dinge, daß sie alle ihren speziellen Platz haben, und es ist ein wichtiger Aspekt der pädagogischen Bemühungen, den Kindern beizubringen, welches Ding zu welcher Zeit an welchem Platz zu sein hat. Aufräumen ist eine Tätigkeit, die eine Verbindung zwischen dem Zuhause, dem Kindergarten und der Schule herstellt. Und im Elternhaus ist jeder Raum von den anderen Räumen abgegrenzt, und oft bleiben die Türen zwischen ihnen geschlossen; Besucher betreten oder sehen immer nur die Küche oder das Wohnzimmer. Menschen und Dinge bewegen sich nicht freizügig von einem Raum zum anderen. Andererseits: Manche Haushalte haben eine beachtliche Fähigkeit, in Haus und Hof Unordnung entstehen und überhandnehmen zu lassen, was von anderen mißbilligt, aber doch hingenommen wird; und Unordnung durch »Wildheit«, »Zügellosigkeit« wird zuweilen akzeptiert und als natürlich empfunden. Vielleicht werden im Hinblick darauf Auffassungen über Kreativität, wie sie sich zum Beispiel im Kindergarten zeigt, verständlich. Kreativität wird bewundert und ist erstrebenswert wie Lust und Vergnügen, aber sie ist etwas Unberechenbares, und es kann sich herausstellen, daß sie die soziale oder pädagogische Ordnung gefährdet oder zerstört.

Das umfassende Bemühen, Formen von Ordnung zu schaffen, das Teil der kulturellen Logik der unterschiedlichen Institutionen im Lebenszusammenhang der Lindener ist, enthüllt und bearbeitet zugleich einen unterschwelligen Widerspruch zwischen der wahrgenommenen Bestätigung des Individuums und den Forderungen der Gemeinschaft. Das Individuum gilt als autonom, ist aber abhängig von einem menschenfreundlichen Ganzen. Ein entscheidendes Problem ist, wie weit diese Menschenfreundlichkeit und Güte reicht. Im individualistischen Denken des Westens ist die Beziehung zwischen Individuum und Gesellschaft eine von Konflikt und Widerspruch – ein zentrales Thema der Sozialwissenschaften –, sehr zum Schaden unserer Fähigkeit, nichtwestliche Völker und Kulturen zu verstehen. Der Individualismus schätzt Gleichheit und die autonome Person sowie die Vorzüge von Veränderungen und Fortschritt; aber nicht überall in der westlichen Welt ist der Individualismus immer der gleiche gewesen, und er ist es auch heute nicht. In Deutschland ist eine besondere Spannung zwischen Egalitarismus und Hierarchie erkennbar. Ganz offensichtlich hat es in der deutschen Kultur eine Tendenz gegeben, nicht nur den Individualismus hoch zu schätzen, sondern zugleich die Vorrangigkeit der Gesellschaft gegenüber dem Individuum hervorzuheben. Das bedeutet, daß es der Ideologie entsprechend anscheinend wichtiger war, ein/e Deutsche/r zu sein als ein autonomes und gleichberechtigtes Individuum. Die Eigenschaften einer Person wurden also im Hinblick darauf beurteilt, inwieweit die Person die Fähigkeit hatte, dem Bild des Deutschen zu entsprechen. Diese Ansichten über die Geschichte der deutschen Ideologie haben meine Auffassung von den Ideen der LindenerInnen über das richtige und gute Leben und die von ihnen wahrgenommene Kluft zwischen Individuum und Gemeinschaft beeinflußt.

Die Ereignisse und Personen, die ich ausgewählt habe, um meine Studie durchzuführen und deren Ergebnisse zu verdeutlichen, sind Ausdruck meines Verständnisses von den in Linden festzustellenden Meinungen und Zusammenhänge. Sie zeigen auch, welche Grenzen ich mir hinsichtlich der zu untersuchenden Fragestellung gesetzt habe: die Ideologie und Praxis ihrer Pädagogik. Die LehrerInnen, die wenigen ExpertInnen, die Eltern, der Pfarrer, die Kindergruppen und die Veranstaltungen, die stattfanden, sind auf meiner ethnographischen Bühne nochmals erschaffen worden. Durch die Beschreibung einiger Details des Heranwachsens in einer Familie und der damit verbundenen Durchsetzung einer Ordnung des Körpers werden die Probleme von Abhängigkeit und Selbständigkeit herausgearbeitet. Sie werden erkennbar in den widersprüchlichen Bemühungen, das Kind von der Mutter zu trennen (vom Körper der Mutter) und es an die Familie zu binden, erstens ganz konkret an die jeweilige Familie und zweitens an die Idee, an das Ideal der Familie. Die spezifischen Anliegen des Kindergartens führen das Kind, und die LeserInnen, in die größeren Feinheiten der Bedeutung von Selbständigkeit und Realismus ein. Die Grenzen des Individuums im Verhältnis zu einem sozialen Ganzen werden gezogen und die miteinander im Konflikt liegenden Tugenden der individuellen Autonomie, der Einzigartigkeit und der Unterordnung geraten ins Blickfeld. Diese Themen wurden bei der Diskussion von Erziehungspraktiken in den Bereichen von Schule und Kirche weiter geklärt.

Meiner Auffassung nach sind die Vorstellungen der LindenerInnen von der Formung der Person durchsetzt mit Überlegungen über die gute Gesellschaft, die Freiheit des Individuums und das manchmal nicht zu durchschauende Wirken des Staates. Allgemeine politische Debatten und Ereignisse werden umgewandelt in Debatten und Ereignisse auf der Ebene des Lebens in Linden. Es war mein Ziel, durch die einzelnen Menschen und Ereignisse, die in meinem Untersuchungsbericht dargestellt worden sind, zu zeigen, wie die Leute in Linden eine Welt gestalten, von der sie ihrerseits gestaltet werden. In ihrem Bemühen, ihre Kinder aufzuziehen und zu erwachsenen Personen zu formen, müssen sie sich mit Ideen und Wertvorstellungen auseinandersetzen, die über die Grenzen von Linden ebenso hinausweisen wie über die Endlichkeit ihres eigenen Lebens.

Anmerkungen

Einleitung

1 Vgl. zum Beispiel Dumont 1986b, Hughes 1977, Lukes 1979.

2 Deutschland ist ein ziemlich vernachlässigtes Forschungsgebiet, zumindest was Arbeiten nichtdeutscher Ethnologen angeht, wenn es auch seit den siebziger Jahren eine geringe Zunahme von Studien über Deutschland gibt (überwiegend unveröffentlichte Dissertationen, z.B. Eidson 1983, Gibson 1984, Roggenkamp 1982, Weatherford 1979, aber auch Linke 1986, Borneman 1992). Dennoch gibt es eine Diskrepanz zwischen dem Interesse unserer Wissenschaft an anderen Teilen Europas, über die Ethnologen viele Jahre lang geforscht haben, und den bislang ganz seltenen Untersuchungen in einem der beiden deutschen Staaten (Forsythe 1984). Woran liegt das, wenn doch die Deutschen selbst sich so intensiv mit ihrer eigenen Situation, ihrer eigenen Identität und Position im Verhältnis zu den anderen Teilen der westlichen Welt auseinandersetzen und wenn andere wissenschaftliche Disziplinen es für lohnend halten, Deutschland zum Thema ihrer Arbeit zu machen? Die Entscheidung für Feldforschung in Deutschland war nicht einfach, und auch FreundInnen und KollegInnen haben sie nicht mit einhelligem Interesse oder großem Enthusiasmus aufgenommen. Das kann zum Teil an der Auffassung liegen, daß EthnologInnen sich in Gegenden begeben sollten, in denen sich die Lebensweise von der ihren stärker unterscheidet, da sich eine der Schlüsselfragen unserer Wissenschaft seit ihren Anfängen auf das Problem der Differenz bezieht. Noch wichtiger war, meiner Meinung nach, die Einstellung gegenüber den Deutschen und der historischen Realität, die von ihnen geschaffen worden ist. Die Deutschen sind in der jüngsten Geschichte gefährlich gewesen, und es besteht der Eindruck, daß ihre Kultur nur schwer zu durchschauen ist. Umgekehrt gesagt, die Deutschen werden offenbar von Nichtdeutschen für stumpfsinnig und uninteressant gehalten (vgl. ebd.). In der gegenwärtigen Situation Europas nimmt das Interesse allmählich zu.
Frühe ethnologische Studien über Deutschland haben sich oft mit dem »Nationalcharakter« beschäftigt, dabei vor allem ausgehend vom Ansatz der Kultur-und-Persönlichkeit-Theorie der Anthropologie. Während des Zweiten Weltkriegs und in wenigen Jahren danach stützten sich Studien dieser Forschungsrichtung vor allem auf verschiedene Arten von Dokumenten, auf Interviews mit Kriegsgefangenen und Gruppen von ImmigrantInnen in den USA unter Zuhilfenahme von pro-

jektiven Tests (Mead und Métraux 1953), Filmanalysen (Bateson 1953), Kindergeschichten und Ratgebern über Erziehungsfragen (Métraux (1955) 1970 a-c), was alles unter »Technik der Kulturanalyse aus der Distanz« subsumiert wurde (Barnouw 1963, Mead und Métraux 1953). Andere Studien, etwa die von Rodnick (1948) und Lowie (1954), wandten sich dem Thema des Nationalcharakters ohne eine ausdrücklich bezeichnete Forschungstechnik zu, indem sie sich eher darauf beschränkten, Material, das sie von kurzen Forschungsaufenthalten mitgebracht hatten, und deutsche Literatur auszuwerten.

Einige später in Deutschland durchgeführte Untersuchungen haben auch Fragen der Identität einbezogen, die Ergebnisse aber, zum Beispiel, in Begriffen von Modernisierung und Urbanisierung festgehalten (vgl. Golde 1975, Spindler 1973, Warren 1967), oder sie waren wie Spindler psychologisch orientiert. Auch Familienbeziehungen und Erziehung gerieten in den Blick (so Rodnick 1948, Spindler 1973, Warren 1967, Weatherford 1979). Relativ wenig Interesse wurde aber an Konflikten gezeigt, die für das gegenwärtige Leben in Deutschland bezeichnend sind und in einem tieferen Sinne den Themen entsprechen, mit denen sich viele Deutsche selbst auseinanderzusetzen scheinen. Als Ausnahmen können Ansätze wie die von Forsythe (1989) und in jüngerer Zeit die von Borneman (1992) oder auch Linke (1986) gelten. Bemerkenswert sind ganz sicher die Arbeiten Dumonts (1986 a-c). Er ist einer der wenigen Anthropologen, die fächerübergreifend Leitfragen zur Beziehung zwischen der deutschen Geschichte und dem Denken der Deutschen aufgeworfen haben. Das ist für meine Studie insoweit von Bedeutung, als ich bestimmte Aspekte dieser Fragestellung mit Hilfe des von mir zusammengetragenen empirischen Materials untersucht habe.

3 Meine Überlegungen hierzu sind beeinflußt von der vergleichenden Untersuchung des französischen Anthropologen Louis Dumont über die individualistische Ideologie und ihre deutsche Variante (1965, 1971, 1986b) und von der kritischen Weiterentwicklung des Dumont'schen Ideologiebegriffs durch Bruce Kapferer (1988). Aber von jemandem beeinflußt zu sein ist etwas anderes, als dessen Modelle zugrundezulegen oder Befunde zu übernehmen. Der Ablauf des täglichen Lebens, der im Mittelpunkt meiner Analyse steht, gibt nicht ohne weiteres etwas her für generalisierende Vermutungen über den Zusammenhang zwischen dem Alltagsleben und einer umfassenden Ideologie. Obwohl ich versuche, in meiner Studie zu Ergebnissen zu kommen, die nicht nur für Linden relevant sind, lassen die von mir gewählten Fragestellungen und die entsprechenden Befunde weiterreichende Schlußfolgerungen über die Ideologie der Deutschen nur unter gewissen Vorbehalten zu.

Ganz allgemein bezeichnet der Begriff Ideologie, so wie er in vielen Zusammenhängen verwendet wird, ein Bündel von Ideen und Meinungen oder Wertvorstellungen, die Menschen mehr oder weniger bewußt zugrundelegen, wenn sie versuchen zu bewerten, zu begründen oder ihre Lebensbedingungen zu erklären. Wie Geertz ausführt: »... durch die Konstruktion von Ideologien, schematischen Vorstellungen der gesellschaftlichen Ordnung macht der Mensch sich zu seinem Vorteil oder Nachteil zu einem politischen Wesen« (1973, S. 218). Die Ideologie stützt Konnotationen von Rechtfertigung und Glauben, die nicht offen und nur ungern in

Frage gestellt werden. Maurice Bloch (1986) stellt fest, daß Ideologie Herrschaft beinhaltet und spezifische Formen des Verhaltens und der Kommunikation, etwa ein Ritual, legitimieren soll. Er akzeptiert aber nicht die marxistische Auffassung vom »falschen Bewußtsein«: »Wenn wir die Ideologie als Mystifikation betrachten, dann müssen wir uns mit der Tatsache auseinandersetzen, daß in den meisten Fällen die Machthaber ebenso mystifiziert werden wie jedermann sonst.« (Ebd., S. 177) Dumont zufolge ist Ideologie »die Gesamtheit der Ideen und Werte, die einer Gesellschaft oder, ganz allgemein, einer Gruppe von Menschen gemeinsam sind« (1977, S. 7). Seine Betonung liegt, das läßt sich festhalten, auf Werten und auf Gesamtheit. Aber Dumonts übergreifender und recht idealistischer Ansatz hat eine Reihe von Fragen aufgeworfen. Kritisch wurde ihm entgegnet, er halte Ideologien für zu kohärente und einfache Denkschemata, und es fehle seiner Theorie eine Analyse des sozialen Kontexts und der sozialen Beziehungen (vgl. Béteille 1986, Bloch 1986, Kapferer 1988). Es ist immer ein Risiko, mit großen Besen zu kehren und zu vieles auf einen Nenner bringen zu wollen, wie Dumont es tut, denn die so gewonnenen Ergebnisse scheinen sich nicht in einer detailliert aufzuschlüsselnden Art auf die Alltagskultur zu beziehen; aber andererseits wäre es schade, wenn niemand versuchte, weit auszuholen: Wir hätten dann so viel weniger, worüber es sich nachzudenken lohnt. Und wie Kapferer (1988) feststellt, ist Dumonts vergleichende Problematisierung der westlichen Denkweise von signifikanter Bedeutung für die Analyse der modernen politischen Ideen und des Nationalismus unterschiedlicher Prägung. Aber Kapferer untersucht die Besonderheit des Dumontschen Ideologiebegriffs, indem er ihn zu einem ontologischen Konzept in Beziehung setzt. »Die Ideen, die in eine ideologische Beziehung zueinander gebracht werden, können durchaus in einer Vielzahl verschiedener Ideologien verankert sein«, schreibt er und betont, daß »Ontologie ihre Sinngehalte nur dann verwirklicht und die Kraft ihrer Logik nur dann ausübt, wenn sich menschliche Wesen in einer sozialen und politischen Welt der Ideologie entsprechend verhalten« (ebd., S. 80). In meiner Untersuchung verwende ich den Begriff der Ideologie so, daß er sich einerseits auf die umfassenden Ideen und Wertvorstellungen bezieht, die Dumont »moderne Ideologie« nennt, also den Individualismus, und zwar in seiner vermuteten deutschen Variante, und daß er sich andererseits bezieht auf ganz bestimmte Vorstellungen und Praktiken im Zusammenhang mit der Formung der Persönlichkeit in Linden, wie sie in einer Beziehung zu dieser allgemeineren Ideologie zu stehen scheinen. Bei diesem Versuch bin ich ganz eindeutig von Auffassungen wie denen Blochs und Kapferers beeinflußt.

Kapitel 1

1 Das Wort *Heimat* bezeichnet in der Umgangssprache zwar schlicht den Ort, in dem man lebt, das Zuhause oder Heimatland, es hat aber emotionale Untertöne in seinen vergangenheits- und gegenwartsbezogenen Konnotationen, die sich nur schwer aus dem Deutschen in andere Sprachen übersetzen lassen. Ich werde des-

halb beim Originalbegriff Heimat bleiben. Heimat wird vor allem mit einer ländlichen Gegend, mit »Natur« und Häuslichkeit assoziiert. Es ist ein sicherer Ort und gibt einer Person eine Identität. In der neuzeitlichen deutschen Geschichte hat der Begriff oft eine sentimentale und chauvinistische Bedeutung erhalten. Der Sinn des Begriffs Heimat ist verbunden mit »Deutschtum« und Vorstellungen über Deutschland, die ihn ganz besonders für »linke Intellektuelle« zum Problem werden lassen, denn diese haben mit vielem, was im Namen Deutschlands geschehen ist, immer ihre Schwierigkeiten gehabt oder sich rundweg davon distanziert, sind aber auch nicht ganz immun gegen eine gewisse Nostalgie in bezug auf die Landschaft, den Geburtsort, eine »Heimstatt« der eigenen Identität (vgl. Geisler 1985). Seit den frühen 70er Jahren kam es wegen der zunehmenden Sorge um die Umwelt, die ein breites Spektrum von politisch Interessierten – nicht nur »Linke« – sich engagieren ließ, zu einer politischen und kulturellen »Wiederbelebung« der Heimat (vgl. ebd.). Jahrzehntelang sind in Deutschland Hunderte von nostalgischen Heimatfilmen gedreht worden, in denen die Heimat als ein idyllisches Paradies präsentiert wurde. Dieses Genre ist besonders in der Nazizeit eingesetzt worden, und später wurde es zu einem Bestandteil des Nachkriegs-Unterhaltungsindustrie. In der Mitte der 60er Jahre wurden kritische Heimatfilme gedreht, Filme, die sich gegen die Heimatschnulzen richteten und in denen die These vertreten wurde, daß die Wurzeln des Faschismus in der Unterdrückung und Apathie der Bevölkerung auf dem Lande zu sehen sind. Geisler schreibt: »Der Faschismus, so schienen sie anzunehmen, ist auf die aufgeklärten Stadtbewohner aus den Tiefen der bayerischen Wälder oder aus den Mooren der Lüneburger Heide hereingebrochen.« (Ebd., S. 38) Sicher, es ist nicht ganz so simpel, was ein vor kurzem im großen Stil produzierter Film von Edgar Reitz mit dem Titel »Heimat« sehr deutlich dargestellt hat. Er gehört zum Genre des »revisionistischen« historischen Films, scheint aber von den Linken ganz positiv aufgenommen worden zu sein, was den Anstoß für eine noch andauernde Debatte gegeben hat (Hansen 1985).

2 Vgl. Weber-Kellermann 1978.

3 Seit dieser Zeit hat die Zahl der Übersiedler aus Frankfurt stark zugenommen.

4 Farr 1986. Für Dahrendorf (1969) gehören die Bauern, neben Frauen und Katholiken, zu den »Rückständigsten« in Deutschland, das heißt zu denen, die als am wenigsten »modern in Einstellungen und Verhalten« zu bezeichnen sind. Und in seiner kritischen Auseinandersetzung mit Deutschland stellt er fest, daß es »eine Glorifizierung des Ländlichen als das Gute« und der Stadt als des Ursprungs alles Bösen gibt, was er als »ein Symptom mangelnder Urbanität« bezeichnet (S. 47). Angesichts der Situation in Linden und der ganzen umliegenden Region, läßt sich ihm kaum zustimmen.

5 Evans und Lee 1986, Hausen 1984, Ilien und Jeggle 1978, Kaschuba 1986, Sabean 1984. Die Entwicklung der oral history zur Erforschung des Alltagslebens, der Alltagsgeschichte, konzentrierte sich wohl vor allem auf Untersuchungen über die städtische Arbeiterschaft, so wie das von Lutz Niethammer (1983) geleitete Projekt im Ruhrgebiet (vgl. Farr 1986). In Bayern hat es eine Langzeitstudie über Bayern in der NS-Zeit gegeben (Broszat u. a. 1972-1983; vgl. Nolan 1988). Dies

ist der gegenläufige Trend zu den anthropologischen Studien über Deutschland, die sich häufiger auf ländliche als auf städtische Regionen konzentriert haben.

6 Vgl. Catt 1986.

7 Vgl. Wolff 1905.

8 Vgl. Wörner1956.

9 S. Ilien und Jeggle 1978, Spindler 1973.

10 Obwohl katholische Priester traditionell nicht aus den oberen Schichten stammen, vgl. Sagarra 1977.

11 Vgl. Catt 1986, Kaschuba 1986.

12 In letzter Zeit haben einige AnthropologInnen es sich explizit zur Aufgabe gemacht, bestimmte Themen und Ereignisse durch die Problematisierung der historischen Prozesse, in deren Zusammenhang sie gehören, zu untersuchen. Damit machen sie Geschichte sozusagen zu einem Gegenstand der anthropologischen Forschung (z. B. Bloch 1986, Sahlins 1985). Daß AnthropologInnen sich mit Geschichte befassen, ist nicht neu, wie wir wissen; auf diese oder jene Weise waren historische Fragen immer ein Teil der Fachdiskussion (vgl. Tonkin u. a. 1989, auch Davis 1977). In einem gewissen Maße haben vielleicht das wachsende Interesse am Nationalismus und am Entstehen von Nationen mitsamt den damit einhergehenden Identitätsproblemen ebenso sowie die Langzeituntersuchungen von ethnischen Gruppen und das Verständnis von »Ethnizität« (Tonkin u. a., 1986) das Interesse an Geschichte intensiviert, das wiederum verstärkt worden ist durch die auf seiten der Historiker zunehmende Tendenz, sich ihrerseits auf der Suche nach analytischen Instrumenten an die AnthropologInnen zu wenden (Medick und Sabean 1984, Sabean 1984, Evans und Lee 1986, um nur einige derer zu nennen, die sich für Deutschland interessieren).

13 Vgl. Fächer 1968.

14 In Anbetracht der nicht unbekannten Methode, Kinder zum Aufessen einer Mahlzeit zu drängen, bis sie sich übergeben müssen, und sie dann zu zwingen, das Erbrochene aufzuessen, läßt sich vorstellen, daß es sich um eine denkwürdige »Erinnerung« handelt. Frau Mann hat das nicht erlebt, aber es gab Menschen in Linden, die es erlebt haben. (Vgl. Helga Novaks aufschlußreiches Buch *Die Eisheiligen* (1979) über das Leben eines kleinen Mädchens in der Nachkriegszeit. Sie beschreibt dort eine entsprechende Erfahrung.)

15 Vgl. Gottschalch 1979.

16 S. Zitat in Wolff 1905, S. 385, auch Siebert 1934.

17 Kolinsky 1974, S. 30.

18 Vgl. Claessens u. a. 1978, Bramsted 1972, Carr 1979, Mann 1969.

19 Dies ist ein etwas zweifelhaftes Ziel, wenn bedacht wird, daß Geschichte nicht nur eine Ansammlung von »Fakten« ist, sondern interpretiert und damit in einen Zusammenhang gestellt werden muß – die damit verbundene ungeheure Problematik und peinigende Erkenntnis sind vor kurzem in dem sogenannten *Historikerstreit* deutlich geworden, einer Kontroverse von großer politischer Signifikanz zwischen Historikern über die Frage, wie »die Vergangenheit« zu verstehen sei. Dieser Disput wurde von einem Artikel des Historikers Ernst Nolte in der *Frankfurter Allgemeinen Zeitung* v. 6. Juni 1986 eingeleitet. In diesem Artikel unter dem

Titel »Die Vergangenheit, die nicht vergehen will« verneint Nolte faktisch die Singularität der Naziverbrechen und der Judenvernichtung, indem er sie relativiert im Hinblick auf ähnliche Verbrechen in allen Teilen der Welt, wobei er, seinen Kritikern zufolge, die Naziherrschaft verharmlost und die Beziehung, die die heute Lebenden zwangsläufig, ob als Opfer oder als Täter und deren Nachkommen, zur Vergangenheit haben, in Abrede stellt. Dieser historische Revisionismus wird von der CDU-geführten Bundesregierung unterstützt und kann als Teil eines anhaltenden Prozesses gelten, der darauf zielt, eine nationale Vergangenheit und Identität zu kreieren, auf die auch die heutige Generation stolz sein kann. Aber wie Habermas schreibt: »Kann man die Rechtsnachfolge des Deutschen Reiches antreten, kann man die Traditionen der deutschen Kultur fortsetzen, ohne die historische Haftung für die Lebensform zu übernehmen, in der Auschwitz möglich war?« (1988). Eine kritische Würdigung dieses Historikerstreits findet sich zum Beispiel in New German Critique 1988, Öhrgaard 1989.

20 Vgl. *Fragen an die deutsche Geschichte*, 1979, S. 26-28.

21 Was selbst Max Weber bestätigte, so sehr er auch Bürokratie und Obrigkeitsstaat kritisieren mochte. 1917 ist er in großer Sorge wegen des Zustands der deutschen Politik. Er sah ein machtloses Parlament und eine wachsende Bürokratie. Er überlegt, wie eine Demokratie angesichts dieser sich ausweitenden staatlichen Bürokratie möglich sein kann. Doch seine Auffassung vom »Amtspflichtgefühl« (1964, S.1062), der Verantwortung des Beamten, entspricht ziemlich genau dem Bild des tadellosen Untertanen und ist so etwas wie die Verkörperung dessen, was LindenerInnen als die Normen beschreiben würden, nach denen sich das Verhalten ihrer Kinder richten soll: Gehorsam und Selbständigkeit, die Ordnung hervorbringt und zugleich voraussetzt. Ohne eine solche Ordnung kann es keine Demokratie geben (Weber 1964, S. 1061 f.; s. eine zusammenfassende Darstellung der deutschen Bürokratie bei Brauns und Kramer 1976).

22 S. zum Beispiel Märthesheimer und Frenzel 1979.

23 Hansen 1985, S. 4.

24 Vgl. Allen 1986, Koonz 1988. Es ist nicht klar, ob sich die Feststellung von »sinkenden Geburtenraten« auf alle Kategorien von Menschen, die im Land leben, bezieht, also auch ImmigrantInnen einschließt, oder nur »richtige BürgerInnen« berücksichtigt. Ist letzteres der Fall, so kann ein Land mit *Nachwuchs* gefüllt werden, während die politische Rhetorik ihn zugleich in Abrede stellt oder im Wert herabsetzt.

25 Forsythe 1989, S. 138.

26 Der allgemeine politisch-historische Diskurs, besonders in der Form, in der er während der siebziger Jahre in den Zeitungen wiedergegeben wurde, bezog sich auf die Vergangenheit als etwas, das überwunden werden mußte, es galt »die Vergangenheit zu bewältigen«. Anscheinend ist dies nicht länger die für angemessen gehaltene Terminologie. »Es ist da auch nichts zu ›bewältigen‹; wie es überhaupt eine naive Vorstellung ist, es könne jemals so etwas geben wie eine Bewältigung der Vergangenheit. Wir werden sie mit uns schleppen bis ins siebte Glied: wo nicht die Schuld, so – nicht minder drückend – die Schande und die Scham. Zukunft hat

Herkunft; wir entkommen ihr nicht. Auschwitz werden wir nie los.« (Sommer in: *Die Zeit* v. 8.11.1985)

27 Es gibt ein Problem mit diesem Begriff von »reden« oder »erzählen«, damit, daß »niemand darüber spricht«. Ich meine, daß es so gut wie unmöglich ist, von der Front nach Hause zu kommen und anzufangen, den »Unwissenden« etwas über die manchmal unfaßbaren Schrecken der eigenen Erfahrungen zu erzählen. Oder anderen von den Menschen zu berichten, die man im Stich gelassen hat, verletzt hat, und von der Brutalität oder der Indifferenz des eigenen Verhaltens. Wie soll man davon sprechen? Wann? Wem gegenüber? Scham und Schuld halten einen vom Reden und Zuhören ab. Ein anderer Aspekt des Schweigens kann sein, daß Leute das Gefühl haben, daß das, was sie erlebt haben, nicht so schlimm war, daß ihre Erfahrungen nicht mit der allgemeinen historischen Auffassung übereinstimmen.

28 Rabinbach 1988.

29 Vgl. Baum und Mahler 1980, S. 25 f.

30 Ein Teil der »Reaktion« des Staates auf die Terroristen und die allgemeine Unterstützung dieser Reaktion seitens der Bevölkerung, auch der Lindener, kann vielleicht in einem gewissen Grade in den Begriffen beschrieben werden, die Bruce Kapferer (1988) in seiner vergleichenden Studie über den singhalesischen und australischen Nationalismus verwendet. Die deutsche nationalistische Ideologie ließe sich in etwa auf einer Position zwischen der extrem egalitär-individualistischen Ideologie der Australier und der Idee einer hierarchischen Gemeinschaft der singhalesischen Buddhisten ansiedeln. In der nationalistischen Ideologie der singhalesischen Buddhisten erscheint der Staat als ein allumfassendes und existenzsicherndes Ganzes, innerhalb dessen sich die Person bewegt und geschaffen wird. Angriffe auf den Staat werden dementsprechend als Angriffe auf jeden einzelnen empfunden. Wenn das Ganze zerstört wird, dann wird auch die Person zerstört, und deshalb muß ein Gegenangriff sofort und unnachsichtig erfolgen (was etwas Licht auf die extreme und oft irrational erscheinende Gewalt gegen die Tamilen wirft, die im Widerspruch zu der den Buddhisten zugeschriebenen Ideologie der Gewaltlosigkeit zu stehen scheint). Anders die nationalistische Ideologie in Australien, die sich gegen den Staat richtet. Es wird eher das freie und gleiche Individuum gepriesen, und für dieses Individuum ist die Nation die Imagination der Einheit, das Sinnbild der Zusammengehörigkeit dieser freien und gleichen Individuen. In diesem Denken erscheint der Staat als Bedrohung des heroischen Egalitarismus dieser Einheit. Solche Vorstellungen von Staat und Person als einer hierarchisch strukturierten Einheit oder als offener Widerspruch lassen sich nicht direkt auf die deutschen Theorien über das Verhältnis zwischen Staat, Person und Nation übertragen, können aber dennoch als »Denkmodelle« dienen, wenn es darum geht, die Widersprüche zwischen dem Anspruch auf individuelle Freiheit und der Forderung von Unterordnung in der politischen Auseinandersetzung zu verstehen.

31 Dies stimmt bis zu einem gewissen Grade mit der in Deutschland gängigen *Neidtheorie* überein. Sie bedeutet, daß andere Länder angeblich die Neigung haben, Westdeutschland mehr als Ostdeutschland oder Österreich für den Nazifaschismus

verantwortlich zu machen, weil die Bundesrepublik ökonomisch so erfolgreich ist und das vermutlich den Neid der anderen geweckt hat (vgl. Mitscherlich-Nielsen 1979).

Kapitel 2

1 Vgl. Briggs 1970, Fortes (1938) 1970, Geertz 1961, Middleton 1970, Schildkrout 1978, um nur einige zu nennen. Andere Studien über Erziehungspraktiken und Diskussionen über analytische Konzepte bei Gearing und Tindall 1973, Jahoda und Lewis 1985, Mayer 1970, Ochs und Schieffelin 1987, Schwartzmann 1978, Spindler 1974, Toren 1985.

2 Vgl. Carrithers 1985, Geertz 1973, Harris 1989, Howell 1985, 1990, Kapferer 1988, Marcus und Fischer 1986, Riesman 1977, Rosaldo 1980.

3 Die Wahrnehmung der Bedürfnisse und Wünsche von Kindern und die Art, in der Erwachsene und Kinder miteinander umgehen und umgehen sollten, sind sehr verschieden – von der Verspieltheit und verdeckten Kontrolle von Gefühlen bei den Inuit, wie Briggs (1979) beschreibt (vgl. auch 1970), bis zu direkteren Formen der Kontrolle und Eingrenzung des Bewegungsraums, die in vielen Untersuchungen über den Mittelmeerraum festgestellt wurden, so Campbells Studie aus dem Jahre 1964 (1976) und Du Boulay (1974), selbst wenn es diesen nicht speziell um die Untersuchung von Sozialisationsprozessen ging. Vgl. auch Middleton 1970 und Hendry 1986.

4 In früheren anthropologischen Sozialisationsstudien war dies kein Punkt von besonderem theoretischem Interesse, anders als in der Tradition der Kultur- und Persönlichkeitforschung bei der Suche nach universalen Persönlichkeitsstrukturen (Barnouw 1963). Die Person war eher ein Forschungsgegenstand für sich, sozusagen, und die Analyse konnte zum Beispiel darin bestehen, Angaben über die Merkmale ihres sozialen Status zusammenzufassen. Spätere Untersuchungen, etwa die von Riesman (1977), Rosaldo (1980) und Howell (1985), befassen sich mehr mit dem Problem des Selbst, der Herausbildung des auf Erfahrung gegründeten, sich erfahrenden Selbst. Das, so denke ich, geht einher mit der zunehmenden Wahrnehmung des/der AnthropologIn als einer Person und eines erfahrungsbestimmten Selbst. Riesman (ebd.) und Rosaldo (ebd.) gehen über jede enge Sozialisationsperspektive hinaus bei dem Versuch, sich den Vorstellungen vom Selbst durch die Art, in denen Emotionen und Lebenserfahrungen verstanden werden, anzunähern. In der Anthropologie geht es also nicht länger nur um »die Person als Komplex von sozialen Beziehungen«, im Unterschied zum »Individuum als biologischer Organismus« (wie Radcliffe-Brown es sah, vgl. LaFontaine 1985), sondern auch um den reflektierenden, emotionalen und problematischen Aspekt des Personseins. Howell (1990) hat vor kurzem erneut über das Problem von Person und Selbst im Hinblick darauf nachgedacht, was es für Menschen bedeutet, ein Mensch zu sein, wie die menschliche Natur verstanden und beurteilt wird, wobei er sich auf Fragen bezieht, mit denen sich einige der frühen AnthropologInnen

gründlich auseinandergesetzt haben. Von diesem Ansatz aus scheint es nicht nötig zu sein, eine endgültige Position in bezug auf die verschiedenen Definitionen einzunehmen, die AnthropologInnen Begriffen wie Person, Individuum oder Selbst geben. Es ergibt sich daraus vielmehr die Schlußfolgerung, daß es sinnvoll wäre, sich auf die Vorstellungen der Menschen über sich selbst zu konzentrieren. Harris (1989) jedoch, die die Tendenz der AnthropologInnen kritisiert, diese Begriffe miteinander zu vermengen, versucht, sie klar voneinander abzugrenzen. Sie betont die Notwendigkeit der Unterscheidung zwischen biologischen, psychologischen und soziologischen Begriffen, wie sie in »jedem beliebigen lokalen System« in Erscheinung treten, im Verhältnis zu den entsprechenden westlichen Begriffen. Dies kann wichtig sein, wenn die vergleichende Perspektive in das Problem einbezogen werden muß, obwohl das vielleicht das Risiko birgt, Unterschiede zu verdinglichen, die nicht in jedem lokalen System von Bedeutung sind. Sie vertritt den Begriff der Person als »agent-in-society« (ein/e im gesellschaftlichen Kontext zweckorientiert Handelnde/r), »als UrheberIn einer absichtlich auf ein bestimmtes Ziel ausgerichteten Handlung«; das Individuum hingegen ist für sie »ein einzelnes Mitglied der menschlichen Gattung, und das Selbst ist der Ort der Erfahrung« (Ebd., S. 601 f.), entsprechend den jeweiligen soziologischen, biologischen und psychologischen Vorstellungen. Diese Unterscheidungen bedeuten m. E. nicht, daß ein Mensch entweder als Person oder Individuum oder Selbst zu verstehen ist, sondern verweisen darauf, daß die Konzeptualisierung dieser Aspekte des Menschseins in der Welt verschieden sind. Die Grenzen des Menschseins werden, wie die der Welt, nach unterschiedlichen Gesichtspunkten gezogen. Die Frage ist, welche Werkzeuge die AnthropologInnen haben, um diese Variationen und Differenzen zu entdecken und zu interpretieren.

5 Manchmal neige ich dazu, beim Nachdenken über die Person diesen Begriff mit dem des Individuums und dem des Selbst zu vermengen. Trotzdem halte ich es für sinnvoll, sie unter analytischen Gesichtspunkten auseinanderzuhalten, selbst wenn sich das bei einer Darstellung als schwierig erweist. Louis Dumont, der sich sehr intensiv mit den Ideologien des Individualismus und des Holismus (der Ganzheitstheorie) auseinandergesetzt hat (1965, 1986 a), verwendet den Begriff Individuum auf zwei Arten: einmal zur Bezeichnung des empirischen Subjekts, das denkt, spricht und fühlt, und zum anderen für ein kulturell konstituiertes moralisches Wesen, das die Grundlage der westlichen Ideen und Wertvorstellungen über die Beziehung zwischen Mensch und Gesellschaft bildet, das Individuum im Zusammenhang unserer individualistischen Ideologie. Dieses letztere ideologische Gebilde ist es, was andere als Person bezeichnen, indem sie den Begriff des Individuums dem fühlenden, empirischen Subjekt vorbehalten.

6 Was Linden betrifft, so werden Gefühle dort vorwiegend in Begriffen der Biologie verstanden oder erläutert, etwa »Nerven«, »Energie«, »Empfindlichkeit«, oder zu äußeren Kräften in Beziehung gesetzt: Wetter, Kaffee, Umwelt. Ausdrucksweisen und Gedanken über Gefühle (ein Thema, das jetzt in der Anthropologie spezifischer untersucht wird, vgl. Lutz und White 1986) kommen in meinem Material nicht besonders häufig vor; die Person wird mehr als Verkörperung ihrer oder seiner ideologischen Orientierung betrachtet, so daß die Deutung der Emotionen mir

vorbehalten bleibt. Das heißt, daß ich bestimmte implizite oder explizite Vermutungen darüber anstellte, was die Menschen in bestimmten Situationen fühlten; meine Fragen zielten nicht auf ihre jeweiligen Gefühle.

7 Vgl. Louis Dumont 1986 a.

8 Vgl. Lukes 1985.

9 Vgl. Métraux 1970 a (1955), Allen 1986.

10 Vgl. zum Beispiel die Ansichten von Meves 1987.

11 Kupffer 1984, S. 73.

12 Ebd., S. 81.

13 Vgl. Fishman und Martin 1987.

14 Vgl. Bleuel 1971, Rutschky 1977.

15 Vgl. Kupffer 1984.

16 Hendry (1986) zufolge werden japanische Kinder nach draußen geschickt, wenn sie für schlechtes Benehmen oder Ungehorsamkeit bestraft werden sollen. Sie werden vom »Drinnen« ausgeschlossen, während sich das in Linden umgekehrt verhält, die Strafe also darin besteht, daß die Kinder auf das Haus beschränkt werden, die Bewegungsfreiheit eng begrenzt wird und eine totale Kontrolle stattfinden kann. In diesem Fall »beinhaltet« das »Drinnen« die Drohung des Draußen unter den Gesichtspunkten der Japaner.

17 Vgl. Métraux 1970 a (1955). Vgl. auch Beck (1973), dessen Untersuchung über Mütter von Vorschulkindern gezeigt hat, daß für sie die Vorstellung, ihr Kind könnte lügen, die schlimmste war und Lügen als die strafwürdigste Handlung betrachtet wurde. Vgl. Dahrendorf, der den Anspruch auf Ehrlichkeit für eine »private Tugend« hält (1969, S. 287 f.), der er im allgemeinen kritisch gegenübersteht. Er stellt ihr die »öffentliche Tugend« gegenüber, die seiner Meinung nach mehr Solidarität und damit ein liberal-demokratisches Potential enthält, etwas, was die deutsche Gesellschaft ihm zufolge in der Regel vermissen läßt.

18 Vgl. Heaths Untersuchung über die weiße Arbeiterschaft in den USA (1983), die ich in Kapitel 5, S. 167 heranziehe.

19 Métraux verwendet den Begriff Autonomie (1970 a), was vielleicht eine bessere Übersetzung ist. Aber meiner Auffassung nach enthält der Begriff Selbständigkeit einen größeren Anteil von »Praxis« als der Autonomiebegriff. Ich werde weitgehend das deutsche Wort verwenden, weil es wie viele deutsche Worte eine zutreffende Vorstellung von dem vermittelt, worum es geht – selbst stehen.

20 Vgl. zum Beispiel Dumont 1986 a, Krieger 1957, Lukes 1979, Rodnick 1948.

21 Manche – so zum Beispiel die bekannte deutsche Soziologin Helge Pross (in einem persönlichen Gespräch 1979), die verschiedene Studien über das Alltagsleben der Deutschen (z. B. 1976) durchgeführt hat – haben diese starke Beschäftigung mit Ordnung in allgemein-psychologischen Begriffen betrachtet, nämlich als Mittel zur Erzeugung eines »Gefühls der Sicherheit« in einer chaotischen Welt; eine Art, mit der »Furcht vor dem Ungewissen« umzugehen; als »Schutz« vor den Kriegstraumata. Meiner Ansicht nach wäre Ordnung eher als ontologisches Interesse zu betrachten, auf das ideologisch Bezug genommen wird und das in der neuzeitlichen deutschen Geschichte auf sehr verschiedene Art bestätigt wird. Das Bemühen um »Ganzheit«/»Einheit«, wie Ordnung gesehen werden kann, enthält

den ständigen Konflikt darüber, wie die Person, das freie Individuum, sowohl von diesem »Ganzen« einbezogen ist als auch in Opposition zu ihm steht. Wenn man an Vorstellungen von Angst und Unsicherheit festhalten möchte, kann man ebensogut fragen, ob dieser Drang zur Ordnung nicht eher Unsicherheit und Angst einflößt, als sie zu beschwichtigen

22 Lernen ist ein weithin benutzter Begriff im Alltagsleben ebenso wie in verschiedenen wissenschaftlichen Bereichen, etwa Psychologie, Pädagogik, Soziologie und Anthropologie. Der Begriff bezeichnet ein Gemenge von Beziehungen und Umständen. Er beinhaltet den Akt des Belehrens, der ein wichtiger Aspekt des westlichen Verständnisses von Aufziehen und Erziehung ist. Er beinhaltet auch Vorstellungen von Imitation (oder »Modellieren«) und Erfahrung. Ich will mich hier nicht an den Diskussionen über die Lerntheorie oder darüber, was Lernen ist, beteiligen. Damit haben sich viele AnthropologInnen beschäftigt, die Sozialisationsprozesse und die »Weitergabe von Kultur« untersucht haben, selbstverständlich auch einige derer, die sich der »pädagogischen Anthropologie«/»Anthropologie der Erziehung« zugewandt haben (zum Beispiel Calhoun und Ianni 1976, Kimball und Hill-Burnett 1973, Spindler 1982, Wolcott 1982). Es sind vielleicht die Untersuchungen über den Spracherwerb, in denen das Hauptgewicht darauf liegt, wie Lernende lernen (s. Wolcott 1982; vgl. Heath 1983, Ochs und Schieffelin 1987, Kulick 1990). So wie der Begriff in meiner Darstellung und Analyse verwendet wird, beinhaltet er Supervision, Belehrung, Autorität, verweist aber auch auf den »guten Willen«, das heißt das Bemühen des Individuums, etwas zu wissen, zu lernen. Er bezieht sich auf Ideen und Wertvorstellungen der Menschen im Hinblick auf die Erziehung des Menschen und das Wissen darüber, wie Kindern die richtigen Inhalte vermittelt werden können. Die LindenerInnen sagen, daß Kinder lernen müssen. Wie ich schon dargelegt habe, hatte ich einen vergleichsweise geringen Zugang zu den Erfahrungen der Lernenden. Gegenstand meiner Ausführungen sind vor allem die Interaktion zwischen Erwachsenen und Kindern, die Vorstellungen der Erwachsenen darüber, was gelernt und wie es gelehrt werden sollte. In gewissem Umfang habe ich auch darauf geachtet, wie Kinder diese Vorstellungen und die ihnen entsprechenden Situationen interpretieren und sich mit ihnen auseinandersetzen.

23 Vgl. Bramsted 1972, Bruford 1975, Dumont 1986 a, Elias 1982.

24 Zum Beispiel in Claessens u. a. 1978, Sontheimer 1989.

25 Fishman und Martin (1987) berücksichtigen bei ihrem Vergleich der Erziehung in den beiden deutschen Staaten nach dem Kriege auch die im 19. Jahrhundert geführte Diskussion über Erziehung. Für sie steht Schleiermacher zwischen Rousseaus Konzeption von der »natürlichen Entwicklung« und Herbarts Begriff der »absoluten Moral«. Schleiermacher verbindet eher Anleitung mit Selbstentfaltung, so meinen sie. Fishman und Martin zufolge kommt das dem »demokratischen Pluralismus« der Bundesrepublik nahe, während die Erziehung in der DDR mehr den Ideen von Herbart entspricht. Das mag sein, aber mir scheint, daß Fishman und Martin dazu neigen, den »Pluralismus« Westdeutschlands zu idealisieren.

26 Das hat zu Extremen geführt: die minutiöse Kontrolle der Körperbewegungen, die Schreber in seinen Schriften als Arzt und Pädagoge forderte, und die von ihm

empfohlenen Hilfsmittel zum Erreichen einer guten Haltung beim Sitzen und Gehen; das Festbinden der Kinder, um zu verhindern, daß sie sich während des Schlafens auf die Seite drehen; der Kreuzzug für körperliche Ertüchtigung, Körperkult und Brutalität während der Herrschaft des Nationalsozialismus (vgl. Bleuel 1976, Lithman 1988, Koonz 1988, Brückner 1987, Mosse 1985).
Während der Zeit der Industrialisierung im 19. Jahrhundert wurde der Körper immer stärker zum Gegenstand der pädagogischen Wissenschaft und der Erörterung von Erziehungskonzepten. *Körperliche Erziehung* galt als Mittel zur Kontrolle des Geistes und zur Verbesserung der Gestalt und der Effizienz des Körpers. Der »Diskurs des Körpers« war einer zu seiner Disziplinierung (Foucault 1979). Der Körper war in der Pflicht dem Staat gegenüber und hatte dem Wohle des einzelnen Menschen zu dienen – Turnen als pädagogisches Instrument, Sport als Stärkung des Vaterlands. Der *Turnvater* Jahn war ein eifriger und radikaler Nationalist zu Beginn des 19. Jahrhunderts. Die Zahl der Turnvereine in Deutschland nahm ständig zu, und die körperliche Ertüchtigung wurde zu einem Teil des Lehrplans an den Schulen.

27 Foucault 1979, S. 25. Vgl. Bourdieus Auseinandersetzung mit der Pädagogik und ihrer prägenden Wirkung auf den Körper, »den Körper als Gedächtnis zu behandeln« (1977, S. 94). Siehe auch Okelys (1978) Beschreibung der Ideologie der Internatsschulpädagogik, bezogen auf die detaillierte Kontrolle der Körperbewegung.

28 Vgl. Webers bekannte Definition des Staates als »eine menschliche Gemeinschaft, die das Monopol des legitimen Gebrauchs physischer Gewalt innerhalb eines bestimmten Territoriums beansprucht«; »der Staat ist eine Verbindung von Menschen zur Beherrschung von Menschen«, und »wenn der Staat existieren soll, muß der Beherrschte der Autorität gehorchen, die von den bestehenden Mächten beansprucht wird« (1964, S. 1043). Andere Definitionen stützen sich mehr auf Produktionsverhältnisse und Formen der Unterdrückung. Ein Problem der Anthropologie ist jedoch die Analyse des Funktionierens des Staates in Beziehung auf das Alltagsleben einzelner Menschen. Ich habe mich an die in Linden gängigen Auffassungen vom Staat gehalten. Der Staat wird zum einen als gegeben vorausgesetzt und nicht problematisiert, zum anderen als ein kulturell und ideologisch erzeugtes Produkt gesehen. Seine Mechanismen der Kontrolle, der Gewalt und des Schutzes werden den LindenerInnen symbolisch und konkret vor Augen geführt.

Kapitel 3

1 Seit dem Ende des Zweiten Weltkriegs gibt es in Deutschland eine intensive soziologische und sozialpsychologische Forschung über die Familie. In den vielen empirischen und theoretischen Studien wird oft auf die Untersuchungen bekannter Sozialforscher, etwa D. Claessens, R. König, H. Schelsky und G. Wurzbacher, hingewiesen (vgl. Nave-Herz 1988). Die Forschung hat sich von verschiedenen Ansätzen aus mit den Veränderungen und Kontinuitäten der Familienstruktur

sowie den Sozialisationsprozessen seit den Anfängen der Bundesrepublik befaßt, aber auch mit einer weiter zurückreichenden historischen Perspektive (vgl. Gottschalch 1979, Weber-Kellermann 1974). Typisch ist zudem die Forschung über die Familie als solche, allgemein als Institution, das heißt ohne eine konkret darauf bezogene, begleitende Untersuchung des jeweiligen gesellschaftlichen Kontexts (vgl. Neidhardt 1975). Es hat immer wieder Tendenzen gegeben, unterschiedliche Krisen der Familie auszurufen – ihren Zerfall oder ihre Auflösung, ihre Isolierung vom Rest der Gesellschaft oder einen ihr anzulastenden Mangel an (wohlverstandener) Kontrolle und Autoritätsausübung bei der Sozialisation der Kinder. Was statt dessen der Fall zu sein scheint, ist die Entwicklung verschiedener Formen von Familie, nicht ein Verschwinden der Familie. Ehen mögen heute problembeladener und instabiler sein als früher, aber im allgemeinen wird die Familie, als ein Beziehungsgefüge von Eltern und Kindern, immer noch hoch geschätzt (vgl. Nave-Herz 1988).
Ganz allgemein habe ich den Eindruck, daß in Deutschland die Familienforschung eine überwiegend soziologische/statistische und psychologische Orientierung hat und sich vor allem auf empirisches Material stützt, das sie mit Hilfe von unterschiedlichen Interviewformen gewonnen hat. Meinungen und Wertvorstellungen werden dabei festgestellt und analysiert unter Berücksichtigung der wirtschaftlichen und sozialen Lebensbedingungen der Familie in verschiedenen sozialen und ökonomischen Schichten. Die historische Perspektive ist mal länger, mal kürzer, theoretisch breiter oder schmaler angelegt. Diesen Studien sind viel Material und interessante Schlußfolgerungen zu entnehmen, aber dennoch ist meiner Ansicht nach zu bedauern, daß so wenige anthropologisch orientierte Studien über Familie und »Sozialisation« in Deutschland vorliegen. Diese Untersuchungen könnten das Verhältnis von Theorie und Praxis problematisieren; sie könnten einen anhaltenden Meinungsaustauch über das ermöglichen, was die Menschen für selbstverständlich halten; und vielleicht wäre die Versuchung geringer, verschiedene Arten von Krisen im Bereich der Normen und des Verhaltens zu beschwören. Die Anthropologie ist nicht »richtiger« oder »besser« als andere wissenschaftliche Disziplinen, aber sie verfügt über eine Methode zur Feldforschung im Umgang mit oft wenig beachteten kleinen Details des Alltagslebens, ohne den analytischen Anspruch aufzugeben, die diesen Details zugrundeliegenden Verhaltens- und Deutungsmuster zu erkennen. AnthropologInnen untersuchen die Formen und die Kontexte der Interaktionen, ständig konfrontiert mit dem Problem, wie sich herausfinden läßt, was die Menschen sagen und tun, und ihre Ideen und Handlungen in bezug auf eine ausgedehntere soziale Welt zu interpretieren. Das Projekt ist selbstverständlich zum Scheitern verurteilt, wenn es darum geht, die »die Wahrheit« herauszufinden, aber immerhin kann eine alternative Sicht auf bekannte Sachverhalte angeboten werden.

2 In verschiedener Hinsicht sind die Familie, die Zusammensetzung der Haushalte und deren Organisation, die Bedeutung der Verwandtschaftsbeziehungen denen ähnlich, die in vielen Studien über andere europäische Länder dargestellt worden sind, zum Beispiel Bailey 1971, Bott 1971 (1957), Cole und Wolf 1974, Strathern 1981, Young und Willmott 1971 (1957), um nur einige zu nennen.

3 Vgl. Bailey 1971.

4 Vgl. Cole und Wolf 1974, Evans und Lee 1986.

5 Zur Zeit meiner Feldforschung waren in Linden 310 bis 315 Haushalte registriert, etwa 120 waren im Haus der Eltern des Ehemannes untergebracht, 75 in dem der Eltern der Ehefrau, 118 in einem Eigenheim des Ehepaares nahe bei den Eltern eines der beiden Ehegatten. Dies sind keine ganz genauen Angaben. Sie weisen auf eine Tendenz zur Patrivirilokalität hin, aber um das wirklich zu belegen, müßten die komplexen Details der wirtschaftlichen Beziehungen, der Zugang zum Land, Alter und Geschlecht der Geschwister, Veränderungen der Lokalität über lange Zeit ebenso bedacht werden wie die Eingliederung von Flüchtlingen in der Nachkriegszeit und später *Zugezogener* in Linden. Manche AutorInnen bezeichnen solche Hausgemeinschaften als »Familienverband« oder »erweiterte Familie«. Auf jeden Fall ist es wichtig, zwischen gemeinsamer und getrennter Haushaltsführung in einer solchen Hausgemeinschaft zu unterscheiden. In Linden macht es einen großen Unterschied, ob man selbständig den eigenen Haushalt führt oder nicht: Eine Frau »will ihre eigene Küche«, so wie der Mann »Haushaltsvorstand«, »Familienoberhaupt« sein will. Abgesehen von diesem Aspekt ist es wichtig, die Existenz dieser Familienstruktur und Haushaltsorganisation zur Kenntnis zu nehmen, denn viele SozialwissenschaftlerInnen haben behauptet, daß die Großfamilie oder erweiterte Familie in den industrialisierten und urbanisierten Gesellschaften keine signifikante Bedeutung mehr habe.

6 Das hängt auch davon ab, wo das Grundstück liegt, da das Bauen durch das Baurecht gesetzlich geregelt ist. Gemeinden und Städte können die bebaubaren Flächen nicht beliebig erweitern oder ihre Außenbereiche ohne öffentliche Kontrolle bebauen; manche Flächen dürfen überhaupt nicht bebaut werden.

7 Viele Studien haben die Bedeutung des Hauses gezeigt, zum Beispiel Du Boulay 1974. Das Haus in dem griechischen Dorf, in dem sie ihre Studie durchgeführt hat, hat Konnotationen von Familie, und die beiden Worte werden dort in wechselnder Bedeutung verwendet. In Linden gibt es keine so enge Verbindung zwischen Haus und Familie. Das Haus hat einen wichtigen Anteil am Ansehen der Familie, verbindet die Familie aber auch mit Linden und dient als Beweis dafür, wie modern ihr Lebensstil ist. Die Leute richten ihre Wohnungen immer wieder neu ein, räumen um, renovieren, die Möblierung ist teuer und gediegen. Das Haus bestimmt mit über das Image einer Person und die Vorstellung von der Familie. Vgl. Gullestad, der über die zentrale Bedeutung des Hauses und der Häuslichkeit in der Kultur Norwegens geschrieben hat (1989, auch 1984).

8 Vgl. Bott 1971, Frankenberg 1957, Strathern 1981, Young und Willmot 1971; s. auch Golde 1975, Spindler 1974, Weatherford 1979 in bezug auf Deutschland.

9 Vgl. Diskussionen und Beschreibungen über verschiedene Arten von Freundschaft, zum Beispiel Gilmore 1980, Paine 1974, Weinberg 1975.

10 Mutter und Mutterschaft sind bekannte Themen in der deutschen Ideologie der Familie und der Nation. Das Wirken der Mutter wurde idealisiert und überhöht als Basis einer intakten Gesellschaft, und besonders während der Nazizeit wurde die Mutter mit einer speziellen Aura versehen (vgl. Allen 1985, Bleuel 1976, Hausen

1984, Koonz 1988). Es liegen einige Studien über Frauen als Mütter und Hausfrauen vor (vgl. z. B. Pross 1976, Sommerkorn 1988).

11 Diese Tendenz ist auch von einigen englischen Studien festgestellt worden. Vgl. z. B. Bott 1971, Young und Willmott 1971.

12 In Deutschland ist über »familiale Autorität« und die Position des Vaters debattiert worden. Dies ist ein Aspekt der sozialpsychologischen Forschungen gewesen, so auch in den früheren Phasen der »Kritischen Theorie«, verbunden mit so bekannten Namen wie Horkheimer und Adorno. Die moderne kapitalistische Gesellschaft führt ihnen zufolge zu einem Autoritätsverlust, oder, wie Mitscherlich es in den sechziger Jahren bezeichnete, zur »vaterlosen Gesellschaft«. Das beinhaltet, daß die Position des Vaters schwächer wird, seine reale Präsenz und Autorität abnimmt; unpersönliche Institutionen und Gruppen von Gleichaltrigen treten an die Stelle der väterlichen Autorität. Dies wird als eine der negativen Erscheinungen der kommerzialisierten, modernen Massengesellschaft angesehen und gilt als eine der Ursachen zunehmender Konformität; s. Mitscherlich 1969, vgl. Benjamin (1978), der sich kritisch mit der von Horkheimer vorgelegten Studie »Autorität und Familie« auseinandersetzt (Horkheimer 1949; vgl. Jay 1973). Ein besonderes Problem sind in Deutschland die Ansprüche auf väterliche Autorität im Hinblick auf die Nazizeit. Die Männer kämpften und verloren für eine schlechte Sache. Wie können sie dann Autorität ihren Kindern gegenüber beanspruchen, was soll diese legitimieren? Was Linden betrifft, so hat sich die Position des Vaters, die Vorstellungen von Vater, Vaterschaft und Autorität möglicherweise geändert, aber Väter in Linden wollen sich offensichtlich in der Position des Familienoberhaupts sehen. Sie haben eine Familie, für die sie verantwortlich sind, was ihnen ein gewisses Maß von Prestige verleiht, und sie neigen dazu, von sich als Vorbildern für ihre Kinder zu sprechen.
Vaterlosigkeit hat in diesem Jahrhundert eine andere konkrete Dimension erhalten, weil eine große Zahl von Männern in den Kriegen starb oder doch lange Jahre von ihren Familien getrennt waren. Die Frauen kamen ohne ihre Männer allein zurecht, und oft war es schwer für sie, die so praktizierte Unabhängigkeit aufzugeben, als die Männer zurückkamen. Vgl. Hausen 1984, Langer 1985. (Langer (ebd.) weist auch darauf hin, daß die Familie nach dem Krieg die einzige intakte Institution war, wie immer sie auch damals organisiert gewesen sein mag.)

13 Vgl. Sommerkorn 1988 über erwerbstätige Mütter in Deutschland.

14 Zur allgemeinen Diskussion über die Symbolik von Schmutz und Sauberkeit s. Mary Douglas 1966.

15 Es gibt eine deutliche Beschäftigung mit Brüsten in anderen Zusammenhängen. Obszöne Witze beziehen sich oft auf den Busen der Frau, und die Frauen sind besorgt im Hinblick auf diesen Teil ihres Körpers, hoffen, daß ihr Busen attraktiv genug ist. Mit der Situation des Stillens wird die in der Öffentlichkeit sexuell besetzte Brust »etwas Natürliches«, was emotional sehr stark besetzt und so vielleicht verletzlich ist. Die Nähe zwischen Mutter und Kind, die in solchen Augenblicken offensichtlich wird, ist für manche unter Umständen etwas, was als beunruhigend oder entstellend empfunden wird.

16 Es ist unter Deutschen und Nichtdeutschen weit verbreitet, die deutsche Familie

unter dem Aspekt des »Autoritarismus« zu betrachten. Ich würde aber eher Spindlers Argument (1973) zustimmen, daß dadurch nur wiederholt wird, was man ohnehin schon »weiß«, ohne es zu problematisieren. In seiner in Baden-Württemberg durchgeführten Untersuchung über »Urbanisierung und Identität« stellt er fest, daß Familien eher durch ihr Gefühl der Zusammengehörigkeit und der Exklusivität zu charakterisieren waren. (Vgl. Métraux 1970 c: Sie weist auch auf eine Betonung und Idealisierung der familiären Zusammengehörigkeit in der Jugendliteratur hin.) Das widerlegt selbstverständlich nicht unbedingt das Vorhandensein von Autoritarismus. Wird aber ständig der Begriff Autoritarismus zur Beschreibung aller Arten von Beziehungen und Situationen benutzt, in denen Formen der Kontrolle, Unterordnung, Abhängigkeit oder gar Strenge vorkommen, so führt das zur Verdinglichung des Begriffs, ohne ihm einen bestimmten qualitativen Inhalt zu geben. »Autoritarismus« ist, alles in allem, keine ausschließlich deutsche Dimension von sozialen Beziehungen. Gottschalch (1979), um nur ein Beispiel zu nennen, macht darauf aufmerksam, daß sich die Studie von Adorno u. a. über die »autoritäre Persönlichkeit«, insoweit sie von Wert war, auf Interviews und Tests vor allem mit AmerikanerInnen stützt.

Kapitel 4

1 Bluhm 1971, S. 104. Vgl. Allen 1986, *Brockhaus* 1971, Fröbel und Pfaehler 1982. Es mag durchaus eine von einigen deutschen Pädagogen geteilte Meinung sein, daß Fröbels Zielsetzungen heute in vielen oder den meisten Kindergärten nicht verwirklicht werden (s. z. B. Flitner 1971, Fröbel und Pfaehler 1982). Aber das unterschätzt vielleicht die Möglichkeiten der Kontrollmechanismen der »freien Pädagogik«, die das Kind scheinbar in den Mittelpunkt rückt. Das Bemühen ist letztlich darauf gerichtet, das Kind im Verhältnis zur Gruppe, das vom Erzieher bereits vorweg interpretiert ist, zu prägen und seine sozialen und intellektuellen Kapazitäten nur in Beziehung zu dieser Vorstellung von der Gruppe, der Gesellschaft oder der Person zu entwickeln.

2 Die Snacks und Brote, die die Kinder in den Kindergarten mitbringen, sind mehr oder weniger süß, manchmal unter Verwendung von nichtsüßem Brot. Was sie essen, haben sie von der Familie, von der Mutter; was sie trinken, bekommen sie vom Kindergarten. Das Essen im Kindergarten ist in gewisser Hinsicht dem Essen in anderen Situationen in Linden ähnlich. Es wird in Linden zwischen kalten und warmen Mahlzeiten unterschieden. Und es wird außerdem ein Unterschied zwischen Speisen und Getränken gemacht. Das Essen ist in der Regel eine Art von privat-individuellem Vergnügen, während Trinken eher eine öffentliche Angelegenheit sein kann. Kaffee und Kuchen nimmt eine Zwischenposition ein, und das gilt auch für Salzgebäck und alkoholische Getränke. Sie verbinden Essen und Trinken auf eine Art, die nicht auf den Kreis der Familie oder Verwandtschaft beschränkt ist. Sie kann Frauen und Männer zusammenbringen, Junge und Alte, Leute, die nicht miteinander verwandt sind. Einer/m Fremden kann ein Getränk

(alkoholisch oder nicht) angeboten werden, ohne ihn in die »Privatsphäre« des einzelnen oder der Familie einzubeziehen. Einer/m Fremden oder einer/m neuen Bekannten wird zu Hause keine warme Mahlzeit aufgetischt werden, und es ist nicht üblich, bei öffentlichen Festen mit Fremden gemeinsam zu essen. Warme Mahlzeiten außerhalb des eigenen Haushalts auf öffentlichen Plätzen werden so eingenommen, als befände man sich in einer gewissen Distanz von der Öffentlichkeit. Die Leute werden jemanden, der/die ißt, nicht direkt ansprechen oder beim Essen beobachten. Die Portionen werden gewöhnlich schnell und ohne viele Worte vertilgt, auch wenn sie groß und schwer verdaulich sind. Ein Mann erklärte mir: »Ein Deutscher ißt, wie er arbeitet.« Ich habe ihn nicht näher dazu befragt und mir darüber auch keine weiteren Gedanken in bezug auf Linden gemacht; aber einige Anthropologen haben dargelegt, daß Mahlzeiten – was gegessen wird und wie es gegessen wird – eine große soziale und symbolische Bedeutung haben.

3 Die Forschung zur Kindergartenpädagogik (oder Vorschulerziehung) und über das »Leben im Kindergarten« in Deutschland nimmt an Bedeutung zu (vgl. Hundertmarck 1978), aber es gibt keine anthropologischen Studien über Kindergärten. Ein Großteil der Untersuchungen scheint sich mit dem Aspekt der Chancengleichheit zu beschäftigen, also mit den Möglichkeiten, unterprivilegierte Kinder zu fördern, oder mit der Organisation der Kindergärten, den Lernzielen und -methoden; viele Arbeiten setzen sich mit der Problematik der autoritären und antiautoritäten Erziehung auseinander. Vgl. Flitner 1971, Hundertmarck 1978.

4 Der Überlieferung nach starb der gütige Bischof Nikolaus am 6. Dezember in Myra, heute das Dorf Demre im Süden der Türkei, und so wurde es den Kindergartenkindern auch erzählt (*Brockhaus* 1971, Weber-Kellermann 1974). Er lebte während des 4. Jahrhunderts und wurde später als ein bekannter Heiliger der katholischen Kirche verehrt. Er wird verschieden dargestellt: als Schutzpatron des Seehandels, der armen und vernachlässigten Kinder und Heiler der Kranken. Er gilt als gutmütig und weise. Seit den sechziger Jahren ist er im Kalender der Heiligen nicht mehr aufgeführt, weil er vom Vatikan nicht als Heiliger anerkannt ist und die katholische Kirche in Deutschland seiner, zumindest offiziell, nicht gedenkt. In Linden gab es ihm zu Ehren keinen Gottesdienst; der Nikolaustag wurde in den Familien und von einigen Vereinen begangen.

5 In Brücken nahm der Bürgermeister die Gelegenheit wahr, um die positiven politischen Ziele dieses neuen Verwaltungszentrums zu unterstreichen, indem er zusammen mit seinen MitarbeiterInnen eine kleine Nikolausfeier veranstaltete. In Anbetracht der Sanierungskosten für das alte Rathaus und der latenten oder manifesten Mißgunst zwischen den Dörfern und dem Verwaltungszentrum Brücken wurde dies wahrscheinlich vom Personal für eine gute Idee gehalten. Der Nikolaus ritt auf seinem Pferd daher, geführt von Knecht Ruprecht, der auch die Rute trug. Dann ging der Nikolaus hinauf zum Bürgermeister, begrüßte ihn und hielt auf der Rathaustreppe stehend eine kleine, in Verse gefaßte Rede über Weihnachten, sein eigenes Kommen und die Notwendigkeit, den Bedürftigen zu helfen. Danach gaben die Gemeindebediensteten den vor Kälte zitternden Kindern kleine Weihnachtspäckchen.

6 Vgl. Handelmans (1990) Analyse von Kinderfesten in Israel und Weil (1986). S. auch Hendrys (1986) Studie über Kinder in einem japanischen Kindergarten.

7 Der didaktische Wert, der Strafen in der Öffentlichkeit zugeschrieben wird, läßt diese als Rache erscheinen, was im Struwwelpeter recht zutreffend dargestellt ist. Nikolaus wird gezeigt, wie er von einigen Jungen grob provoziert wird, die sich heftig über einen schwarzen Jungen lustig machen. Wegen dieses Fehlverhaltens, dieser Intoleranz und dieses Mangels an Verständnis und Mitgefühl (denn es ist nichts Gutes daran, schwarz zu sein) werden die Buben in schwarze Tinte getaucht, so daß sie noch tiefer schwarz aussehen als der schwarze Junge – weil sie so schlecht sind, und damit alle es sehen können.

8 Lewis 1980, S. 35. Oder wie Kapferer (1983) über das Ritual schreibt: »Die das Ritual bestimmenden Ideen sind Abstraktionen derjenigen Vorstellungen, die für das Verhalten im täglichen Leben relevant sind oder ihm implizit innewohnen, und sie haben ihren Platz außerhalb dieser Alltagswelt, wiewohl sie gleichzeitig die Routine des Alltags reflektieren können. Es ist die Trennung und Abstraktion der Ideen von ihrem Eingebettetsein in das Verhalten im Alltagsleben, die sie zu etwas Symbolischem in einem überhöhten und verdinglichten Sinne werden lassen und Ideen eine erhebliche Macht verleihen, das Handeln nach ihren Vorgaben zu strukturieren.« (S. 3)

Kapitel 5

1 Vgl. Baumert u. a. 1984. Nach dem Krieg, während der fünfziger Jahre, gab es, wenn überhaupt, nur wenige Versuche zur Reform der Schule, während von der Mitte der sechziger Jahre bis zu den frühen achtziger Jahren eine intensive bildungspolitische Debatte und praktische Schulreformen stattfanden. Diese bezogen sich ganz besonders auf die inhaltliche Arbeit der Schule – Lehrplan, Lehrmethoden, Lernschwierigkeiten –, brachten aber auch die Suche nach neuen organisatorischen Formen der Unterrichtsgestaltung. Ganz allgemein hat sich die organisatorische Struktur des deutschen Schulwesens jedoch seit der Weimarer Republik nicht grundsätzlich verändert (vgl. Baumert u. a. 1984, Klafki 1985; eine historische Analyse des deutschen Schulsystems findet sich bei Ringer 1979; eine Studie der Erziehung in Ost- und Westdeutschland in Fishman und Martin 1987, die sich in einigen Punkten auch auf die pädagogische Diskussion des 19. Jahrhunderts beziehen).

2 Vgl. Dohnanyi 1971.

3 Da ich in meiner Darstellung die Schulsituation berücksichtige, hatte ich mich mit einer Vielzahl von Studien über Schule und Unterricht zu befassen, die über eine lange Zeit im Bereich der Sozialwissenschaften vorgelegt worden sind (einige auch im Rahmen der anthropologischen Forschung, etwa Calhoun und Ianni 1976, Heath 1983, Roberts und Akinsanya 1976, Spindler 1974, 1982, wenn die Anthropologie unter dem Thema Erziehung auch mehr einbezieht als nur die formale Schulbildung). Viele dieser Untersuchungen haben herauszufinden versucht, was

Kinder lernen und was nicht, und dabei haben Aspekte wie die soziale Klasse und Ethnizität in der Diskussion an Bedeutung gewonnen (vgl. Lithman 1984, Wulff 1988). Studien über Formen der Interaktion im Klassenzimmer haben gezeigt, daß Kinder vieles lernen und viele Erfahrungen machen, die nicht »im Lehrplan« stehen, nämlich das, was den Inhalt dessen ausmacht, was nun gemeinhin nach Jacksons bekannter Studie (1968) der »heimliche Lehrplan« genannt wird. Auf dessen Dynamik hat sich ein großer Teil der Forschungstätigkeit konzentriert. Andererseits hat sich die Bildungsforschung auch intensiv mit der Schulorganisation insgesamt und mit dem formalen Lehrplan als ihrem vorrangigen, »makrokosmischen« Brennpunkt befaßt (vgl. Masemann 1986; s. Altbach und Kelly 1986 über verschiedene Diskussionen und Ergebnisse der vergleichenden Erziehungswissenschaft). Es liegt jenseits der Grenzen meiner Arbeit, diese verschiedenen Forschungstrends zu erörtern. Ich berücksichtige jedoch einige schulische Ereignisse im Hinblick auf meine allgemeinen Fragestellungen mit Blick auf die in Linden wahrzunehmenden Ideen und Werte in bezug auf das, was eine Person ausmacht und die damit zusammenhängenden Verhaltensweisen.

4 Baumert u. a. 1984, Schultze und Führ 1973.

5 Rechtschreibung steht im Mittelpunkt der herkömmlichen deutschen Spracherziehung und hat einen »hohen moralischen Rang im Bewußtsein der meisten Menschen«, wie Wünsche, ein Lehrer, über dieses Thema (1979) schreibt. Bitter fügt er hinzu: *»Der Weg in die Sprachlosigkeit führt über eine intensive Pflege der Rechtschreibung.«* (Ebd., S. 21)

6 Der Witz ist, wie Mary Douglas (1975) unter Bezugnahme auf Freud und Bergson meint, ein Angriff auf Kontrolle, »ein Spiel mit der Form« (S. 96). Ihr zufolge »(sind) alle Witze ... Ausdruck der sozialen Situationen, in denen sie auftauchen« (S.98). Aber Douglas' Auffassung von »Ausdruck« kann sich als problematisch erweisen, weil er anscheinend eine zu enge und zu unzweideutige Verbindung zwischen einer sozialen Situation und der Symbolbildung schafft. Wenn Witze (und Obszönität) »ein Angriff auf Sinngebung und Hierarchie« (S. 104) sind, eine Ansicht, der man zustimmen kann, dann ergibt sich ein Problem in bezug auf einige Aspekte des Witzemachens in Linden, wo der Überlegene mit Witzen den Unterlegenen attackiert. In diesem Fall wird der Untergeordnete durch die Möglichkeiten, die Überlegenheit bietet, verhöhnt, und der Witz bezieht sich auf die prekäre Situation des Unterlegenen, noch keine »vollendete Person« zu sein.

7 Goody 1978, S. 39.

8 Einige Studien über verschiedene Kontexte von Erziehung haben auf die besondere Bedeutung interrogativer Methoden vor allem für den Spracherwerb und die sprachliche Sozialisation hingewiesen (vgl. Heath 1983, Ochs und Schieffelin 1987).

Das Fragenstellen war auch ein Problem meiner Feldforschung, das es schwierig machte, Interviews durchzuführen. Als Fremde, Außenseiterin, in mancher Hinsicht Unterlegene, hatte ich eigentlich kein Recht, den Leuten Fragen zu stellen, noch dazu über Dinge, die in ihren Privatbereich gehörten, so daß die Fragen Grenzen mißachteten. Interviews erinnern die Menschen wahrscheinlich an die frühere Begegnung mit fragenstellenden Erwachsenen und das Prekäre von Grenzziehungen.

9 Eltern sagen oft von zumindest einem ihrer Kinder, es sei sehr sensibel, was dazu dient, das Einzigartige und die Intelligenz eines Kindes zu betonen. Es schafft außerdem eine Voraussetzung dafür, daß verantwortungslose oder unerklärliche Verhaltensweisen als entschuldbar gelten.

10 Vgl. McDermott 1977.

11 Diese Vorstellung, daß das Lernen aus Büchern Zurückgezogenheit und Stille verlangt, ist eine unter Pädagogen ganz allgemein verbreitete Auffassung, was implizit leugnet, daß auch Menschen, die anders leben, Bildung erwerben können oder doch zumindest die Voraussetzungen dazu, nämlich Lesen und Schreiben zu lernen .

Kapitel 6

1 Herr Bender, ein Lehrer und rühriger Lindener, gibt dem eine dramatische Note: »Gott sollte nie durch den sich selbst überschätzenden Glauben an den Menschen ersetzt werden. Der Mensch ist ein unvollständiges und unfertiges Wesen. Wenn der Mensch an die Stelle Gottes gesetzt wird, dann wird das den Ruin des Menschen bedeuten. Das ist es, was Kommunismus und Faschismus getan haben.«

2 Viele derer, die zur Beichte gehen, besonders die jungen Menschen und die Leute mittleren Alters, sagen: »Irgendwie ist das alles falsch!« Sie befinden sich in dem Dilemma, die Wahrheit sagen zu sollen, es aber oft für nötig zu halten, zu lügen. »Du kannst einem Priester nicht alles sagen!« Lügen ist die größte Sünde eines Kindes gegenüber den Eltern. Dabei geht es auch darum, daß die Beichte dazu zwingt, einen Außenstehenden in die Privatsphäre eindringen zu lassen, was sonst so nachdrücklich abgelehnt wird. Die Beichte ist eine Grenzüberschreitung und zugleich eine Bestätigung und Fixierung dieser Grenzen. Die Beichte verlangt, daß jedes Individuum seine oder ihre ganz besonderen Sünden bekennt, aber die Sünden sind schon im vorhinein definiert und ziehen das Individuum in das Kollektiv hinein. Kinder beichten gewöhnlich entsprechend einem Beichtzettel, der verschiedene Situationen enthält, in denen ein Kind sich befindet. Die entsprechenden Anweisungen erhält das Kind vom Priester, sie können aber auch dem Gebetbuch entnommen werden. Das Kind berichtet, wie es sich zu Hause, draußen, in der Schule und in der Kirche verhalten hat, bekennt also alle Fehler, die es gemacht hat. Die Erwachsenen sollen bei der Beichte der Reihenfolge der Zehn Gebote folgen, aber nur wenige halten sich daran. Es werden einige Sünden gebeichtet, deren gravierendste vereinbarungsgemäß der nachlässige Besuch des Sonntagsgottesdienstes ist. Was die Leute irritiert, ist die gedankliche Verbindung zwischen Beichte und Sexualität. Nicht daß dies ein besonders häufiges Thema der Beichte wäre. Aber im Angesicht der Kirche und des Priesters wird den Leuten die potentielle Sünde im Rahmen des Familienlebens bewußt, nämlich sexuelle

Lust; und so wird über diese oder jene Frau erzählt, sie wäre vom Priester über ihre sexuellen Gewohnheiten im Umgang mit ihrem Ehemann befragt worden.
Die Protestanten werden fast beneidet, weil sie nicht beichten müssen. Sie haben ihren *Buß- und Bettag*, und viele Lindener sind der Ansicht, das wäre auch für sie völlig ausreichend. Der Buß- und Bettag wurde von König Friedrich Wilhelm IV. von Preußen im November 1848 zum Feiertag bestimmt, denn er empfand »ein Gefühl der Schuld, weil er es ›gestattet‹ hatte, daß die Revolution ihren Lauf nahm« (Sagarra 1977, S. 214).

3 Dies ist eine durchaus übliche Beobachtung, die als solche, mehr oder weniger problematisiert, in vielen Studien beschrieben worden ist. Erklärungsversuche beziehen sich oft auf die Zurückgezogenheit der Frauen, während sie den Haushalt versorgen und ihre Kinder aufziehen, was unterstellt, daß diese Tätigkeit sie näher an die Kirche heranbringt, so als stünde die Kirche der »häuslichen Sphäre« näher als der »öffentlichen Sphäre«. Oberflächlich scheint dies auf die Situation in Linden zuzutreffen, aber es handelt sich um eine eingeschränkte Wahrnehmung dessen, was häuslich und was öffentlich ist (eine Zweiteilung, die in Gender-Studien und Analysen der besonderen Situation von Frauen diskutiert und kritisiert worden ist, vgl. Moore 1988). Es sollte nicht als analytisch bewiesen gelten, daß es die Frauen sind, die mehr als die Männer »Kontinuität und Überlieferung« hochhalten, oder daß sich dies auf den Bereich beschränkt, der als häuslich gilt. Die Kirche ist zu einem sehr großen Teil eine soziale und politische Angelegenheit; Frauen und Männer engagieren sich in ihr von unterschiedlichen Ansätzen aus und befinden sich dabei sowohl im Gegensatz zueinander als auch in einem komplementären Verhältnis.

4 »Für Schiller muß der Mensch immer frei und ungebrochen bleiben. Schönheit war niemals etwas Chaotisches, sondern für Schiller (...) hatte sie Gesetze und Ordnungsprinzipien.« (Mosse 1975, S. 25) Vielleicht bezeichnet dies die Verbindungslinie, die Herrn Stein dazu brachte, sich auf Schiller zu beziehen.

5 Die KAB, *Katholische Arbeitnehmer-Bewegung*, ist eine bundesweite Vereinigung, die in der Mitte des letzten Jahrhunderts entstanden ist. In dem regionalen Bulletin der KAB, *Der Welt verpflichtet*, wird der KAB-Gründer Ketteler wegen seines Kampfes für die Arbeiter positiv herausgestellt. Ketteler war ein Kritiker sowohl des liberalen Wirtschaftssystems als auch des Sozialismus, so wird betont. Er verlangte, der Staat müsse die »natürlichen und sozialen Rechte der Arbeiter« schützen. Auf seinem Totenbett soll er 1877 gesagt haben: »Unsere Religion ist nicht wahrhaft katholisch, wenn sie nicht wahrhaft sozial ist.«
Die KAB und ihre örtliche Gruppe, der »Aktionskreis«, sprechen wie die Katholische Jugendgemeinschaft, die KJG, direkt oder indirekt Probleme der sozialen Schichtung, der Politik, des Glaubens, der Familie und Erziehung an. Während der Nazizeit war die KAB in Linden verboten, doch nach dem Krieg nahm sie ihre Arbeit wieder auf. Selbst wenn es im Lindener Kirchspiel nur siebzig zahlende Mitglieder gibt, so scheint mir doch, daß ihr Einfluß größer ist, als die Mitgliederzahl vermuten läßt. Sie befassen sich mit Fragen und Problemen, die auf verschiedene Art für viele Menschen in Linden wichtig sind. Ihr Veranstaltungsprogramm enthält regelmäßige Treffen zur Diskussion ganz verschiedener Themen. Es gibt

auch Aktivitäten mit Freizeitcharakter, an denen Mitglieder und Nichtmitglieder teilnehmen können, etwa die jährliche Herbstwanderung, der Seniorentag, Großveranstaltungen mit eingeladenen Referenten – ein Erziehungswissenschaftler oder CSU-Politiker. Die Organisation gibt sich politisch unabhängig, was heißt, daß keine der Parteien offiziell von der KAB unterstützt wird, wenn auch viele Mitglieder mit der CSU sympathisieren. Die Mitarbeit in der KAB kann auch als Ausgangspunkt für eine Karriere als Politiker dienen.

Kapitel 7

1 Zit. n. Rutschky 1977, S. 59.
2 Kerschensteiner 1912, S. 20.

Literatur

Allen, A. T. (1985): Mothers of the new generation. Adele Schreiber, Helene Stöcker, and the evolution of a German idea of motherhood, 1900-1914, in: *Signs,* 10, S. 418-38.

– (1986): Gardens of children, gardens of God. Kindergarten and day-care centers in nineteenth century Germany, in: *Journal of Social History*, 19, S. 433-50.

Altbach, P., G. Kelly (Hg.) (1986): *New Approaches to Comparative Education*, Chicago/London.

Ambjörnsson, R. (1977): *Rousseau och den naturliga Människan* (Einleitung zu J.-J. Rousseau, *Émile ou de l'éducation),* Göteborg.

Anderson B. (1983): *Imagined Communities. Reflections on the Origin and Spread of Nationalism*, London.

Ariès, P. (1973): *Centuries of Childhood* (1962) London; dt.: *Geschichte der Kindheit*, München 1975.

Bailey, F. G. (1971): *Gifts and Poison. The Politics of Reputation*, Oxford.

Barnouw, V. (1963): *Culture and Personality*, Homewood, Ill.

Bateson, G. (1953): An analysis of the Nazi film ›Hitlerjunge Quex‹, in: M. Mead, R. Métraux (Hg.) 1953.

Baum G. und H. Mahler (1980): *Der Minister und der Terrorist: Gespräche zwischen Gerhart Baum und Horst Mahler*, Hamburg.

Baumert, J. u. a. (1984): *Das Bildungswesen in der Bundesrepublik Deutschland*, Hamburg.

Beck, G. (1973): *Autorität im Vorschulalter. Eine soziologische Untersuchung zur politischen Sozialisation in der Familie*, Weinheim.

Benjamin, J. (1978): Authority and the family revisited. Or: a world without fathers?, in: *New German Critique*, 13, S. 35-56.

Béteille, A. (1986): Individualism and equality, in: *Current Anthropology*, 27, S. 121-34.

Betz, H.-G. (1988): Deutschlandpolitik on the margins. On the evolution of contemporary New Right nationalism in the Federal Republic, in: *New German Critique*, 44, S. 127-57.

Bleuel, H. P. (1971): *Kinder in Deutschland*, München.

– (1976): *Strength Through Joy. Sex and Society in Nazi Germany*, London.

Bloch, M. (1986): *From Blessing to Violence. History and Ideology in the Circumcision Ritual of the Merina of Madagascar*, Cambridge.

Bluhm, S. (1971): Friedrich Fröbel, in: *The Encyclopedia of Education*, London.

Bock, P. (1980): *Continuities in Psychological Anthropology. A Historical Introduction*, San Francisco.

Borneman, J. (1992): *Belonging in the Two Berlins: Kin, State, Nation*, Cambridge.

Bott, E. (1971): *Family and Social Network* (1957), London.

Bourdieu, P. (1977): *Outline of a Theory of Practice*, London; dt.: *Entwurf einer Theorie der Praxis*, Frankfurt a. M. 1979.

Bramsted, E. (1972): *Germany*, Englewood Cliffs, N. J.

Brauns, H.-J., D. Kramer (1976): Political repression in West Germany. ›Berufsverbote‹ in modern German history, in: *New German Critique*, 7, S. 104-21.

Briggs, J. (1970): *Never in Anger. Portrait of an Eskimo Family*, Cambridge, Mass.

– (1979): *Aspects of Inuit Value Socialization*, Canadian Ethnology Service Paper, 56, Ottawa (National Museum of Canada).

Brockhaus Enzyklopädie (1971): 25 Bde., [17]1971 Wiesbaden.

Broszat, M., E. Fröhlich, F. Wiesemann (Hg.) (1977-83): *Bayern in der NS-Zeit*, Bd. 1-6, München.

Brückner, P. (1978): *Versuch, uns und anderen die Bundesrepublik zu erklären*, Berlin.

– (1987): *Avsides: Att Växa Upp i Tredje Riket*, Stockholm: Symposion. Dt.: *Das Abseits als sicherer Ort. Kindheit und Jugend zwischen 1933 und 1945*, Berlin 1980, 1994.

Bruford, W. H. (1975): *The German Tradition of Self-Cultivation. ›Bildung‹ from Humboldt to Thomas Mann*, London.

Busch, W. (1976): *Max und Moritz. Eine Bubengeschichte in sieben Streichen* (1865).

Calhoun, C. J., F. A. Ianni (Hg.) (1976): *The Anthropological Study of Education*, Den Haag.

Campbell, J. K. (1976): *Honour, Family and Patronage*, Oxford.

Carr, W. (1979): *A History of Germany 1815-1945*, London.

Carrithers, M., S. Collins, S. Lukes (Hg.) (1985): *The Catagory of the Person. Anthropology, Philosophy, History*, Cambridge.

Catt, C. (1986): Farmers and factory workers. Rural society in Imperial Germany, the example of Maudach, in: R. J. Evans, W. R. Lee (Hg.) 1986.

Claessens, D., A. Klönne, A. Tschoepe (1978): *Sozialkunde der Bundesrepublik Deutschland*, Düsseldorf.

Cleverley, J., D. C. Phillips (1986): *Visions of Childhood. Influencial Models from Locke to Spock*, New York.

Clifford, J., G. Marcus (Hg.) (1986): *Writing Culture. The Poetics and Politics of Ethnography*, Berkeley 1986.

Cole, J. W., E. Wolf (1974): *The Hidden Frontier. Ecology and Ethnicity in an Alpine Valley*, New York.

Dahrendorf, R. (1969): *Society and Democracy in Germany*, Garden City, N.Y.

Daun, A. (1989): *Svensk Mentalitet*, Stockholm.

Davis, J. (1977): *People of the Mediterranian. An Essay on Comparative Anthropology*, London.

Dohnányi, K. von (Hg.) (1971): *Die Schule der Nation. Zur Bildungsdebatte: Fakten, Forderungen, Folgen*, Düsseldorf.

Douglas, M. (1966): *Purity and Danger. An Analysis of Concepts of Pollution and Taboo*, London.

– (1975): *Implicit Meanings: Essays in Anthropology*, London.

Du Boulay, J. (1974): *Portrait of a Greek Mountain Village*, Oxford.

Dumont, L. (1965): The modern conception of the individual, in: *Contributions to Indian Sociology*, 8, S. 13-61.

– (1971): *Religion, politics, and society in the individualistic universe,* Proceedings of thc Royal Anthropological Institute of Great Britain and Ireland for 1970.

– (1977): *From Mandeville to Marx*, Chicago/London.

– (1986 a): *Essays on Individualism: Modern Ideology in Anthropological Perspective*, Chicago/London; dt.: *Individualismus. Zur Ideologie der Moderne*, Frankfurt a. M. 1991.

– (1986 b): Are cultures living beings? German identity in interaction, in: *Man*, 21, S. 587-604.

– (1986 c): Collective identities and universalist ideology: the actual interplay, in: *Theory, Culture & Society*, 3, S. 25-33.

Dundes, A. (1984): ›*Life is Like a Chicken Coop Ladder*‹. *A Portrait of German Culture Through Folklore*, New York.

Eidson, J. (1983): *Club-Life, Local Identities, and Status Relations in a Contemporary West German Community*, unv. Phil. Dissertation, Cornell University.

Elias, N. (1982): *The Civilizing Process* (1939), New York; dt.: *Über den Prozeß der Zivilisation*, 2 Bde., Bern 1969; Tb. Frankfurt 1978.

Evans, R. J., W. R. Lee (Hg.) (1986): *The German Peasantry. Conflict and Community in Rural Society from the Eighteenth to the Twentieth Centuries*, London.

Fächer, J. (1968): *Historischer Atlas von Bayern. Teil Franken*, Kommission für Bayerische Landesgeschichte, München.

Farr, I. (1986): ›Tradition‹ and the peasantry. On the modern historiography of rural Germany, in: R. J. Evans, W. R. Lee (Hg.) 1986.

Fichte, J. G. (1914): *Tal till Tyska Nationen*, Stockholm; dt.: *Reden an die deutsche Nation* (1808), Hamburg 1978.

Fishman, S., L. Martin (1987): *Estranged Twins. Education and Society in the Two Germanies*, New York/London.

Flitner, A. (1971): Vorschulerziehung, in: K. v. Dohnányi (Hg.) 1971.

Forsythe, D. (1984): Deutschland als wenig erforschtes Gebiet. Ein Problem in der Ethnologie Westeuropas, in: *Kölner Zeitschrift für Soziologie und Sozialpsychologie*, 26 (Sonderheft).

– (1989): German identity and the problems of history, in: E. Tonkin u. a. (Hg.) 1989.

Fortes, M. (1970): Social and psychological aspects of education in Taleland (1938), in: ders., *Time and Social Structure and Other Essays*, London.

Foucault, M. (1979): *Discipline and Punish. The Birth of the Prison*, London; dt.: *Überwachen und Strafen. Die Geburt des Gefängnisses*, Frankfurt a. M. [8]1989.

– (1980): *Sexualitetens Historia (Vol. 1): Viljan att Veta*, Stockholm 1980; dt.: *Sexualität und Wahrheit*, Frankfurt a. M. [3]1989.
Fragen an die deutsche Geschichte: Ideen, Kräfte, Entscheidungen von 1800 bis zur Gegenwart, Histor. Ausstellung im Reichstagsgebäude in Berlin 1979 (Katalog).
Frankenberg, R. (1957): *Village on the Border*, London.
Fröbel, F. (1965): *Kleine pädagogische Schriften (1820-52)*, Bad Heilbrunn.
Fröbel, H., D. Pfaehler (Hg.) (1982): *Friedrich Fröbels Mutter- und Koselieder*, Bad Neustadt/Saale.
Gearing F., A. Tindall (1973): Anthropological studies of the educational process, in: *Annual Review of Anthropology*, 2, S. 95-105.
Geertz, C. (1973): *The Interpretation of Cultures*, New York.
Geertz, H. (1961): *The Javanese Family. A Study of Kinship and Socialization*, New York.
Geisler, M. (1985): ›Heimat‹ and the German left. The anamnesis of a trauma, in: *New German Critique*, 36, S. 25-66.
Gibson, P. (1984): *Tradition and Change. Local-Level Politics in Bavaria*, unv. Phil. Dissertation, University of California.
Gilmore, D. (1980): *The People of the Plain. Class and Community in Lower Andalusia*, New York.
Golde, G. (1975): *Catholics and Protestants. Agricultural Modernization in Two German Villages*, New York.
Goody, E. (1979): Towards a theory of questions, in: ders. (Hg.), *Questions and Politeness. Strategies and Social Interaction*, Cambridge.
Gottschalch, W. (1979): *Vatermutterkind. Deutsches Familienleben zwischen Romantik und sozialer Revolution*, Berlin.
Greiffenhagen, M. u. S. (1981): *Ein schwieriges Vaterland. Zur politischen Kultur Deutschlands*, Frankfurt a.M.
Gullestad, M. (1984): *Kitchen-Table Society. A Case of the Family Life and Friendships of Young Working-Class Mothers in Urban Norway*, Oslo.
– (1989): Hjemmet som moderne folkekultur, in: O. Brox, M. Gullestad (Hg.), *Pa Norsk Grunn. Socialanthropologiske Studier av Norge, Nordmenn og det Norske*, Oslo.
Habermas, J. (1988): Concerning the public use of history, in: *New German Critique*, 44, S. 40-50; dt.: Vom öffentlichen Gebrauch der Historie (*Die Zeit* v. 7.11.1986), in: »*Historikerstreit*«, München 1987.
Handelman, D. (1990): *Models and Mirrors: Towards an Anthropology of Public Events*, Cambridge/New York.
Hansen, M. (1985): ›Heimat‹, in: *New German Critique*, 36, S. 3-24.
Hausen, K. (1984): Mothers, sons, and the sale of symbols and goods: the ›German Mother's Day‹, in: H. Medick, D. W. Sabean (Hg.) 1984.
Harris, G. (1989): Concepts of individual, self and person in description and analysis, in: *American Anthropologist*, 9, S. 599-612.
Heath, S. (1983): *Ways with Words. Language, Life, and Work in Communities and Classrooms*, Cambridge/New York.
Hendry, J. (1986): *Becoming Japanese*, Manchester.

Herder, J. G. (1969): *J. G. Herder on Social and Political Culture*, hrsg. v. F. M. Barnard, London.

Hoffmann, H. (1975): *Der Struwwelpeter* (1845), Rastatt.

Hollos, M. (1974): *Growing up in Flathill. Social Environment and Cognitive Development*, Oslo.

Horkheimer, M. (1949): Authoritarianism and the family today, in: R. Anshen (Hg.), *The Family: Its Function and Destiny*, New York; dt. in: M. Horkheimer, *Autorität und Familie* (*Gesammelte Schriften*, Bd. 3), Frankfurt a. M. 1988.

Howell, S. (1985): From child to human. Chewong concepts of self, in: G. Jahoda, I. M. Lewis (Hg.) 1985.

– (1990): Gjennoppdagelse av menneskenaturen som et antropologisk emne, in: *Norsk Antropologisk Tidsskrift*, 1, S. 17-28.

Hughes, H. S. (1977): *Consciousness and Society*, New York.

Hundertmarck, G. (1978): *Soziale Erziehung im Kindergarten*, Stuttgart.

Ilien, A., U. Jeggle (1978): *Leben auf dem Dorf. Zur Sozialgeschichte des Dorfes und Sozialpsychologie seiner Bewohner*, Opladen.

Jahoda, G., I. M. Lewis (1985): Introduction: Child development in psychology and anthropology, in: dies. (Hg.), *Acquiring Culture. Cross Cultural Studies in Child Development*, London/New York.

Jay, M. (1973): *The Dialectical Imagination. A History of the Frankfurt School and the Institute of Social Research 1923-1950*, Boston/Toronto.

Jackson, P. (1968): *Life in Classrooms*, New York.

Kapferer, B. (1983): *A Celebration of Demons. Exorcism and the Aesthetics of Healing in Sri Lanka*, Bloomington.

– (1988): *Legends of People, Myths of State: Violence, Intolerance, and Political Culture in Sri Lanka and Australia*, Washington/London.

Kaschuba, W. (1986): Peasants and others. The historical contours of village class society, in: R. Evans, W. R. Lee (Hg.) 1986.

Kerschensteiner, G. (1912): *Medborgerlig Uppfostran*, Stockholm; dt.: *Staatsbürgerliche Erziehung der deutschen Jugend* (1906).

Kimball, S., J. H. Burnett (Hg.) (1973): *Learning and Culture*, AES Proceedings 1972, Seattle/London.

Klafki, W. (1985): Die fünfziger Jahre – eine Phase schulorganisatorischer Restauration, in: D. Bänsch (Hg.), *Die fünfziger Jahre. Beiträge zu Politik und Kultur*, Tübingen.

Knopp, G. (Hg.) (1979): *Hitler heute. Gespräche über ein deutsches Trauma*, Aschaffenburg.

Kolinsky, M. (1974): *Continuity and Change in European Society*, London.

Koonz, C. (1988): *Mothers in the Fatherland. Women, the Family and Nazi Politics*, London.

Krieger, L. (1957): *The German Idea of Freedom. History of a Political Tradition*, Chicago.

Kulick, D. (1990): *Having Head and Showing Knowledge. Language Shift, Christianity, and Notions of Self in a Papua New Guinean Village*, unv. Phil. Dissertation, Universität von Stockholm.

Kupffer, H. (1984): *Der Faschismus und das Menschenbild der deutschen Pädagogik*, Frankfurt a. M.

LaFontaine, J. S. (1985): Person and individual. Some anthropological reflections, in: M. Carrithers u. a. (Hg.) 1985.

Langer, I. (1985): Die Mohrinnen hatten ihre Schuldigkeit getan... Staatlich-moralische Aufrüstung der Familien, in: D. Bänsch (Hg.), *Die fünfziger Jahre. Beiträge zu Politik und Kultur*, Tübingen.

Lewis, G. (1980): *Day of Shining Red: An Essay on Understanding Ritual*, Cambridge.

Linke, U. (1986): *Where Blood Flows, A Tree Grows: A Study of Root Metaphors in German Culture*, Diss., University of California, Berkeley.

Lithman, Y. G. (1984): *The Community Apart. A Case Study of a Canadian Indian Reserve Community*, Winnipeg.

– (1988): Kämpande kroppar, moraliska kroppar. Retorik of social controll i den tidiga gymnastiken, in: *Idrottshistorisk Arsbok*, Stockholm.

Lowie, R. (1954): *Toward Understanding Germany*, Chicago.

Lukes, S. (1979): *Individualism*, Oxford.

– (1985): Conclusion, in: M. Carrithers u. a. (Hg.) 1985.

Lunzer, E. A. (1976): An appreciation of Piaget's work, in: V. P. Varma, P. Williams (Hg.) 1976.

Lohmann, H.-G. (1989): Vanmakt och hopp, brevväxling med M. Frank, in: *Res Publica*, 14, S. 166-78.

Lutz, C., G. White (1986): The anthropology of emotions, in: *Annual Review of Anthropology*, 15, S. 405-436.

Mann, G. (1969): *Tysklands Historia Under Fem Decennier*, Stockholm.

Marcus, G., M. Fischer (1986): *Anthropology as Cultural Critique*, Chicago/London.

Märthesheimer, P., I. Frenzel (Hg.) (1979): *Im Kreuzfeuer. Der Fernsehfilm ›Holocaust‹: Eine Nation ist betroffen*, Frankfurt a. M.

Masemann, V. (1986): Critical ethnography in the study of comparative education, in: P. Altbach, G. Kelly (Hg.)1986.

Mause, L. de (Hg.) (1976): *The History of Childhood*, London.

Mayer, P. (Hg.) (1970): *Socialization. The Approach from Social Anthropology*, A. S. A. Monographs, 8, London.

McDermott, R. P. (1977): Social relations as contexts for learning in school, in: *Harvard Educational Review*, 47, S. 198-213.

Mead, M. 1977 (1930): *Growing up in New Guinea*, London; dt.: *Geschlecht und Temperament in drei primitiven Gesellschaften*, München 1974.

– , R. Métraux (Hg.) (1953): *The Study of Culture at a Distance*, Chicago.

– , M. Wolfenstein (Hg.) (1970): *Childhood in Contemporary Cultures,* Chicago.

Medick, H., D. W. Sabean (Hg.) (1984): *Interest and Emotion. Essays on the Study of Family and Kinship*, Cambridge.

Métraux, R. (1970 a): Parents and children. An analysis of contemporary German child-care and youth guidance literature (1955), in: M. Mead, M. Wolfenstein (Hg.) 1970.

– (1970 b): The consequences of wrong-doing. An analysis of story completions by German children, in: M. Mead, M. Wolfenstein (Hg.) 1970.

– (1970 c): A portrait of the family in German juvenile fiction, in: M. Mead, M. Wolfenstein (Hg.) 1970.

Meves, C. (1987): *Mut zum Erziehen. Seelische Gesundheit – wie können wir sie unseren Kindern vermitteln?* Freiburg.

Middleton, J. (Hg.) (1970): *From Child to Adult. Studies in the Anthropology of Education*, Austin/London.

Mitscherlich, A. (1969): *Society Without a Father*, London; dt.: *Auf dem Weg zur vaterlosen Gesellschaft*, München 1963.

Mitscherlich-Nielsen, M. (1979): Die Notwendigkeit zu trauern, in: P. Märthesheimer, I. Frenzel (Hg.) 1979.

Moore, H. (1988): *Feminism and Anthropology*, Cambridge.

Mosse, G. L. (1963): *The Culture of Western Europe: The Nineteenth and Twentieth Centuries*, London.

– (1966): *The Crisis of German Ideology*, London.

– (1975): *The Nationalization of the Masses*, New York; dt.: *Die Nationalisierung der Massen*, Frankfurt 1993.

– (1985): *Nationalism and Sexuality*, New York.

Nave-Herz, R. (Hg.) (1988): *Wandel und Kontinuität der Familie in der Bundesrepublik Deutschland*, Stuttgart.

Neidhardt, F. (1975): *Die Familie in Deutschland*, Stuttgart.

Niethammer, L. (Hg.) (1983): *›Die Jahre weiß man nicht, wo man die hinsetzen soll‹: Faschismuserfahrungen im Ruhrgebiet*, Berlin.

Nolan, M. (1988): The ›Historikerstreit‹ and social history, in: *New German Critique*, 44, S. 51-80.

Norman, K. (1986): Review of ›Life is Like a Chicken Coop Ladder‹ (Dundes 1984), in: *Ethnos*, 1-2, S. 111-116.

Novak, H. (1979): *Die Eisheiligen*, Darmstadt.

Nurge, E. (1977): *Blue Light in the Village: Daily Life in a German Village 1965-1966*, Michigan.

Ochs, E., B. Schieffelin (1987): Language acquisition and socialization. Three developmental stories and their implications, in: R. Schweder, R. LeVine (Hg.), *Culture Theory: Essays on Mind, Self, and Emotion*, Cambridge.

Öhrgaard, P. (1989): Nazism and national Identity. A current issue in West Germany, in: *Culture & History*, 4, S. 65-90.

Okely, J. (1978): Privileged, schooled and finished. Boarding school education for girls, in: S. Ardener (Hg.), *Defining Females: The Nature of Women in Society*, London.

Paine, R. (1974): Anthropological approaches to friendship, in: E. Leyton (Hg.), *The Compact: Selected Dimensions of Friendship*, University of Toronto Press, Newfoundland.

Pollock, L. (1983): *Forgotten Children, Parent-Child Relations from 1500 to 1900*, Cambridge.

Pross, H. (1976): *Die Wirklichkeit der Hausfrau*, Hamburg.

Rabinbach, A. (1988): The Jewish question in the German question, in: *New German Critique*, 44, S. 159-92.

Riesman, P. (1977): *Freedom in Fulani Social Life. An Introspective Ethnography*, Chicago/London.

Ringer, F. (1969): *The Decline of the German Mandarins. The German Academic Community, 1890-1933*, Cambridge, Mass.

– (1979): *Education and Society in Modern Europe*, Bloomington.

Roberts, J., S. Akinsanya (Hg.) (1976): *Schooling in the Cultural Context*, New York.

Rodnick, D. (1948): *Postwar Germans*, New Haven.

Roggenkamp, G. (1982): *Germans and Gastarbeiter. A Study of Prejudice*, unv. Phil. Dissertation, Syracuse University.

Rosaldo, M. (1980): *Knowledge and Passion. Ilongot Notions of Self and Social Life*, Cambridge/London.

Roth, P. (1989): Ethnography without tears, in: *Current Anthropology*, 30, S. 555-69.

Rousseau, J.-J. (1977): *Émile, eller Om Uppfostran*, Göteborg; dt.: *Emile oder Über die Erziehung*, Stuttgart [9]1989.

Rutschky, K. (Hg.) (1977): *Schwarze Pädagogik. Quellen zur Naturgeschichte der bürgerlichen Erziehung*, Berlin.

Sabean, D. W. (1984): *Power in the Blood: Popular Culture and Village Discourse in Early Modern Germany*, Cambridge.

Sagarra, E. (1977): *A Social History of Germany*, London.

Sahlins, M. (1985): *Islands of History,* Chicago/London.

Schatzmann, M. (1973): *Soul Murder. Persecution in the Family*, London.

Schildkrout, E. (1978): Age and gender in Hausa society. Socio-economic roles of children in urban Kano, in: J. LaFontaine (Hg.), *Sex and Age as Principles of Social Differentiation*, A. S. A. Monographs, 17, London.

Schreber, D. G. M. (1845): *Fyra Gyllene Reglor för Barna-Uppfostran*, Uppsala; dt. in: *Das Buch der Gesundheit*, Leipzig 1839; *Das Turnen vom ärztlichen Standpunkt aus, zugleich eine Staatsangelegenheit*, Leipzig 1843.

Schultze, W., C. Führ (1973): *Das Schulwesen in der Bundesrepublik Deutschland*, Weinheim.

Schwartzmann, H. (1978): *Transformations: The Anthropology of Children's Play*, New York.

Siebert, J. (1934): *Über den kulturellen Entwicklungsgang im Spessart im allgemeinen*, (Der Spessart Bd. 3), Breslau.

Sommerkorn, I. (1988): Die erwerbstätige Mutter in der Bundesrepublik. Einstellungs- und Problemveränderungen, in: R. Nave-Herz (Hg.) 1988.

Sontheimer, K. (1989): *Grundzüge des politischen Systems der Bundesrepublik Deutschland*, München.

Spencer, J. (1989): Anthropology as a kind of writing, in: *Man*, 24, S. 145-64.

Sperber, D. (1987): *On Anthropological Knowledge*, Cambridge; dt.: *Das Wissen des Ethnologen*, Frankfurt 1989.

Spindler, G. (1973): *Burgbach: Urbanization and Identity in a German Village*, New York.

– (Hg.) (1974): *Education and Cultural Process. Toward an Anthropology of Education*, New York.

– (Hg.) (1982): *Doing the Ethnography of Schooling*, New York.

Strathern, M. (1981): *Kinship at the Core*, Cambridge.
– (1982): Self-interest and the social good. Some implications of Hagen gender imagery, in: S. Ortner, H. Whitehead (Hg.), *The Cultural Construction of Gender and Sexuality*, Cambridge.
– (1988 a): *Making incomplete. A comment on female initiation in Melanesia*, Manuskript für das Symposium ›Female Initiation in the Pacific‹, org. v. N. Lutkehaus und J. Roscoe, ASAO Meetings.
– (1988 b): *The Gender of the Gift*, Berkeley.
Tonkin, E., M. McDonald, M. Chapman (Hg.) (1989): *History and Ethnicity*, A. S .A. Monographs, 27, London.
Toren, C. (1985): Recent studies of ethnography of childhood. An annotated bibliography, in: G. Jahoda, I. M. Lewis (Hg.)1985.
Varma, V., P. Williams (Hg.) (1976): *Piaget. Psychology and Education*, London.
Warren, R. (1967): *Education in Rebhausen. A German Village*, New York.
Weatherford, J. (1979): *Family Culture, Behavior, and Emotion in a Working-Class German Town*, unv. Phlil. Dissertation, University of California.
Weber, M. (1970): *Max Weber. Essays in Sociology*, hrsg. v. H. H. Gerth, C. Wright Mills, London.
– (1978): *Economy and Society*, hrsg. v. G. Roth, C. Wittich, Berkeley; dt.: *Wirtschaft und Gesellschaft*, Tübingen 1956; Studienausgabe, 2 Bde. Köln 1964.
Weber-Kellermann, I. (1974): *Die deutsche Familie*, Frankfurt.
– (1978): *Brauch, Familie, Arbeitsleben*, Marburger Studienkreis für europäische Theologie e.V., Marburg.
Weil, S. (1986): The language and ritual of socialization. Birthday parties in a kindergarten context, in: *Man*, 21, S. 329-41.
Weinberg, D. (1975): *Peasant Wisdom. A Cultural Adaptation in a Swiss Village*, Berkeley.
Wolcott, H. (1982): The anthropology of learning, in: *Anthropology and Education Quarterly*, 13, S. 83-108.
Wolff, H. (1905): *Der Spessart*, Aschaffenburg.
Wörner, G. (1956): *Aschaffenburger Jahrbuch*, 3, Aschaffenburg.
Wulff, H. (1988): *Twenty Girls. Growing Up, Ethnicity and Excitement in a South London Microculture*, Stockholm.
Wünsche, K. (1979): *Die Wirklichkeit des Hauptschülers*, Frankfurt a. M..
Young, M., P. Willmott (1971): *Family and Kinship in East London* (1957), Harmondsworth.

Nachwort

Werner Schiffauer

Die Ausgangserfahrung der Ethnologie ist die Irritation durch die Praxis einer anderen Kultur – eine Irritation, die gelegentlich schockartig auftritt, nämlich dann, wenn das Selbstverständnis des Reisenden oder Forschenden an einer zentralen Stelle in Frage gestellt wird, wie es dann etwa der Fall ist, wenn Erfahrungen gemacht werden, die die körperliche oder soziale Integrität in Frage stellen. Dabei bezieht sich die Irritation (oder der Schock) in der Regel weniger auf die Erlebnisse an sich, als auf ihre Bewertung. Sie tritt auf, wenn eine Erfahrung, die den Fremden irritiert, ihm vielleicht sogar als skandalös erscheint, von den Einheimischen als völlig unproblematisch erachtet wird. Die Irritation durch das Fremde hat ihre Wurzeln in der Konfrontation mit der Normalität der anderen. Die Arbeit der Ethnologie besteht in der Bearbeitung dieser Erfahrung. Im Bruch mit der unmittelbaren Einstellung, die auf eine Erfahrung mit Abwehr, Verurteilung oder Aggression reagieren würde, wird eine Deutung erarbeitet. Die Einschätzungen der anderen werden »kontextualisiert«; ihnen wird ein Sinn abgewonnen, indem sie zu anderen Deutungsmustern in Beziehung gesetzt werden. Nicht selten endet dieses Verfahren in einem Rollentausch – in dem Maß, wie dem Ethnologen das Fremde plausibel wird, wird oft das Eigene fremd.

Es ist deutlich, daß dieses Verfahren in jeder Hinsicht perspektivisch ist, d.h. durch die Persönlichkeit und den Ort des Ethnographen geprägt ist, seinen kulturellen und subkulturellen, aber auch akademischen Hintergrund. Ethnologie besteht darin, sich am anderen abzuarbeiten, es sich verständlich zu machen, d.h. es in eigene und vertraute Kategorien, in die eigene Sprache (die auch eine Theoriesprache ist) zu übersetzen. Ethnologie ist deshalb (auch wenn einige Vertreter der Disziplin dies gerne hätten) keine »objektive Wissenschaft« – jedenfalls nicht in dem Sinn, den dieser Begriff etwa in der empirischen Sozialforschung hat, also in dem Sinn, daß überprüfbare, »intersubjektiv verifizierbare«, Aussagen erarbeitet würden. Ethnologie ist in ihrem Kern durch die Subjektivität des Forschers geprägt, der sich an einer anderen Kultur abarbeitet. Die Aussagen, die ein ethnologischer Text über eine andere Kultur trifft, sind damit eher vergleichbar mit den Aussagen, die durch eine literarische Übersetzung über ein Werk oder durch eine

Inszenierung über ein Drama gewonnen werden als mit den Aussagen, die durch eine quantitative Studie über eine Population gewonnen werden.

Das Faszinierende des Buches von Karin Norman für den deutschen Leser besteht darin, daß es ihn – als Ethnographierten – dazu einlädt, den Erkenntnisgewinn (und auch die Erkenntnisgrenzen) zu überprüfen, der erzielt wird, wenn Eigenes in Fremdes übersetzt wird.

Auch Karin Norman hat sich an der deutschen Normalität abgearbeitet. Ihren Kulturschock erlebte sie, als sie ihren Sohn in den Kindergarten brachte: Er war ausgelöst durch die Forderung, eine klare Trennung zu vollziehen und ihr Kind der Obhut der Kindergärtnerin zu überlassen (in Schweden ist es üblich, daß Kinder ungefähr einen Monat lang von ihren Eltern in den Kindergarten begleitet werden). Die eigentliche Irritation bestand für sie darin, daß der Schmerz der Kinder von ihren deutschen Gesprächspartnern als bedauerlich, aber unvermeidlich eingeschätzt wurde – wenn nur die Eltern gehen, werde sich das Kind rasch beruhigen (das Erlebnis hat sich in der Beschreibung des Kindergartens niedergeschlagen). Die Ethnographie läßt sich als Bearbeitung der Irritationen lesen, die sich in diesem Schock verdichtet haben: Mit ihren deutschen Informanten konstruierte Karin Norman gemeinsam die Deutungen, mit denen dem Erlebnis Bedeutung abgewonnen wurde. Dies sei hier nur angedeutet: Das Erlebnis steht im Kontext des in Linden (und nicht nur dort) vertretenen Ideals des Verhältnisses von Individuum zu Gesellschaft. Dieses Ideal zeichnet sich durch eine strukturelle Ambivalenz aus: Einerseits wird erhebliches Gewicht auf »Einordnung« (und damit auf Gehorsam, Hierarchie etc.) gelegt; andererseits gibt es eine Wertschätzung von »Lebenstüchtigkeit« (und damit von Autonomie, Eigenständigkeit etc.). Diese im Prinzip konfligierenden Ideale müssen in einer schwierigen Balance gehalten werden. Die Wertschätzung von Ordnung (»Ordnung muß sein«, »Ordnung ist das halbe Leben«), klaren Grenzen (in denen Zuständigkeits- und Aufgabenbereiche gegeneinander abgesetzt werden) und Realismus und Nüchternheit leiten sich davon ab.

Der Reiz (und der potentielle Erkenntnisgewinn) einer derartigen Übersetzungsarbeit der eigenen in eine andere Kultur liegt in der Chance, auf Grund der Verfremdung das eigene neu und anders zu sehen. Ich habe dies gerade an dieser Arbeit erlebt. Als ich die Arbeit von Karin Norman zum ersten Mal im Typoskript las, lebte ich mit meiner Familie in einem hessischen Dorf, das vielleicht 50 km Luftlinie von »Linden« entfernt gewesen sein mag – und hatte eben den Eintritt meiner Tochter in den Kindergarten miterlebt. Es war erst die Konfrontation mit dem Befremden von Außen, das diesem Akt die Selbstverständlichkeit des Beiläufigen nahm.

Die Frage der »Ver-Anderung« – des *othering* – in und durch den ethnologischen Prozeß wird in der Ethnologie zur Zeit heftig diskutiert. Der Vorwurf (der vor allem seitens der Ethnographierten in der Dritten Welt erhoben wird) läuft darauf hinaus, daß in und durch die Forschungspraxis der Ethnologie die Differenz zum anderen unterstrichen wird – und daß damit der Boden für Prozesse der Machtausübung bereitet wird. Daraus wird die Forderung abgeleitet, mit diesen Alterisierungsdiskursen zu brechen. Die Lektüre von Karin Normans Buch (und die Erfahrungen, die der deutsche Leser als der Ethnographierte damit macht) ist hilfreich, um zu einer Differenzierung dieses Arguments zu kommen: Tatsächlich wird man wohl zunächst konstatieren, daß Ver-Anderung den Kern der Ethnographie selbst ausmacht – wenn ein Fremder sich am Eigenen abarbeitet, dann ist gerade der Witz die Verfremdung durch Übersetzung, also Herstellung von Differenz. In vielerlei Hinsicht ist ja der Ethnograph der eigenen Gesellschaft aufgrund seiner lebensgeschichtlichen Vertrautheit dem Ethnographen aus der fremden Gesellschaft überlegen – nur nicht darin, daß er den *blind spot* einer anderen Kultur am eigenen Leib erleben kann. Dennoch ist natürlich die oben referierte Kritik am Prozeß der Ver-Anderung damit nicht widerlegt. Es ist nur ein Hinweis darauf, daß das Problem nicht im Herstellen der Differenz per se begründet sein könnte, sondern in dem machtpolitischen Kontext, in dem die Ver-Anderung vollzogen wird. Das Buch von Karin Norman zeigt gerade die Erkenntnismöglichkeiten auf, die *in einem egalitären Kontext* mit dem Prozeß der Verfremdung verbunden sind. Diese Chance steht und fällt mit der dialogischen Grundstruktur der Situation. Ver-Anderung ist nur dann nicht repressiv, wenn man nicht auf Grund der Machtverhältnisse auf die Deutungen des anderen festgelegt wird – wenn also die Ethnographie nicht als *der* autoritative Text über eine Kultur gelesen wird. Nur wenn man sich der Relativität der Position des Ethnographen bewußt ist, kann die Erkenntnis durch Spiegelung im anderen den Einstieg in den Dialog bedeuten. Damit aber ist noch einmal auf die Frage der Wissenschaftlichkeit der Ethnologie zurückzukommen. Nicht nur läßt sich der Anspruch, eine objektive Wissenschaft zu praktizieren, angesichts der Forschungspraxis nicht halten – der (auch von Teilen der Disziplin) hochgehaltene Anspruch auf ethnographische Autorität ist in sich schädlich für den ethnographischen Prozeß, für den Prozeß des Austausches. Er zerstört nämlich den intellektuellen Reiz der Ver-Anderung, der Verfremdung, des Vertauschens der Perspektiven, der Selbsterkenntnis im Umweg durch den anderen – den eigentlichen Eros der Ethnologie.

Es sind nicht zuletzt Bücher wie das von Karin Norman, die uns darauf hinweisen, was wir damit verlieren würden.

Prof. Dr. Werner Schiffauer hat den Lehrstuhl für vergleichende Kultur- und Sozialanthropologie an der Europa-Universität Viadrina in Frankfurt/Oder inne.